吉利传

一部"不可能史"

王自亮 著

红旗出版社

李书福

青年李书福

2008年1月，本书作者（右）与吉利控股集团董事长李书福在北美车展吉利展台合影。

1996年5月，吉利集团有限公司正式成立，吉利走上了规模化发展的道路。

1997年，吉利进入汽车产业，开始汽车的研发制造。

北京吉利大学由吉利控股集团于1999年在北京创建，为中国汽车工业与社会输送人才。2014年，学校经教育部批准升格为本科高校，并更名为北京吉利学院。

2000年5月，吉利研发的美日轿车在其浙江宁波基地下线。吉利人庄严宣誓：我们是新世纪的汽车婴儿，我们渴望成长，渴望关爱，更渴望强大。

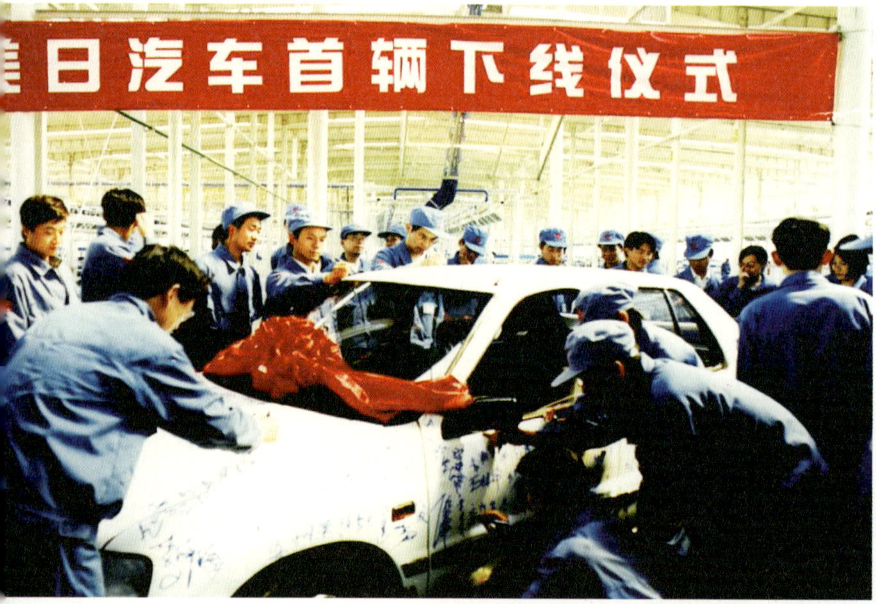

2007年6月，本书作者（左）与伦敦锰铜汽车公司首席运营官、执行董事彼得施尔科卡在考文垂的工厂前合影。

2005 年9 月，吉利应邀参加第61届法兰克福国际汽车展，在这个有百年历史的车展上第一次升起了五星红旗。

2010年3月28日，吉利收购沃尔沃汽车公司100%股权以及相关资产（包括知识产权），并于同年8月2日完成交割，吉利成为中国第一家跨国汽车公司。

2010 年3 月28 日，在瑞典第二大城市哥德堡的沃尔沃公司总部，中国吉利汽车集团董事长李书福（前左）与美国福特汽车公司首席财务官路易斯 · 布斯（前右）在签约后握手并拥抱。

2013年2月1日，吉利控股集团全资收购英国锰铜控股公司，并将其更名为伦敦出租车公司（London Taxi Company，简称LTC）。

2014年12月15日，吉利汽车发布具有划时代意义的首款中高级轿车——博瑞，开启中国品牌在B级车细分市场的全新格局。吉利汽车从此进入“造每个人的精品车”品牌新时代。

2013年2月20日，吉利控股集团宣布在瑞典哥德堡设立吉利欧洲研发中心（CEVT），整合旗下沃尔沃汽车和吉利汽车的优势资源，打造新一代中级车基础模块架构及相关部件。

2015年3月26日，浙江吉利控股集团宣布将投资2.5亿英镑，为伦敦出租车公司建设一座高技术、现代化的全新工厂，用来生产下一代零排放及超低排放的伦敦出租车，这座新工厂将融研发和生产于一体。

2016年10月21日领克品牌发布，地点：瑞典哥德堡。

2016年10月26日，吉利商用车品牌发布。

2017年6月23日，浙江吉利控股集团与马来西亚DRB-HICOM集团签署最终协议，收购DRB-HICOM旗下宝腾汽车（PROTON）49.9%的股份以及豪华跑车品牌路特斯（Lotus）51%的股份。

2017年11月13日，浙江吉利控股集团全资收购了Terrafugia（太力）飞行汽车公司，开启了陆空一体化技术领域的探索。

2017年12月17日，吉利控股集团收购沃尔沃集团8.2%的股权，成为其第一大持股股东。

2019年4月12日，沃尔沃汽车旗下豪华高性能电动汽车品牌极星（Polestar）的首款纯电动车型Polestar 2正式登陆中国市场。

2019年2月28日，吉利控股集团董事长李书福和戴姆勒股份公司董事会主席兼梅赛德斯－奔驰汽车集团全球总裁蔡澈博士（Dr. Dieter Zetsche）代表双方签约。

吉利动力总成义乌基地，是吉利集团旗下浙江吉利动力总成系统七大生产制造基地之一，图为基地内自动曲轴装配线。

签约仪式

nd Geely

吉利首个CMA（紧凑型模块化结构）工厂——吉利汽车宁波杭州湾第二制造基地内，正在进行的车骨架全面加固焊接工序。

沃尔沃大庆工厂是S90全球唯一生产基地。截至2020年9月，大庆工厂迎来其生产的第200,000辆整车。

沃尔沃汽车成都制造厂质检线每周抽检新车20台，平均每台车的检验时间为8小时。图为新车道路测试。

2020年3月，路特斯加入吉利控股后宣布推出的首款重量级新品——路特斯Evija，一款被称为“全世界最强量产车”的纯电动超级跑车。

吉利控股集团 GEELY HOLDING GROUP 管理架构 MANAGEMENT STRUCTURE

板块	集团	品牌 / 业务
乘用车 Passenger Car	吉利汽车集团 Geely Auto Group	吉利汽车 GEELY AUTO; LYNK&CO 领 LYN
	沃尔沃汽车集团 Volvo Car Group	沃尔沃汽车 VOLVO; 极星汽 POLEST
	极氪智能科技 Zeekr Intelligent Technology	极氪汽车 ZEEKR
	路特斯集团 Lotus Group	路特斯汽车 LOTUS CARS; LOTU Driving innov
商用车 Commercial Vehicle	吉利新能源商用车集团 Geely New Energy Commercial Vehicle Group	远程汽车 FARIZON AUTO; CAMC 汉马 HANM
	英伦电动汽车 LEVC	英伦电动汽车 LEVC
科技 Technology	吉利科技集团 Geely Technology Group	汽车轻量化新材料 Material Technology: 吉利百矿 BSKY; 换电 Batte Swap Ecol
		通用航空 General Aviation: VOLOCOPTER
汽车运动 Motorsport	铭泰集团 Mitime Group	铭泰赛道 SPEEDPARK; 铭泰体 SPORTS
出行 Mobility	出行板块 Mobility Services	曹操出行 CAOCAO; StaRides 耀 STA
金融与数字科技 Finance & Digital Technology	金融板块 Financial Services	众尖集团 GENIUS & GURU; 吉致金 GENIUS
	数字科技板块 Digital Technology	金融科技; 消费互联网
教育 Education	吉利人才发展集团 Geely Talent Development Group	吉利学院 GEELY UNIVERSITY OF CHINA; 三亚学 UNIVERS OF SANY

几何汽车 GEOMETRY | 宝腾汽车 PROTON | smart汽车 smart

NG

路特斯工程 LOTUS ENGINEERING

欧铃汽车 OU LING AUTO | 绿色慧联 GREEN INTELLIGENT LINK | 万物友好 ONEWORLD TECHNOLOGY

易易互联科技 EE ENERGY TECHNOLOGY | 力帆科技 LIFAN TECHOLOGY

能源业务 Energy Technology

耀能新能源

车 GIA

商业航天 Commercial Aerospace

时空道宇 GEESPACE | 星空智联

摩旅文化 Motorcycle Industry

贝纳利 BENELLI | 钱江摩托 QIANJIANG MOTOR

铭泰文旅 TOURISM

国铁吉讯 CRGT

盛宝银行 SAXO BANK | 盛宝金科 SAXO FINTECH

湘潭理工学院 XIANGTAN INSTITUTE OF TECHNOLOGY | 三亚理工学院 SANYA INSTITUTE OF TECHNOLOGY | 湖南吉利汽车职业技术学院 HUNAN GEELY AUTOMOBILE COLLEGE

吉利控股集团 发展历程

1986 开始创业

1994 进入摩托车行业

1996 吉利集团有限公司成立

1997 进入汽车行业

1998 首辆吉利汽车在临海基地下线

2001 正式获得生产资质
成为中国首家民营汽车企业

2002 吉利汽车进入中国汽车企业十强

2003 浙江吉利控股集团有限公司成立

2005 在香港证券交易所上市
(HK: 0175)

2006 入股英国锰铜公司

2007 发表《宁波宣言》宣布战略转型

2010 收购沃尔沃汽车

2012 进入财富世界500强

2013 吉利汽车欧洲研发中心成立

2014 吉利三品牌归一
发布全新品牌架构

2015 吉利博瑞上市，进入3.0时代
曹操专车正式上线

2016 发布吉利新能源商用车品牌
发布 LYNK & CO品牌

2017 收购马来西亚DRB旗下
宝腾汽车及路特斯股份

领克汽车合资公司、
吉利-沃尔沃技术合资公司成立

收购美国太力飞行汽车公司

高端合资品牌领克
首款车型领克 01上市

收购沃尔沃集团8.2%股权
成为其第一大执股股东

2018 收购戴姆勒9.69%具有表决权
的股份，成为其第一股东

与戴姆勒出行服务有限责任公司
在华组建合资公司

国铁吉讯科技有限公司成立

与航天科工、中国电信战略合作

控股盛宝银行

2019 成为杭州亚运会官方合作伙伴

与戴姆勒股份公司成立合资公司
在全球共同运营发展smart品牌

与戴姆勒出行股份公司组建的
合资公司“耀出行”正式启动

发布几何品牌

与百度展开全面战略合作

与戴姆勒公司共同投资
Volocopter

2020 与梅赛德斯-奔驰正式成立
smart品牌全球合资公司

吉利汽车宣布筹划与
沃尔沃汽车集团业务整合
组建全球企业集团

台州吉利卫星项目开工

2021 沃尔沃汽车和吉利汽车宣布
达成合并方案

吉利正式加入IATF

吉利控股集团 全球生产布局

亚洲

吉利新能源商用车集团整车工厂（中国）

南充 / 义乌 / 晋中 / 上饶

吉利汽车集团整车工厂（14个）

杭州 / 北仑 / 杭州湾（2个） / 春晓 / 路桥（2个）
临海 / 湘潭 / 成都 / 宝鸡 / 晋中 / 张家口 / 贵阳

吉利汽车动力基地（7个）

杭州湾 / 春晓 / 义乌 / 宝鸡 / 台州 / 贵阳 / 湘潭

吉利汽车白俄罗斯KD工厂

宝腾丹绒马林KD工厂

沃尔沃吉隆坡KD工厂

沃尔沃印度班加罗尔KD工厂

欧洲

沃尔沃瑞典舍夫德发动机厂

沃尔沃瑞典哥德堡整车工厂

沃尔沃比利时根特整车工厂

吉利新能源商用车考文垂整车工厂

美洲

沃尔沃美国南卡罗莱纳整车工厂

当我们离开那燃烧中的城市时，
在第一条野径上，掉头回顾，
我说：“让野草覆盖我们的脚印吧，
让无情的先知在火中沉默，
且让死者告诉生者所发生的事。
我们注定要生出一个新的、勇猛的种族，
免于在那儿昏睡的罪恶与快乐。
我们走吧”，于是一把火剑为我们劈开大地。

——米沃什[①]

① 米沃什：诺贝尔文学奖得主，波兰诗人。诗题为《逃亡》，杜国清译。

目 录

第二部 / 砥砺八年

第三部 / 谁与争锋

第四部 / 软实力

第五部 / 未来，“真正的时间”

惊奇、疯狂与非凡见识[①]

他们沉静地通过迷宫似的缝隙，工作在充满金属气味的贵重气体里；他们不断地分离、试验、结合，唯一的愿望就是发明一点新东西。他们用具有精神力量的轻巧手指，造出了一些透明形体；然后在晶体及其永恒的沉默中观察上界的变异。

——歌德《浮士德》，第四幕

一

先让我们回到18世纪英国工业革命初期那些年月，去会见一位通过劳作和发明而致富的工厂主，他是近代大工业的真正创始人。

理查德·阿克赖特，一个被卡莱尔形容为“相貌平庸且又几乎粗俗”“带有在大量融会贯通中进行苦思的样子”，“大腮帮、胖肚皮、满怀持久性和发明力”的乡间理发师。他不通文法却精于生意，1770年代开始创办大型棉纺织企业。正是这个人，将一种“新的力量”授予其国家，成了“现代工厂之父”。

阿克赖特并非发明家，至多不过是整理、组合和运用他人的发明物而已，

① 此语源自美国著名诗人艾米莉·狄金森语：“许多疯狂是非凡的见识，许多见识是十足的疯狂。”

而那些发明物，都是他“毫无顾忌”地攫取得来的。但阿克赖特具有获得成功的长处，他虽然不是那些发明物的发明人，却是首先懂得利用它们并将之组成为一个系统的人。当然，如要“筹得创建工厂所必需的资本，组成和解散那些被他变作自己不断发财的手段的合伙”，必须有实业家的非凡才能，必须有灵巧、坚忍和大胆等奇妙的混合气质，这些他都具备。

他的克罗姆德福工厂，坐落在德温特河岸一个地角上，带有峭壁的峡谷，水流湍急，风景如画。起初它只是尼德和斯特勒特工场的附属物，所出产的纱仅被用来织造袜子。原先阿克赖特既不从事纺织又不懂机械，1770年他冒充钟表匠，取得了“水力纺纱机”专利。后经人揭发，法庭宣布专利无效。但他深知这项技术的经济价值，设法使用这种新机器，利用德温特河的湍流作动力，获得纺织业的巨大生产力。1772年，这个工厂就有了几千个纱锭，并雇用了300个工人，纯棉的白洋布被不断织出，销往市场。

这肯定会遭遇嫉妒，有人引用法令反对阿克赖特及其合伙人，他们的产品面临着被视为“禁品”而遭受扣押的危险。阿克赖特在议会为自己的工业进行辩护，请求准许一切人购买他的产品，结果获胜。随着企业增多，竞争也更激烈。他一直在诉讼和专利之争中扩展企业，就像一架产业“永动机”。理查德·阿克赖特精力过人，通常从凌晨4点工作到晚上9点，在大型生产的人力、金钱、材料和机器的组织、协调与计划方面，显示了出色才能。那时兰开夏和德比郡的所有工厂，都是按照他的工厂样式建造的。罗伯特·皮尔爵士曾说过：“我们所有的眼睛都盯在他身上。”

正如法国历史学家保尔·芒图在《十八世纪产业革命——英国近代大工业初期的概况》一书中所指出的：

正是阿克赖特在贝隆兄弟、怀亚特和刘伊斯·保尔等不完全的或不成功的试图之后真正地创设了近代的工厂。那与工程师和商人有所不同的大工业家的新典型，正是在他身上得到了具体化，他从工程师和商人那里取得了他们的主要特点，但为的是把自己特有的面貌加上他们的特点，即：企业的发起人、生产的组织者、人的领导人。他代表一个社会阶级和一种经济制度。①

有人对阿克顿的评价是："当经济史上的事件和人物还沉浸在昏暗中的时候，他的名字就是那些在这昏暗中发出最灿烂光辉的名字之一。"阿克赖特在英国近代大工业中的作用，是不可取代的。

他，正是英国工业革命的"当代英雄"。

二

1980年代中后期，在中国"非规范化"市场氛围中，一夜之间（实则酝酿已久）数以百万计的民营企业"冒"了出来，"千树万树梨花开"，成为中国工业现代化史上的奇观。按照财经作家吴晓波的说法，这些民营企业"在资源、市场、人才、政策、资金甚至地理区位都毫无优势的情况下实现了高速的成长，这种成长的特征，决定了这些企业的草莽性和灰色性"。

本书主人公——李书福与他的伙伴们——是这个"镀金时代"最为奇特、深沉和刚毅的一群人，多年来这些人无所畏惧，破釜沉舟，凭借着意志、胆识与勇气，终成造车大业。不寻常地，他们融合了民间智慧、个人经验和广阔视野，"不按常理出牌"，在一个前所未有的时代，获得不可思议的成功，包括成长、转型、并购与跃迁。其间，既有成长的烦恼，又有受挫的困顿，更有前行中的迷惘。

某些时刻，他们甚至有"悲情"的一面。

---

①［法］保尔·芒图：《十八世纪产业革命——英国近代大工业初期的概况》，杨人楩、陈希秦、吴绪译，商务印书馆1983年版，第184页。

仅透过本书我们也会看到：这30多年吉利一步步走来，完成了一次中国人造车的“远征”，其间百转千回，跌宕起伏，蔚为大观，所形成的“崛起”与“突进”，如此壮观且十分奇妙，结果是李书福与伙伴们写就了一部“当代工业征服史”。通过创业、转型、并购、融合与提升，吉利从一个家族企业转变成公众公司，从一个汽车厂商成长为科技型公司。

李书福出生于台州路桥的一个农民家庭，放过牛，开过照相馆，提炼过纯银和金子，与伙伴们一起办过各种工厂：从电冰箱、装饰材料到摩托车，最终走上汽车产业之路。一位“退役”的“大哥级”集团高管这样说：“我觉得吉利走到今天，就像历史上的隋唐演义，甚至是一部幻想型的西游记，每遇到一个问题都要‘降妖除魔’。不过并不是每一个环节都有贵人相助，也不像《西游记》里取经的师徒有菩萨在背后指点。在不同时期，我们运用不同的智慧，有不同的团队组合形式，就像美国的‘梦之队’一样，每战必克。”

就时势而言，20世纪80、90年代的台州非常适合李书福去造车。经济学家张仁寿教授考察台州时说：“在这里，我仿佛看到了当年英国工业革命的景象。”投身实业，钟情产业，似乎成为台州人的“第二天性”。有人曾不无夸张地说，只要你进入那边的汽车配件城，品类之丰富、产业链之完整，从这头采购到那头，回家立马就能装配一部汽车。

应该承认，吉利发展过程中有很多偶然因素、天赐成分，可是没有一次成功不是建立在战略落地之上，没有一次大转型不得益于成千上万双有形、无形之手的助推。只要想一想，金融危机如何对收购沃尔沃造成了难得机会，中国巨大的汽车市场又怎样对西方汽车业产生巨大诱惑，就会明白李书福和吉利管理团队何以借助于“势与术”，获得了接连的惊喜。

吉利收购沃尔沃、宝腾路特斯、英国锰铜公司和DSI自动变速器公司的实质，就是在世界范围内整合各种资源，发现资本与产业结合的新方向。这个认知并不是一天获得的，是从事实本身逐渐显露出来，并被李书福们迅速抓住的。

在成长与成熟过程中，他们根本就不可能“按图施工”，而是在应对中学会应对，在修炼时获得“意外之机”。吉利新车型由设计师、工程师构思设计而成，但吉利道路却不是策划出来的。

三

谁都想知道一个真实的李书福，想了解吉利到底是怎样的企业，更想探究这些人进入汽车产业的真正动机、转折点与“神奇瞬间”。如果为之“立传”，就意味着揭示真相、发现逻辑和回归常识。在人与事之间，事物与事物之间，思想与行动之间，建立一种合理而剀切的关联。

写作《吉利传》，就是一种抓住历史瞬间的企图，透视内部变化的欲望，前瞻中的想象力定格。这是一次冒险，更是一份意义非凡的工作。但我有时悲观地认为，这不过是一种难以实现的“痴心妄想”而已。

正如20世纪“最伟大的CEO”艾尔弗雷德·斯隆在《我在通用的岁月》的前言里说的：“对于我而言，完整地回顾通用汽车这段超过半个世纪的历史，几乎是一件不可能完成的任务。”诚哉斯言。与此相似，即使我接受了“为吉利立传”的使命，也做不到对30多年的吉利汽车成长史、重大事件和各色人等作一次巨细靡遗的考察与描述。

但我依然认为：写《吉利传》，既有必要，也属可能。

当然，为吉利这样的汽车公司“立传”必须审慎：除了大量阅读资料，熟悉相关人物、企业成长过程，了解世界汽车产业孕育、重组和转移，中国汽车行业的发展变化，理解汽车工程与商业定义，斟酌需要用到哪些写作要素，确立它们的分寸、取舍、伸缩和定义。还有那些矛盾、冲突与悬念背后的成因，特别是造车与时势、技术与制度、经营与识见。要考虑各种因素、指标、工具和结论，这确是一项工作量浩繁，往往又吃力不讨好的事情。

然而，写作《吉利传》的决心既已被激发，就很难按捺下去。经过这几年的努力，不敢说呈现在读者面前的是一部“企业权威词典”，但起码是一个真实、曲折而又好听的故事，一部尚未结束的工业史诗的“华彩段落”。这是一个长征的故事，一个民族、一个企业、一群人的长征。

需要在此申明的是，《吉利传》不等于“李书福传”。

没错，李书福是吉利汽车创始人、掌舵者，可《吉利传》是一部企业史，是一个特定人群的“集体无意识”记录，也是一部团队奋斗史。吉利自有基因、渊源和发展历程。写这本书不等于为企业家立传，尽管吉利的每一步都与李书福相关。

总之，吉利汽车公司的诞生是人、事物与时势作用的结果，吉利汽车崛起则是一场“造山运动”，经历了类似地壳变动的巨大位移与摩擦，岩层内部的碎裂与熔铸，最后成型、冷却与定格，形成了汽车工业的新高地。在某种意义上，这个故事具备了莎士比亚戏剧元素，也堪与托尔斯泰、高尔斯华绥小说架构相匹配。

写作过程中，我们发现吉利汽车成功的根本原因，也是李书福最大的个人特点，只有《论语》中的一句话才可以概括：知其不可而为之。

四

现在就让我们深入其中，探询这些人在当代的命运。

写《吉利传》，并非仅仅为了追忆。人们有必要在精神上加入这一历史进程之中，感受这个卓越的团队和成千上万的人，如何在李书福的带领下，从20世纪80年代开始一路走过来，直至今天。哪怕仅仅为了前瞻，也必须深入了解吉利人成功和挫折的背后，那些鲜为人知的艰苦、辛酸、孤独，还有凯旋式的“相拥而泣”。

写作过程中，必然要考虑叙事方式、观察角度和全书结构，还有语言、逻辑与风格，以便更好地呈现、聚焦与追寻。在这里，所谓“哲思”反而是其次的。人，始终是这部传记的内核。

明察秋毫的读者一定会看出，本书既采取所谓“全知全能视角”，又使用了多斯·帕索斯在《美国》三部曲（《北纬四十二度》《一九一九年》《赚大钱》）中所娴熟运用的“新闻短片”“人物小传”和“摄影机眼”，加入后现代“拼贴–镶嵌技术”。与此同时，艾尔弗雷德·斯隆在《我在通用汽车的岁月》中朴实无华的叙述风格，对作者写作《吉利传》也帮助极大。

在此，我要向多斯·帕索斯，同时向艾尔弗雷德·斯隆等汽车业前辈致敬。

限于本书结构与篇幅，也出于其他方面考虑，作者对某些事件作了省略处理：如足球“打黑事件”“老板工程”、丰田诉吉利商标侵权案、吉利汽车“换标”始末。吉利与一些科技公司的合作（诸如投资冰岛碳循环国际公司，与中国铁路、航天科工、电信公司、宁德时代公司、腾讯公司、百度公司的合作），近期对一些汽车品牌的并购迹象，也没有展开叙述。对于“入股戴姆勒”，也着重写吉利与戴姆勒在smart系列、高端出行服务领域的合作。我们需要“叙事聚焦”而不是“漫无节制”，是凸显“主脉络”而非“众声喧哗”。

对于从家族企业转型为公众公司过程中的一些人与事，只是作大致勾勒，并不过多涉及细节。从“博眼球”的角度，写家族内部纠葛会叫座，但作者还是作了舍弃，不仅仅因为“敏感”。毕竟这是企业史，而非家族传。

莫泊桑说，“一切事物之中都存在着未曾探索的要素”，那么现在就尽我所能，客观呈现、准确描绘这一切。

第一部

陟彼高冈[1]

（1986—2001）

① 出自《诗经·周南》。原句：“陟彼高冈，我马玄黄。我姑酌彼兕觥，维以不永伤。”大意为：“登上高高山脊梁，马儿腿软已迷茫。且先斟满大杯酒，免我心中长悲伤。”

第一章　一把火剑[①]

1997年，新“底特律”

历史是不经意间写就的，虽然字迹潦草，却力透纸背。

公元1996年12月底，新年前夕。夜色渐深，北风凛冽，尚未竣工的吉利“临海工厂”[②]，大片厂房隐约可见。站在“基建指挥部”平房楼顶，能看到远处那些快要被拆掉的矮房子。一排临时工棚，附近是高低不平的土石堆。这是一片水洼低地，芦苇起伏，池塘边鸡鸭到处跑，从破房子窗户往外长的杂草，为此地平添了一丝荒凉感。李书福，这位未来的中国汽车业巨子，带领伙伴们开启造车事业，第一步就是建“临海工厂”，不过本地人一点也不知道他们要干什么“大事”。厂区一天天成型，李书福眉宇舒展。当晚大伙儿站在楼顶上或静默抽烟，或小声交谈。就在这时，李书福以一种不容置疑的语气，对在场的人这样说：“不管你们信不信，这里将会崛起一座汽车城，就像美国的底特律！”

---

① 源自波兰诗人切斯瓦夫·米沃什（Czeslaw Milosz，1911—2004）的诗句：“一把火剑为我们劈开大地。”

② 临海是浙江省台州地区的一个县级市。这里所说的“临海工厂”，是李书福以研究汽车为由而批建的，为吉利首个汽车生产制造基地。因当时国家尚未对民营企业开放汽车生产许可，故不能叫“吉利汽车工厂”，详见下文。

一阵沉默。似乎没有人能对此作出回应，为了避免场面上的尴尬，有人“嘿嘿”一笑，开始了新一轮递烟。

除了偶尔传来的开车声，打桩机引发地面的轻微震颤，四周一片寂静。不太有人在意李书福说了些什么，哪怕留心听的，也只是在心里琢磨它的分量。时隔20多年，有人仍十分清楚地记得李书福这句话。“底特律”，美国汽车业的代名词，福特、通用和克莱斯勒这三大汽车公司所在地。在场的人中，也有人第一次听说“底特律”的，对董事长这句话就有点纳闷儿了。

很快，李书福和伙伴们当晚所站立的地方，手工敲打出来的“吉利一号”诞生了。几年后，就形成了汽车生产基地的规模，吉利第一批汽车在这里下线。这就是吉利最早的汽车制造基地，厂房毗连，物流繁忙，刚出厂的新车排列齐整。工业的光芒照耀着这块荒芜的土地。

说出这番预言十余年后的2009年，李书福飞往底特律，与福特CEO艾伦·穆拉利和其他高管商定吉利并购沃尔沃的日程表，会见这座著名汽车城里的“大人物”。想当年，多少人曾站在福特胭脂河工厂之前，在落日的光芒中，看到厂区“宏伟庄严，不由令人心生敬畏”。对于2009年的李书福来说，这个“底特律”不再是抽象的概念、遥远的世界汽车工业高地，而是一个近在咫尺的事物。①

在底特律，有人向李书福介绍过里维拉一幅描绘底特律汽车城的壁画，“那些融化的金属在流动，发动机的装配复杂精密，装配线的机械操作完美无瑕，所有颜色各异的零汽车部件都从流水线上下来，由工人组装配对，从原材料变成成品”②，画面笼罩着蓝色基调，火红色、灰色与草绿色点染其间，工人们脸上带有惠特曼式的粗犷与力量感。整个画面没有任何“纤细的事物”，

---

① 2009年，作为底特律支柱产业的汽车制造业随金融危机爆发而崩塌，2013年12月，底特律正式宣布破产。2014年12月底特律正式宣布脱离破产状态。

② ［美］戴维·马拉尼斯：《曾经辉煌：底特律的故事》，浙江人民出版社2019年版，第4页。

人物的脸庞与四肢也是巨人式的，透露出某种“未来主义”美感。

面对这幅声名远播的壁画，李书福当时想的与别人颇不相同：“要是这位画家还活着，来到吉利工厂又该如何拿起他的画笔呢？”

2007年，香港TVB公司来到吉利临海基地拍片子。一部名为《岁月风云》的电视连续剧，以李书福和他的伙伴们造车为背景。拍摄期间，编导们还在打听李书福在这里开始造车时的一言一行，但没有人告诉他们那晚李书福站在屋顶上对伙伴们说了些什么。不过编剧、导演另有办法，他们在剧情中加入一些“豪门恩怨”和“海外重逢”之类情节，以赢得更多的收视率。

就预言与投身事业而言，杜兰特（通用汽车创始人）和亨利·福特也正好属于这一类人。正如斯隆所言，他们两个人“在汽车年产量只不过是现在几天的产量的时候，他们都敢于将一切都押在汽车工业的未来上而豪赌一场。他们都建立了庞大而持久的产品线，而且这些产品的名称都已经成为美国语言中的一部分”①。

“书福真是这样想的，不是空话，是一个可以实现的梦想。他有这个志向，就是以造车的方式服务人类。最近我重新看音乐剧《狮子王》，明白了这个道理。‘狮子王’教育后代：要想守护你的领地，就要忠诚于这片土地；要统领这个疆土，必须服务好这片土地。”一位老吉利人用一种非常肯定的语气说，“书福这个人，就是这样的。”

第一次到洛杉矶，李书福在高速公路上看到那么多轰鸣而来、奔驰而去的汽车，被震惊了。“我就想，如果中国也能有这么多的汽车，也这样繁华，该多好！……我真的别无所求，只希望能实现当初到洛杉矶时的想法。梦想实现多有意思啊，这不是赚钱的问题。”后来李书福对媒体记者这样说。不久，在接受央视《财经人物周刊》采访时他说，那一刻还有个想法，就是“怎么样把

---

①［美］艾尔弗雷德·斯隆：《我在通用汽车的岁月——斯隆自传》，刘昕译，华夏出版社2017年版，第4页。

这个车建造起来，以后就卖到美国去”。

当年，很多人为汽车疯狂。能“搞到”一辆汽车，是当时不少中国人的“梦想”，有的人也不管来路是否正，这给正在“闯荡天下”的李书福留下极为深刻的印象。

虽然李书福走上造车这条路有点偶然，但时代的“狂风”将这“热爱”的火种催成火苗。他具备梦想家的气质，却从不空谈。不止一个人这样说过，“李书福是带着服务社会，造福他人的意愿造车的，所以他能成功”。

机械迷的好奇心

李书福天生热爱机械，这一点与亨利·福特很像。

据说，小时候亨利·福特经常把家里的机械装置拆得遍地都是，又会重新装回去。人们曾不无夸张地形容，家里的座钟、量器和一切正常运转的器械，看到这个顽童回家都会吓得“浑身哆嗦”。他“总是从镇上弄来许多各种机械的零件，有螺丝钉、螺丝帽、垫子等”，“口袋也总是被这些重量压得往下坠”，怀有“制造更实用、更快捷的交通工具”的梦想，亨利·福特在回忆录中这样写道：“也是因为这个想法我萌生了制造汽车的念头。”①

直到后来，亨利·福特模拟着一台机车制造出了一辆蒸汽机车，1887年仿造了一台四冲程的发动机，1892年他终于造出了第一辆机动车。他说：“这辆车都是用我的精力和金钱给制造出来的，我花了很多的钱买了座位、钢铁架、弹簧、轮子，还有一些比较精致的机械，像平衡轮就是通过浇铸而成的。”

从小对机械装置很感兴趣的李书福，也总是想把原理、动力和构造搞清

① [美] 亨利·福特：《我的工作和生活：福特自传》，新世界出版社2010年版，第4页。

楚，而汽车是他最心爱的“大机械”。据说他童年时，经常用绳子牵着泥巴做的汽车满地跑，为此还老挨大人骂。进入汽车行业之后，李书福更是乐此不疲。

经常有人看到他在车间动手捣鼓汽车车身与零部件，也有人曾看到他不厌其烦地琢磨发动机的核心构造，“把玩”那些机械装置。有一次李书福出差到深圳，一出机场就不见了踪影，同行的伙伴们找了好半天，才在机场附近望不到边的停车场找到他，原来他趴在一辆进口车下面仔细察看，接着又蹲在另一辆车旁，“窥视”其车身、底盘与内饰，还用手比画着什么，大伙只好借口说“时间来不及了”，将他“哄”走。

他对世界的好奇无法穷尽，甚至对魔术背后的诀窍，也会去追根究底。

在一次庆贺活动安排的节目中，有个魔术表演令李书福惊奇万分：这“戏法”怎么变出来的？他实在想不通。待所有节目表演结束后，他就让伙伴去找到魔术师，无论如何要搞清楚魔术“底牌”，包括步骤、手法与“障眼法”。魔术师对着李书福派去的人发出苦笑：“就这点看家功夫，告诉你们之后，我靠什么养家糊口呢？”

李书福是个天生的“技术派”，对汽车的技术和设计会倾注极大的热情。他对“技术”的兴趣一点也不比“商业”低，这是他长久拥有的倾向和潜质。

李书福与几个兄弟一起办电冰箱零部件企业时，就担任了“技术科长”。他是个“技术控”，这一点出乎很多人意料。在产品开发方面，李书福一直以技术与知识创新来带领大家，包括电冰箱蒸发器、镁铝曲板、摩托车，直至汽车。

从这些产品的材料、构成到匹配，李书福没有例外地投入极多精力，这简直令人咋舌。

李书福对技术不仅敏感，而且热衷、痴迷、着魔。对技术的革命性力量，他有着深刻的理解。李书福是事实上的技术“领军人物”，他以穿着蓝色工装在车间与一线员工交流制造细节为荣，也以深入试制工厂与工程师分享技术发明及工艺改进为乐。在拆开的众多汽车面前——无论是合资品牌还是原装进口汽车，他都可以乐此不疲地察看、摆弄、测量，用游标卡尺、测试工具和仪表去度量，到直不起腰来为止。

事实上，李书福比周围很多人更懂技术，很少有汽车业掌舵人能达到这一点。

但他并不显摆。李书福认为懂技术是汽车公司领导的本分，没有什么可以诧异的。他更看重技术的应用，技术与市场、用户的关系，技术与人性的关系，技术变革所导致的汽车产业变化，而今他考虑更多的，是汽车技术与物联网、大数据、智能制造的关系，特别是下一个新浪潮——出行方式的“革命性变化”。

与好奇心有关的，是李书福的“童心”。

李书福在商业上是早熟的，对经营之道极为谙熟，但他的童心却长久以来未曾泯灭。2004年前后，一次李书福与伙伴们出访国外，就在汽车停在道路上等待绿灯时，李书福出神地注视着一排车子，大家都以为他在想着什么心事。想不到的是，他居然指着远处一辆车问伙伴们：“你看这是两厢车还是三厢车？”大伙愣了一下，董事长怎么问起这个问题了？于是开始小声讨论，没有人能回答这个问题。这时李书福乐了：“看车辆是两厢车还是三厢车，从远处看‘车屁股’是很难判断的，还得看其他方面，比如我就看到这辆车的后面装有雨刮器，这就是两厢车特有的。这方面你们就不行嘛，该服气了吧！”

说完这番话李书福开心至极，就像一个孩子得到了大蛋糕。

就这一点而言，他与巴菲特很像。在2014年巴菲特股东大会上，84岁高龄的“股神”不负众望如期现身，在介绍旗下伯克希尔哈撒韦公司业务的同时，更是不忘追随潮流玩起“卖萌”，对镜头咬雪糕喝可乐，高举棒糖玩游戏，并与“粉丝”玩起“自拍”，让现场气氛热闹非凡。他还这样夸耀自己的成功：“当我1930年出生的时候，我出生在美国的比例大概是40∶1，第一天就赢得了卵巢彩票！”

李书福如此迷恋汽车，经常到了“出神”的地步。当人们与李书福正放松闲谈时，他有时会表现出一种“游离”状态。这种游离，不是思维的“旁枝逸出”，而是暂时关闭自己与周围世界的联系，就像僧侣在诵读经文或冥想时

“入定”似的。而后，他会突然与你谈起一个新的汽车话题。

汽车，简直是李书福的“信仰”。

他可以长时间把玩一个汽车零部件，或注视一个汽车造型，或与人谈论发动机制造的某个新技术，达到如痴如醉的地步，而不知道时间是怎么过去的。只要与汽车、市场和企业有关的事物，都令他精神焕发。他会从疲倦状态霍然而起，精神倍增。有一个时期，他出门遇到园丁、酒店门童、啤酒推销员，或酒会上见到一个“技术大咖”，都会产生询问的动力，流露出思索的神情。

“他很真实”

“他们个个都是人才”，张家口市一位政府部门领导对本书作者这样说。

他认为，吉利人做事看实际，不玩虚的。吉利成功是“天时地利人和”的结果，但最重要因素是“人和”。“李书福讲人情，外界在资金、舆论、道义上都愿意给吉利以支持。吉利人把‘感恩’也升华了，成为公司的真正动力。李书福对市场、时代和用户深怀敬意”，这位政府官员这样补充。

因为“领克”汽车在当地生产，这位政府官员与沃尔沃有一些工作上的交往。2015年他出访哥德堡，接触到一位沃尔沃全球副总裁，向这位沃尔沃高管提了一个问题：“吉利收购沃尔沃后，您最大的感受是什么？”这位沃尔沃全球副总裁是这样回答的：“最重要的是，李书福非常尊重我们。说真的，现在沃尔沃公司上下都非常有信心。”

这位政府官员认为：“诚信和人格造就了吉利这样的品质好车。当然不是李书福一个人，但他起到了带领作用。他很真实，精明而不失诚信，是我对他服帖的原因，也是我们愿意推动‘领克’在张家口落地生根的动力。”

李书福不是没有脾气的人，有时还有点急躁，为了一些恼人的事也会大发雷霆。李书福也有很多想不通的地方，对人与事的误判也偶有发生。如果事后他得知与实际情形有出入，都能回过头来妥善处置，甚至会直接致歉。难处、痛楚和压力，常常令他提高嗓门，个别情况下还会拍桌子，而个别人的不争气，也是促使他陷入失望的因由。动情之处，遇见不平时，他会流泪、喊叫和默不作声，也会怔忪不宁，当然很多情形下他会很快就平息怒火，调整情绪，恢复常态。

管理企业，李书福坚持“充分授权”，当然这是以监管与考核为基本前提的。除了关键时刻的细节把握，他极少对企业事务以“一竿子插到底”的方式去管理。李书福曾经开玩笑说，“我只要管住CEO一个人就行了”。他从不越级审批签字，哪怕那些项目有多少亿元数目，他也不会以“把关”的名义予以审签。在企业管理上，他不愿意“越俎代庖”。

一直以来，李书福几乎过着“斯巴达人”的生活，但他不是苦行僧，也不曾去“作秀”。

李书福是汽车人里颇为“摩顶放踵”之人。不吸烟，很少喝酒，“玩乐”与他基本无缘。除非是与外商打交道，或是个别必须讲究礼仪的场合，他也不在意生活细节，无论是着装、住宿还是饮食，他根本就不在乎。2010年3月与福特签约收购沃尔沃那天，场面颇为隆重，李书福的西装和领带还是一位吉利高管按照“国际标准”给他搞定的，因为这“事关吉利国际形象”。

他喜欢穿戴有质量的廉价品，还颇以为自豪。李书福在央视与主持人白岩松对话时，把自己身上的衬衣、皮鞋一一指明出处，都来自本地的企业，试图说明它们很耐用，穿上也很体面，他还对白岩松大声说：“这有什么不好！”他不主张大做广告，去做什么“标王”之类，而是一步一个脚印地造车、卖车和钻研汽车。这些行动，却常常被人视作死心眼，“过于疯狂”，为人嘲笑甚至讥贬。但李书福从不介意，依旧我行我素。

事关全局与长远，主事者就要有担当精神和远见卓识。

比如2008—2009年，整个欧洲汽车界都看到了，李书福对英国锰铜公司这个陷入困境的老牌汽车公司的挽救，表现了一种担当与真诚。“不离不弃”的患难之交值得信任，李书福帮助这家英国国宝级的汽车公司渡过难关，无异于在英国人乃至全欧洲同行心目中留下了一个“侠客”的形象，这给吉利收购沃尔沃增加了很多道义上的筹码，而信任感是无价的。

海南三亚学院院长陆丹谈到李书福时，说他有“反求诸己”的精神。

想象力、团队与“疯狂”

李书福从不缺乏“想象力”，基于好奇心、热爱与精确性。

这个世界恰恰由想象力与理性联手推动，无论是乔布斯还是马斯克，都证实这是一个基本定律。李书福的想象力并不比他们贫乏，从少年时期的自行车，到青年时期的摩托车直至壮年时期的汽车，从“阿米巴”到“快乐经营体”，直到收购沃尔沃，都有他的想象力轨迹、实现途径与工具。

说到以想象力推动产业变革，吉利不是凭空而为，或停留在假想的空间，而是从汽车产业架构和底部技术做起，一点点积累，围绕着用户和市场，把汽车研发、制造和营销做到极致，借助于外力（无论并购、入股还是战略合作），形成一个整体改变与逐步上升的格局。借此，李书福将想象力扩展到对文明形态和生活方式的思考，引入出行革命和汽车跨界融合。

吉利在品牌建设上也走了一条艰难曲折的道路。吉利一开始对标就“瞄准”丰田、现代和沃尔沃，其技术和工艺路线，经历了从“描红、临摹到自由书写”的过程，符合产业进化论的所有特征。

说李书福“狂”，是“汽车疯子”，只是看到其表象。

“疯狂”，也许是李书福近40年商业生涯的某种特征。一个民间人士闯进汽车行业，包括后续的国际并购，本身就是一场押上身家性命的“豪赌”。问题在于，那些人不太知道李书福为何而“狂”，“赌”了点什么。考察李书福的个人史与吉利发展史，人们会蓦然发现，他为技术而“狂”，为人类的汽车产业与新出行方式而“疯”，这才是实际情形。那些年搞汽车，没有一种疯狂的劲头，想进入这个产业，连门也破不了，正如艾米莉·狄金森说的：“许多疯狂是非凡的理智，很多理智是完全的疯狂。”

2007年8月9日，“吉利汽车品牌求证大讲坛”首站在北京国际会议中心拉开帷幕，听者云集，汽车界老前辈陈光祖当着李书福与大家的面说：

> 李书福在车界叫“汽车狂人”，世界在急剧变化，只有疯狂才能生存，才能发展，才能超越。“疯狂”是一种想象力的体现。吉利要走向全球，就要实行“疯狂大战略”，包括“机器的疯狂”。凡是世界上的好东西都要继承它，你的，我的，大家的，也是吉利的。创新的疯狂，就要突出科技和人才的建设，突出计算机和网络建设，把吉利推向“全数字化”。吉利确实是走在前面，毫不夸张地说是非常领先的。我相信这是一种“理性的疯狂”。我很欣赏这种疯狂，只要你们不要叫我“疯狂老人”就行了！①

主持人打趣说：“大家都觉得李书福先生本身已经够疯狂了，结果在专家的眼中还不够疯狂。李董事长，你可以谈谈听了陈老这番建议后的想法吗？”

李书福回应主持人说：“陈老说的‘疯狂’，不是简单的肢体和语言上的疯狂，而是思想上的疯狂，战略上大胆的想法。要想取得发展的主动权，你就要有‘疯狂’的想象和追求。”

不仅如此，在李书福身上，有一种愈挫愈勇的气质。

他身上的光环背后，谁能知道有过多少挫折、失望、痛苦和孤独呢？普遍

---

① 王自亮：《经营改变世界：吉利传奇》，东方出版中心2011年版，第64—65页。

的不理解、不支持和冷嘲热讽造成的心理压力，给了李书福以“荷戟独彷徨”式的惆怅。他也会找朋友发泄：“我到底为了什么，不干了。”更多的却是“擦干泪，坚持住”的自我慰藉，“打掉门牙往肚子里吞咽”的坚忍。

李书福总是在嘲笑和质疑中靠近预期目标，且能使用自己的某种“魔力”，让整个团队始终围绕着一种强大的意志，不断地行动。老一辈汽车评论员陈远曾这样说过：“要研究一个问题，李书福究竟有什么样的魅力，使得整个团队长期以来一直跟着他搞汽车，没日没夜，无止无休，终于成就这样一番事业。”

据说，雪铁龙汽车的创始人安德烈·雪铁龙，“能够极其敏锐地捕捉到稍纵即逝的智慧的火花，清楚地预见到它的一切潜在效益，并雷厉风行地将其付诸实施。不仅如此，他还有一种善于将自己的意图传达给每一个员工的卓越能力”①，“他还有一种闻一知十，明察秋毫，拥有快速的接受能力、理解能力和一针见血的批判性判断力，让他能在看似无关的要素之间发现新的联系”②。在李书福的身上或多或少也有这些优异气质，只是以不同于一百年前汽车业领袖的形式表现出来。

反过来，如果没有坚强而有创造性的团队，没有成千上万的吉利人，李书福的汽车梦不可能成为现实，吉利也走不到今天。

李书福的“魔力”，来自这个平凡的世界，来自物质交换、生活欲望与人心所向。在这个团队形成的过程中，也经历了各种戏剧性的过程，物竞天演，不断进化。正如杰克·韦尔奇所说，“有时候，这个团队是自发状态下形成的，每件事情都进展顺利，每个成员都配合默契，仿佛有一种神奇的力量在背后支配一样。但在大多数情况下，团队建设是一种有意识的行为，是一个深思熟虑的过程”。

---

① [法] 雅克·沃根辛格：《安德烈·雪铁龙：汽车世纪的奠基人》，刘海宁、魏文清译，华夏出版社2013年版，第37页。

② [法] 雅克·沃根辛格：《安德烈·雪铁龙：汽车世纪的奠基人》，刘海宁、魏文清译，华夏出版社2013年版，第59页。

每个时期的历史使命，影响力提升、业务进展、市场变化都对团队构成提出了不同要求。掌舵人对领导团队和管理者，既要有宽容、宽松之雅量，“允许犯错误”，又得根据业绩进行严格考核。在创业之初、“战略转型”和走向全球化这三个历史阶段，吉利领导团队都有不同于其他企业的特点。在保持战略定力与凝聚力方面，却是李书福念兹在兹的。可以有争论，甚至正面交锋，“拍桌子”，但不可以唯唯诺诺，得过且过。

袁小林，沃尔沃汽车全球高级副总裁、亚太区总裁兼CEO，他对李书福是这样评价的，“李董事长是有战略高度和远见的人，在大家还没有看清或者看得非常弱的时候，他会看到可能性，会找到方向。因为他的包容性，才会有不同的人才，以不同的形式加入到吉利大家庭中”，“他又是一个永远有好奇心，并且具备学习能力的人”。

也许，阿什利·万斯在《硅谷钢铁侠》中对埃隆·马斯克的一段评价，会加深我们对吉利汽车创始人李书福的理解：

> 在外人看来，他总是野心勃勃，似乎是扩张上了瘾，才会对外公布超级高铁、太空网络等新计划。但我更加确信，马斯克是有情有义之人，他以一种史诗般的方式呈现喜怒哀乐，他感受深刻的是自己改变人类命运的使命，因而难以意识到他人的强烈情绪，以致他富有人情味的一面被掩盖，令他显得冷酷无情，没有顾及个体的想法与需求。而很可能正是这种人，才能将太空网络的奇思妙想变成现实。[①]

① [美] 阿什利·万斯：《硅谷钢铁侠：埃隆·马斯克的冒险人生》，周恒星译，中信出版社2016年版，第321页。

第二章　台州开篇

路桥这地方

1963年，李书福出生于黄岩县石曲乡（今台州市路桥区路南街道）一个名为“李家村”的地方。他的父亲是农民，家人和亲戚也大多务农。

那时路桥为黄岩县所辖。黄岩是个著名的县份，属浙江省台州地区。浙江东南沿海的台州，具有极为独特的山川与风俗，是吉利出发和成长之地。莫言说过：“故乡是血地。”即出生地，浴血之地，血脉相连之地。

李书福“起家”时的伙伴们，不少是台州人。

台州依山傍海，季候鲜明，物阜民丰。这里的人民质朴勤勉，又能灵活处事。历史上民风彪悍，多勇毅之士，特别是沿海人士，更具非凡的冒险精神。瓯越之人，有着极强的“事功意识”与“践行”精神，且颇具激情，时常演绎出一些激越、曲折和壮阔的“人间戏剧”。这些风尚、情境与人物，以台州为甚。

这一带人们的精神、思想与习性，与杭嘉湖地区大相异趣，也有别于温州与金衢地区。这与台州开发、教化和所谓“制度规训”稍晚，“永康学派”与“浙东学派”影响较强，又有机会接受朱熹“格物致知”之说紧密相关。这一兼容而独特的文化系统，恰好有利于台州的近代化和观念转型。既存“天理”，亦不弃“人欲”，正好是普通台州人的生活信条。在一定条件下，这样的社会群体极易形成清晰、直截和活跃的思维方式。

路桥这地方，历来以商业和手工业闻名于浙东南。

此地早在汉代就以制瓷手艺而出名，宋代置镇以来物质交换活跃，商业氛围浓厚，到了明清两代更是盛况空前，店铺林立的沿河“十里长街”闻名于台州、温州一带。清中叶，路桥镇率先成为台州纺织业和商品市场中心。近代以来，路桥工业品开始扬名。1935年路桥普明织物厂产品获全国工商博览会一等奖。20世纪50年代，路桥成为浙东著名商品集散地，全省七大农村集镇之一。

20世纪80年代，路桥镇居然建成22个“专业市场”，小商品、废电器和旧钢铁市场驰名全国。整个城镇就是一个大市场，而周边的农村，则以丰富的农副产品和手工业，支撑着交易和工商业繁盛。

其实，李书福家族并不是纯粹意义上的农民，因为这一带农民实际上大多“亦农亦商”。

农忙时种田，农闲时交换手头的农副产品和手工业品，则是一个显性的“非制度化安排”。农事节律与集市、节庆期间的贸易交替进行，这是一个与沿海农业地区相匹配的、与交易相关的社会经济现象，也是与农耕社会的时间结构紧密联系的自发行为，对此近年都有一些专著予以讨论[①]。

虽然20世纪60、70年代官方对商业活动是极为抑制的，但此类“资本主义尾巴”[②]总是割不完。

李书福幼年时所目睹的这些场景，也深深地嵌入到他的家族的生活方式之中。他周围的人，非常习惯于这样的生活方式。农业只是糊口的活计，而所谓

① 参见王加华：《被结构的时间：农事节律与传统中国乡村民众年度时间生活——以江南地区为中心的研究》，上海古籍出版社2015年版。

② “割资本主义尾巴”：当时没收农民自己偷偷种养农副产品的运动。在1955—1956年完成了社会主义改造之后，认为小农经济还是产生资本主义的温床，所以还要割“资本主义尾巴”。20世纪70年代，“资本主义尾巴”也指城乡居民偶尔贩卖生活用品和生产物资之类的“投机倒把”行为。

的“副业”，则有着相当程度上商业和五行八作的浓厚色彩，在一些非常年代，家族成员也渴望从事商业活动，尽管并不那么顺遂。说到底，路桥本质上姓“商”，而商与工又如此密不可分。

近代以来，“五口通商”之后，传教士也经常光顾甚至“安营扎寨”这一带，他们带来了基督教义的同时也造就了很多商业机会，比如台绣、麻纺织品和玩具这些重要的外贸产品，几乎将家家户户都牵涉在生产链中。即使在20世纪60年代到70年代，路桥也并不闭塞。水网地带，贸易通道，不仅连接黄岩与温岭，也是往返台州—温州的要冲。流动性、季节性和交换行为，带来的是信息和刺激。

人们惊叹于路桥人的活力、精明与创造性，当年生意红火的所谓“钢材市场”实际上是废钢材市场，就是从国有钢铁企业和制造业企业回收的钢铁废料、边角料，以各种交换方式将之集中到一个市场里，展开一番别开生面的民间交易，其政策依据是“计划经济为主，商品经济为辅”。在那个年代，这里的乡镇企业和私营企业、作坊居然获得了不可能从国家“大计划”里拨给的钢材、电气设备和有色金属，加上众多工业品、日用品市场的助力，很多产业和行业就这样轰轰烈烈地搞起来了。

很快地，这一带成了台州地区经济的“增长极”。

李书福开始造车之后，路桥、泽国和海门（今台州市椒江区）的一部分汽车摩托车零部件企业，就随着吉利汽车共同成长，好多企业成为它的供应商。那些从信用社变成“股份制银行”和其他信用机构的金融企业，诸如“银座”“泰隆”等，代表着民间金融的发达，也与吉利有着千丝万缕的联系。这一带早就孕育着钢铁、有色金属和塑料贸易开启的新商业环境，建构了名副其实的工商业集聚地、民营工业基地、地域性金融中心。

“无心栽柳”的结果，让李书福和吉利汽车日后大为受益。

考察英国“工业革命”时期的状况，也有类似景象。比如曼彻斯特的兴起，就因为这个城市的活力、传统工业基础和重大发明及其转化。美国一些重要的工业城市，就是在五大湖地区廉价的水运、大西洋沿岸便利的海运及稠密的铁路公路网基础上，特别是在贸易发达、企业集中、人们冒险精神较强的地方建立起来，如芝加哥、洛杉矶、休斯敦、旧金山、纽约。

台州人的商业精神，是“工商一体”，技术、质量和价格优势相融合，而来自上海的“星期天工程师”也给台州地区特别是黄岩、路桥和海门（今台州市椒江区）的经济增加了“技术含量”。那些年，一批批穿着灰色或蓝色工装，坐上夜行车往返于沪浙，于暮色晨曦中出现或消失在街角村口，富有经验，表情严肃的工程师、设计师和高级技师，正是台州工业兴起的重要推手。李书福经常说自己站在“巨人的肩膀上”，实际上台州的商业环境、人文底色和市场观念，就是他站立其上的第一个“肩膀”。

说到底，这是一个商业文化与农耕文明相结合的小平原（“温黄小平原”），一个亦农亦商、头脑精明、务实能干的农村家族（“李家村”），一个完成了“资本原始积累”，工商业相对完整发育，市场、企业与技术相匹配的经济环境（“路桥”）。

如何找一句话来形容这里的人呢？有一句谚语流传了大半个世纪，那就是：“路桥人连头发都是空心的。”可见这里的人商业头脑发达，精明能干得都能“成精”了。后来这句话演变成：“路桥人头发里可以跑火车。”也许暗示了现代商业社会里，路桥人另有一番特异的表现。

这里还诞生了与追求信誉、名望和财富相匹配的社会氛围。

甘苦寸心知

李书福的父亲，曾经是李家村的一个生产队长，是个很硬朗的汉子。

他仗义，要强，不服输，有时能把生活中的问题“看到底”，给人留下最深刻印象的是：精明强悍，性格刚烈，有一副“好身板”。在家族企业兴起的过程中，他也扮演了很多角色：保管、安保和后勤，颇有点“守护神”的味道。他，是李书福精神气质与体魄的重要源头。

李书福在四兄弟中排行老三。四兄弟之中，有的精明能干，善于经营，捕捉商机的能力不可小觑，如老三李书福；有的热衷于技术，喜欢钻研机械构造和细节，动手能力又强，如二哥李胥兵。大哥李书芳，小学都没有毕业，但很早就有了一个小五金厂（店）。

李书福的少年时代，始于放牛，之后是求学，终结于商业。

“我是一个放牛娃，上小学时，我利用暑假为生产队放牛”，在李书福对自己少年生活的叙述中，很罕见地披露了一些真切的内心感受。[①]可他小时候营养不好，个子不高，爬上牛背成了件困难事。他就认真观察，直到非常了解牛的习性，然后每次先把牛牵到草长势好的地方，趁牛低头吃草、腿部弯曲的时候，李书福就一边抓住牛的脖子，飞快地踩着牛的左腿关节，一下子就爬了上去。起初牛还不习惯被踩，李书福也因此摔了几次，但慢慢地，他和牛培养起了默契，牛都会乖乖地让他爬上去。就这样，他一边放牛，一边读书，而且还挣了零花钱，好处多多，也实现了效益最大化。

放牛时候培养的一些理念，对李书福日后的商业思维有着重要影响。

少年时代，李书福还干过一件事，就是做了一段时间的新“骆驼祥子”。那时黄岩、路桥和海门（今台州市椒江区）一带，盛行“骑车带人”这一极为原始又带有苦力性质的运输方式。说得简单一点，就是以单车载送客人的人力车夫。

多年后，有一次李书福突然问公司的同事：“你知道我年轻时干什么最辛苦？”那位同事不明就里，给了他一系列的答案，比如：开照相馆、提炼纯银、办电冰箱厂、从事装饰材料行业。而李书福的答案是：“骑车带人。”这样

① 李书福：《向改革开放四十周年致敬》，《商业文化》2018年第17期，第35页。

看来，吃得“苦中苦”大约就是“骑车带人”之苦：卑微、无奈，透支体力，有苦难言。除了挖煤、晒盐和当时江南农村的“夏收夏种”，还有什么比这更苦的？

李书福对这些“苦难”有自己的评估。他曾经说过：“苦难从来不是财富，它是伴随着人一生的恶记忆并易使人变形。——但还是要不怕苦难。幸运的是你终有把苦难变成享受的时候。”[①]事实上，能否将苦难转化为财富，取决于苦难的性质、类型和时间，还取决于人的意志、态度和力量。

等到李书福上初中，“改革开放”开始了。对于年纪尚轻的李书福来说，他对“改革开放”的直观理解就是国家允许土地承包、农民可以搞手工业和私营经济。这无疑是令人震撼的事件。当时李书福甚至一度认为“这种好事是不可能发生的”“一定是谣言”。他搜集相关的报纸和期刊，还认真阅读了“三中全会”公报，这才相信“改革开放”真的开始了。

完成初中学业后，他考上了当地颇负盛名的路桥中学。据他的一位中学同学回忆，李书福在读书时就有一些异乎寻常的精神气质，他平时话语不多，但凡事都有着自己的看法与独立表现，不服气、不认输是他的明显特点。读书期间，看着社会变化如此迅速，李书福有了一种迫切感：如果再不行动起来，就会错过这个机会。

他整天关注社会新动态。在这个过程中，李书福认为属于自己的机会到了，于是就想方设法节省时间，想早点步入社会。这个念头，当然很快就被他的父亲看出来了。父亲可不会任由他“不务正业”，为此经常训诫他。后来接受“新华网”记者采访时，李书福谈到这一点：“人在学校，心在游离，引起我父亲的极度不满，几次受到惩罚：高中还没有毕业，我就开始规划参与市场经济活动的各种梦想。”

---

① 陆涛：《李书福和他的十八戒》，中国文联出版社2003年版，第3页。

开照相馆

在路桥中学门口，有一个并不起眼却令人羡慕的国营照相馆，每年毕业季，照相馆门口中小学生云集，都要排队进屋拍毕业照。

李书福也和同学们去拍照，在排队过程中，大家都很无聊，一片抱怨声。同样站得腰酸腿痛，少年李书福听到这些声音，心里感受到的不是怨愤，却是几个值得琢磨的问题，比如：“拍一张照竟然会这么拥挤，这里有什么机会没有？”

拍照结束后他就把照相师傅拉到一边，有点不好意思地说自己想学拍照，欲拜他为师。当然被师傅回绝了。没想到李书福却是一个不轻易回头的人，马上来一个“曲线救国”，托人求情，最终还真的成了这个照相馆的学徒。据说，他白天为师傅免费干活，晚上睡在同学家角落里。很快李书福就“上路”了，掌握了布景、灯光和构图，以及其他相关的摄影技术。

他向父亲要了120块钱，买了一台海鸥牌手提照相机，从此开启了他的创业生涯，一个踉跄前行的准商业“首航”。他身上挂着照相机，脚踏自行车，走街串巷，见人就问要不要照相。因为李书福做事灵活、技术也好，照相质量也让大家很满意，于是他很快就挣到一笔可观的钱，开了个照相馆。

为节省成本，也为过一把“制造瘾”，他要做一切能自己做的事，包括灯光、道具、器材和其他配件，亲手做一个“座式照相机”。

然而，李书福并无在这行“长期作战”的打算。开照相馆不是他的人生归宿，只能作为他商业人生的起点。与其说李书福是在做照相生意，不如说他是在照相生意中学习经商之道。

多年后李书福接受杨澜采访，被问及年轻时开照相馆有什么收获，说了一番既恳挚又令人感触颇深的话：给人拍照，捕捉人们脸上最生动富有特征的那一瞬间表情，逐渐养成了自己把握时机的能力，学会“察言观色”，按下快门后，常能出一张好照片。

当然这都是“后话”，李书福可以把拍照这件事给他带来的好处，说出一二三来，且能绘声绘色。但当时就是一种“谋生”之道，先活下去再说。如何在社会环境开始松动的时代，先找到一件可为的事做起来，日后再“以求一逞”，这是他当时最大的现实。

2014年4月6日，吉利收购沃尔沃之后第4年，李书福在布鲁塞尔接受了《金融时报》记者理查德·米尔恩的采访，报道中记录了这么一个令人印象深刻的片段：

> 李书福大笑起来。（当年）他是在简单的条件下开始创业的。他在布鲁塞尔一家酒店毫无特色的会议室里接受了英国《金融时报》的采访，指着“咔咔”照相的摄影师说道：“我最初开始就是搞摄影的。当然，那时没有这么复杂的设备。”
>
> 他很快就表现出创业倾向，开了一家自己的照相馆。但他的“非常廉价的照相机”满足不了需要，因此李书福制造了自己的“相当专业的相机”以及照相馆里所有的照明设备、家具与背景幕布。
>
> 这种工程悟性加创业精神推动今年50岁的李书福成为中国民营企业的领军人物之一。

“北极花”盛衰记

做一个小打小闹的个体经营户，显然不是李书福的追求。路桥乃至台州地区，在20世纪80年代中期开始广泛形成“一乡一品”“一县一品”现象，产品的各个相关配件都可以在区域内就近采购，形成了较大规模的零部件市场。从生产活动和资源配置的角度看，市场外部交易机制替代了企业行为。

那个时候，整个社会正好有一种自由感、身份松动的氛围，这种开放度激发了全体国民的想象力，行动随之而来。李书福的“机会”，正植根于此。社会生活的日常化，人性的复归，对新财富的期盼，人们长期受到压抑的物质要求、生活本能和肉体欲望，如井喷般爆发了。全体社会成员在精神上也诞生了开拓的冲动，与外界正常化的交往与流动，也激起民众思维与物质的双重“创造欲”。包括家电、汽车和住宅在内，那些被马克思深刻分析过，大家熟悉而新奇的“商品”，开始被社会全体所聚焦，也为大众所羡慕、所渴望。整个社会的新需求，如同出闸之水，势不可挡。

李书福在1984年果断出击，租了几间厂房，搞了一个电冰箱配件厂，自己担任厂长。生产初期，基本上就是李书福他们一两个人苦干，举着锤子敲出一批异形铁片，然后装到包里，骑着自行车把零部件送到台州冰箱厂。

因为是初创公司，没有土地更没有厂房，李书福只能租用街道的厂房进行产品试制与研究。虽然设想很好，但实际生产出来的产品总是不尽如人意。近400多天的反复摸索与失败，让他的手掌都被折腾得找不到一块完好的皮肤，见人不敢伸手，浑身疲惫不堪。试生产终于成功了，但街道要发展工业，决定收回厂房，李书福只能转移到其他地方。可是转移到哪里去呢？

天无绝人之路。在同学家长的帮助下，李书福找到了路桥中学，以校办工厂名义开工，并生产、销售产品。他费了九牛二虎之力，把所有机器设备搬迁到了新租用的路中校办厂。刚安顿下来，开始生产不到一个星期，事情又发生了。这个校办厂的周边是老师宿舍，李书福他们加班加点生产电冰箱零件，产生了一些噪音，老师们晚上很难入睡，集体罢教，学校要求他们必须立即搬迁，这样李书福又被如何解决厂房的问题难住了。

搬到哪里呢？李书福在方圆几十里到处托人，找来找去找到了一个废弃的自来水厂。房子虽然不大，周边却没有居民，他很高兴，终于找到了一个新的安身立命的地方。

然而这个水厂当时已经切断电源，必须重新找供电部门批电。李书福与村支书反复协商，几经周折，找到这个村的电管员，请求装一个电表，把村里的电分一些给李书福他们用于生产。结果却被人举报，说李书福的工厂没有经过工商局批准私自接电，黄岩县电力公司要求县检察院将厂长监视居住并立案审查。这吓得他根本不敢再去这个村。生产又陷入了停顿，这一年李书福22岁。

就在恐惧、无奈、叫天不应的时候，“有一个声音在向我发出召唤”，当地一位乡工办主任主动找到了李书福。在这位主任的协调下，李书福他们租用了一个村庄的生产队仓库。

搬运设备，李书福他们都是用人力手拉车，像蚂蚁搬骨头般转移。一辆手拉车三到四个人，一共有几十辆手拉车，边推边拉。那几天，碰巧下了倾盆大雨，“虽然汗流浃背，但根本分不清雨水还是汗水，只要能向前挪动一步，就是成功”，李书福后来这样描述当时的情景。就这几十公里，道路泥泞，坑洼窄小，设备又太重，捆绑锁紧难度很大，几个昼夜才搬运完成。那种艰辛与折磨，与他当年放牛时看到牛在耕地时的感受混为一体。

因为搬迁，路桥中学校办工厂的名称就不能用了。还是在这位乡工办主任的帮助下，李书福他们获批了一个“戴红帽子”的乡镇企业，叫“黄岩县石曲电冰箱配件厂”。这个厂，由李书福与兄弟们合伙经营。当时电冰箱处于一种供不应求的状况，他的这个电冰箱配件厂凭借质量高、产量大、销路广，第一年就达到了900多万元产值。

有了营业执照后，李书福便大规模地招聘员工，扩大产能，添置设备，研发新产品，产品也由异形配件扩展至保温套、电线、膨胀螺丝、水管、变压器，直至攻克技术含量很高，工艺比较复杂的冰箱关键部件——冷凝器、蒸发器，成为周边地区最有竞争力的同类产品生产企业，为全国几乎所有的电冰箱厂作配套，包括上海的“上菱”“远东阿里斯顿”，安徽的“美菱”“扬子”，杭州的“西泠”“华日”。

“供应链”“外协配套”，还有关键技术、核心零部件、行业壁垒，这些概念在李书福头脑里逐渐明晰起来。就在创办电冰箱零部件工厂过程中，这个“不安分”的人得到了工业化、商品经济和价值法则的“启蒙教育”。

虽然电冰箱配件的销售形势很好，但是20岁出头的李书福并未就此止步。

从1986年开始，李书福把注意力放在了电冰箱重要的零部件“蒸发器”上。蒸发器被认为是电冰箱的中枢部件，许多人跃跃欲试，但是都因为不能掌握蒸发器的制造技术，最终放弃。李书福跑到上海去找专家，去同学的化工厂作实验，集中力量对蒸发器进行了技术改进，终于取得了突破。李书福的这家工厂，也就成为当时台州唯一能够制造蒸发器的厂家。

稍后他又作出了一个更大的决定，不再只生产电冰箱配件，而是直接生产电冰箱。当时电冰箱是国家统一配售的商品，私人企业生产电冰箱是不可能被批准的。可是李书福决定冒险“赌”一把，于是联合几个兄弟，组建了“黄岩县北极花制冷电器厂”，时间是1986年11月6日。这个由李书福兄弟创建的电冰箱厂，就是日后“吉利集团”的前身。

一个家族企业就此起步，并迅速崛起。

1986年，是“吉利”元年，也是李书福真正步入实业（虽然远没有接触汽车产业），诠释“书写幸福”这一名字的“创世纪”。当然，这不是纸上谈兵，而是“将业绩书写在大地上”的行动。一个人奋斗一生，仿佛就是为了写好自己的名字。

当代中国，是一个企业家脱颖而出的年代。这既是中国改革开放的因，也是果。反过来说，无论多么伟大的商业天才，必须遇到一个开放的时代，一个开明的政府，无数被正常的消费欲望所推动的民众，才有其表现才华、实现抱负的机会。

就当时而言，李书福是个不折不扣的“乡村才俊”，一个“无师自通”的“潜在企业家”。

次年，也就是1987年，在广东怀汉新的“太阳神”生物健口服液取得成功的同时，宗庆后也开始创业；柳传志作出了一个重要的决定，离开IBM转而代理销售AST；马胜利宣布创建“中国马胜利造纸企业集团”，在全国20个省市陆续承包100家造纸厂，成为当年度最具爆炸性的经济新闻；而鲁冠球则于1986年开始了他的创业。一个“群雄纷起”的年代，一个时生时灭的时代。说到底，这是一个市场意识觉醒、想象力高扬的时代。

因为掌握了电冰箱生产核心技术，李书福的“北极花”电冰箱迅速在市场走红，企业发展迅猛，但只能以“贴牌生产”的形式生产，合作者是当时赫赫有名的青岛“红星电器”。青岛红星是个区办企业，在当时是全民所有制单位，具有合法身份，1988年进入鼎盛时期，旗下形成了海尔、红星、青岛牌（电视机）等大品牌。

其时李书福他们的“北极花”电冰箱，年销售额达4000多万元，每天在厂门口等着拉货的车子排起了长队，是黄岩县一道壮观的“风景”。这个26岁的年轻厂长，已经是一个十足的千万富翁。

可是好景没有维持太久，“北极花”电冰箱经营很快就到了冰点。

那是1989年6月，为了“规范市场”，政府实行电冰箱定点生产。李书福的父亲很严肃地告诉李书福，“工厂必须关门”。在极短的时间内，生产电冰箱的厂家从400多家缩减至41家，留下的大多为国有工厂。戴着乡镇企业“红帽子”的“黄岩县北极花冰箱厂”，本来就不在定点生产企业名单之列，厂里的股东意见又出现分歧，企业何去何从让李书福陷入迷茫。

对于李书福而言，这只是他人生一道小小的“坎”。

1989年下半年，考虑许久之后，他和兄弟商议，决定把电冰箱厂全部资产上交乡政府。最后政府以“代管”的名义，把企业接收过去了。

北极花，据说是高纬度寒冷地区一种“常绿、匍匐小灌木”，一般在7—8月开花，是一种“具有克隆生长习性的珍稀物种”，而李书福的“北极花”电冰箱厂，好归好，却在将要“开花”的七八月份，就成为一个“冬天的故事”。

“北极花”电冰箱厂的千万资产上交乡政府之后，李书福在一夜之间一无所有。按他的话来说，他又重新回归到了“无产阶级”队伍。他感觉到凭自己已有的企业管理知识，不足以支撑自己去经营和管理更大规模的企业，于是他决定南下深圳读书“充电”。

到了深圳大学之后，李书福又开始了新的“不安分”。起因是寝室环境太差，他和同学商量着一起把寝室装修一下，就到当地的建材市场采购材料。

就像在路桥皮鞋厂发现生产电冰箱的商机一样，李书福这次又在建材市场发现了另一个商机。他发现一种进口的镁铝曲板装修材料非常畅销，市场前景很好，但是国内生产的镁铝曲板不论是工艺，还是产量处于很大的劣势，而且正规的国内厂商也还没有，完全处于供不应求的情况。

于是，在课程告一段落的时候，他马上中断学习，重新回到了台州。

他与二哥李胥兵商议，决定联合重新创业。那时装潢材料大规模依赖进口，国产的装潢材料研究、生产才刚刚起步，在市场上很难找出一家像样的厂家，但人们对生活质量的追求正越来越高，装潢逐渐成为人们生活的重要部分。

虽然生产建材是机缘巧合，但事实也证明了这是个好机会。他从之前送给乡政府的“北极花”电冰箱厂的资产中回租了一部分厂房，创办了“浙江台州吉利装潢材料厂”。

按照李书福惯有的商业思维，技术永远放在第一位。

他自己设计、制造设备，逐步扩大镁铝曲板的生产规模，逐渐将业务范围拓宽到了铝板、幕墙材料等，生产出了中国第一张镁铝曲板，随后他的装潢材料厂又成了全国第一家铝塑板生产厂商。“一炮打响”之后，李书福很快就开始扩大生产规模，把送给乡政府的厂房、土地，以市场价格一点点租买了回来，这使得生产效率大幅度提升，产品开始出口，销售范围覆盖了几十个国家和地区。

就像当年的“北极花”电冰箱厂一样，各地经销商排队订货，吉利装潢厂成了市场的“新宠儿”。

在很长一段时间里，“吉利装潢材料厂”每年能够创造上亿元的利润，也已经研发出了铝塑板、铝单板、耐火板和塑钢地板等多种类型的装潢材料产品。李书福再次尝到了创业、技术和商业的甜头。这样，他就更接近了一个商业新境界。过程的乐趣大于结果，而好的结果又增加了前行的意愿。

第三章　造车史诗

摩托日记

切·格瓦拉，拉美革命家，游击战大师，这个酷爱旅行、雪茄与摄影的人，与友人骑着摩托车长期漫游之后，写下了一路上对人与事的感悟，叫《摩托日记》。中国企业家李书福，也有他自己的“摩托日记”，只不过它写在心里，并未形成文字。

切·格瓦拉在《摩托日记》中这样写道：

> 这不是一个逞强冒险的故事，也不仅仅是某种愤世嫉俗的记述；至少这些不是出自我们的本意。这不过是带有相同志向与相同梦想的两个生命共同走过的一段路。九个月的时间里，一个人可能产生许多想法，上至哲学命题，下至像要一碗汤这样的卑微愿望……

正是出于重新上路的“梦想”，李书福于1992年进入摩托车制造行业。

据说在20世纪90年代初，李书福在深圳看到许许多多的摩托车在大街上穿梭之后，既生感叹也敏锐地意识到，摩托车行业将是一个有着广阔前景的行业，投资造摩托车肯定会有收获。那个年代人们看到摩托车，用一个词来形容就是："拉风"。

有一次，吉利装潢材料厂的一名员工，要外出替工厂采购一些五金件，李书福本意是让这名员工骑自行车去取的，谁知道这名员工自作主张借了别人的摩托车，但由于马路高低不平，再加上心急，路上与一辆军用大卡车撞上了。所幸的是，员工本人受了点轻伤，身体并无大碍，但是那辆踏板摩托车却被撞得七零八落，几乎就要散架了。

李书福听到厂里员工出事了，急急忙忙赶去看望员工。

就在这时，借出摩托车的那个人明确表示，这辆车是他花了16000元刚买回来的。那个时候一个工人的工资也就四五百块钱，普通工人根本赔不起，李书福就让公司替员工承担了赔偿，那辆摩托车也就被拉回了厂里。李家两兄弟看到散架的踏板摩托车之后，感觉摩托车也没那么复杂，外壳是塑料的，对他们来说完全不是问题，造个型开个模就有了，难就难在发动机，那也没什么不能解决的，当场他们就一拍即合，决定生产踏板摩托车。

为找到摩托车发动机方面的技术人才，李书福把黄岩生产发动机的企业都排查了一遍，最终在黄岩一家国有发动机厂找到一位总工程师，是1960年毕业于西安交通大学内燃机专业的老大学生。在李书福要做中国最大的摩托车企业的想法感召下，他毅然决然辞掉了国有企业总工程师的职务，跟着李书福一起筹备吉利摩托车产业。经过千辛万苦，1994年6月中国第一辆"踏板式摩托车"在"华田摩托车总厂"诞生了，据说这个摩托车厂的名字是李书福起的，寓意要成为中华本田。

踏板摩托车的问世，意味着吉利摩托车厂真正上路了。

这辆踏板车在市场上一经发售，便供不应求，整个摩托车市场一下就火热起来，尤其在城镇和乡村市场，对摩托车的需求简直达到狂热的程度，连李书福自己都难以置信。后来他回忆当时的情景，只用了五个字："简直卖疯了"。

当然，产品本身的优势才是点燃整个市场需求的关键因素。李书福的"吉利踏板摩托车"，骑起来非常简单，直接加油门就可以上路，不需要踩离合那么复杂的操作，驾车时人也很舒服，简直称得上“姿势优雅”，不像骑跨式摩托那样，需要以双臂支撑身体。当时城镇和乡村的主要道路硬化率不高，大多是泥土路，一到下雨天就非常泥泞，骑踏板摩托车就很具优势：首先控制车身要容易许多，其次挡板能够挡水挡泥，骑着踏板摩托车在路上行驶既安全又舒适，回家还不会太难堪。

吉利踏板摩托车性能良好，技术是李书福和工人们一起研究出来的，不需要到处求人，或去花钱买技术，这就在很大程度上降低了成本。

一辆吉利踏板摩托车在外形上和日本、中国台湾生产的踏板摩托车基本上差不多，价格却便宜不少。到了1996年，吉利摩托车年销售量达到30万辆。这匹“黑马”一经跃出，彻底打破了国有企业垄断摩托车行业的局面，引发了长达数十年的中国摩托车热潮。

巨大的市场需求，让李书福决定快速扩大生产，产品不仅在国内销售，还远销欧美等32个国家和地区。搞摩托车，实际上就是李书福一次正儿八经的“小站练兵”[①]，为进军汽车产业奠定了坚实的基础，包括资金（虽然远远不够）、人力资源和经验，特别是对机械行业特性、市场特点和企业管理基础，都“过手”了一遍。

1995年，李书福将临海一个国有“鹿城摩托车厂”整体并购了过来。这是李书福“并购史”上的首次行动，虽然是一次国内并购，而且是非汽车行业。按潘巨林的说法，“（李书福）对五年以后要做的事，今年都想到了，包括五年以后怎么样，应该怎么做，这一点我们是非常佩服的”。从这句话看出，他们之间大有惺惺相惜之意。

后来成为吉利汽车集团高管的杨健、顾伟明、潘巨林等人，也就是从那时开

① 小站练兵：甲午战争之后袁世凯在天津小站以德国军制为蓝本，制订了一套近代陆军的组织编制、军官任用和培养制度、训练和教育制度、招募制度、粮饷制度等为内容的建军方案。因其队伍训练营地在天津东南70里的一个铁路站，位于天津至大沽站中间，故被称“小站练兵”。

始跟着李书福“起事”的，准确地讲，因从内心佩服李书福进而成为他的伙伴。有的从国有摩托车企业出来，“跳槽”到李书福创办的吉利摩托车，如潘巨林；有的自己本来就经销摩托车，如杨健；有的自己本身也办厂开店，如顾伟明。

就这样，李书福在造摩托车期间，无意中积累了吉利汽车一批不可多得的人才。

一个召唤，有如神谕

命运之途，会出现如同梅里雪山一样壮观的峰峦，令人向往又充满危险。1996年前后的李书福，恰好站在“梅里雪山”面前，在怦然心动之余，正盘算着如何征服它呢。

这座雪峰有一个尘世的名字，叫“汽车产业”。

有一个声音在召唤着李书福，如同神谕。经历了各个行业的创业，在他内心深处从没有放弃过造车的梦想。等到他成为千万富翁的时候，又说要造车，而且是想造轿车，迎来的却是别人的嘲笑：“你一个平民老百姓，一没技术，二没国家允许，怎么造车？”但他还是不死心。

那时的经济社会环境，并不利于民营企业造汽车。李书福的“造车行动”遇到四大困境：人才难觅、技术缺乏、资金不足、政策受限。其中“政策限制”是致命的，其他方面的匮乏也同样形成各种障碍。自李书福决定造汽车开始，不仅受到业内人士质疑，周围人包括整个家族和大多数亲友都不理解。鄙夷与漠视是一种“人造沙漠”，几乎无法逾越。

当时，没人相信李书福能够造出汽车，更别说陪着李书福一起干。

李书福至少要把家人、合伙人说服，让造车能够拥有资金基础。于是，他召开了一个家族式的“董事会”。经过一番争论后，最后李书福在会上说：

> 我的意见是先拿出一个亿来，用于征地和上汽车的准备。如果立项真的批不下来，我们就（继续）走电冰箱和摩托车这条路子。但你们要相信国家，相信政府，一定会支持民营企业发展的，这可能像蒸包子一样，熟的时候还没有到。等真到了时候，我们吉利就已经先行了。现在要找一家名存实亡的可以制造汽车的企业，我们寻求合作，他们也一定需要合作。①

李书福的摩托车合伙人——他的兄弟们，看到李书福如此坚定，商议之后也作了思路调整，允许他拿出自己投入摩托车厂的一亿元去搞汽车。事情就这么定了。钱的问题，还有失败的后果，李书福没有想得那么多。他似乎从不考虑失败之后怎么办，想的就是如何成功。李书福决定转行造汽车，就是从这一亿元资金开始的。

李书福的想法跟当时很多人相反，那些阻碍他进入汽车行业的困难，在他看来却是机会，“作为已有100多年历史的汽车产业，从总体上来说已经成熟、规范了，把人家成熟的东西拿过来，为我所用，这可能是一条捷径”。鲁迅的“拿来主义”，这时成为李书福干实业的圭臬。

李书福造车的意义，不仅关乎他个人成功与否，更在于在整个社会发生巨变的时候，又“制造”了新的旋涡，带来了各种意想不到的可能性。虽然艰难，却是值得。多年来他积蓄力量“以求一逞”，很快就找到毕生为之奋斗的事业：汽车。

李书福自长大成人到现在，一直在做人家想不到的事。

对他的行为举止，不管是谁，无论是出于善意还是别有用心，都是从不理解开始的。多年按部就班的社会，高度的秩序感，人言可畏的生存环境，制度性资源的匮乏，容不下这等“出格”或“出奇”的事。

---

① 陆涛：《李书福和他的十八戒》，中国文联出版社2003年版，第173页。

若置身西方语境，完全可归之于“天才与社会”的冲突。

当然，李书福不认为自己是“天才”。只是，以李书福的眼光和市场嗅觉，包括他在洛杉矶高速公路上看到汽车潮水般轰鸣而来时所激发的强烈愿望，觉得一个时机业已成熟，驱使这个不安于现状的人进军汽车行业。[①]只是当时苦于缺乏资金、机会和技术，他才选择了摩托车行业来供自己蓄力。

为进入汽车行业，李书福找过省机械工业厅的领导。这个领导以为听错了，直到李书福再次证明自己要造汽车，他就问李书福一连串问题：怎么造车？发动机问题怎么解决？资金、人才和技术在哪里？李书福看到情形不对，就赶紧来了一个缓兵之计：“我也觉得生产汽车有困难，我能不能去研究汽车呢？”这个领导说，研究汽车应该没有问题，那是你自己的事，只要不做违背政府规定的事，可以去尝试啊！

今天有人会说，这两人讲的不都是废话吗？但那时汽车就是一个禁区。当时李书福“研究汽车”这番话，是为自己搞汽车作了一个铺垫。最重要的，他可以以此为理由跟省以下的政府官员去打交道了，比如土地、项目和政策，各种优惠和便利。真可谓“今天寻常事，昨日犹攀岩”。

后来他回忆说：“那时我决定要研究、生产汽车，除了我自己信，还有小部分人信，真没有太多的人相信”；“虽然面临很大挑战、很多困难与问题，但商业空间很大，商业机遇期也很长，有足够的时间打基础、练内功，有足够的时间培养、培训人才，也有足够的时间、空间允许我们犯一次或几次错误……在汽车行业内有一句话，‘你恨谁就叫谁去造汽车’，当然我要造汽车，不是因为谁恨我，而是我自己的选择。”[②]

汽车，既是工业革命之花，也是人类梦想的“超现实版”。

几乎所有即将进入现代化国家的社会精英，都会有一批对汽车怀有梦想的

---

① 参见李书福2019年4月接受的央视《财经人物周刊》采访。

② 邱然、闫书华：《我们要让中国汽车跑遍全世界》，《学习时报》2018年12月7日，第3版。

人。诸如，卡尔·弗里德里希·本茨，戴姆勒–奔驰汽车公司创始人之一，现代汽车工业先驱者，人称“汽车之父”；亨利·福特，是百年前美国的一个，奇人；安德烈·雪铁龙是法国的一个，丰田喜一郎是日本的一个，李书福是今日中国的一个。

显然，“民间造车第一人”还不足以概括李书福。

从头越

既然要造车，就须作“系统性准备”。

谁都知道，进入汽车行业不是玩儿戏。成功固然是价值无比，失败起来也如雪崩。对汽车行业来说，数据、技术和体系固然十分重要，但更重要的是，人们对汽车工程的总体把握、供应链的系统落地、多种经验的积累，既包括技术要素，也涵盖了工艺流程、物流系统，以及市场、资金、信息。

上述要领，从造车第一天就得开始摸索，无处可“买”。

那时李书福把造车说得很简单，诸如“汽车无非是四个轮子，一个方向盘，加两张沙发”（他至今认为并没有什么错，是“出于对汽车制造模块化的认知”），令很多人错愕。李书福这样说，还包含着打破汽车行业神秘感的“潜台词”。他要解构“汽车”这一当时令人生畏的事物，还带有一点“逆命违抗”的意图。

战略藐视与战术重视，在李书福身上是同时具备的，但多数人乐于传播他的“疯狂”。

除了“试水”广义上的交通工具产业（如摩托车），积累市场经验，掌握技术与构造，尽力筹措资金，李书福做得更多的，是对时代、产业和市场的深入思考，对准入、消费和技术的探究。既有痴迷的因素，更有使命感的驱使。

对于李书福来说，哪怕头破血流，也要获得“冲击的权利”。造车的设想，来自于他的思维、经验与激情。

李书福的“造车行动”，始于1997年。

首先是建厂。没有“地盘”，一切无从谈起。于是，李书福借摩托车厂扩大规模的名义，于1996年向临海市申请地皮。在政府规划审核土地时，有人问李书福：“厂房怎么这么大?”李书福微微一笑，回答道：“我们要造的是世界上最豪华的摩托车。”

最后，临海市城东开发区的八百亩“准沼泽地”高价批给了李书福。正如本书开头所述，在这片沼泽地上，除了开发区建了两幢办公楼，还不通电、不供水，只是一片荒芜之地。这片“准沼泽地”是临海市地势最低的地块之一，一遇到大一点的台风，这里必淹无疑。据最早参与吉利汽车项目的老员工回忆，1997年8月18日，是他们正式进驻临海基地的日子，这天恰巧碰上了浙江气象史上赫赫有名的“11号台风”。狂风暴雨没能阻挡住他们前进的脚步，可一觉醒来，第二天一早他们被窗外的景象惊呆了，放眼望去，一片汪洋，住处一楼几乎全部被洪水淹了，远处公路上开的不是汽车而是船。此后的三天三夜，断水、断电、断粮，他们是靠后勤人员用一叶小舟送来的一瓶瓶矿泉水、一袋袋饼干度过的。干汽车第一天就碰上这样的事，同伴们在一起七嘴八舌开玩笑，有的说“这是老天爷给咱们的一个下马威”，有的说“这是老天爷暗示咱们要知难而退”，有的说“大水寓意‘大发’，看来咱们的汽车事业肯定兴旺发达了”，这些对话打破沉寂，带来一片欢笑。

按理说，这片地不适合建大型工厂，但李书福已经心满意足了，至少可以有独立厂房来“研究汽车”了，而且这里僻静得有点荒凉，更能保证他在研制汽车成功之前不被别人告状。

然后是搜罗人才，包括专业人才、技术专家与高级技工，还有与汽车企业相匹配的管理者、汽车营销队伍。

问题是，没有现成的人才。天上也不会掉馅饼，大学和国企不会无缘无故地为李书福输血。李书福就从摩托车厂入手解决这个问题。他翻阅了摩托车厂的所有员工档案，发现只有3个人是来自汽车企业的，且他们过去涉及的工作主要是汽车制造技术，汽车产品研发只能算是“半路出家”。李书福只能先用这3个人，因为那时私人老板搞汽车被认为是痴人说梦，正儿八经的汽车设计专家都不愿意来吉利。

从那时开始，李书福这个汽车公司董事长，就是技术与研发的“领军人物”，更准确地说，是“灵魂人物”。有相当一段时间，李书福被周围的人称为“李工”而不是“董事长”或“李总”。这情形，一半是逼出来的，一半是他天生有这爱好。

罗显任是吉利的第一批造车人，按他的说法，“那个时候人手少，分工不是那么细，大家什么都得干，包括李董事长本人在内”。李书福是“总设计师”，有些会画图的行政领导，有空时也会主动“爬图板”。他们几个搞技术工作的人，不仅仅要做方案、出图纸，有时还得亲手加工制作零部件，以及参与组装和调试。每个人都是多面手，大家相互支持，彼此配合。

开始研究与开发那段时间，李书福经常到现场跟大家一起干。有一位老员工回忆说，“有一次深更半夜，他想到了什么事，就跑到现场，说这个地方怎么改改好，那个地方怎么弄好”。事实上，李书福这个总工程师不是“动口不动手”的那种。

罗显任还记得，后来开发类似“中华子弹头”的汽车，第一台车装配时董事长一直在现场。那时的装配真的是边“装”边“配”，哪儿要开孔，哪儿要打磨，哪里要加个支架，全在现场决定。这款车车身是玻璃钢的，开孔、打磨时玻璃钢粉尘满天飞。玻璃钢粉尘吸入体内会伤害身体，接触皮肤极易导致皮肤过敏。作为董事长兼“总工程师”的李书福全然不顾这些，他白天、晚上一直坚持在试制现场，边出谋划策，边指挥大家干，直到样车试制完成。

接着，就是采购零部件。

除了少数人，没有人知道李书福要造汽车，后来被称之为“供应链”的那玩意儿，根本不可能事先建起来。那时供应商都围绕着大众汽车或大型汽车国企转，“吉利”汽车还是第一次听说。

李书福造车时代的伙伴，后来任吉利集团副总裁的顾伟明回忆说，第一个联系的是上海一家叫“汇众”的公司，是“上汽”[①]下属的公司，他们做汽车零部件。因早先这家公司给我们配过摩托车零部件，我和书福就找他们买汽车零配件，当时接待我们的是总工程师，那位总工程师就问李书福，“你有多少钱？”李书福说“我（钱）不多，现在可以拿出来的就几千万块钱”。结果，这个总工程师就借故走了。他听不下去了，觉得李书福是在讲梦话。这样的条件下汽车怎么能够造出来呢？他就走了。

李书福还在静候，以为那个总工程师是去处理急事了，就待在办公室等了一个多小时。后来才有人过来告诉李书福说，总工程师不会来了。李书福怏怏然，只好再想“别的办法”，跑到全国各地找零件供应商。

采购零部件的过程相当坎坷。好多供应商听到李书福要“造汽车”，首先是很吃惊，然后就琢磨要不要卖给他。有些供应商被李书福的执着所感动，还稍微卖点零部件给他；有的供应商态度很差，直接冷淡地拒绝了李书福；还有的供应商颇有心机，用现在的话语说，看到李书福是汽车行业的“菜鸟”，就趁火打劫，竟然高价卖给李书福零部件，也夹杂一些次品。

后来李书福他们还取道香港等地，终于搞到一些汽车零部件。经过曲折的采购过程，七拼八凑地采购齐了零部件。

“吉利刚开始研究汽车的时候，都要把窗户和门关起来，窗帘也拉起来，不让别人看见。”后来李书福对记者这样说，“那时候要是让别人看到你研究汽车，那就不得了，因为那时汽车是由国有汽车公司制造的，民营企业绝不允许制造汽车。”

---

① 上汽：指上汽集团，全称“上海汽车集团股份有限公司”。

吉利一号

接着，就要真正动手造车了。

李书福买来很多种市面上比较流行的汽车，放在厂里让大家一起“研究研究”。比如奔驰、宝马、红旗等，他和伙伴们把这些汽车全放在车间，拆了装、装了拆，反复揣摩，从构造、功能到零部件之间的匹配，就像面对史前年代的恐龙，要把它们搞明白到底是怎么回事。

把所有的车都买来拆解“研究”会耗资不菲，于是李书福就让人悄悄地从国外带回一些零部件，之后他就和伙伴们仔细“研究”，经常搞到深夜，甚至“不知东方之既白”。

在极为简陋的条件下，以一种略显笨拙的方法，李书福他们逐渐掌握了基本的造车技术，并开始造车。

吉利造车确实是“白手起家”。虽然李书福以造摩托车的名义在临海盖了大片厂房，但开始时车间里是空荡荡的，什么都没有，造车团队进驻后才先后添置了两台电焊机、一台砂轮机、一个台钻、一台切割机、几把割枪、几把磨光机及一台剪板机。凡需要车、铣、铇、磨的零件全部委外加工，而那些比较简单、精度要求不是太高的工装零件，则是靠在砂轮机上一点点打，在磨光机上一点点磨，然后用锉刀一点点修制作出来的。

零部件检测没有设备和好的手段，最好的检测工具就是游标卡尺了，零部件好坏的判定基本上就是凭目测、比画和试装，需要作物理、化学性能试验的那就只能拿到几十公里外的摩托车工厂去了。

办公没有电脑，设计画图用的是最原始的绘图工具：图板、丁字尺、三角板等。工艺文件等的编制全部都是手工书写，耗时又费力，一旦哪道工序编写有错或需要作工艺调整，往往涉及十几页甚至几十页的文件重写。

汽车设计资料更是一册难求，“奔驰”“红旗”等的使用说明书和维修手册，就是当时最宝贵的参考资料了，汽车专业技术资料、产品标准、汽车设计手册等，后来费了老大的劲才弄到手。

那时大伙儿对产品的了解和掌握，主要是通过对样车的反复拆装和研究。

为了更快、更全面地了解掌握轿车的结构特点，大伙儿还常常跑去市内，在大街小巷见到好的车就会左看看、右瞧瞧，然后对车评头品足一番。为了弄清车的底盘结构，他们有时不得不钻到车底下左顾右盼；为了看清车的内饰风格，他们有时又不得不隔着车窗玻璃对车内指指点点。因为这些举动，曾闹过好几次让人哭笑不得的误会：车主或旁人还以为他们是小偷呢！

大家都想一鼓作气尽快把汽车搞起来，产品开发没讲究那么多套路和流程。当初产品试制不像现在，先把设计做完，图纸画好，然后再来做样车，而是常常拿着样件去仿，对着样车去“套”，“依样画葫芦”。正如吉利老员工回忆时说的，“这样快，效率高一些”。

那些跟李书福一起“研发”与造车的伙伴说：“起先甚至谈不上模具，直到后来才开模，那时候的模具不像现在的模具这么高级。”

吉利造车之初，第一批模具基本上都是“钢板树脂”模。以现在的眼光看，这不叫模具，而是临时制作的“工程玩具”。李书福后来也坦承，“模具都是我们自己开，用钢板焊出来的”。他还这样补充说：“涂装厂也是低水平的，精度很难保证，基本上靠手工进行质量控制，有些地方由于模具设计不到位，就动手改，叫‘整形’，通过榔头把它整过来，相当于一个修理厂。”①

确实是个“真男人”，真实、透彻、坦诚。

造汽车，已经没有什么力量和困难拦得住李书福。那么造什么样的车呢？

---

① 张曙红、黄平：《逼出来的自主创新路:吉利从“草根”长成大树》，《中国乡镇企业》2007年第7期，第56页。

做成“中国的奔驰”，这一直是李书福的梦想。还在制造摩托车的时候，他就买了两辆奔驰E320，后来其中一辆被拆掉，作为了“研究对象”。

这，堪称中国造车史上最了不起的一幕。多年后，当时亲临其境的顾伟明这样回忆：

> 那个时候，我有一辆红旗牌轿车，书福有一辆奔驰。说造红旗一样的车，汽车里边怎么样都不知道，这不是开玩笑吗？我对大伙说，先把我的红旗拆掉再说。我们从早到晚一个零部件一个零部件拆下来，一边录像，一边照相。结果拆了个稀巴烂，什么底盘呀车身的，就这样一步一步地学。我们想到，书福不是买了辆奔驰吗？何不趁他出差，也给他拆了算了！在他不知情的情况下，一鼓作气将奔驰拆了。

他继续回忆说——

> 把奔驰汽车拆了以后，结果发现它的结构太复杂了，动力系统、安全系统、电子系统，没有想的那么简单。那时红旗就没有这种电子、控制、安全气囊，更没有ABS。要是书福过两天回来怎么办呢？我们都想把他的奔驰汽车复原，但复原不了了，那个着急啊！我就打电话给他，说“你的汽车没有了，我们将它拆得恢复不起来了”。书福倒是很大气，说“恢复不起来就算了，要研究嘛，多研究”。那个时候，我们都想一鼓作气把汽车搞起来。

就这样，通过拆解、研究红旗的底盘、发动机、变速箱及奔驰的车身等，基本掌握了两辆车的基本参数和结构。由于奔驰与红旗的轴距、轮距等关键尺寸非常相近，整车的匹配上问题不是太大，于是李书福就琢磨着把两者“混搭”，合二为一。

这等情形，连想象力最丰富的人都无法构想。罗显任这样回忆说：

> 拆完这两部轿车之后，我们通过对比分析发现，红旗的底盘尺寸跟那辆奔驰的外壳对得上，主要尺寸基本吻合，于是就决定造“混血”的“吉利版奔驰”。思路是有了，但真要把车造出来还面临一大堆难题，凭当时的条件，就是造农用车都难，别说造奔驰那样子的车了。然而，想不到大伙儿在李“总工”的带领下，集思广益，各显神通，一个个问题都得到了较好解决。

四个车门最难造，就直接用奔驰的。发动机、变速器、悬架等底盘件难买，成本也高，红旗车的能用的都用上。顾伟明再安排人跑配件市场或找生产厂家，买些散件回来。最头疼的是车身的制造了，奔驰车的车身不可能直接挪过来用，红旗车的车身件也用不了，开模又需一个漫长的过程，时间等不及。正当大家犯难的时候，顾伟明神通广大，采购到了一些红旗车的机舱、前后地板等钣金散件，这样关键的车身地板总成就有了着落了。侧围、顶盖、翼子板等车身内外钣金件没有捷径可走，只能靠心灵手巧的钣金工纯手工打造。

李书福十分注重“吉利版奔驰”的“颜值”，试制过程中他提出了不少的要求和建议，基本要求是：总体造型参照奔驰，其中加入一些“吉利元素”，当然，这“吉利元素”主要还是他自己的一些想法。

车身钣金件的问题解决后，接下来就是重点解决车身的焊接问题。

车身焊接不是简简单单把钣金散件“凑拢来”就行，重要的是要保证车辆的各种安装尺寸，特别是与整车四轮定位相关的零部件安装尺寸，一旦这些尺寸出了问题，那装出来的车可能开都无法开，所有的工作都将前功尽弃。据罗显任回忆，当时工厂没有三坐标等测量工具，无法准确测量车身尺寸。后经反复琢磨，再结合过去的工作经验，他把红旗车上与定位参数相关的安装尺寸巧妙地复制到了车身总拼夹具上，然后利用该总拼夹具焊出了定位尺寸与红旗车基本一致的新车身。

与众不同的是，这台车的引擎盖是用玻璃钢制造的，为此当时还特意聘请了一位专门做玻璃钢产品的专家。为了降低车子的制造成本，同时缩短产品开发时间，李书福想出了“用玻璃钢来代替部分钢板”的主意。

经过李书福和伙伴们的日夜辛劳，两款看似毫不相干的豪车就这样被巧妙地混搭在一起了。1998年1月1日，吉利自主研制的第一款车悄然出生，号称“吉利一号”。

当代中国民营企业的第一辆新车，就这样问世了。

那一刻，李书福和他的伙伴们心情万分激动，同时也引起巨大的轰动。方圆几十里的人一下子震惊了，搞不清楚这辆像“奔驰”又不是“奔驰”的汽车是什么牌子的。

事后，李书福甚至还在《台州日报》上做了广告。出人意料的是，竟然还有人来询问李书福，“吉利一号”卖多少钱？这也许是李书福人生中最脍炙人口的趣闻。

“吉利一号”虽然最终未能投产，但对吉利汽车事业来说，具有里程碑的意义。

从“描红”到“书写”①

李书福有“胆”，这是大家公认的。在那个几乎所有人都认为民企干汽车

① 李书福接受《学习时报》采访时说：“开始批量造车的吉利，确立了‘先描红再写字，先学走路再学跑步，先从低端做起，从零部件做起，再做高端’的技术路线。”详见邱然、闫书华：《我们要让中国汽车跑遍全世界》，《学习时报》2018年12月7日，第3版。

是异想天开的年代，他琢磨着并真的动手干了。然而，更令人钦佩的是李书福的“识”。

对造汽车的热情，来自他对中国汽车社会“迟早要到来”的基本判断，对世界汽车产业重组、调整与转移大趋势的分析，还有对技术、产业与市场三者关系的认知。

李书福的产业直觉，既来自企业家对市场状态、社会心理和产品需求的判断，更是根据数据、趋势和元素，运用商业理性精确分析的结果。他看似天马行空，我行我素，但并不盲干、蛮干。通过对事物发展规律的琢磨，寻找未来一切可能的商机。他时刻思索着：自己该怎么做，企业该怎么走。

在“吉利一号”试制成功的鉴定会上，李书福确定了吉利汽车产业发展的技术路线：先描红再写字，先学走路再学跑步，先从低端做起，从零部件做起，再做高端。故而，他慎重而又果断地决定：要造企业“造得了”，老百姓“买得起”的车。

李书福这一选择，直接决定了吉利汽车的未来。

李书福认为，当时夏利的市场占有率比较高，产品比较成熟，配套体系、服务体系也比较完善。此外，分析发现夏利的销售价格要远远高出实际成本，利润空间比较大，这里有很多市场机会。因此，他觉得造老百姓买得起的车可以从研究夏利入手。①

于是，当夏利推出新车型时，李书福立即买了几辆样车，又是“大卸八块”。拆解过程极其仔细严整，有人拍照，有人作记录、列清单，有人对照使用说明书和维修手册给零部件编号和贴标签，包括每一个螺丝钉。然后，又把一个个零部件全部装回去，如此反复，直到零部件品类、数量及装配方法烂熟于心。

在掌握了夏利车的构造、参数、配置及装配工艺之后，他们又马上开始研

① 实际上，在研究夏利之前，吉利也研究过“安驰”和“中华子弹头”。

究它的零部件配套体系，比如：发动机是采用哪家生产的，变速箱的型号是什么，仪表从哪里采购的，等等。接着还“摸进”了夏利生产工厂，了解了生产线及生产管理等情况。就这样，一点点分析，一步步研究，一项项落实，稳打稳扎，步步为营，真真实实地踏上了吉利的造车之路。

经过李书福和他的伙伴们的多方奔忙和努力，“神乎其技”，终于制造出了真正量产的第一台轿车：“豪情”。

“豪情”是李书福造车梦的基石和“始发站”。李书福选了一个非常吉利的日子，即1998年8月8日上午8时，在浙江临海“吉利豪情汽车工业园”，也就是本书开头被李书福称之为“中国的底特律”的地方，庆祝吉利第一辆两厢式轿车“豪情”下线。

在当时，这件事不说是“石破天惊”，也算“惊世骇俗”了。

为了消除人们心中的疑虑，他向当时的浙江省副省长叶荣宝发出了邀请。据李书福了解，叶荣宝副省长一直希望在本省建立整车制造厂，而这时吉利破天荒地造出了汽车，她应该会感到高兴。在李书福的诚恳邀请下，叶荣宝副省长同意出席这次庆典。

那天上午，就在场面冷冷清清，李书福内心焦灼不安的时候，副省长叶荣宝出现了，她从省城直接赶到会场，还说了一声：“书福，我来了！”据说李书福看到这位副省长到场后，当场流泪。

叶副省长到了之后，当地领导与媒体也就纷纷前来参加吉利的汽车下线庆典。这一天，李书福少有地穿上西装，打上领带，迎接远道而来的700多位客人。他的表情，就是这个时代最典型的表情：时而欢乐，时而痛苦，有时还会露出“苦恼的笑”。

造汽车的事总算有了眉目，吉利第一辆汽车“豪情”就这样走进了世人的视野。

它的前脸有点像奔驰车，色彩系列分为红、绿、蓝，分别代表现代社会三种典型的生活理念。打开车门，仪表盘、方向盘、档把与手刹等部件的设计细节，有着“赛车”的运动意味。

吉利最初造车，就这么迅速、独特、神奇。

在全力解决产品和生产资质问题的同时，李书福和他的伙伴们也在同步进行生产线的规划和建设，整车生产的冲、焊、涂、总“四大工艺”开始形成。

冲压设备买的是二手货。据罗显任回忆，设备拉进工厂时，全身锈迹斑斑，面目全非，没人相信这样的设备还能继续用。后来，这些设备还真起死回生了，让人不得不佩服浙江人的精明能干。可是，设备、模具精度低，导致冲压件尺寸不稳定，而冲压件尺寸的不稳定，又给后续的焊接和涂装工序带来了极大麻烦。[①]

老员工都印象深刻，那时走进焊装车间，几乎就听不见说话的声音。生产线上到处都在敲榔头，每天从早到晚，榔头敲打钣金件的声音此起彼伏，不绝于耳。正如他们所说：“冲压件尺寸不稳定，车身上两个搭接的钣金件不敲一下就合不到一块，合不到一块就焊不好，不得不敲敲打打。”

凡在焊装车间工作过的人，他们的嗓门都特别的大，大声说话已经成了他们的职业习惯。

当时真苦了焊装车间的工人师傅们，特别在夏日高温下，工人们每天干得汗流浃背。那时厂房的屋面板和墙面板都是单层铁皮的，炎炎夏日，厂房就变成了蒸房和烤房。曾有人在车间里作过一个实验，就是把鸡蛋放在引擎盖上，不久，鸡蛋竟然熟了。在这样的环境里，你就是一动不动也会汗如雨注，何况工人师傅们还要不停地挥舞榔头、端起焊钳、挪动工件呢！不仅焊装车间的工人师傅们如此辛苦，其他车间的一线人员及所有服务一线的人员，每年都要经历多次高温的洗礼。

那时涂装车间有一道很重要的工序，叫刮灰，也叫“刮腻子”。

---

① 最初的冲压模具十分简单、粗糙，模具骨架和型面是用钢板焊接而成的，型腔中间充填了树脂。那时没有完整准确的车身数据，模具加工的主要依据是冲压件，基本上是“依样画葫芦”。自然，用这样的模具加工出来的冲压件，质量很难得到保证。

因钣金件的表面质量本来就不是太好，再加之焊接时又经历了“千锤百炼”，所以从焊装车间出来的车身表面，有不少坑坑洼洼。于是，车身的平整度就只能靠涂装车间“涂脂抹粉”来弥补了。据统计，造车之初每台车的刮灰量基本都有四五公斤。那时，整车表面油漆质量的好坏相当程度上取决于刮灰工的手艺，好的刮灰工十分抢手和吃香。

据老员工回忆，为了提升车身表面质量、降低涂装刮灰量及改善焊装、涂装车间的工作环境，在李书福的提议和督导下，焊装车间会同冲压、技术及质量等部门特意搞了一个“去榔头工程”。于是，焊装、冲压车间及技术、质量等部门整合力量，成立了专门的攻关团队，采取了一系列改善和优化措施，如：招聘高水平的模修工对冲压模具进行全面检查、维修；优化分焊夹具、总焊线的定位夹紧方式；完善冲压件、白车身的检验标准，增加检具数量，提升检测能力；帮助钣金工纠正不良操作习惯，提升业务能力水平；等等。

此事给李书福很大触动。从此以后，他要求产品质量必须从源头抓起。比如，产品研发要搞好前期策划，工艺流程要系统规范，包括车身在内的所有零部件都要用数据说话，模具开发不能再“依样画葫芦”。此后，设备投入力度不断加大，各类先进、适用设备陆续出现在生产线上。

经过后期一系列大刀阔斧的革新与改造，“榔头”和“腻子”最终完全退出了吉利造车的历史舞台。

让更多汽车进家庭

豪情车是造出来了，但受上述种种条件的限制，产品质量并不十分过关。

1998年底，吉利生产了近300辆豪情车，准备投放市场，但产品下线后发现：淋雨试验时整车有些部位会渗漏水；汽车在尘土飞扬的道路上行驶时，灰尘会从通风口等处进入车内；关车门很费劲；车身表面不平整；刹车在潮湿环境下不好使；等等。这样的汽车怎么卖得动？经销商也不愿意卖这个车。

车子有这些质量问题，李书福认为市场是不会接受的，他为此深感不安。

毁掉这批豪情车！李书福作出了一个令人震惊的决定。毁车的想法提出后，公司里出现了不同的声音，有人认为大家辛辛苦苦把车造出来了，毁掉损失太大，太可惜，不如好好修修补补，或者低价卖了。李书福坚持自己的决定。这样做固然代价高昂，但他清楚企业的信誉更值钱，对用户负责更重要。2000年3月15日，吉利临海生产基地整车停车场，在公司全体员工及部分媒体的见证下，一台工程挖土车毫不留情地把那批“问题车”压成了一堆废铁。

接着，公司招聘了一批素质较高的工人，对一线工人开展了业务能力培训，工艺装备也进行了系统性的改善与优化。李书福要求大家不仅要把产品做精做细，还要把产品的一致性做好。新下线的豪情车品质有了明显改善和提升。因价格低，质量又好，很受市场青睐，一下卖了将近2000辆。

3年之内，李书福一口气推出了豪情、美日、优利欧等车型，市场也打开了，销售形势不错。这就把所有的人都搞得目瞪口呆：这是个什么人？一切貌似过不去的“坎”，都被他一跃而过，而成功又是那么不可思议！

吉利豪情一面市，立刻在汽车行业掀起了一场暴风雨。

那个时候，桑塔纳是每辆24万元左右，夏利车每辆也要卖13万元。而吉利呢？第一款汽车豪情标价5万多块钱。李书福还提出一个“三五计划”，即“坐5个人，卖5万块钱，百公里5升油”。

对此，有人觉得是“耸人听闻”，起先不太相信。

“那时的汽车有一个极其不合理的价格，也是极其不公平的一种垄断。其他人不能造汽车，只有所谓的‘三大三小’可以造汽车。这给消费者带来的伤害太大了，花那么高的价格购买汽车，无论是个人消费，还是用于公务或是业务，成本都是很高的。所以我们就下定决心在汽车制造这个领域有所作为。”后来李书福这样说。

把汽车从“神坛”上请下来，走进寻常百姓家，他几乎凭一己之力，带领伙伴们走出了一条中国汽车的新路子。

这样一来，对夏利的冲击最为明显。为了应对豪情的挑战，夏利公司只能无奈地降价。但夏利每降一次价，豪情也应声再降。直到最后，夏利的价格定在了3.18万元起，而李书福又把豪情的价格降到了2.99万元。事实上，此时每辆豪情汽车的盈利只有几百元。而李书福却认为，“这是好事。只有充分竞争，才能把质量提上去，技术才能上去，成本才能下来，服务（得以）提升，老百姓才能得实惠”。

这次汽车价格回归的过程中，整个汽车行业充满了对李书福这匹“黑马”的指责，但他却受到了消费者的欢迎，毕竟轿车变得更为“亲民”了。他拆除了中国人享用汽车的门槛，官员、商人与平头百姓第一次真正平等地站在汽车面前，使得这个神奇的交通工具变得如此“可望又可及”。李书福发起的“民间造车”，最受惠的是老百姓。要不是“吉利”这匹黑马的杀出，中国老百姓“汽车梦”的圆梦之日，起码要推迟七八年。

刚开始造汽车时，李书福曾提出过6个问题：第一，生产许可的问题怎么解决？第二，技术从哪里来？第三，投资从哪里来？第四，质量怎么保证？第五，加入世贸组织以后我们怎么办？第六，上面提到的问题都解决以后，造出来的车能卖得出去吗？能赚钱吗？他和伙伴们总是被这些问题所困扰。

他说过，“在我的灵魂深处，一开始投身汽车制造业最核心的原因，就是当时中国汽车工业的格局不合理，中国汽车工业为汽车设定的价格和产品本身根本不对称。因此，我觉得这需要改革”。在政策不支持的情况下，创新确实很艰辛，风险也很大。更难、也更重要的是，他要带领伙伴们一个个解决这些问题。无论哪个问题解决不了，所有的努力都会前功尽弃，所有的投资都会“打水漂”。可是在当时，有些问题明摆着基本上是无解，如生产许可问题。

罗显任回忆说：“毕业分配时，我毫不犹豫地选择了湖南省汽车制造厂。当听说李董事长要造汽车时，虽然备感意外，但内心还是十分欣喜。刚到临海，再次投身于自己钟爱的造车事业时，我们是十分兴奋的，但在接下来的一段时间里，我们从兴致高昂逐渐变得着急、担心甚至迷茫。不知董事长这汽车还干不干，还能不能干。对于习惯于快节奏工作的我们，这样的日子很难熬。后来我们知道，那些日子董事长他们一刻也没闲着，最苦、最累、最难熬的是他们，为了生产资质，为了扫清前进道路上的各种障碍，日夜操劳，四处奔波。”

李书福和他的伙伴们明白，技术上没有捷径可走，唯有苦学和探索，在产品开发过程中不断总结和积累，从动力到整车，从产品到工艺，从零部件到材料。除了“老三样”“新三样”，吉利还做过不少别的产品及材料，如化油器及电喷三缸发动机、MT及AMT变速器、美人豹跑车、JL1010微型货车、JL1010S客货两用车、豪情SRV乘用车、JL6410乘用车、树脂仪表台、树脂保险杆等。尽管一些产品最终没有大批上市甚至没有上市，但对吉利的技术积累来说，还是受益匪浅的。

1999年的一天，李书福得到一个消息，当时宁波北仑一家日资企业的600多亩空地，一直闲置着，可能会被政府收回。李书福很想在宁波开辟吉利汽车的“第二战场”。这一强烈的愿望，曲折地传到宁波市领导那儿，经过好心的前辈企业家引荐，在一系列安排下，李书福有机会陈述了自己造车的梦想和请求。开明的领导伸出援手，帮助李书福下了日后对吉利具有深远影响的这步棋。经过种种努力，李书福终于分两期从日本人手里买下这块地。

为了落实生产权，李书福就去找“门路”，发现早已关门的宁波拖拉机汽车制造总厂还在“六字头”①的汽车目录里。市里领导也不太清楚汽车行业生产权的情况，就把李书福介绍给拖拉机厂领导。这个厂也在找出路，这样就“信息对称”了，一经衔接共同建立了“浙江吉利汽车制造有限公司”。有了这个合作基础，吉利后来又在宁波北仑拿到了一些土地，加起来有1000亩。

---

① 当时中国汽车的分类标准，将汽车分为7类，1为货车，2为越野车，3为自卸车，4为牵引车，5为专用车，6为客车，7为轿车。“六字头”指的是客车。

在宁波北仑，吉利的第二款车型——“美日”问世。美日有一句很动听的广告语，叫作“美好的日子，从美日开始”。

1999年12月中旬，时任国家计委主任曾培炎来到吉利视察。李书福还没敢将曾培炎带到临海去看汽车，而是在路桥让领导视察吉利的摩托车生产线。李书福将自己的创业史简要陈述了一遍。听完李书福的汇报，领导流露出赞许的目光。末了，李书福以恳请的口气说，希望能够正式进入中国汽车行业，以实现自己的抱负，还说出了“实业报国”这层意思。

曾培炎委婉地劝告李书福，汽车产业是国家综合实力的体现，作为民营企业搞汽车并非易事。接着，陪同的一位干部说，“这样盲目搞下去会失败的”，现场出现了难堪的沉默，大约持续了半分钟之久。

没有想到的是，沉默过后，李书福竟然壮着胆子，对曾培炎等人这样说道：

> 我想说的是，请允许民营企业大胆尝试，允许我们做一次轿车梦。造汽车需要几十亿投资，我们不要国家一分钱，不向银行贷一分钱，一切代价由我自己负担，不要国家承担风险。如果要说失败，就请领导给我一次失败的机会吧！①

曾培炎静静地听李书福说着。过了一会儿，他以举重若轻的语气，对着李书福说了一句经过思索的话：“我不反对你们造车。”话音刚落，人群里响起一片热烈掌声。

国家计委主任的这句话，极有分量，也很重要。大多数在场的人都知道，来自北京的“大领导”说话的分量，以及这句话的弦外之音。“不反对”几乎等于支持。在当时的历史条件与语境下，连“不争论”和“再看一看”都包含

---

① 王自亮：《经营改变世界：吉利传奇》，东方出版中心2011年版，第29—30页。

着鼓励的意思，何况“不反对”。

虽然这不是“通行证”，但也是一种宽容与鼓励，总之这句话的“信息量”很大。

当时李书福的瞬间反应，如果可以形容的话，那就是一个人正站在幽暗的舞台上，茫然失措之间，突然有一束柔光投射过来。一个“空的空间”[①]，立刻变成了具有方向与维度的“实在空间”。起先有点梦幻感，接着一点点清醒过来。“那是希望之光”，一阵来自旷野的风，清新的、和煦的，甚至带有河边青草气息的风，裹挟他，撼动他，软化了他。

内心尚在舞蹈。不过李书福很快就反应过来，使劲地鼓掌。

那一瞬间也许他会想到，改革开放的进程，正是中央领导对安徽凤阳小岗村农民、年广九、步鑫生等人说出“我不反对”开始的。到了1992年发表南方谈话，邓小平变得更为肯定，“改革开放胆子要大一些，敢于试验，不能像小脚女人一样。看准了的，就大胆地试，大胆地闯”，还说，“允许看，但要坚决地试”。这些都有一个历史逻辑，一个现实指归。李书福很能理解这一点，因为在他看来，民间造车也属于“大胆地试”的范畴。

在不少场合，经常有人对李书福说出的一连串政治性话语，比如“感谢党中央国务院，感谢改革开放政策”，报之以善意或误解的笑声，但更多人明白李书福的心情。

吉利的意义，不仅在于民间造车的崛起推动了汽车竞争环境的形成，更在于给当时的中国人带来了全新的汽车生活，让中国人与发达国家的人们一样享受汽车所带来的代步便利与驾驶乐趣。

正如有评论所言，“如果说福特的崛起，是把汽车送给了由于美国的崛起而富裕起来的美国制造业工人的话，那么李书福的豪情与美日，就是在中国商

---

① 英国导演彼得·布鲁克有个著名的戏剧定义：“我可以选取任何一个空间，称它为空的舞台。一个人在别人的注视下走过这个空间，这就足以构成一幕戏剧了。”彼得·布鲁克有一本书，就叫《空的空间》。

品经济发展之时送给中国广大乡镇中先富起来的那些小业主、商贩和小管理人员的礼物。而当吉利开始满足这些草根力量的交通需求的时候，它本身也充满了力量……它知道这些人在哪里，知道他们有多少钱能花在交通上，也知道他们用摩托车和自行车把大批货物驮来驮去的苦处——你无法从一个学者那里学到这些知识，你却可以从每一个小商贩的发家史里找到它的影子。”

2006年初夏，时任国务院副总理曾培炎在杭州再次见到李书福，对他说：“我看好吉利，是因为你们有那么一种精神。”听到这话，李书福笑得很“放纵”，圆圆的脸笑成一朵花。他想起了曾培炎6年多前到吉利考察的情形，思绪的“越野车”又开始翻山越岭了，激起一片远征中的尘土。

第四章　跨过门槛

昂贵的“准生证”

从2001年开始，中国汽车产业的政策从“目录管理”改为“公告管理”，这个微妙的变化，被李书福注意到了。

为了能让吉利堂堂正正地获得生产许可，也就是通常说的“准生证”，进入“公告”，“正步走”进入中国汽车市场，李书福不失时机地将吉利美日、豪情的改进型，以宁波拖拉机厂的名义上报，以便进入国家经贸委在7月颁布的新一期《车辆生产企业及产品公告》（以下简称《公告》）当中。

尽管心里没底，李书福还是满心期待主管部门能“放一马”，给吉利这样的汽车民企予以正式承认。

由于制造业的高速发展，经历1998年亚洲金融危机之后，资本市场大幅扩容，当时中国经济一方面快速、全方位融入世界经济总体格局，另一方面，由于大型国企面临着外部世界与内在体制的冲击，政府部门显得忧心忡忡。汽车、通讯等国民经济的“支柱产业”是否让民企进入，一时尚处于犹豫和摇摆之中。而城市化的兴起和加入WTO在即，使得房地产和涉足钢铁、机械装备的企业家迎来了自己的春天，对李书福而言，是否也同样意味着机会到来了呢？

当时大家都说加入WTO以后，中国汽车业就完了，但李书福的观点很不一样。他认为只有加入世贸组织，中国汽车工业才有希望。2001年前后他就提出：“我们要改变中国汽车工业的格局，要参与全球汽车工业重组。”

“对那次的《公告》，李书福寄托了太多太多的期望。”《中国企业家》杂志以一个“耸人听闻”的标题——“生死李书福”，报道了李书福在获取汽车生产许可过程中的心情，以及吉利汽车命运带来的起伏不定感：“李书福仰望只有半钩残月的夜空，吁叹一声。这真叫英雄气短啊！”文中作者这样描绘李书福的心理状态：

像往常一样，李书福不无骄傲地昂着头，环顾着疾驶过他身边或停在停车场的轿车。他沉默地走着，嘴里时不时哼出一段旋律，步伐有些快。

这个被《福布斯》杂志评为2000年中国最富有的50人之一的38岁的浙江吉利集团董事长，挎着一个不起眼的小皮包，就这么独来独往，从一个城市飞到另一个城市……

忽然他停了下来，指着泊在路边的一辆悦达汽车，叹了一口气，说：“你看，它和我一样可怜。”和吉利一样，悦达也是没有登上国家经贸委7月底颁布的《车辆生产企业及产品公告》的车种。命运类似的还有华晨中华、英格尔、南亚等一些国有大汽车集团之外的边缘势力。

当别人在《公告》刊出当天告诉李书福，吉利被排除在目录之外时，他甚至没有勇气自己拿起那张刊登《公告》的报纸，找寻吉利的踪影。①

---

① 田炜华、李岷：《生死李书福》，《中国企业家》2001年第10期，第25页。

期待再次落空。这就意味着吉利汽车的生产和销售被死死地局限在现有的两款车型——“豪情”和“美日”上，李书福千方百计组织人力、财力设计出来的新车型，都只能陈列在吉利办公楼的大厅里仅供参观。

2001年9月，国家经贸委颁布了新的《公告》，名单中全是国有企业和合资企业生产的汽车，吉利还是没有名列其中。

李书福进入到一个进退维艰状态，公司上下也几乎陷入绝望：不在名单中就意味着吉利永远是“黑户”，生产和销售汽车不仅违反规定，甚至还会触犯法律。于是李书福各处询问，但无济于事。从1997年到2001年，李书福在临海、宁波两地，光是置地、建厂、招人就已经投入好多钱，还不算所有人耗费的巨大精力。

搞得不好，这一切可能就会“打水漂”。

留给李书福的时间不多了。他天天盯着时间表和汽车产业政策动向，就像是在看“军事地图”，等待着产业政策和行业准入的“侦察报告”与“情报”。有好多个难以入眠的夜晚，时间就像凝滞了一样，烦躁伴随着焦虑，在他的头脑里不停搅拌，向来强健的胃也开始翻腾起来。他恨不能直接上书高层领导，直陈中国汽车业的利弊得失，为民企造车下个“战表”。

这当口，省内有一家与汽车零部件相关的知名企业，很想收购吉利，还让省领导出面“协调”，其实就是说项，李书福只得委蛇应对。双方来来回回谈了好几次，处于“至暗时刻”的李书福几乎动摇，但最终没有卖。对方出的条件颇为诱人，但李书福决心已定：宁可失败了都不会卖掉它。

世上最善于并购者，险些被别人“并购”，幸好此事被消灭在“萌芽状态”。

没过多久，峰回路转的一幕就发生了：2001年11月9日，中国加入WTO前夜，国家计委在之前没有任何征兆的情况下，增发了一批汽车许可“公告”，吉利的豪情MR7130赫然在目！

经过多年的等待，吉利终于获取了生产汽车的“准生证”。

后来，人们把2001年称为“中国自主汽车品牌元年”。短短两个月时间，吉利就经历了起死回生的大逆转。李书福说，他会永远记住2001年11月9日，因为这是吉利“拨云见日”的一天。从另一更重要的角度看，这也是李书福的“重生之日”。

至此，吉利集团成为中国首家获得轿车生产资格的民营企业。

11月9日至14日，中国在多哈会议上被正式批准加入世界贸易组织（WTO）。这两条新闻几乎同时出现在各大媒体上，“中国入世”与“李书福入局”的巧合，引起国内外舆论的一番热烈解读。

据说，在吉利轿车拿到准生证的那天晚上，“老李”（老员工对李书福的昵称）和众多员工、高管“彻夜狂欢”，喝了很多酒。

“老李”那天晚上到底喝了多少，不好猜测。一个平常不太喝酒的人要开怀痛饮，如果酒量本来就好，估计谁也拦不住。他有理由感到由衷高兴，也许还派生出一种前所未有的“道路被打开”的感觉。尽管吉利之后还要经历很多大事，很多起伏与挫折，但“进入自由的门槛”已经被跨越。如果“准生证”拿不到，“中锋死于黎明”，则一切无从谈起。

最困难的时候，李书福也不会去借酒解愁，如今吉利被正式允许造车了，一切辛酸与苦痛都得以偿还，当然要喝酒且必须痛饮。当夜，那些伙伴们也进入狂欢状态，有人喝得如“犀牛望月”，也有人似“泰山压顶”，难以细述。

为何借此狂欢？多年后李书福这样回忆说：“这个批文，让我们这些制造汽车的人的梦想真正插上翅膀，可以自由地研究、生产汽车，这是多么大的一件事情，这是不得了的，天大的好事！”

这些年的造车过程中，问题、麻烦和质疑几乎随时发生。

在进军汽车业这一志向支配下，李书福保持了从不衰竭的精神状态。他很早就说过：“有人说吉利是廉价、低档的代名词，一上高速就抛锚；还有人讽刺说开吉利车要有一不怕苦、二不怕死的精神。这对我来说是一个考验。不过我不会气馁，这些年我们就是在一片议论、质疑、嘲讽声中，一天天成长、壮大起来。”

2001年“中国汽车企业高峰论坛”上，李书福在吴迎秋[①]主持的单元里，曾激烈地断言通用汽车要“破产”。参与那个单元讨论的，有时任上海通用汽车公司总经理的陈虹、柳州五菱总经理沈阳。吴迎秋后来回忆说：“我看到了陈虹脸上一丝不易察觉的笑，我也看到了台下有一个人起身离开，那是时任通用汽车中国公司的公关总监李国威。事后我才知道，李国威离开时，对（论坛）组织者说：‘要赶紧去找工作了……’。”

吉利造车之初，吴迎秋曾怀揣“十万个为什么”的质疑，与李书福进行过整整三天的交谈。“不仅有梦想，他还有非常缜密的思考与分析”，吴迎秋显然被李书福说服了，至少相当程度上明白了李书福为什么这么做。

吉利收购沃尔沃成功之后，吴迎秋在接受《三联生活周刊》采访时说：“李书福有执着的梦想!”

曾任北京奔驰高级执行副总裁，收购沃尔沃之际加盟吉利的童志远，也是2001年那个论坛的听众，他同样跟与会人士一道哄笑。之后，吉利参加2006年底特律国际车展，在展会现场童志远再次见到李书福，李书福很自豪地表示将要制造不超过一万美元售价的汽车出口到美国。童志远感叹，“你是中国人的骄傲，你的胆子最大”。而李书福的回答，却让童志远大感意外：“我除了胆，什么都没有了。”

必须承认：这个世界上，总有一些与我们不一样的人。

2002年2月17日，浙江吉利汽车有限公司正式成立，整合宁波美日汽车制造有限公司、浙江豪情汽车制造有限公司、临海机车工业有限公司三家企业于一体。

至此，一个最现实的布局开始了：美日、优利欧放在宁波北仑工厂，豪情则继续放在临海。很快，路桥这边的工厂也上马了：2002年正式开工兴建，

---

① 吴迎秋：现任寰球汽车集团董事长兼CEO，中国汽车行业知名资深评论员。曾任中国汽车报副总编辑，汽车商报总编辑。

2004年四大工艺流水线竣工，生产吉利另一款新车型——金刚。

其实，2002年7月到8月间，吉利就推出了一款三厢式轿车——优利欧，相传此名为李书福本人所取，其意为“优于‘夏利’与‘赛欧’”，虽然这只是一种传闻，但优利欧的市场定位，直接剑指天津一汽的夏利。

发动机的故事

汽车制造业有一个流传甚广的说法，“得发动机者得天下”。

作为汽车的“心脏”，发动机的重要性自不待言。受中国制造业总体水平的限制，包括技术、材料与工程设计等瓶颈制约，长期以来汽车发动机无法取得完全自主的知识产权，甚至逆向开发都有极大的困难。当时，国内几乎所有的整车制造厂，都从外国购买较为先进的发动机。

造车之初，李书福就提出一个产业理念，“造车就一定要造发动机”。

尽管吉利很快就开展了发动机研发项目，但因资金受限，加上人才的相对匮乏，无法全面启动发动机制造工程。李书福需要琢磨如何解决资金、产量与管理之间的平衡的问题，原始积累与规模、效益的矛盾。吉利最初曾与一家私营企业合作生产过一款三缸发动机，但效果不甚理想，所以吉利决定从外部采购发动机。

当时很多人持有一个天真的想法：一般的零部件，用国产的就可以了，因为成本相对较低；而对于技术难度很高的发动机，能用国外的就用国外的，这样也可以保障汽车的品质。吉利也不例外，用丰田汽车发动机公司生产的丰田8A-FE发动机。这是除了三菱的4G系列之外，最受国内车企青睐的动力。

一开始是杨健赶到天津丰田汽车有限公司，“死缠烂打好几天，才答应给发动机”。对方还要求吉利，“你们要搞汽车，我们可以提供发动机，你们就不要自己去制造发动机了”。双方谈好1.75万元一台发动机，“以后量大了再便宜些”。在与丰田达成合作协议后，吉利以为这下可以高枕无虞了。

然而，当负责发动机项目的安聪慧费尽心血将买来的发动机成功匹配、标定到新车中，又建好4S店，打出广告准备卖车时，对方发来通知说要涨价，价格直接飙升到每台2.3万元。

这下可把安聪慧气坏了：合同都说好的，怎么说变就变呢？本来就把美日汽车价格定得很低，原指望大量上市有了规模后，能把发动机的价格降下来，就会有利润。现在一涨价，反而要严重亏损。

对方突然涨价的“秘密”在于，吉利这个车型造出来以后，放在市场上卖，跟天津夏利以及丰田威姿、威驰这些车有竞争了。大家用同样的发动机，需求会陡增。“收割”的机会来了，何不乘机涨价？

天津丰田发动机公司把这款发动机从1.75万元涨到2.3万元，5000多元的价差，整个成本增加了20%左右，且没有商量余地。虽然他们承认违约了，但最后就是一句话，“没有办法，只能涨价”。没有发动机，工厂生产线只能停下来。无奈之下，安聪慧只好再赴天津谈判。

安聪慧苦口婆心地谈了7天。最后的结果是，每台售价2.1万元。

在这段时间，吉利工厂不得不停工。“有2000多工人在等着干活，经销商也在等货。对方也知道，如果打官司，他是要输的，但是要他们赔钱有什么用呢？”安聪慧觉得就像爬到高处突然被人抽掉了梯子，一时间上下两难。如果接受这个现实，等于吉利每台车要多亏5000元左右。更令人难受的是，吉利跟其他合作企业半年结一次账，但天津厂商的货款却必须给现金，甚至苛刻到这样的地步：没有售后服务，发动机坏了，得单独再向它高价买。①

回忆起这件往事，李书福就忍不住感慨一番：“当时是挺难受的，你没有

---

① 王千马、梁冬梅：《新制造时代：李书福与吉利、沃尔沃的超级制造》，中信出版社2017年版，第73页。

实力，没有能力，只得被人宰，被宰了以后你才知道要好好努力，怎么自己解决这些问题，今后不被人宰。”

别无他选，李书福决定提前为吉利车换“芯”。于是在正式进入汽车领域后的第二年（2002年），吉利开始了第一款发动机——MR479Q的自主开发。

没错，汽车公司若不会造发动机，那就像战士不会打枪、渔民不会开船一样不可原谅。

吉利的这款发动机，以天津丰田8A为原型，主要依靠自己的力量进行开发，除了电喷系统与博世中国公司合作，零部件方面，吉利自己生产汽缸体、汽缸盖，还找了不少国内的专业厂家为吉利作配套。有意思的是，吉利发动机的毛胚是由一汽提供的，一汽相关部门制造设备很先进，但没有足够的任务，因而主动为吉利作配套。

研发初期，可供参考的资料寥寥无几，不少零部件的参数，都是通过无数次、没日没夜的试验摸索出来的。开发中，还不断碰到来自国外汽车巨头的技术和市场控制。比如有个重要的零部件一直是从某国进口的，但是当需求量增大时，对方突然断货，致使吉利的发动机堆积如山，无法装车。

当时国内供应商的产品质量不高，安聪慧等人心急如焚，费尽周折找到国内一位发动机专家，请他帮助对国内同类产品的性能进行改造，岂料这位专家对此也束手无策。没办法，只有自己动手。吉利研发人员一头扎进试验室，边找资料，边摸索，边实验。

经过连续几个月苦战，终于使这个零部件不仅能满足需求，而且性能达到了同类产品的先进水平。

2002年，那位当年应李书福之邀到吉利集团从事摩托车发动机研发的老工程师，在组织技术人员研发MR479Q发动机的过程中，对8A也作了大量的研究，他发现日本人根本没有把目前好的发动机产品技术交给天津丰田。此外，在与博世中国公司——上海联合电子的合作过程中，联电的工程师同样曾经改错了东西（如“点火顺序电路”），被吉利汽车工程师发现。这说明，对技术的判断，往往只有在自己深入判断之后，才能够发现与体会。[①]

吉利发动机研发团队，由“老中青”三代专家组合而成。不仅有来自一汽、二汽的老专家，也有一些中年中坚（如下文提及的汽车变速箱专家徐滨宽），还有不少年轻人。这得益于，造车刚起步时李书福的网罗人才行动。

有人回忆，当时丰田天津公司很忌讳吉利自己搞发动机，经常派人到吉利的工厂到处察看。安聪慧让厂里保卫部门一定要“提高警惕”，研发室的玻璃窗必须贴上纸，外部人员，“只有我批准才能进”。

2002年，MR479Q发动机在宁波下线，并正式产业化，即装备美日、优利欧和华普等车型，成本优势凸显。而吉利自己研发的1.3升发动机，内部配套只需不到1万元的价格。

吉利这款发动机一用上去就“爆发”了：汽车销量猛增，消费者反馈很不错。

对此，天津丰田发动机厂觉得有点儿不可理解，赶紧买了两辆整车，将发动机拆下来，拿到实验室进行测试。他们为此感到大惑不解：吉利居然把发动机搞成了。

安聪慧回忆说：“当我们有了自己的发动机的时候，日方又找到我们，同样是那位总经理，他说，‘你们的发动机和我们的相比，肯定是有差距的，起码从品牌上有差距，我们再继续合作吧’。我们当然拒绝了。当时他走的时候，我也送给他几句话。我说，‘非常感谢你，是你让我明白了发动机、变速箱在整车里的重要性，也更让我明白了，作为一个整车厂来说，一定要掌握汽车的核心技术，也感谢你逼迫着我们把自己的发动机开发出来’。这是我当时对他说的原话。”

随着汽车产业的进步，发动机必须走在前面。新的行动又开始了。

---

① 梅永红、封凯栋：《吉利造车现象——关于吉利自主创新的调研报告》，《中国软科学》2005年第11期，第1—10页。

2003年5月，CVVT-JL4G18发动机研发项目组在宁波动力二公司成立，从事高端发动机的研发。由原一汽红旗发动机专家杨建中负责，吉利开始了VVT（“可变进气配气相位”）发动机的研发，这一项目历时两年多。

由于CVVT发动机的研发技术含量非常高，没有完全懂行的技术人员，没有相应的检测设备，整个研发等于是摸黑走路，更令人挠头的是，这个产品在国内尚属空白，相关的配套市场也没有形成，许多关键部件全部要自己开发，不仅所需资金十分庞大，而且开发周期也会拖长。

不过吉利毕竟有了前面的基础，MR479Q就是新型发动机开发的一个基石。关键是，发动机的研发团队有了。

2003年8月，研发项目组开始工程图设计，项目组成员翻查资料、动手设计、进行试验，在短短4个月内完成了CVVT-JL4G18发动机的图纸设计任务。

吉利CVVT发动机的开发过程，是一个极端折磨人的过程。

在生产设备进厂之初，天气非常炎热，车间温度高达45摄氏度，而设备多达数十箱，仅搬运费就需要几十万元。为节约成本，项目组负责人决定组织员工自己拆箱安装，搬运铁块、滚道盖板、机床配件，全部都依靠手工劳作。安装设备时，为机床调水平，需要弯腰弓背趴在地上，一天下来就算“铁人”也吃不消，腰闪了，脚受伤了，去医院看完病继续坚持工作的人数不胜数。

在某些关键技术上，如发动机的“可变气门系统”部分，属于发动机的关键电控元件，这部分是与德国一家公司合作并引进其部件的，吉利也很快就获得了设计生产能力。

发动机内腔高精度加工所需的设备，需要从日本进口。起先，吉利与日本设备方的谈判还算顺利，但到了产品验收期，由于日本的一家主要汽车整机厂（该设备厂家也是它的供应商）得知此事，使得吉利的工程师以及管理人员再也无法得到日本签证，以便对已经下单订购的这批设备进行验收。最后只能通过第三国转运，才把这批设备运了进来。

此后，吉利全力开展生产设备和零部件的本地化建设，通过知识共享等途径，帮助一些设备和零部件企业具备了配套能力，增强了这个产业的独立性。

吉利虽在早期与外方如德国FEV发动机技术有限公司（后文简称"FEV"）合作，但这款发动机的研发主要依靠自身力量。样机出来后，曾经请FEV作测试并希望能够对它作一些改进，FEV拿了这款发动机与最近五年内国际上研发的265款发动机比较，评价很高，认为已经处于顶层水平，与"宝马"当时最新款发动机水平已经接近（虽然没有完全达到）。因而FEV认为，这款发动机已经不再需要他们作任何改进工作了。①

2006年3月12日，CVVT—JL4G18发动机通过中国汽车工程学会的科技成果鉴定，其结论是："中国领先，世界先进"。

几代汽车人的梦想

几乎同时，吉利还掌握了另一项汽车核心技术：国内唯一拥有自主知识产权的自动变速箱。

自动变速箱，也是汽车的重要部件。之前，国内的自动变速箱只能依赖进口。早在20世纪70年代，一汽在红旗项目上就开始了3档自动变速箱的研究。由于红旗轿车被国家以耗油量大和技术落后而下令停止生产，变速箱项目也就早早被取消，从来就没有能够实际投产。

此后一汽与奥迪合作，继而与德国大众合资，红旗的技术平台从此建立在"奥迪100"的基础上，这一自动变速箱项目便再也没有了应用和继续开发的平

① 梅永红、封凯栋：《吉利造车现象——关于吉利自主创新的调研报告》，《中国软科学》2005年第11期，第1—10页。

台。2000年，国家在自动变速箱的研究上曾经专门立项，从“国债计划”中安排款项支持上汽和天汽[1]研发自动变速箱。

可惜，上汽的自动变速箱项目在论证阶段就终止了，天汽的项目也是中途停止。这两个研发项目耗时两年多，参加研发的中高级工程师有200多人，共花费8亿多人民币。由于研发的产品技术基础差等原因，两大汽车集团的自动变速箱项目，最后都成了“烂尾楼”项目。

据此，国外某汽车权威断言，“中国人造不出自动变速箱”。

2002年初，发誓要造中国自己的自动变速箱的李书福，找到当年国家自动变速箱课题组电子电气组组长徐滨宽，邀请他来吉利负责开发自动变速箱。

当时，徐滨宽对半路出家的吉利造自动变速箱的能力并不看好，没有立马答应。然而，面对李书福的“三顾茅庐”，吉利其他相关负责人连续10个月锲而不舍地登门拜访，徐滨宽终于相信，这是一家真想干事的企业。

2002年底，徐滨宽辞去天津齿轮厂总工程师的职务，千里南下来到了吉利。

在离开国企之前，徐滨宽曾经主持过一项引进的自动变速箱生产线工作。该项目是从日本引进技术，由中方来作动力搭载和物理匹配，但单纯采购费（重要部件）每台就得花8700多元。这款产品本来已经正式投产，但后来又因被认为没有前途而被放弃了。

尽管徐滨宽半信半疑地来到吉利，李书福对他还是充分授权，以他和另外一个技术人员为核心，迅速组织起了研发团队。2002年10月，吉利自动变速箱项目上马。上马之前，徐滨宽坦诚地告诉李书福：“此事三成赢，七成败。”李书福鼓励他：“风险是公司的，我全力支持你。”

“如果在吉利干，要花多少钱？”李书福接着问。

“1500万到2000万元！”徐滨宽答道。李书福盘算了一下，觉得可以接

---

① 天汽：原天津汽车集团，2002年被一汽并购，简称“天汽”。

受。于是，李书福为徐滨宽打造了一个独立的变速箱研发、制造平台——浙江吉利变速箱有限公司，同时从日本和德国买来精密机床和加工设备，开始了研制工作。研制的第一年，主要是进行设计和原理研究、开发试验和检测设备，这意味着变速箱连影儿都没有，吉利就已投入了1800多万元。

到2003年6月份，徐斌宽他们就完成了全部298张图纸。

这套完整的图纸，是当时全中国唯一一套自主设计的完整图纸。理论设计完成了，就要想办法通过实践制造出来，于是又是千百次尝试。没有外界技术支持、没有充足资金保障，甚至变速器都会成为“不动器”，但吉利研发具有自主知识产权的自动变速箱的梦想却从未放弃过。

吉利搞自动变速箱项目，早期物质条件是匮乏的，但更困难的是国外对中国的技术封锁①。整体设计、关键参数、相关生产设备和零部件，外方都控制得非常严格，甚至连液压油、摩擦纸片这样的配件也都控制得非常严格。

在这种情况下，虽然吉利的自动变速箱是以国外的相关产品为原型，但是没有任何的技术数据可以参考。所有涉及自动变速箱油路系统②的参数，都是由吉利的工程师通过大量的实验获得的；甚至连所有的检测装置，也都是由徐滨宽带领工程师自己研发的，通常是自行设计系统和核心的专业设备，向国内其他专业设备厂商采购或者定做已有的相应设备。

徐滨宽还亲自培训了吉利几乎全部与自动变速箱有关的技术工人，制定了生产、检测的所有操作规程。

在测试中，自动变速箱的拆装是非常麻烦的，而且还特别精细，徐滨宽团队每天需要反复拆装十几次，不断地拆，不断地装，直到一些员工都感到厌烦了。有员工说，当变速箱装在车上，车却不动的时候，都想上去推一把汽车。

试验反复地做，就是找不出问题所在。

---

① 据吉利相关人士介绍，当时的自动变速箱技术都被少数国际厂商控制，其中最主要的是美国厂商和日本厂商，此外还有个别的欧洲厂商，连韩国厂商都没有自己的自动变速箱。
② 自动变速箱正是通过油路系统来实现对变速的控制。

当找着一点小问题的时候，大家又会很高兴。因为也不知道有多少问题，所以，解决一个问题，就马上装好，立刻放到车上测试，心里满怀期待，然而往往还是需要再次拆开，继续找问题。三年的时光，就这样在失败和焦虑的交织中度过，大伙儿的心情起起落落，但丝毫不影响工作态度。抱着必胜决心的人，格外经得起磨难。

自动变速箱不但在产品设计上困难，其产业化同样也是一个难关。

为了防止竞争对手拥有自动变速箱的生产技术，美国、日本的厂家对技术控制得非常严格。例如，吉利曾经一度与日本一家生产液压油的厂家谈定了采购意向，但是被日本的变速箱生产商得知后，立即向该液压油生产商施压，导致该生产商不再为吉利提供任何支持。国内由于长期在变速箱这个领域上没有太多作为，相关的配套能力严重缺失。如自动变速箱所采用的油封是长条状的，对硬度要求很高，所以应该含碳，这些设计和生产能力在国内是一片空白。

因此吉利的自动变速箱团队必须自己出马，与配套厂商进行大量的技术交流，甚至是手把手地教会这些厂商怎样生产所需的配件。在设备生产方面，也付出了同样的努力。

回顾这一过程，徐滨宽开玩笑说：“我们是设备坚决不买国外的，传感器等通用件坚决不用国内的。”①

经过数百次的试验，经历了常人难以想象的艰难和困苦，共耗费了110辆试验车（跑过20万公里的就有50辆之多，坏掉的变速器也有300余个），掌握了29219个标志性数据，自主建起了具有3万台生产能力的装配、生产线，并形成了零部件百分之百国内配套的产业链。拥有完整自主知识产权的自动变速箱，终于研制成功。

---

① 对这句话的解释是，由于在关键设备上的国际封锁，吉利无法获取相应的生产设备，从吉利方而言，由于配置了国内在自动变速箱上的这样一个产业链，因而现在也坚决不采用国外的设备；在通用件上，由于通用件是易于采购的，并且国外的品质的确比国内的好，出于保证质量的考虑，通用件都采购国外的。

从研发到搭载上车，只花了一年多时间，产业化也仅花了一年多，就彻底把整个产业链环节打通了。

2005年5月，吉利自主研发的自动变速箱在吉利宁波基地实现了产业化生产，其价格仅是进口产品的一半。

终于，吉利在自动变速箱研发过程中完全掌握了核心技术和原理，搭建出技术平台，带动了精密加工、非金属材料、油品和检测设备的产业发展。验收过程中专家说，"这是进入合资20年来，只有在自主研发的企业崛起之后，才呈现出来的技术进步"。

老一辈汽车人则认为，这是"实现了几代汽车人的梦想"。

天童寺

2001年10月的一天，星期天。天气阴沉，寒气逼人，景象萧瑟。不过吉利宁波工厂的车间里，却是另一番景象。正在忙碌的杨健、安聪慧、刘金良，李书福"麾下"的这几员"大将"，接到了董事长的通知，大家一起去天童寺，但通知没有说明是去做什么。

天童寺，位于宁波市东25公里的太白山麓[①]，创建于西晋永康元年（300年），四周群山环抱，重嶂叠翠，古松参天。王安石任鄞县县令时，曾留下描绘天童的诗句："山山桑枯绿浮空，春日莺啼谷口风。二十里松行欲尽，青山捧出梵王宫。"

"穿正装？去天童寺？"李书福的这一要求，让这几位吉利汽车高管纳闷不已，"当时我们忙得不可开交，每天穿着普通的工作服在工厂里穿梭，正装还

① 现属宁波市鄞州区东吴镇天童村。

真没准备过。”杨健后来回忆说。

从语气上判断，此事不容置疑。

就在几人匆匆忙忙地找来西装、打好领带时，李书福已经在加长型林肯中等待了许久。“司机还专门带上了白手套”，杨健对这一细节记忆犹新，他发现李书福这次特别郑重其事，脸上也没有太多笑容。

当时吉利正处于最为低迷的发展阶段，汽车生产目录，也就是“准生证”的问题没有解决，造车是名不正言不顺，时刻面临被扼杀的危险；追逐“汽车梦”的重重困难，也让公司内外产生了意见分歧。吉利到底何去何从？如果继续做下去，持续不断的亏损让李书福不堪重负，临海、宁波两个工厂，每月只有五六百辆的产量。不做的话，巨额的投资岂不是打了水漂，怎么办？颇有“路在何方”的困惑。

李书福并非虔诚信徒。这些年他到处奔忙，席不暇暖，无从抽身拜佛，只对造车的成败念念于心，这次他却突然想到了佛陀。怀着这样急切而复杂的心情，李书福等人来到了天童寺所在的太白山脚下。到达天童寺附近后，有近两公里的石阶路，只能走上去。

“天空还飘着细雨，没有人打伞，心情沉重的董事长一言不发，我们一行人就这样沉默着向上、向前。”多年后，杨健为大家描述了这样一幅场景。

来到天童寺门口的时候，已经是下午四五点了。这时节，天暗得很快。这次来天童寺大家心都很诚，但遗憾的是，李书福和他的3个伙伴没有遇到自己的“佛”，迎接他们的是寺庙紧闭的大门：时间已晚，寺院已经关门了。

当时因为国家迟迟不给“准生证”，社会上也在质疑吉利能否造车，李书福的家当都已投入到建工厂、买汽车、买零部件、开发产品、生产汽车上了，没有“准生证”就不能销售汽车，资金链几乎断裂，实在是撑不下去了。李书福很想这几个人问他上山干什么，这样他也好顺便说咱们就不做汽车了吧，结果一路上这3个人问也没问。等到了天童寺，他说合个影吧，这3个人就悄悄地站在他身边在寺庙门口的石阶上合影留念。李书福笑了，因为他知道，不论他作什么决定，这几位跟着他打拼的好兄弟都会跟他生死在一起的，求神无门的李书福，也在心里默默许了一个愿，作出了自己的决定："到2008年12月13日那一天，如果吉利有成，我们再回到这里'还愿'。"

2008年12月13日，李书福带领吉利汽车10多名高管，再次来到了天童寺。这是一次深怀感恩的"还愿"之旅：时过境迁，吉利汽车取得了很大的进展。经过"战略转型"，整个企业站上了中国汽车工业的一个高点，市场营销也渐入佳境，成为在2008年金融危机中逆风上扬的企业，中央媒体也都开始走进吉利，关注"吉利现象"。

天空如洗，树木苍翠，鸟鸣不已。天童寺住持亲自在贵宾室接待李书福一行。李书福说，"我们是浙江的一家企业，8年前我们遇到了巨大的困难，企业几乎经营不下去了，当时我们来到天童寺，受到了恩泽，下山后第二个月就得到国家支持，现在企业发展得很好，我们是来还愿感恩的"。李书福一行人与方丈交谈良久。后来大家站在当年"四君子"[①]盟誓的天童寺前石阶上，回想这一路的艰辛、快乐、挫折、困顿和突围的喜悦，仿佛一切都历历在目。

李书福和杨健、安聪慧、刘金良很是动情，眼睛都湿润了。就在大家在台阶上站好，摄影师按下快门时，刘金良哭出声来了。李书福拍拍他的肩膀说，我们现在应该笑了，因为我们已经开始收购沃尔沃了。

一个戏剧性的细节是，大家离开天童寺的时候，并没有马上赶路，而是被李书福召集起来。他居然在寺院的门口，打开一辆吉利远景的引擎盖，与大伙儿一起琢磨汽车的工艺问题。

2007年吉利"战略转型"之后，方向已经明确，但路到底怎么走，李书福和伙伴们还是带着问号走进山门的。

"命运"，吉利汽车的命运，其实就掌握在这些两次拜谒天童寺的人的手里。

---

① "四君子"，这里指的是吉利汽车创始人李书福和他的3位伙伴：杨健、安聪慧、刘金良。

贰

第二部

砥砺八年

（2002—2010）

第五章　超越自我

断喙重生

众所周知，吉利前期是个典型的家族企业。李书福和他的兄弟们共创大业，优势互补，为吉利构建了“四梁八柱”，形成了一个很好的企业雏形。与此并行不悖的，是公司成长初期的荣辱与共，中期的分歧争论，后期的痛苦转型。

汽车是工业之集大成者，市场决策必须十分敏捷，随着规模扩大，家族企业的管理方式已不适合。2002年前后，汽车市场的竞争越来越激烈了，汽车的轰鸣声频频地冲击着李书福的内心。

是拔毛断喙，绝处逢生，还是按兵不动，依然故我？走在路上，或是在办公桌旁，李书福时常陷入沉思。

一个复杂而变化的管理决策系统，对家族企业是个极大的挑战，而政府与市场、企业的关系属于公共领域，一般家族成员难以胜任其职务、承担其责任。进入汽车领域，意味着要向全社会提供良好服务，管理也必须社会化。

随着家族企业的成长，其内部会形成各类利益体系，由于夹杂复杂的感情，使得领导者在处理利益关系时常处于两难的境地。亲属和家人违反制度时，管理者很难像处理普通员工那样一视同仁，这给企业内部管理留下了隐患。另外家族企业天生对外来的资源和活力存有一种“排斥力”。在家族企业中，一般外来人员很难享受股权，其心态永远只是“打工者”，难以融入组织之中。

由于难以吸引外部人才，企业更高层次的发展受到限制。对于这一点，刘永行曾有很深的感慨：“几兄弟都在企业的最高位置，外面有才能的人进不来，而且一家人的思维方式多少有些类似，没有一个突破点。大家各有各的想法，要决策某件事就很难，容易耽误商机。”结果往往是制度形同虚设，决策很难形成，主观化的管理成了主导性力量。

不少企业在撕破温情脉脉的内部关系的同时，会建构新的社会关系，一种更为客观的，甚至貌似“冷冰冰”“按章办事”的新型关系。但中国人向来指摘“重利轻离别”的商人，加上莎士比亚《威尼斯商人》对犹太商人的负面渲染，巴尔扎克《高老头》《欧也妮·葛朗台》的人性揭露，在社会和家族内部都对亲情与金钱、利益之间关系无法正面揭示，难以启齿。

从家族企业到公众公司，其转型的痛苦是剧烈而短暂的，但说不定会换来一个全新境界。

问题在于，产权和财富好处理，人事问题却很难解决。李书福面对的是自己家族的人，是有血有肉有想法的人，也是朝夕相处的人。除了亲情之外，还有利益的处理，事业的分与合，资源的再配置，都是一些非常微妙的遗留问题。

通过实践、交谈与思索，李书福对家族企业的重构，渐渐有了一个构想。

要实现从家族企业向公众公司转化，首先要实现所有权和经营权分离，同时通过置换、稀释或转让来解决产权归属问题。然后通过外部人才的广泛引进，人事任免遵循制度化的方法，以实现“既是董事会的吉利，更是社会化的吉利”这一构想。思前想后，李书福下定决心：吉利集团必须淡化甚至褪尽家族色彩，形成一种符合现代企业要求的管治结构，使之走向更为广阔的未来。

2002年，“大彻大悟”的李书福，终于作出了三个重要决定。

其一，重新梳理股权结构。

吉利集团是由李家兄弟一起开创的，每一个人都曾在某一阶段有过举足轻重的作用。随着李书福决意造汽车，兄弟间就开始分化。当初几个兄弟一起合作时，大家没有谈到股权如何分配的问题。企业规模逐渐扩大之后，兄弟间才达成股权比例的口头协议。注册资本是8800万元，但并未评估，分配上也不明确。

为此，李书福开始着手梳理吉利集团的股权结构，陆续从二哥李胥兵手中回购吉利控股的股权。“股权不清，权利不明，企业发展到一定规模后肯定要出问题”，四弟李书通对他离开吉利一事，也讲明了自己的看法。

其二，“赎买”杰士达形成合力。

四弟李书通离开吉利后，并不愿就此收山，立马移师上海另起炉灶，先期投资近6亿元组建上海杰士达集团，也是一家汽车制造公司。他还重组陕西省第二汽车制造厂，与吉林江北机械厂合作生产“杰士达美鹿”车型。

2002年8月5日，吉利集团与上海杰士达集团联合宣布进行资产重组。到了2003年，李书福又以2000万元（零溢价）价格，从弟弟李书通手里买下了位于上海金山的上海杰士达汽车制造有限公司，并租赁其地产，更名“上海华普汽车城”（简称“上海华普”）。2006年吉利入股英国锰铜公司，开始在上海制造伦敦经典的出租车，于是在上海华普的基础上，建立了新的制造公司。

其三，引入职业经理人制度。

李书福意识到，必须要有超越吉利家族化管理的格局，在企业中注入现代化管理机制的“基因”。最快的方式，就是从外界引入高级职业经理人，迅速搭建起现代化的吉利管理层。

艾尔弗雷德·斯隆，史上最成功的职业经理人之一。他于1918年加盟杜兰特领导的通用汽车公司，1923年5月成为通用汽车公司的总裁。之后，一直任通用汽车公司总裁、首席执行官、董事会主席至20世纪50年代。经过斯隆的改革和整顿以后，通用汽车迅速发展成为世界上最大的汽车公司。就任CEO

后，短短3年内他让濒临破产的通用汽车反败为胜，更为企业组织管理立下“世纪典范”，与杰克·韦尔奇并称“20世纪最伟大CEO”。

还有就是本书将要写到的福特CEO艾伦·穆拉利，一个在金融危机中拯救了福特汽车的人。之前穆拉利担任波音商用飞机集团总裁兼CEO，他率领开发了波音777等一系列客机，成功击败“欧洲空客”，度过了“9·11”后的困难时期。2006年接任福特CEO时，人们发现这“门外汉”连信笔签名后涂鸦画的都是飞机，而不是汽车。他出任福特CEO当年，福特大亏127亿美元，濒临崩溃边缘。但艾伦·穆拉利在铺天盖地的质疑中证明了自己，率领福特很快走出困境，被美国《时代》杂志评选为年度百名最具影响力的人物之一。

当然，那时中国还没有形成职业经理人阶层，更谈不上这个阶层的流动性和竞争力。

李书福一直在考虑物色吉利汽车的职业经理人团队，最终的选择令人吃惊：2002年5月，一位没有汽车制造经验，也没有干过企业的政府官员徐刚，担任了吉利控股集团CEO。无论是家族企业的转型，还是民营企业的正规化，在当时的汽车界和社会上都激起很大的反响。这件事推动了吉利从家族企业转型，也逐步改善了公众形象。

吉利的人力资源结构也得到优化，汽车事业部招募了一大批国内外知名的汽车专家。同时吉利在内部强化培训机制，着力培育和提高员工的专业素质。按扁平化的管理方式，理顺总部设置以及职责分工，加强财务管理，严格控制成本。

2003年2月，上海大众的前任总经理南阳空降吉利，担任集团副总裁，分管汽车生产、研发以及国内外合作事项。2004年又引入在华晨汽车公司任财务总监的尹大庆出任集团副总裁，由他分管集团财务及投融资体系建设。至此，吉利集团构筑了专业化的新管理格局，完成了从家族企业走向现代化，从手工操作迈向机械化、智能化的第一次管理变革，准备进入资本市场。

吉利总部从临海迁移到省城杭州，受到了银行资本的青睐。

2003年3月30日，吉利携手香港主板上市公司——国润控股合资组建了浙江吉利国润汽车有限公司。合作以吉利控股为前提，其中国润控股占46.8%，浙江吉利控股占53.2%。

2004年1月5日，国润控股发布公告称，其控股公司Proper Glory的股权发生变化，两个自然人股东分别向李书福全资私人公司转让32%的股份。由于Proper Glory持有国润控股60.68%的股权，收购股权后，李书福持有国润控股20%股权，正式成为国润控股的主要控制人。

“吉利汽车”正式取代“国润控股”。

2004年3月国润控股发布公告，把公司名称从国润控股有限公司（0175.HK）更名为吉利汽车控股有限公司（0175.HK）。一年后，吉利控股全面收购了国润控股母公司PG（Proper Glory）公司，完成对吉利汽车（0175.HK）的控股，顺利登陆资本市场，桂生悦[①]任这家上市公司的总裁。

2005年5月，李书福第一次到香港开上市公司董事会，首先拿到的就是一份董事的行为规范，上面清清楚楚写着不许干什么，要是干了什么就追究什么责任。而且还不许你一目十行地看，需要当场诵读出来，心口如一。他对此记忆深刻，这可有点儿像是在宣誓。

吉利进入香港股市，不仅有了良好的融资渠道，更重要的是规范了企业管理和经营行为。

据说，当时他还带回了一张香港的报纸，上面有自己的形象，旁边有一行大标题，说李书福再也不敢“口吐狂言”了。

① 据“吉利汽车控股有限公司（香港联交所股份代号0175）管理层信息”，桂生悦先生于2005年6月9日加入本集团为执行董事，负责本集团之整体行政管理、风险管理及合规审查。桂先生从2006年2月23日起获委任为本公司之行政总裁。桂先生拥有超过32年之行政及项目管理经验。彼亦曾服务于华润（集团）有限公司。

流程再造

2004年，由于对钢铁、水泥等一些行业的过度投资，使得煤炭、电力、石油、运输等相继出现紧张，国家开始进行宏观调控。中国汽车产业受宏观调控，银行信贷紧缩，价格战升级以及保险、燃油大幅涨价等影响，产销增速开始明显放缓，黑四月、冷五月、寒六月接踵而至，到了第三季度更是出现负数，这是2002年、2003年汽车市场井喷以来销量首次出现连续数月下滑。各轿车生产企业纷纷调低年度销售目标，很多人认为：汽车行业如果有一家企业倒闭的话，那就是吉利。

2004年6月，北京车展，白岩松专访了李书福。"车展让我不舒服"，李书福说车展崇洋媚外。他觉得展厅拥挤嘈杂缺少美感。他透露豪华洋车有多暴利。他不喜欢中国人扭曲的消费观。他乐观地看待民族汽车的前景。他要"以民营企业的小肩膀扛起民族汽车品牌的大旗"。

车展结束后，李书福通知吉利参加车展人员到北京吉利大学开会，果断作出三项决策：一是收缩战线，把当时已经启动的梅山项目终止；二是在外部市场大环境不好的情况下，眼睛向内，进行业务流程再造；三是加快新产品自由舰的生产准备工作，在宁波基地进行大规模的技术改造。

在这次车展上，李书福拿了一份刊有张瑞敏报道的报纸，递给时任吉利汽车集团总裁助理的张爱群去研究。那里面讲海尔如何搞"流程再造"，推出"经营体"概念，一步一个脚印做好企业。李书福说："你先去学，学海尔，听说他们的'流程再造'很好。"

何为"流程再造"？就是重新而彻底地分析与设计企业程序，从根本上推动企业变革，追求绩效并使企业达到"戏剧性"成长。具体而言，选定企业关键程序加以重新规划，在成本、品质、对外服务和时效等方面作出重大改进；打破企业按职能设置部门的管理方式，以业务流程为中心，围绕客户需求和用户满意度，追求“全局最优”的效果。

客户需求、企业变革、追求绩效、流程再造，仅仅这些词句就打动了李书福的心。

这也是李书福的多年梦想，他办企业就想这么搞，企业高效运转，层次减少，每一个人的积极性都能调动起来。如果用“向往”来形容李书福这时的心情，恐不为过。所以他要求张爱群到海尔去看看，所谓“看看”就是去取经。

当然，“取经”也不是那么容易的。

张爱群找到海尔管销售的人，由他们带着走访海尔，了解了比较多的东西。她发现，海尔人做什么事都是有责任制的，从随手关灯之类小事，到质量控制这样的重要环节皆有人管：应该谁来做，做得怎么样，出了什么问题，责任在谁，都有一系列监督与管理的办法，且互相监督，有据可查。

海尔有一个企业文化室，不是普通意义上搞企业文化宣传的部门，而是落实责任文化的采证部门，比如一台设备出故障了，维修后，维修人员说修好了，结果设备操作者使用后说没修好，这就产生了扯皮，找到“企业文化室”，他们就有人扛着录像机到现场，让双方都来说理，怎么修的、怎么操作的，又怎么发现问题的，多方展开质询。开周干部会的时候，张瑞敏就让他们拿出录像给大家看，还让当事人的领导上去讲清楚，到底是谁的责任。责任文化让海尔人以主动担责为荣，扯皮推诿为耻。

学习回来，张爱群向李书福汇报了在海尔看到、听到和感受到的，包括海尔实施的市场链，即以海尔文化和OEC管理[①]为基础，以订单信息流为中心，带动物流和资金流的运行，实施以“零库存、零距离、零运营资本”为目标的

---

① OEC管理：Overall Every Control and Clear，即全面质量管理法。强调将公司的工作落实到每个人每一天的每一项工作上，并及时检查调整。

业务流程再造的情况和全面信息化的情况。

这，使李书福受到非常大的震动。

与海尔对比了一下，他认为，吉利汽车的规模做得还没那么大，现在大家都有点官僚了。层次很多，程序复杂，手工管理，很多下面的问题反映不上来，一线的声音到达不了管理层，信息不对称，数据不完整，决策不规范。一旦意识到问题的严重性，李书福的习惯是马上行动，不仅自己随中国企业家协会到海尔学习交流，还再次派张爱群带队到海尔学习取经。

2004年7月，吉利决定学习海尔搞业务流程再造，成立了集团“流程再造、管理创新、信息化推进”领导小组和推进办公室，李书福亲自任领导小组组长，从集团各基地各部门抽调人员作为推进办公室秘书处成员集中办公，还买了几百本《张瑞敏如是说》的书发给大家学习。在随后召开的“流程再造、管理创新、信息化推进”办公会上，确立了流程再造的总体原则与方向，即建立内部市场链，实现管理扁平化与信息化。李书福提出，吉利流程再造最终要实现“企业管理现代化，现代管理数字化，数字管理自动化”。以临海基地为试点，结合实际把“海尔”那套东西付诸实施。

当时张爱群他们在企业内部进行了一次大规模调研，总结出战略管理、组织架构、业务流程、人力资源、企业文化等五大类、几百个问题。李书福说找到这些问题就是我们流程再造要解决问题的开始。一场以组织变革、管理变革、文化变革为核心的业务流程再造在吉利轰轰烈烈展开。首先再造的是公司的治理结构，针对集团存在的一个人说了算，一竿子插到底，朝令夕改等公司治理问题，李书福坚决支持流程再造小组提出的公司治理结构方案，在吉利正式实行董事会领导下的经营管理负责制。

集团经营管理委员会由总裁、副总裁、总监组成，总裁任主任。李书福作为公司董事长可以列席会议。集团经营管理委员会有四项议事规则，一是实行月例会制度，每次月例会形成的纪要必须严格贯彻执行，总裁办负责跟踪督办考核。二是实行民主集中制，少数服从多数，遇到重要决策时以投票方式表决，经管会成员一人一票，李书福虽然是列席会议，也有投票权，并且一票可以顶两票，还有一票否决权。但从2004年到现在，他从未使用过一票否决权，这充分体现了他对经营管理团队的尊重和信任。三是实行集体决策，个人负责制，即公司某项经营工作的重要决策经经管会集体决定后，分管这项工作的领导有不同意见也只能保留意见，少数服从多数，坚决贯彻执行经营会决定。四是实行经营管理十六字方针，即“充分授权、严格监管、考核清晰、过程透明”。

2004年的流程再造，让吉利发生了质的改变，取得多项管理变革成果，至今都在发挥着深刻影响，奠定了吉利向全球化战略发展的基础。

比如，本着“面对流程管理，建立内部市场链，减少管理层次和管理环节，提高工作效率”的原则，进行了“定流程、定机构、定职责、定岗位、定编制、定人员”等六定工作，确立了浙江吉利控股集团的组织架构基本模型，包括：建立了董事会领导下的经营管理委员会负责制；设立了合同评审委员会等四个专委会辅助决策；建立了面对流程管理的组织架构，实行大部制管理架构。

又如，吸收优秀的管理思想，创造出“3+3”滚动订单管理办法，减少了企业的资金占用，提高了对市场的快速反应能力。

2020年，吉利提出了吉利经营管理新十六字方针：“充分授权，依法合规，考核清晰，公平透明。”

“自由舰”诞生

优利欧搞成之后，李书福萌发了一个“新战略”，想从根基上重新构建新车体系。如果吉利要走出“价格沼泽”，必须要有一系列新产品、好产品支撑，而且要有一些革命性的变化，包括设计造型、生产工艺、现代化生产线和技术管理体系。

2005年面市的吉利自由舰，对吉利研发体系与生产制造具有里程碑意义。

其实这个项目起步时间很早，最开始的设想是要做一个名为“豪情小将”的经济型轿车项目。2002年初，豪情小将项目启动，但后来出于对技术能力提升的考虑，决定对这一项目重新进行定位。研发团队从产品定位上进行了改型，提高了在技术上的“自我要求”，并于2003年转而与韩国大宇国际合作进行开发（主要是部分外观设计）。

自由舰项目（当时内部称为“CK-1项目”），从设计到最终生产下线耗时3年，它是吉利第一个完全按照国际通行的开发流程和开发模式所做的“正向开发”项目。吉利采用全新的开发手段和管理方式，是在自由舰项目上起步，并首次应用的。

吉利与韩国大宇国际的合作，还得从头说起。

2000年底，安聪慧带着吉利宁波基地的管理层到韩国去，“一心想搞自由舰，要把大家的思想统一起来，看看人家国外是怎么样的，韩国是如何造车的”，安聪慧回忆说。当时走访了很多企业，如现代、三星、雷诺、锦湖轮胎，还有浦项制铁，大概将近十家韩国有代表性的大企业。“这次确实让我很受刺激，到现代汽车工厂看了以后，都傻眼了：看不懂。我们那么努力地去学，去了以后竟然都看不懂，晚上也睡不着觉。那时吉利还是生产美日、优利欧阶段，跟人家怎么比呢?”安聪慧这样说。

从浦东下飞机后，公司派面包车将安聪慧一行接回宁波，还没到家，安聪慧的信心就起来了。

“我们一到机场，人家接我们的时候堵车，高速公路上的车那么多，而国内高速公路那时候刚刚开始修，路上没有太多的车，几乎是空荡荡的。要说有车的话，就是桑塔纳、捷达、富康、夏利，没有其他车型。这说明中国在汽车产业上还有很大发展空间，只要给我们一定的时间，就会有发展的机会。”安聪慧这样说。

就这样，在李书福的支持下，大家下定决心上自由舰项目。

稍后加盟吉利的沈奉燮来自韩国，是原大宇公司的研发负责人。他认为，中国人虽然现在造车能力不尽如人意，但是将来一定会做得不比韩国差。中国的汽车工业虽然起步比韩国晚，但他很有信心，于是这位韩国汽车业老将加入了吉利团队，跟吉利人一起造汽车。他负责自由舰车型的战略层面事务，并不过多插手具体事务，却起了相当大的作用。

得益于和韩国大宇的共同研发，包括沈奉燮的加盟，自由舰的研发从一开始就采用计算机虚拟化设计、并行开发模式，具有了完整的技术管理体系，彻底告别了原来的图板、铅笔，初步建立起了一套与国际接轨的开发流程。最终的开发成果是，这一车型具有完整的数模图纸，从整车车身到卡扣、螺钉、螺帽等都具有完整的计算机数模。

通过自由舰项目的研发，吉利的技术研发能力发生了“质的变化”。

此外，吉利还有计划地向国内外合作者学习研发技能，积累技术能力和研发经验。比如，在与德国吕克的合作中，学习对方的造型创意，以及工程可行性分析；在与韩国大宇国际的合作过程中，则主要是在设计完成之后，聘请韩方评价设计的合理性和工艺性；在与意大利汽车项目集团的合作中，主要是学习完整整车的开发流程，尤其是造型过程。

而在国内，当时吉利的合作者主要是上海同捷①和北京华冠。国内的专业设计公司起步虽然晚，但在专业人才上还是有一定积累的，并且往往具有较为规范的开发流程。吉利与他们的合作一方面是借用专业公司的设计力量，另一方面则是学习其开发流程。稍后的金刚和远景，更是如此。

吉利汽车设计的数据化，始于豪情的优化阶段，到自由舰的研发时期才得以真正实现。

那是2003年，吉利开发团队决定给豪情车型重新数模化，主要是通过对

① 上海同捷科技股份有限公司：中国规模最大、实力最强的独立汽车设计工程公司。

已有的豪情设计进行测绘从而产生数模，并对数模进行优化。他们发现其实当初钣金工敲出来的设计，有个别外覆盖件是左右不对称的。在建立起豪情的数模之后，开发团队得以对整个车身重新进行优化，并且对其外形（尤其是车头前脸）进行改动，并做出了一系列的“变型车”来。

进入2004年之后，吉利汽车研究院在继续开展新车型开发的同时，强化了产品零部件明细表的工作，统一吉利集团下属几个公司的产品明细表，尤其是零部件与编号规则的统一。

此前同样的零部件在不同的生产基地的编号不一样。强化产品明细表，是统一产品开发并逐步建立核心配套商体系的前提条件。吉利汽车研究院还加强了数据库的建设，持续投入人力对市场上现有的竞争类车型进行测绘，例如蓝瑟、奥拓、富康、Polo、夏利等，以获得竞争对手的车型数据，丰富自己的数据库。①

自由舰不仅是一款划时代的产品，也改变了吉利的“汽车思维”。

这个转变用一句话来概括，就是“质量不是制造出来的，而是设计出来的”。这并非贬抑制造的重要性，只是证明一开始就要以高标准去造汽车，而不是以“抠门”的方式。这也证实了质量与设计之间的内在联系，后者赋予前者以灵魂与尺度、规范。

吉利公司上下还形成了一个理念，搞汽车就要掌握核心的技术，不掌握核心的技术，就得受制于人。

自由舰的诞生，让吉利迅速建立起了现代化的生产线，并对“四大工艺”进行改造，其中冲压车间取消了所有的人工钣金工位，从根本上解决了车身表面平整度的问题。自由舰采用一流模具供应商开发的模具，确保冲压件的质量达到国际水准。采用尖端的检具、ABB焊装机械手等先进工艺和装备，提高

---

① 梅永红、封凯栋：《吉利造车现象——关于吉利自主创新的调研报告》，《中国软科学》2005年第11期，第1—10页。

了产品的一致性和稳定性。采用承载式车身、整体式侧围、防撞钢梁、发动机舱吸能装置等28项安全措施，使自由舰成为相当安全的小型车。

自由舰的诞生，奠定了之后吉利实施“战略转型”的基础。

这不仅是指单一产品的制造体系、流程和工艺路线的变化，更是平台意识、生产方式和设计理念的产生与转变。“我们要成为全球化、国际化的汽车企业，参与全球的汽车竞争，就要成为像丰田、本田一样的企业，要拥有各个产品，更高档的车型也要有。做到A级车之后，还想搞B级车，自由舰、远景之后，还可以做帝豪，就这么一步步发展。”安聪慧这样说。

说自由舰是个标志性的作品，还因为这是吉利第一次使用自动化的生产线，开始大批量使用机器人，模具也开始使用进口的。

设计自由舰的是“多国部队”，一开始跟意大利汽车集团谈，所以设计造型是意大利的。而模具、间距到车身的设计，是与韩国4家企业合作的，光模具开发，就投入上亿资金，李书福却觉得很值。自由舰是“联合作战”，“多国部队”一起开发，为吉利汽车的转型赢得了宝贵的时间。

令李书福与吉利管理层感到兴奋的是，自由舰的销售旗开得胜，月销量过万，这也是第一个月销量过万的中国自主品牌汽车。业内人士评价说，在新世纪第一个十年的前半期，吉利自由舰有如此的表现，是一个了不起的成就。

时隔18年，一位吉利老员工回忆这些年造车的情形，谈到自由舰的意义，拨动了很多人内心深处的那根弦：

从自由舰开始，汽车的“四门两盖”已经自己包边、冲压，包括外覆盖件的质量也能达到要求了。汽车的许多标准、产品的定义都有了，什么地方是多少尺寸，图纸上都会详细标出数据与标准，不用凭自己的经验了。我们的检具也都可以规范地检测，靠肉眼、用自制检具去检测的方式很快就淘汰了。从那一刻起我就在想：我们吉利真的是看到了希望，终于能造出这样一辆好车！

京剧、唐装与“I AM GEELY”

2005年9月13日，法兰克福。对于中国汽车工业来说，这是个具有历史性意义的日子。

“法兰克福国际汽车博览会”是世界五大车展之一，自1897年创办至2005年，已经举办了61届。这个被称为汽车行业“奥运会”的国际车展开办100多年来，从未有过中国车参展。这一年，吉利、江铃、华晨首次走向这个最大的国际汽车舞台，其中吉利以汽车制造企业的身份受邀，参加这一世界上历史最悠久、规模最庞大的汽车博览会。

当年8月，吉利将参加法兰克福车展的消息公之于众，一时舆论哗然。很多人认为，吉利还没有长大到能从容参加这个顶级国际车展的地步。当时搜狐网对李书福有过一段采访，李书福是这样说的：“不管遇到什么困难，吉利都必须去参展。吉利作为中国民族汽车企业的代表，必须做第一个吃螃蟹的人。这是吉利的责任和选择。”

在众人围观、嘲笑，等着吉利出演“好戏”的时候，一批崭新的吉利汽车悄悄地从上海装船出海，远赴德国了。事实上，吉利在2004年就出口轿车4846辆，占全国轿车整车出口总量的63.7%。虽然出口总量与规模并不是很大，却意义深远。

初到法兰克福，站在这片现代汽车工业“圣地”上，李书福感慨万千。奔驰、宝马、奥迪、大众、保时捷……在这里，国际汽车制造商云集。或许没有人会注意到，也从未预料到，一个来自中国的汽车企业，会在若干年后，成为戴勒姆的重要股东。

2005年9月13日上午，吉利汽车公司在法兰克福车展上举行了盛大的汽车发布会。这一次吉利展出了5款新车：吉利开发最早、最成熟的车型——豪情203A的右舵出口车，中国第一款跑车美人豹的第二代——中国龙，配置中国首款自动变速箱的自由舰，华普换代车型海域303H，以及新开发的吉利车型FC-1（后命名为“远景”）。

法兰克福车展现场，吉利展台的场景非常魅人。

近300平方米的吉利展台，以牡丹为主视觉背景。来自浙江京剧团的12名京剧演员表演的大闹天宫、天女散花等京剧剧目以及工夫茶表演，让整个展台洋溢着浓郁的东方气息。大屏幕上巨大的“I AM GEELY（我是吉利）”和蓝色的吉利厂标，则向全世界观众展现了吉利的骄傲。这种古典与现代的搭配，传统与工业的融合，有点出人意料，却也是将中国元素融入汽车工业的大格局之中，带来了审美的新视角。

穿着唐装的李书福出现时，全场鼎沸。

海外媒体这样报道这次吉利参与法兰克福车展：“在装饰着大团牡丹的展台上，披着五星红旗的红色跑车‘中国龙’鲜艳夺目、熠熠生辉，服饰华美的中国京剧演员扮相生动、顾盼自如。面带微笑的中国人，在来自世界各地记者的层层包围之中，轻轻地揭开了红旗，把来自遥远东方的中国汽车庄重地推到了他们面前。”

新到的面孔，总是能吸引更多的注意。吉利的展台早已被围得水泄不通。或是关切，或是好奇，或是疑惑，或是赞赏，总之人们想知道，中国汽车究竟和西方汽车有什么不同。

在法兰克福两天多的时间里，近2000家媒体3000名记者和50万观众参观了吉利的展台。而李书福的日程，则被境外媒体的采访填得满满当当。展会开始前几天，就有一个国家的经销商同吉利签了2000辆车的合同。2000辆汽车出口，在当时意味着什么呢？要知道，2004年中国轿车整车出口总共也不过7600余辆，而吉利的一个订单，就占到四分之一多。在这个“豪门云集”的国际车展中，吉利开始找到自己的市场机会。

《汽车界》记者张久报道说："这天下午，法兰克福第四展厅里，吉利展台被围得水泄不通，作为到场为数不多的中国记者之一，我挤在众多外国记者人群里时竟然感到很惬意。做了7年汽车记者，采访国内外车展无数次，这次感觉最好。"

或许是因为第一次在法兰克福车展上亮相，第一次在这么多的外国记者、外国同行面前致辞，李书福起先还有点拘谨。也许在场的人没有都能听懂他说的话，但是大家都为他鼓掌。当他将披在吉利跑车——"中国龙"身上的五星红旗掀开时，更是掌声雷动。许多外国记者拥上展台，拿着"长枪""短炮"直朝李书福脸上靠。还有更多的外国商人等在周围，要跟他谈判，要做吉利汽车的代理。

当天，德国电视台在报道上述盛况时说："中国来了！"

《金融时报》援引大众集团一位高层的话："中国汽车在5—10年后将非常可怕，应该引起重视。"在一些德国汽车媒体眼里，"中国汽车自主品牌"的代名词不是其他，就是吉利。

车展上，李书福动情地说："我感觉市场无限大，机会很多，只要我们好好努力，前景一片光明。"他还说，"我们已经走出成功的第一步，得到世界上100多个国家、几百个经销商的关注与青睐，他们纷纷跟我们谈合作，我们要按照吉利的整体战略部署，有标准地选择、有计划地建设全球营销网络。我们觉得很有奔头：一个成长中的中国，给吉利一个很大的机会；一个变化中的世界，给吉利一个很大的机会。所以汽车工业在中国的发展将势不可挡，一定是继家电、纺织品工业之后成长最好的工业"。

"法兰克福车展组委会提前一年就邀请了吉利，当时有人还犹豫。但我说，不去参展，世界上谁知道吉利？去法兰克福，全世界搞汽车的就都会知道了，这对我们提高国际化、人才的凝聚、经销商的优化、经销渠道的建设太有帮助了，所以我们应该去。"若干年后，李书福这样回忆。

为了参加这场国际汽车展览，吉利整整准备了3年。

法兰克福车展参展的要求是，参展制造商对车型必须拥有自主的品牌和知识产权，同时具备一定的出口份额。所以这就可以理解，为什么中国乘用车主力军都无法在法兰克福车展亮相。但对于寄希望于出口的弱小的本土品牌来说，这反而成了一个优势。

法兰克福国际车展期间，李书福不经意流露出某种轻松感，自有其缘由。

从2004年开始，吉利经历了一场内部改革，在人事、流程和制度上进行了整合和调适，真正组合成第一个“梦之队”，就是新吉利团队。从那时起，集团进行基地与部门两个维度的集中管理，强化内部控制与绩效考核，形成一种新的管理模式，并尝试“产品线利润中心”（后来发展成“责任利润中心”）制度①，以提升公司的管理水平，提升吉利汽车的市场竞争力，然后有机会去作资本方面的延伸，比如进入资本市场，去融更多的资本来壮大事业。

这是吉利的“内生性发展”。经过2005法兰克福国际车展历练，集团管理层发现技术路线、管理团队、市场占有率都跟原先的预期有一定差距，也在这个时候发现了机会，开始“外延式发展”，这就是日后的大规模收购、入股和兼并。

故而，吉利“法兰克福之旅”是一个发展的里程碑。

---

① “责任利润中心”，以企业战略为方向，以管理流程和价值链为核心，以内部交易价格机制为基础，以经营体为载体进行管理会计实践，构建责任利润中心。以制造经营体的权责利划分为例：目标职责、考核制度与分配方案前后关联，各经营体与组织整体目标统一，闭环运营形成合力，实现成本改善和绩效提升的双赢。

第六章 战略转型

危机，悄然入侵

继“自由舰”之后，“远景”无论动力性、操控性和能耗都达到理想状态，外观也颇为大气，但投放市场后反应并不热烈。外界对吉利汽车低端车型的定位不会轻易改变，其品牌形象不足以支撑中高价位车型。

2007年，这一年全国的汽车销售形势并不坏，吉利车就是卖不出去。除了“自由舰”销量尚可之外，“远景”与“金刚”车型一直没有得到大的突破，而同期在低端车市场，“豪情”“美日”“优利欧”因为竞争对手的进入，整体销量出现下滑。反观“奇瑞”等企业两位数乃至三位数的增长率，吉利在销售增长率及绝对量上的差距都在拉大。

“远景”推出之后，试销阶段出现了批次质量问题和一些零部件方面的“小毛病”，并没有像原先期待的“一炮打响”，用户反响并不好，经销商也很有怨言，用户投诉的质量问题较多。

与以往李书福总是带领大家过关斩将，狭路相逢也能冲出一片光明的情形相比，这次有点不同。从来没有看到或听说过李书福对企业状况如此担忧。除了汽车起步阶段的某些挫折，李书福还真的从未承受过这么大的压力。

整个企业包括总部上下也存在着一种不安情绪，普遍感到信心不足。各个部门之间，时常互相埋怨。车卖不出去，销售公司自然首当其冲。生产基地、质量监管部门也免不了要被拷问，因为这个时候吉利的质量体系并不健全，流程控制也不十分规范和严谨。大家也会把目光转向企划、传播和公共关系部门，车子卖不好，企划传播和公关一定也出了问题。

当时，网上甚至还流传着保险公司拒保吉利车的传闻。嘲笑、鄙夷、蔑视，压力之大是可想而知的。对手的觊觎，业界的蔑视，媒体的沉默，销售的不顺，使吉利团队成员有一种说不出的迷惘。

迫不得已之下，李书福还是调低了当年的销售目标。

曾几何时，吉利横空出世于中国汽车行业，使全国媒体突然之间发现了一个大题材，找到了一个诱人的富矿，而李书福特立独行的个人魅力，时而张扬时而低调的行事方式，切中时弊一语冲天的语言风格，都曾经使媒体竞相报道。

此刻，这一切都反过来了。

有的媒体对吉利的业绩备感失望，也对李书福一阵子的低调修炼摸不到调，开始转而攻击吉利和李书福，或者干脆不着一字，硬生生地把“吉利”两字从自主品牌阵营里抠下。

原先欲将吉利“边缘化”的一些媒体，这时将吉利的负面消息充斥于版面和网页，耸人听闻的语言不少。比如有一篇文章，题目就让人吓一跳：《主营业务受挫 转型艰难 吉利变脸 难掩颓势》。2007年6月4日，南方某报发表的一篇文章讲到“吉利隐现成长烦恼：李书福再坐前台”，由于上半年销售状况不佳，吉利已经“迫不得已”调低了今年的销售目标，还讲到“迫不得已的人事调整”，以及“高速扩张的代价”，具体谈到“年初伤筋动骨的人事调整，一定程度上只是李书福对多年高速扩张的一次修正，吉利的结构和管理瓶颈实际上已经到来”，还讲到“过半产能放空”。这是国家发改委最忌讳的事，如果政府部门官员看到此处，一定会下猛药不让吉利再“扩张”了。而事实上，无论是理论还是实践，民营企业是不太可能盲目扩张产能的。

2007年8月15日，又有一篇《调整或是陷入瓶颈？——解惑吉利现状》的文章出现了，说“进入2007年，吉利汽车继续保持其相对低调和低迷的发展状态：销量增速乏力，新车罕有曝光，整合未见实质成效。不禁令人对吉利汽车的发展产生困惑”。

不过，这些文章有一点说得没错，李书福正在考虑或已经动手解决制约吉利发展的瓶颈问题，如品牌和营销，如产品线的调整和技术亮点的显示，以及汽车品质提升的提示。吉利此时正处于“成长中的烦恼”。

在那段日子里，李书福和领导团队不止一次地自问和反诘，为什么吉利这么努力，还是被边缘化，还是没有尊严？

还有：吉利到底出了什么问题？还要不要降价？吉利汽车之路该怎么走？李书福和集团管理层成员们，是如此之操心，以至食不甘味、夜不成寐。问题从何着手？设计和技术问题领先，还是需要营销和品牌先作诊断？如果资金链断裂怎么办？如果经销商纷纷退出怎么办？

李书福越来越强烈地意识到，不能陷入当时中国汽车市场的无序、恶性竞争中去。他痛感中国汽车热度过高，再这样下去会出大问题。所以就希望将吉利引向汽车行业的高端品牌，获得更大的自由组合能力和核心竞争力，包括技术和研发体系。

“远景”卖不出去，不仅是“远景”自身的问题，是市场对吉利发出了一张品牌“黄牌”，无视这张“黄牌”，就会被罚下场。

杰克·韦尔奇说，“生活充满了意外创伤，商业经营过程也是如此”。当危机发生之后，如何力挽狂澜？这位“全球第一CEO”结合自己在通用电气公司的经历，开出的方子是：直面创伤；留住优秀人才；基于数据认真分析影响成本、业绩与增长的因素；重塑你的战略流程；“根据现实检查你公司的社会架构”（实际上就是公司的组织结构图）；最后一条是“不作无谓的担忧”。

这次危机发生后，李书福就需要从战略上进行反思，并从各个战术性的方面着手改进。吉利应该作一次整体性变革，将市场定位从以往的价格战“红海”向科技、品牌的“蓝海”转型，产品定位从价低质次向质量好、服务好同时品牌亦佳转型，企业定位则从一家民营制造业企业向现代化公司转型。

李书福认为，在风浪中保持定力，要有清晰的头脑，还需要去做很多具体工作，重视“战略层面的战术”。李书福提出了“技术销售”的主张。当时，企业内部包括一些销售人员对自己的汽车没信心。他认为有不少营销者不懂汽车，又缺乏实战经验，“自己都没有搞懂产品的技术含量和品质特点，怎么能够去说服别人呢?”

宁波北仑基地、路桥基地也开始了对供应商资质与产品质量的严格检验和考核。

从2007年4月开始，吉利汽车集中精力抓住每款产品质量问题前10位进行整改。经过努力，成效相当显著：全年索赔单车频次下降50%，在保有量增加的情况下索赔额下降20%，实现了全年减少索赔目标。

如果零部件质量得不到绝对保证，吉利有可能被葬送。李书福显然明白这一点，对这帮患难弟兄放了“狠话”：劣则出局。不是说说而已，吉利开始对各大零部件供应商现场评定，确定了12家索赔排名前10位的供应商，把这些产品质量确实较差的供应商直接淘汰。此后，采用招标等形式重新开发供应商。

这样做的底气，还来源于汽车零部件跨国巨头的重视，“博世”等很多世界级零部件供应商均表达了与吉利合作的意向。

各基地和销售公司还认真分析了J.D.Power①的调查结论，有针对性地改进薄弱环节。售后服务质量的提升也为吉利汽车的市场表现提供了支撑。吉利汽车开始在服务网络导入新的模式，进行“5S管理规范”和标准服务流程的推广。

公关、传播和品牌建设也开始行动起来，策划了很多技术和产品的整体推

---

① J.D. Power是美国McGraw Hill Financial集团旗下品牌，提供客户满意度、绩效改善等方面的洞察和解决方案。J.D. Power每年基于数百万消费者的反馈信息进行产品或服务方面满意度的评测。

广活动，比如：2007年夏季的长春拉力赛，让东北消费者亲眼见证了吉利汽车的质量，以及在河北廊坊与消费者直接对话的活动，特别是配合销售公司进行的品牌-技术营销尝试，给人留下深刻印象。

一切能够动员的都动员起来了，一切能够使用的力量都用上了。没有什么誓言，只有不惜转死沟壑的决心。

"是爆发还是灭亡"

"吉利沉默：是爆发还是灭亡？"

《环球财经》几乎以一种报道"世界大战"的口吻，在一篇新闻稿的开头，劈头盖脸地写出这么一句耸人听闻却不无道理的话。中国汽车业和社会公众一阵骚动，人们不禁要问：吉利到底发生了什么？事态有这么严重吗？记者继续写道——

> "不在沉默中爆发，就在沉默中灭亡。"吉利造轿车10周年之际走到一个新坎，李书福的"闭关"，能否为下一轮的爆发和"战略转型"作好布置？
>
> 从2006年下半年开始，吉利汽车公司显得有点沉寂。在今年3月奇瑞冲击具有里程碑意义的单月销量第一荣誉的同时，吉利却滑出了中国汽车市场销量前十的位置。分析认为，这是由于吉利没有跟随2007年初的降价大潮。对此，吉利的反应依然是无动于衷。
>
> 就在李书福"闭关"时，2007年5月18日，吉利借远景全球上市前夕，正式向外界宣布：吉利汽车已进入战略转型期。

那是2007年5月的一天，大家在公司食堂一起用中餐，高管们正在议论着如何提振士气，把“远景”的销售推上去，李书福突然进来。他不急于吃饭，而是既神秘又兴奋地对在场的人说：“以集团新闻发言人的名义，我自己起草了一个声明文件，你们看看怎么样？”

这个文件非同寻常。李书福亲手起草“新闻发言稿”，肯定有什么重大事项要发布了。

大伙儿一看就惊呆了。李书福用他狂放的笔迹写出了一个也许是空前绝后的“新闻发言人声明”，笔迹连贯，两页纸写得密不透风，结尾只好转到最后一页的背面去了。看得出来，这是一气呵成的，也许就在大伙儿吃饭而他没有下楼的这会儿——

2007年5月17日，吉利汽车新闻发言人在吉利远景全球上市前夕，正式向外界宣布：吉利汽车已进入战略转型期。

一直以来凭低价策略取得竞争优势的吉利汽车公司，开始转变发展战略，在已取得的CVVT发动机、自动变速箱和EPS等一系列丰硕科技成果基础上，围绕着安全、节能、环保、智能等方面的目标，在发动机、变速器、制动器、转向器、电子电器控制系统以及前后桥、车身设计等领域寻求重大技术突破与重大科学发现。

这一转变证实了舆论界一直以来的猜测：近年来吉利的低调，可能正在酝酿着重大的技术创新和突破。事实上，吉利的这个战略早就已经安排，吉利一直在做大量基础性工作，包括吉利汽车研究院、浙江汽车工程学院、吉利大学等科技机构以及吉利新技术应用平台的创建与成功运行，已经为吉利战略转型奠定了坚实的基础。

全世界所有汽车公司的发展都有一个共同的特点，就是从低端走向高端，从价格优势走向技术领先。吉利经过十年拼搏，已经吸引、培养了一大批技术骨干、科技研究的领军人物，形成了一套完整的人才培养成长体系，积累了较为完整的原始技术数据，出现了令世界汽车同行震撼，让中国人为之骄傲的CVVT-4G18发动机。今天的吉利已经具备了战略转型的基本条件，在人才储备、技术路线、创新平台、产学研一体化和高新技术的运用上，达到了一个全新的境界，积累了丰富的经验，现在到了厚积薄发的时候了。

第二天，新浪、搜狐、网易、腾讯等10来家主流门户网站和全国40余家专业网站，一起发出了这份《吉利新闻发言人受权就战略转型的相关问题发表谈话——吉利汽车进入战略转型期》。文中所说的“重大科学发现”不是很准确，但通篇精神与市场状况、吉利处境很吻合。

李书福宣布“战略转型”的直接导火线，是一些车型营销“出师不利”。

2007年4月底，在吉利路桥基地举行过一次不太成功的金刚上市一周年纪念活动。2006年下半年以来，吉利公司上下士气低落。这个几乎失败的活动加剧了这种气氛。李书福怒形于色，脸上怎么也挂不住。

当天晚上，部分高管和中层干部聚集路桥基地，开会讨论汽车销售形势直到深夜。先是李书福给大家“训政”，实际上主题只有一个，就是严厉批评那些悲观、失望论调和无所作为的思想。他可以容忍一切，就是不能容忍悲观情绪和互相抱怨。

从造车以来，从来没有见过集团有过这么沉重的会议氛围。

春天的江南本来就空气湿润黏稠，这个时候干脆完全停止了流动。树叶掩映下，窗外的景致变得模糊，远处的路灯看上去像个虚幻的光球，令人一时不知置身何处。这次李书福情绪很激动，几乎无法自控。这样一来，该说话的人就更不轻易表态了。

时间分秒过去，人人都仿佛觉得自我与他人脱节了。人们沉思的样子使得沉默的现场更加安静，安静得有点可怕。有人低头一言不发，也有人发出不自然的咳嗽声，进入另一种沉默，以至于经过的人感觉不到里面有人。终于，张爱群打破了这个沉默，她说了自己的一些想法，并有所发挥，气氛才开始转为正常。

李书福称赞了张爱群的发言，又对大家掏心掏肺地说了一番话。大意是吉利陷入一些困境，他这个掌门人也有责任。

说话中李书福提高了嗓门，高亢中夹杂着一丝沉重。他重拾信心，那双焦灼不安又能看透市场迷雾的眼睛，开始闪烁起来。李书福分析了市场与汽车业的“天下大势”，似乎将吉利的未来看得更清楚了。从造车第一天到现在，没有什么力量能使他萎顿，也没有什么事件让他丧失意志。中间，李书福还自信地表示，他是一个“有智慧”的人，可以“把吉利引向新未来”。

此前十多年，他从未以这种方式说话。

李书福那时真的急了，不仅高调表态，甚至开始拿出自己的一个营销策划方案，有些想法还真的充满戏剧性，细节也很动人，不过还是有点理想化。他是希图建立一个“制高点”，树个“标杆”，发挥更多的营销想象力。

杨健做了一个很有思路的提案，刘金良、顾伟明等人发表了各自的意见，各路人马也作了积极发言。

《宁波宣言》

2007年5月18日，经过八个月试销的吉利远景，经全球最严格标准的顶级汽车试验试制改装公司Magna Steyr（麦格纳斯太尔公司）调校测试后，在吉利宁波基地全球同步上市。

这次“远景全球同步上市”，也是“逼”出来的。

5月初的一天，李书福和吉利几位高管商谈远景上市活动之事。遭到一些媒体“进攻”之后，李书福那股“犟”劲上来了。他身上的力量也积蓄到了一定程度，箭在弦上。不过，具体到诸如一个新车上市的品牌活动，他还是没有太多的指望。最后商定，做一个真正的“远景新车全球同步上市”活动。

这次远景上市活动举办之前，有人提议开一个非常规的经销商会议，因为前期“远景”的销售碰到了问题，需要好好总结，以利再战。

李书福有一个习惯，在一些重要场合，独自想得很多，并且书写不停，大概是想把思路完整记录下来，也为了缜密和连贯，不留遗憾。就在全球上市仪式之前，他又把几位集团高管叫到一边，就像一个教练在中场休息时，对着满身大汗、大口喝水的队员讨论接下来如何取胜。有一个重要文件正在人群中传阅，大家才知道这就是需要在经销商大会上通过，并共同签署的《宁波宣言》。

前期远景销售的失利，使经销商们有了耻辱感和于心不甘的感受，而今在宁波又目睹了远景如此优异的表现，心里自然燃起了熊熊烈火。他们读毕《宁波宣言》，很激动。显然，这是一种很好的内心宣泄渠道，也点燃了仿佛瞥见远大目标实现一刹那的成就感，获得了一种新的能量。

经销商们亲历当天的远景全球上市仪式后，或感染于这个宏大的场面，或被媒体的转变而打动，或因厂家破釜沉舟的举动而备感鼓舞，还有好多经销商为李书福个人的创新意识折服，一时群情激昂，直至摩拳擦掌，跃跃欲试。

李书福那天出其不意地谈了营销哲学，也直言不讳地指出了这些经销商的软肋，甚至给予猛烈的抨击和嘲讽。经销商们坐不住了，越是这样，越能把李书福的演讲一词一句地消化吸收。李书福在讲话中贯穿了技术元素、品质要素和品牌意识，讲到了发动机、油耗和其他技术参数，甚至还解释了什么是扭矩和升功率，发动机的可变气门正时①概念，以及各种系统的匹配，讲得清晰无比、如数家珍，显示出他对汽车前沿技术的熟稔。

李书福的确自信，自信得使外人听了都为他捏一把汗。这个人自信的逻辑力量，似乎是坚不可摧的。

---

① 近些年来被逐渐应用于现代轿车上的新技术，可使发动机的扭矩和功率得到进一步提高。

会议结束后，走出会议室那会儿，人们简直不相信自己的眼睛：一大群供应商起先围住李书福，表示要“决一死战”，后来干脆簇拥着他走出会议厅，大步流星，犹如旋风。

之后，从国外考察回来的李书福提出要进行战略转型，实现年产销200万辆的战略目标。这个大胆的设想引发了集团内部激烈的讨论，有人认为是瞎折腾，有人认为是大跃进，有人认为不现实。李书福说服大家：全球汽车行业几次兼并浪潮，低于200万辆规模的汽车品牌都被别人兼并了，比如沃尔沃这么好的品牌也被福特兼并了。吉利要想始终拥有独立的品牌，就必须达到200万辆的规模。

他认为，只在经济型轿车领域发展的吉利汽车很难达到年产销200万辆，所以轿车的级别要全，要有A0级、A级、B级、C级车；车种要全，不仅要有轿车，还要有SUV、MPV。在几千万辆的市场里，吉利占有200万辆的份额是有可能的。高档轿车和经济型轿车的技术不一样，SUV与轿车的技术也不一样，所以吉利的战略转型，要从“低价战略”向“技术先进、品质可靠、服务满意、全面领先”的战略转型；企业的使命从“造老百姓买得起的好车”向“造最安全、最环保、最节能的好车，让吉利汽车走遍全世界”转型。于是，吉利成功进行了战略转型，彻底抛弃了“低价策略”，打技术战、品质战、品牌战、服务战、企业道德战，坚决不打价格战。李书福坚信，“谁占据了道德高地，谁就拥有发展的主动权”。

事实上，李书福在2007年提出的战略转型是非常正确的。如果没有当时的布局，就不可能有2017年吉利在乘用车领域的逆势上扬，不可能在轿车和SUV两个市场发力，实现双轮驱动，一举突破124.7万辆销量大关；也不可能有吉利汽车的盈利能力显著增强，单车平均售价显著提升。

十几年来，吉利已经在四大核心技术上实现重大突破：一是平台化技术实现重大突破。二是汽车安全技术的重大突破。吉利汽车全部达到C-NCAP五星，其中博瑞、博越、领克等车型还以最高得分获得五星+。三是发动机以及自动变速箱技术的重大突破。吉利自主研发的1.3DT、1.4DT、1.8T发动机连续四年获得汽车行业“中国芯”十佳发动机称号，技术水平可媲美奔驰、宝马、丰田、本田同级别的发动机。四是汽车智能化技术的重大突破。包括行业领先的智能互联GKUI生态系统和智能驾驶技术。未来十年，智能化是吉利核心战略。

谁在“冬泳”

2008年盛夏的杭州，一群“论剑者”在西子湖畔谈论如何“过冬”。在第二届APEC工商咨询理事会亚太中小企业峰会上，超过30位演讲者对阿里巴巴董事局主席马云的“过冬论”集体投了赞成票：中国经济将遭遇最寒冷的“冬天”。马云主张这个时期要“猫冬”，以躲过一劫。

2008年8月中旬，吉利集团管理层在杭州开了一个“务虚会”。

召开这个“务虚会”非常偶然，想通过一种比较宽松的环境，思考吉利下一步发展思路。在赵杰提议下，李书福同意召开这么一次“务虚会”。这个会议在杭州萧山一家酒店举行，全封闭地开了3天。

吉利经管会成员就住在酒店里，晚上给大家安排一些健身运动，接着又开。针对几个重要的议题或自由选题，李书福和高管们轮流发言。有争议就正面“交锋”，有时争得面红耳赤。实在解决不了的问题，或存疑，或搁置，等到进入下一轮再提出。

在“务虚会”上，李书福提出了二十多个问题，让大家充分讨论。比如：我们凭什么生存，能否生存下去？既要质量好，又要成本低，如何做到？企业要不要反腐败，怎么反？

李书福还有这样一类问题，如：“内方外圆”大家认同吗？大家是否承认人无完人的古话？如何学会在自己身上找问题，如何学会宽容、谦卑、感恩？当一个人讲真话，暴露另一个人存在的问题时，另一个人不高兴，打击报复怎么办？

最后是：“如果我们死亡了，最有可能的原因是什么？”

针对这二十多个问题，大家的讨论一开始就“火药味”很浓，平时不太说的意见也很尖锐地提出来了。“务虚会”开始不久，就出现争论和歧见了。

对发展战略和企业文化，也有一些质疑的声音。

对于李书福一直倡导的“花小钱办大事，不花钱也办事”，有些高管有不同见解，认为这句话在创业之初是对的，现在再这样提就“不合时宜”了。在以经济效益为衡量标准的环境中，怎么可能“不花钱也办事”？“花小钱办大事”，既做不到也不可取。

有人甚至认为，这个导向意味着最终会降低企业的档次，品牌形象也建立不起来。

李书福一直参加会议，还不停地记笔记。

他双眉时而紧锁，时而扬起，额角还渗出一些汗水，表情也在迅疾变化之中。从某种意义上说，他对会议开成这个样子，也是没有料到的。本意是反思与再出发，但已经夹杂着“清理”与“质疑”的意味，平时被压抑在心中的不同意见、没有充分交流而导致的迷惘、得不到宣泄的不良情绪，奔突如一股股细流，带着导出的快感在会议室内外弥散开来。

虽然没有达到“炮轰李书福”的程度，但会上有人对他本人以及其他管理层的思想方法和工作风格，提出了极为严厉的批评，甚至牵涉到“历史旧账”和个人言行。这些批评，措辞之激烈可以说是空前的。

有几次，李书福真的有点坐立不安了，但他还是保持镇定，并不当场反驳。他时而蹙眉，时而注视前方，挺直身板，尽可能让自己保持内心平静。作为企业资产重要拥有者，吉利汽车创始人，需要在这个场合有一种冷静和理性，不去打断别人哪怕最尖锐的发言。

最后，他作出了一些解释和回应，甚至对一些观点提出反驳。特别是事关企业发展方向的重大问题，他是寸步不让，亮出自己的观点，竭力以此影响大家。在成本控制、质量体系和营销思想上，在技术路线和研发理念上，他始终没有放弃自己的基本主张。

对于“战略转型”和“海外布局”，他更是锱铢必较。

“务虚会”开成了“务虚”与“务实”混合的马拉松会议。由于主题过于分散显然不利于“务虚”，后来就分成几个专题讨论，思想交锋与业务梳理同时进行，事关长远的战略问题和眼下的研发、营销和生产问题齐头并进，领导艺术、团队精神和管理方式一起研究。

多年后，李书福说过这样的话：“决策的过程就是争论、斗争，一直争论、斗争，所以整个过程是非常不容易的。”这次务虚会只是“无数次”的其中之一。这个漫长的会议，几乎使大家精疲力竭，但没有一个人不说好。很“解渴”也很受用，因为企业发展方向更加明朗了，也有一种云散见日的欢欣。

会议最后，李书福发表了总结性意见。

李书福觉得汽车业将会迎来一次经济“严冬”，并进一步认为，“世界汽车工业正在经历一场巨大的变革，一场重大的重组整合，可能会淘汰一批，可能会起来一批，现在美国三大汽车集团都碰到了困难，吉利能否生存？我们必须要有一个清醒、冷静的眼光。要抓住这次巨大历史机遇，为迎接全球经济复苏所带来的更好发展作好一切准备”。

他生动地说，“我们在冬天里不能只是穿上棉衣棉鞋，围着火炉在家取暖，而应该趁着冬天去冬泳，去强身，增强体质，健康地度过寒冬”。

李书福接着说：“我们从去年就开始了战略转型，加快了产品布局和产品开发进度，对供应体系、营销体系和服务体系的整合也达到了比较理想的效果，这一切都是为我们的冬泳在作准备。”停顿了一下，他得出的最后结论是，“我相信，冬天越冷，我们的冬泳越有意义。我以冬泳为荣，希望各位也能跟上这个思想步伐。”

那么，到底该怎么“冬泳”？

李书福与伙伴们达成一致看法，都认为产品线该收缩的就收缩，目光应该专注于新产品开发、技术提升、服务改善、零部件供应体系整改、人才培养，为下一个“春天”的来临积蓄力量。

2007年底吉利开始主动收缩战线，将近10亿元的存量资产变现，为应对“冬天”的到来赢得了主动。决定让曾经的主打产品豪情、美日和优利欧（被称为“老三样”）逐渐淡出市场，用“新三样”（自由舰、金刚和远景）替代。由低端经济型轿车向中、高端轿车进发，在市场尚存在不少空间的情况下，这够得上狠心、铁心了：大量模具、夹具报废，生产线的损失也很巨大。受此影响，临海基地停产一年多，所有落后的生产线和厂房全部淘汰重建，全体员工在停产期间参加培训，直到2008年下半年才重启生产。

李书福作出这个决定之前，内部就有反对的声音。

他们想不通：为什么要采取这么剧烈的行动，财务和精力上吃得消吗？这算不算“大跃进”？后来经过管理层的表决，这个决议才得以实行。外部的供应商，有的等待观望，有的干脆退出：吉利不卖低价的车子，还有在市场上的存在价值吗？来自股东的质疑与压力也不小。

但李书福不为所动。从前面的重重迷雾中杀出，冷静下来，他仔细分析了市场、社会与汽车业的大趋势，对吉利是怎么来，又向何处去的问题，已考虑得非常成熟了。具体到产品，就是“不能再造4万元以下的车子了”。

不是他李书福变得快，而是世道大变，行业大变，消费心理更迭太快，不可“逆历史潮流而动”。

新机会到来之前，李书福引导吉利进行大规模技术改造，在关键工序使用了大批国际先进设备，在宁波北仑区花20亿元建立了新的生产线，一跃成为国内最先进的生产线之一。

这样一来，“新三样”占了吉利整体销量的63%，较2006年不足40%有大幅增长。2007年全年总销量上升10%，纯利润上升45%，完全扭转了上半年的急速下滑趋势，出现了重大的拐点。市场对自由舰、远景和金刚等新车型反映良好，口碑与人气都起来了。2008年吉利每台车的纯利润上升30%至千元。除了成本控制、价格稳定，告别低端车之后，产品供应链成熟了，营销渠道也整合成功，服务体系日趋完善，在原有销售量的基础上再次发力，利润就很明显上升，直至李书福再次笑脸绽放。

此后，吉利帝豪的出现，又给整个汽车市场吹去了一阵清新之风。

帝豪EC718是吉利倾力打造的一款“全球品质轿车”，也是“帝豪”品牌的首款车型，经过近3年研发与打造，2009年7月28日在吉利汽车宁波基地举行了下线仪式。在设计开发上，帝豪EC718由韩国迪佩克汽车技术咨询公司全面负责，同时由欧洲一家著名的汽车专业公司审核，既吸收日韩系为代表的低成本优势，又考虑了欧洲市场的高品质要求。

更多的成就还在后头，不过道路也更不平坦，就像远征时遇到的崎岖山道、危岩和不毛之地。

想当年，汉尼拔决意要彻底打败使他立下血誓的敌人，率领一支强大的军队翻过比利牛斯山脉，穿过高卢南部和罗纳河，到达阿尔卑斯山脚下。这一路充满了艰难险阻，不仅要与狭窄结冰的道路、山崩和饥饿作斗争，还要对抗当地的敌对部落。最终，经过长达五个月的严峻考验，付出了牺牲一半人的代价，汉尼拔的军队终于到达了意大利北部的平原。在意大利，他在对战罗马人时，取得了一系列压倒性的胜利。据说仅仅他的名字，就能激起罗马人的恐惧和担忧。

21世纪的李书福，也有“汉尼拔式”的遭遇：前有强悍之师，后有穷追之兵。那么，他和伙伴们会有什么样的表现，又付出了怎样的代价呢?

第七章　必由之路

新愿景：资本、技术与品牌

早些年，李书福曾以抒情的口吻说过："汽车王国不是梦。"

的确，李书福没有一天停止过对实现吉利汽车工艺、设计和平台高端化的想象，更没有停止过在全球范围内整合资本、技术和品牌的梦想。令吉利成为世界汽车之翘楚，"让吉利汽车跑遍全世界"，这是他的梦想。实现这一梦想的根本途径，就是制造、采购和营销的全球化，特别是通过国际并购、全球布局和品牌提升，在有限的时间内，迅速实现一系列变革和进化，达到一个新的产业高度和汽车文化认同。

不过，当时并没有多少人把李书福说的当作一回事。

他经常说"要主动站在真理这一边"，表明他对汽车产业规律性认知的清晰。对汽车这个行业，对造车这件事，对世界汽车产业的动态性、前沿性和规律性问题的思考，是他的永恒课题。这种"超前"和"预见"超出了人们的想象力，而促使吉利成功的，也正是这一点。当他说出汽车业的"皇帝新衣"时，屡次受到嘲讽、挖苦甚至打击，其苦恼、愤怒和强烈的"孤独感"不难想象。

不过李书福有个很大的优势，就是有很强的抗压能力和即时应变能力。

他善于将劣势转化为优势，通过战略转型和思路调整，痛下决心对组织、人事和制度大幅度整合，并对管理架构、业务流程施以必要的手术，还有对技术路线的调整、制造体系的提升和设计理念的创新，都具有切实有效的统筹能力。

尤其可贵的是，李书福身上有一种“咬定青山”的意志力，夜以继日的推动力，近乎固执的实现目标的定力。只有这样的人，才可以这么说，“时间站在吉利这一边”。不过他没有忘记时代的推动力，“感谢这个伟大的时代，吉利被这个时代选择”。很久以来，李书福办公室里总是挂着一个条幅：“人间正道是沧桑”。正是这句话与他的内心构成了呼应关系。

他对国际并购和资本、技术有着深刻的理解，并每次择机付诸行动。

2009年，在北京接待海内外媒体的活动结束后，李书福跟一位吉利高管谈起吉利汽车往事，话题涉及收购沃尔沃及企业如何走向全球化，他对那位高管说：“那时我就想收购一个好品牌，比如英国的罗孚。”

“那么，后来为什么这件事没有做成呢？”那位吉利高管继续问李书福。

“2005年，当时仰融希望与我合作，收购罗孚之后就在宁波生产汽车。当时宁波的土地条件成熟了，仰融却到美国去了，他去美国的原因自然很复杂，我也不太清楚，只是我当时感到很突然。于是这个项目也就停了。”李书福说。

“你那时对仰融的印象如何？”这位高管问李书福。众所周知，仰融是华晨汽车创始人。

仰融到宁波与李书福谈合作收购罗孚的事，来头大得不得了。坐自己的专机来，而且把一个豪华酒店一整层房间全包了。这个人的眼睛似乎能穿透一切，把人家想的全看穿了。他对吉利的看法还不错，对收购罗孚一事寄予很高期待。但后来因种种原因，这件事搁浅了。

“那么你就没有再指望做下去了吗？”这位高管这样问李书福。在很多人看来，这不符合李书福的性格逻辑，他对认准的事是不肯轻易罢休的。

“我并没有放弃，我们想独家干，不与别人合作了。为此，我们与罗孚管理层的人沟通了很多次，准备了一个很好的计划，希望把这个项目放在上海生产。上海华普二期实际上就是为这个准备的，当时都按他们的标准来规划建设。”李书福这样说。

李书福继续回答他的问题：“后来由于‘上汽’的参与，英国人认为‘上汽’的实力比我们强，觉得我们规模太小。这个事也就没成。我认为，这只是一次‘锻炼’，我的目标还是收购沃尔沃。后来我们把英国锰铜公司并购下来，这一切都是为并购沃尔沃作准备。”

从“罗孚事件”到向锰铜出手，再到迅速收购DSI，最终实现一个世纪性的梦想——收购沃尔沃。

李书福绝不为并购而并购，也不为眼前的利益而寻求并购。他始终将并购当作走向国际化，进而全球化的一个必要环节和重要进阶来对待，当作向世界汽车产业高端领域的一个学习过程来对待，作为融入世界汽车大格局，最终成为领航者的必经之路来对待。因“以市场换技术”政策的存在，中国汽车市场已经成了外资合资品牌角逐之地，他要把眼光转向全世界，特别在出口汽车上及早行动，有所作为。参加一些国际车展（汽车博览会）当然不失为争取出口贸易的机会，更重要的是，必须与世界汽车业广泛接触。

交往是融合，对话即道路。

事实上，李书福一刻也没有忘记汽车的世界品牌、高端技术和全球体系，但没有“打价格战”这番经历，能在当时的中国市场立足，进而赢得一席之地吗？正如安聪慧有一次回答记者提问时说：“其实你拥有了核心技术，才可能价格最低，才有资格有能力打价格战。”假如吉利汽车“出师未捷身先死”，还能有国际化乃至全球化的机会吗？这是矛盾的核心，也是悖论成立的关键。

技术、品牌和资本的联袂，是需要以本土市场的“肉搏战”来换取智慧与膂力的。

对于吉利来说，极其需要一系列立足于成熟的采购、制造和研发体系之上的技术，一种植根于企业文化之内的管理系统，以及一个引发消费者由衷喜爱、具有信任度和美誉度的品牌，实现可持续发展的资本实力。

常规的发展思路固然稳妥，却很有可能被更多的后来者赶上，最终没有吉利的立足之地。当时包括吉利内部人士在内的不少人都说“应该先把吉利自身搞好，才能去并购国际品牌”，而李书福却认为，“只有并购成功才能真正搞好吉利”。

锰铜：从合资到并购

2006年10月24日，伦敦皇家花园酒店。李书福代表吉利在香港上市的公司（0175HK）、上海华普，与英国锰铜控股公司（MBH）正式签署合资生产名牌出租车的协议。

协议规定，吉利汽车与英国锰铜控股组建新合资公司，在中国上海生产久负盛名的TX4伦敦出租车。与此同时，英国锰铜控股（MBH）将以每股2.5英镑的价格向吉利汽车（0175HK）定向发行30%新普通股股份，以换取新合资公司48%权益。有关交易完成后，吉利汽车将占英国锰铜控股扩大股本的23%，并成为第一大股东。

11月9日，吉利汽车和英国锰铜在香港正式签订合资生产伦敦出租车的协议。

李书福在记者会上毫不讳言地说，“吉利更多考虑的是锰铜公司先进的技术和成熟的销售网，因为合作可以使吉利零距离接触到对方的先进技术”。

如果不是与吉利合资，“锰铜控股”也许永远不会被一些中国人记住。这家拥有80多年历史的英国公司，最初为轮船制造螺旋桨推进器。46年前锰铜收购了英国“黑色出租车”的车身制造商Carbodies公司，成为“黑色出租车”的继承者。

伦敦拥有全世界最复杂、最庞大，也是最令人迷惑的交通体系。为这么大的城市提供交通便利，对于规划者而言完全是一场物流噩梦，要解决大不列颠绅士与众多新移民混居城市的出行问题，需要某种区别对待和适时分流的智慧，而且不可能取悦所有人，要经得起指责和批评。

“黑色出租车”，也就是被李书福重新命名的“经典出租车”，在伦敦城市交通系统中，起到十分独特的作用。它的设计与功能，简直在所有方面都迎合了英国人的性格和生活方式。据说，当初把这款车子的内部设计得如此高大宽敞，就是为了让那些坐车的绅士们能体面地上车，进入车厢时不至于弯腰低头，或是让头上的礼帽被车门碰翻。

司机驾驶室与后面乘客之间用有机玻璃隔开，后面有两排乘客座位，最多可以乘坐 6 人。隔板边有个红色小灯，旁边写着：“灯亮时您就可与司机通话”。两排座椅之间有近 1 米的空间，可以放得下一张轮椅，伦敦黑色出租车有这样的规定，必须保证让老人或残疾人专用轮椅或电动代步车能够顺顺当当地进车。

从外观看，伦敦黑色出租车持重的黑色、敦实的造型，颇具绅士派头，和伦敦街道上弥漫的传统气息非常吻合。与其他国家不同的是，大多数出租车司机是上了年纪的英国人，所以对道路情况了如指掌。一上车至少3英镑，究竟要付多少钱，当然按计价器和小费收取，下车再给一张手写的发票。

若你运气好，兴许能碰上马克思的玄孙。留有一脸又浓又密络腮胡的安东尼·马克思，酷似卡尔·马克思，他是马克思女儿的曾孙，名片背面印有马克思的肖像，其车厢内悬挂着嵌在精致铜框里的马克思画像，身边摆放着马克思的旷世名著《资本论》。他继承了先祖马克思的嗜好，喜欢畅饮啤酒。当你付过车费后，马克思先生会递过来上面标着“资本”二字的小铁箱，收取您的小费。

笃信勤劳致富的安东尼·马克思先生随叫随到，服务一流。

“你在大街上还能看到20世纪80年代产的伦敦出租车。”时任LTI（伦敦锰铜公司）中国副总裁的魏刚这样说。因为伦敦出租车寿命超长，能行驶100

万英里（约161万公里），可连续使用12至13年。黑色出租车，早已成为英国文化的重要组成部分。经过近70年实际营运考验，它已是英国最具代表性、最受乘客欢迎、具有最高品质的经典出租车，也被评为全球最受欢迎的出租车。

锰铜的出租车业务虽然历史悠久，光环无数，但实际业绩却难与“黑色出租车”的盛名相符。

2005年，锰铜公司总算止住了长达4年的亏损，实现了160万英镑的税前利润。进入2006年，公司业务继续好转，但利润和销量仍处低位。2006年上半年锰铜公司在英国销售了1106辆“黑色出租车”，位于考文垂的生产线每日产量不到60辆。在这种情况下，锰铜公司不得不另寻出路。

华晨汽车和蓝星集团，都曾是锰铜公司接触的对象。华晨甚至在2002年北京车展前的媒体吹风会上宣布，即将在当年年底小批量生产以LTI TX2为原型的名为“中华·奥斯汀”出租车。后来锰铜公司与华晨和蓝星的合作都无疾而终。也有人说，锰铜公司与其他中国企业接触失败的原因“既有经济层面的，也有技术层面的”。

吉利与锰铜公司的携手让人多少感到意外。双方的实质性谈判仅用了五个月的时间，而吉利与锰铜公司相互就合作一事进行接触，也只是从2006年初才开始的。

吉利和锰铜公司的合作一经公布，锰铜公司的股票在经历长期低迷后，马上来了一个绝地大逆转。公司股价上升了289%，一举夺得伦敦主板上市股票中的“最佳表现奖”。

参观锰铜工厂时，人们看见有一道关键程序非常有意思，一个打造好的车身外壳缓缓向下，和组装好的底盘慢慢合拢，工人们称之为“Marry”。言下之意，“结婚”成功，需要完全的匹配。汽车装配也是这样。

吉利与锰铜公司的合作，也正是一桩匹配的“婚姻”。

2013年2月1日，吉利控股集团通过下属子公司以1104万英镑（折合1.08亿元人民币）收购英国锰铜公司。至此，吉利完全拥有了英国百年企业——锰铜控股的核心资产与业务，为开拓欧洲市场奠定了基础。

尽管那些年一直亏损，但是锰铜的品牌价值仍然十分稳固，该车在英国依然有很大市场潜力，保有量也很大，售后维修领域也具有较大的市场机会。吉利可借此拓展专业出租车领域，加速研发油耗更低、更耐用的出租车。

2015年3月26日，吉利宣布投资2.5亿英镑，为英国锰铜公司建设一座高技术、现代化，融研发和生产于一体的全新工厂。同年10月，吉利宣布在原2.5亿英镑的基础上追加5000万英镑的投入，进行基建扩容，并建立吉利在英国的“前沿技术研发中心”。

这是一座英国十多年来首家新建的现代化汽车生产基地，也是英国首个专注电动汽车的工厂。安斯蒂工厂采用沃尔沃汽车成熟的电动化动力总成系统，打造全新的轻量化电动车平台，主要研发、生产零排放和超低排放的伦敦出租车，以及一系列零排放的轻量化电动商用车，首批下线的是全新一代伦敦出租车TX5。

此举使得英国当地社区、政府、执政的保守党党魁，甚至英国王室都感到震撼，各界人士都高度认可吉利在战略合作上的可靠性以及商业诚信。英国政府还破天荒地提供巨额的财政补贴，以期加快建设进程。英国广播公司（BBC）对该项目的系列报道中，对吉利这一负责任的商业行为也大为赞扬。[①]

当地时间2017年3月22日，吉利新能源商用车有限公司旗下的伦敦出租车公司，在考文垂安斯蒂举行新工厂落成仪式。英国商务大臣Greg Clark、中国驻英公使祝勤以及李书福等人出席仪式。

剪彩时，李书福一边紧握剪刀，盯住眼前的红色绸缎，如汽车工程师设计图纸似的，细心、克制地开了第一剪。这情形正好被伦敦出租车公司董事长Carl-Peter Foster看到，笑盈盈的他赶紧也对着红绸剪下。

---

① 郭凌晨、丁继华、王志乐：《走向全球公司——吉利公司全球化之路》，中国经济出版社2016年版，第15页。

高盛投资家

2009年9月23日，正值中国二十四节气之一的秋分。透过吉利当天发布的一则通告，一份“收获”的喜悦之情扑面而来。吉利汽车宣布，向高盛集团旗下私募基金发行金额为18.97亿港元于2014年到期的3厘可换股债券，以及3亿份认股权证。

认股权证获全面行权后，吉利将获得融资额25.86亿港元（约合22.77亿人民币）。

“华尔街金融大鳄投资中国民营车企”。消息一经发布，所有人都不禁暗自发问：高盛入股吉利，究竟为什么？毕竟，对作为华尔街五大投行之首的高盛来说，此刻并不是“抄底”吉利的好时候。

我们都知道，高盛（Goldman Sachs）是全世界历史最悠久、规模最大的投资银行之一，由德国移民马库斯·戈德曼于1869年在美国纽约创立。这些年来，高盛一方面协助客户进行交易，另一方面通过做市、交易和投资固定收益和股票产品、外汇、大宗商品及衍生产品，用自营资金进行交易。

2005年5月吉利成功实现香港上市，此后股价一直平稳上升。当年6月，吉利股价便暴涨97.5%至0.8港元；到了2006年，更是连续数月在1港元的高点震荡；2007年因并购锰铜公司的利好，股价再次直线上涨。这年6月，吉利股价超过1.5港元，创上市以来的新高。不过，让人瞠目的是，因为金融危机的影响，2008年底的吉利股价跌得一塌糊涂，可以说是“断崖式下跌”——从当年最高的1.46港元，到12月时一下子变成了0.15港元。

等高盛的直投部门与吉利开始接触，向吉利抛出橄榄枝的时候，吉利的股价已经慢慢回升到0.6港元，高盛似乎已经错过了最佳的“抄底”时机。而到高盛真正入局时，吉利的股价更是已经涨到每股1.6港元……高盛如此“买高不买低”“买涨不买跌”的“反向操作”，乍一看确实让人感觉一头雾水：难道，华尔街金融大鳄这次真的搞错了？

从2008年开始，吉利就跟高盛谈，彼时高盛很高傲，认为吉利是个小公司，没当回事。当时谈得很慢，但吉利很有耐心。熟知融资和财务规则的财务总监，带领相关人员，以专业、规范和敬业的姿态去接触高盛，交换各种财务资料与相关报表。

饶有趣味的是，尽管对资金的需求非常大，但吉利方面却自始就保持着一种“高姿态”。对此，吉利前副总裁、财务总监尹大庆曾经说道：“虽然我们当时的股价只有几毛钱，但是我经高盛的开价是起码要到一两块，得到的回复是‘你们的股价才四五毛钱，你要两块？’。我就对他说，你们不能光看我们的股价，否则，你何必跟我去发债呢，还不如直接去二级市场买。”

“赢利永远是高盛的一项原则”，后来的结果证明，吉利的这份自信不是没有道理，高盛的投资选择也非常明智。尽管以相对较高的价位进入吉利汽车，但当它最终套现离开时，还是赚得盆满钵满。这似乎又一次响亮地回应了《资本论》中的那句话：“资本害怕没有利润或利润太少，就像自然界害怕真空一样。一旦有适当的利润，资本就胆大起来。”

其实，看似“胆大”的背后，高盛有着自己的投资逻辑。它首先看上的是中国国内汽车业的潜在市场。彼时，尽管金融危机使全球汽车业一片萧条，但中国汽车业却如日中天。2008年底以来，在汽车产业振兴规划和减征车购税的刺激下，汽车销量一路高歌猛进。2009年前8个月，中国汽车产销分别达到825万辆和833万辆，同比分别增长26%和29%。

可想而知，在这样的背景下，高盛不会是一名“独行客”。此前，巴菲特的伯克希尔哈撒韦公司旗下一家子公司已斥资2.32亿美元，收购比亚迪10%的股权。奇瑞汽车也获得了鼎晖投资和渤海产业投资基金管理公司等多家投资机构的20多亿元人民币投资。而更早时候，渣打联手雷曼及高盛，三家公司共同注资金龙集团的投资总额也达到9000万美元。

高价买入吉利股票，还可以从高盛的经营理念中找到“底层逻辑”。比如，高盛的战略目标是成为全球公认的最好的方案提供商，因此它永远能够第一个接到电话，得到最及时的信息，抓住最好的机会进行创新——并保持高额的利润率。①

一言以蔽之，就是足够“专业”。具体到本次交易，高盛为了作好对吉利的尽职调查，前后花了200多万美元，不仅请专业资深的财务顾问，还请了汽车行业的很多专家来评估，做得非常正规也尽心尽力。在吉利股价上升之后，高盛还是坚定不移地支持吉利，追着吉利香港上市公司总经理桂生悦谈条件，显然因为“调查结果”对吉利十分看好。

谈判过程中，双方关于票息的约定也充满了故事性。为了对吉利负责，更要对投资人负责，桂生悦也希望能谈个好价钱。尽管当时的股价已是1.6港元，但他还是希望能溢价卖给高盛，同时能将票息谈到最低。

一开始，高盛开的条件是票息6%，理由是吉利汽车的股价已经涨了三倍，但吉利方面并没有轻易答应，谈判暂时搁置。这让高盛有些骑虎难下。更让它紧张的是“强敌环伺”的局面——它对吉利的追捧引来了众多竞争对手的关注。德意志、花旗、摩根大通、瑞士联合银行集团（UBS）等银行蜂拥而至，“抢着”要为吉利服务，纷纷表示要帮吉利集资，而且马上就可以筹集到几亿美元。

到这个地步，票息到底是多少，已经不是什么问题了，何况吉利的股票依旧在上涨。高盛必须让这次合作尽快落槌。为此，一天凌晨3点，吉利与高盛紧急召开会议，不歇气地一直谈到早晨，最终达成共识：票息3%！同时，高

---

① ［美］查尔斯·埃利斯:《高盛帝国》，卢青、张玲、束宇译，中信出版社2012年版，第675页。

盛以1.9港元的价格入股吉利，相比当时的股价，吉利汽车实现了溢价。[①]

风光背后，李书福和吉利管理层冷暖自知。特别是数月之前，吉利股价骤跌的一幕，无疑给正在准备“冬泳”的吉利人浇了一盆冷水。因为监管问题，国内公司的钱又无法直接给香港的上市公司“输血”。此后，尽管股价逐渐回升，但吉利又面临着转债到期的问题。为此，桂生悦不得不到处借钱，李书福也想尽各种办法，甚至动用了私人腰包，最终让吉利没有因为这几亿港元而违约。

对吉利来说，高盛的入股显然不只是拿到了几亿美元那么简单，更大的影响还在于给市场和投资者释放了一个积极的信号，那就是吉利的发展已经真正步入正轨。

“对吉利来说，国际化形象的树立是非常重要的”，尹大庆表示，本次合作为吉利的国际化之路增加了重要筹码，“大家认为，高盛入股吉利，这么好的合作、这么大笔的投资，真是‘不得了’，这确实给我们加了不少分”。

对于高盛的加入，李书福也颇感兴奋，他这样对人说：“这项投资不仅表明我们的业务策略是行之有效的，还为吉利注入了额外资本，为我们的长期增长策略提供资金支持。我们还计划与高盛密切合作，进一步加强财务管理、运营效率和公司治理。”

一个月后，李书福所指的“长期增长策略”将揭开神秘面纱。2009年10月26日，吉利汽车正式“承认”竞购美国福特公司旗下的沃尔沃汽车。当天，福特汽车和吉利汽车同时宣布，以吉利汽车为首的财团已经成为沃尔沃汽车的优先竞购者。

---

① 王千马、梁冬梅：《新制造时代：李书福与吉利、沃尔沃的超级制造》，中信出版社2017年版，第121页。

DSI：闪电式收购

当地时间2009年3月27日12时，吉利汽车收购澳大利亚自动变速器公司签字仪式在澳大利亚新南威尔士州政府大厦举行。中国驻澳大利亚大使、商务参赞，新南威尔士州州长、部长等中澳两国政府官员出席签字仪式。

新华社的这一条简讯，据说比路透社快了8分钟。

从各大媒体随后的评论来看，普遍认为此次吉利汽车并购澳大利亚DSI，是金融危机爆发以来全球汽车行业的第一宗大型并购。

在全球范围内，当时只有两家独立于主机厂的生产汽车变速器的专业公司，澳大利亚的DSI自动变速器公司就是其中之一，集研发、设计、制造为一体，有80多年的历史，具有深厚的技术积累和工业经验，拥有一批优秀的澳大利亚工程师、技术工人和自动变速器技术，产品覆盖了4速、6速前后驱动大马力自动变速器①，为福特、通用和双龙等著名汽车公司提供配套。

受全球金融危机的影响，DSI的重要客户在市场上受到严重冲击，吉利高层得知DSI破产消息后，及时报告了李书福。大家都觉得是一个很好的机会，于是就迅速提出收购计划，派出强有力的团队参与竞购活动。最终在15个买

---

① 4速、6速前后驱动大马力自助变速器：4速变速器就是有4个挡位，6速变速器有6个挡位。对汽车来说，可以说挡位越多越好，因为挡位越多发动机动力就越可以趋于线性输出，也就是说可以让发动机一直处于最佳的经济工况工作。6速变速器比4速换挡冲击更小，燃油经济性更好，但是技术比4速复杂得多，成本也要高得多。

家中胜出，在不向银行举债的情况下仅用4个月在海外完成融资，全资收购了这家全球排名第二的汽车自动变速器独立生产商。

吉利收购DSI的目的，主要是希望在保留DSI公司运营相对独立的情况下，为全球客户提供自动变速器，同时，将DSI先进的自动变速器产品和技术引入中国汽车行业，向中国整车企业提供世界先进的自动变速器产品。为此，吉利将DSI自动变速器研究开发团队、技术数据库、生产工艺和关键零部件供应商全部纳入吉利。通过收购DSI，吉利在原有小扭矩自动变速器自主知识产权的基础上，进一步丰富了产品线，强化吉利自动变速器的研发与生产能力。

2009年3月8日，英国《泰晤士报》报道，吉利汽车聘请世界著名投资银行罗斯柴尔德公司（NM Rothschild）担任其顾问，以负责可能发生的并购活动的运作，并寻找私募基金提供财务支持。

当时媒体断言这一举动是吉利为竞购Volvo作准备。其实，这是李书福着手为收购DSI融资。

随后，吉利与包括凯雷[①]在内的投资基金接洽，谋求获得融资支持。这笔融资，是为了偿付吉利2006年发行的1亿美元5年期可转股债券。

2009年3月16日，吉利在香港联交所发布公告称，将斥资3.66亿港元提早赎回可换股债券，并称此次回购不会影响其财务状况，为这次吉利海外收购打下了财务“伏笔”。

吉利在此次“海外抄底”行动中动作之快、保密之严，即便是现在回想起来也令人惊诧不已。

长期以来，DSI的主要客户是福特、克莱斯勒和韩国双龙等，对快速成长的中国市场重视不够，吉利为DSI提供了一个进入中国市场的绝佳切入点。DSI盈亏平衡点的销量为3万台左右，吉利本身就有9～10款现有车型能用到

---

① 美国凯雷投资公司（Carlyle Group）：公司成立于1987年，总部设在华盛顿，有“总统俱乐部”之称，拥有深厚的政治资源，是全球最大的私人股权投资基金之一。

DSI的变速器，仅吉利的订货就能保证DSI赢利。正是在这两大因素的推动下，吉利收购DSI水到渠成。

话得从头说起。2009年1月初，DSI的一位中国股东白先生主动来到吉利在杭州的总部，提出了一个联合收购计划。这位股东持有DSI公司18%的股份，希望吉利收购剩余部分，事成后按照4∶6比例重新分配股份。此前他找过一些地方政府寻求合作，一直未果。

吉利表现出浓厚兴趣，财务总监尹大庆专门抽出一天时间与其商谈。

吉利早已成功自主研发出自动变速器，但仅限于匹配1.8升以下发动机，无法支撑吉利向中级轿车、SUV市场的日益转型，能够匹配2.0升以上发动机的DSI产品正好弥补这一空白。但令吉利为难的是，DSI拥有十几位股东，股权分散，方案很难实现。

转机出现在春节之后，DSI准备执行破产程序，审计公司普华永道已经成为它的托管人。自2007年吉利收购英国锰铜公司股份以来，已经逐步积累起国际化经验。在这样一个机会面前，对海外交易的迅速判断和决策至关重要。

2月16日，赵福全和另外两名持中国大陆以外护照的技术高层登上了飞赴澳大利亚的航班。此时吉利也许已感受到来自竞购对手的压力，而如果能把DSI揽入怀中，则无疑能补上吉利在高端变速器领域的短板。

他们抵达澳大利亚的那一天正是DSI宣布破产的日子。经过对工厂的考察和对当地政府及托管公司的拜访，初步信息反馈到吉利总部，“DSI的产品和吉利目前自主研发的产品有很大的互补性”。

2月25日，杨健总裁带领吉利研究院的高管再赴澳大利亚。

此时，吉利并购DSI已进入实质程序。在请示李书福后，杨健很快便在当地找到了涉及收购的法律、会计及并购事宜的第三方公司。其中，律师行找了麦肯锡，会计师行为安永，并购顾问公司为罗斯柴尔德。

尽管之前已经阅读了相关资料，但参与收购行动的吉利高管们亲眼看到后仍然喜出望外：研发中心内测试设备非常齐全，能够进行自动变速器的金相、抗老化、耐久性试验，以及与发动机匹配的实验。在这里，一款自动变速器进行相当于25万公里行驶距离的测试时，只更换机油，不需要更换齿轮。而普通的变速器，经过这么长距离行驶，齿轮早已磨损老化，必须更换新的齿轮才能正常工作。

变速器齿轮的耐磨性，已经达到匪夷所思的地步，这是由于DSI采用了一种特有的瞬间淬火技术，齿轮内部经长年运转不会脆化，俗称“香蕉齿轮”。与“香蕉人”不同的是，“香蕉齿轮”是一种赞誉式的称呼。当然，这个“瞬间淬火”工序需要技术高度娴熟、工艺精湛的老技工来予以控制，而DSI正好拥有一批堪称“名匠”的员工。

宣布破产后，DSI的员工人数从380名骤降至130名。杨健清楚记得，当时工厂门口前摆着各色帐篷和房车，这是被裁员工在示威抗议。当他们看到中国人乘坐的汽车时，不停挥动双手，以表达对工作的渴求。杨健等人不禁放下车窗，向他们挥手致意。

不过，收购热忱仍然要落实到烦琐的竞标过程中。

到悉尼第二天，尹大庆一行便与罗斯柴尔德顾问公司、麦肯锡律师事务所和安永会计师事务所的顾问进行谈判。2月25日，吉利与这三家公司签署了服务合同。对DSI资产进行评估的同时，收购团队也进行了明确分工。其中尹大庆负责财务方面的谈判，南阳掌控具体汽车业务谈判，杨健则根据每日进展作出决策。

3月1日，杨健离开澳大利亚，留下两名高管继续对DSI进行全方位考察和谈判，杨健回国后立即向国家发改委和商务部上报收购事宜。好消息不断传来。中央政府部门在第一时间批准了吉利这一并购行为，也对吉利利用国际资本完成此次收购给予了法律上的肯定。

3月下旬，李书福亲率吉利高层飞赴澳大利亚，正式拉开了吉利并购DSI的大幕。

当时也有印度的公司参与竞争，但吉利的优势是，能把DSI和吉利这样的整车厂捆绑在一起。李书福给出的收购思路是，在成功并购DSI后，利用中国的成本优势强化DSI既有产品的竞争力，同时，利用吉利作为主机厂采购需求的规模优势，保证DSI产品销售运营的持续性。

2009年3月27日凌晨4点，刚刚讨论完收购合同全部细节的尹大庆犹豫了一下，决定还是去小睡一会儿。

这是个难得的“喘息机会”。作为签约人之一，他要赶当天早上8点的航班从墨尔本飞赴悉尼，与李书福和杨健会合。由于涉及吉利在香港上市公司的公告时限，这份合约必须在当地时间12：00之前签署。

就在签约前一天，亲自考察过DSI之后，李书福兴奋地对尹大庆说：“太划算了，不用讨论合同的细节了。赶快去签合同，小事情就不计较了。”

为了加快进程，吉利不仅保留了DSI核心管理团队，还同意维持原有的薪酬待遇甚至高额奖金，无论经济是否低迷。

“当然，为了能在最短时间内完成收购，我们做了很多工作，先后拜访了DSI的当地政府、管理层、工会，他们均对吉利的收购表达了高度的赞赏并全力支持。他们认为吉利的收购方案是全世界最好的。”说这番话时杨健深感自豪。

DSI制造工厂项目，于2010年6月落户湖南湘潭及山东济宁，随后吉利汽车旗下搭载其6AT变速箱的帝豪EC8、英伦SC7以及全球鹰GX7和GC7先后上市。DSI公司的自动变速箱技术，已被吉利充分吸收，并被匹配在吉利汽车旗下的众多产品中。

第八章　并购沃尔沃（Ⅰ）

“风暴”改写一切

2008年9月16日清晨，一位声音浑厚的男性播音员正在播送一条海外电讯，报道雷曼兄弟公司垮台的消息。

令人震惊！这条“早间新闻”最后说，继美国两家著名的对冲基金出现巨额亏损，信用评级机构下调抵押贷款债券信用等级后，几个月来，雷曼兄弟就像被施了魔咒一样，朝着预测的深渊迅速滑落。在雷曼股票价格暴跌94%的第二天，各信用评级机构将雷曼兄弟的评级调减至D，意味着它破产了。

金融风暴面前，包括贝尔斯登、美林、AIG等在全球金融市场中称雄一时的霸主们几乎无一幸免。“多米诺骨牌”被一只叫“欲望”的巨兽整个推倒。之后，从人们的生存姿态到出门神情，从购物习惯到求偶心理，从领导人选举到社区议事，从丛林“游击战”到都市“狂欢派对”，一切都在改变。

一向被看作标兵的德国汽车行业陷入危机之中，戴姆勒公司决定给德国的15万名员工放一个圣诞长假，宝马公司在德国莱比锡的生产线停止运行。法国的标致、雪铁龙和雷诺汽车公司也宣布大规模减少汽车产量。在瑞典，沃尔沃卡车公司利润大减。

之前经营有所起色的福特，这时陷入一种新的困境。福特财务部门的数据显示，2008年净亏损147亿美元，再创历史新高，亟须现金流以度过危机。而通用、克莱斯勒在这场危机中，最终步入了破产保护程序。

无数事件的纠结和反复，各种危机造就的撕裂，多少次撼动磐石般的感觉，不禁使人产生“习惯性恐惧”。可是，2009年上半年李书福想的，却是如何通过战略转型，进入他所期待的国际并购与扩张阶段，收购沃尔沃已进入紧张的准备阶段。

4年前的一天，李书福在北京亚运村的一家日本料理店请时任华晨副总裁的赵福全[①]吃饭。在这个饭局上，李书福没有更多地跟赵福全谈加盟吉利的事情，却聊起了自主品牌、全球汽车工业格局等问题。也正是在这次饭局上，赵福全第一次得知了李书福对沃尔沃的“非分之想”。

“你觉得沃尔沃怎么样？”席间李书福突然问赵福全。

“挺好的，知名度很高。”

“怎么好？奔驰、宝马知名度也很高啊？”

“尽管沃尔沃规模不大，但认知度很高，不管买不买沃尔沃车的人都认可它，认为它是一个知名度很高的豪华车品牌，且个性特征非常鲜明。你说哪个品牌车不安全？但是沃尔沃这种安全是植入血液里的，是它的DNA决定的。”赵福全如实回答。

“你觉得我们把它买下来怎么样？”

“蛮好的”，但赵福全心里出现的，却是另外三个字：可能吗？

“这是否有点异想天开？”赵福全头脑中迅速跳出的是这些念头。出于礼貌，他把这些瞬间反射性想法咽了下去，自己连夹几口菜，还给李书福斟了点酒，装出并不吃惊的样子。

之前，赵福全在公开场合见过李书福几次，有过短暂的寒暄。他对吉利的看法，和大多数人一样：只是一家低端车起家的民营企业，从产业基础看，还

---

① 赵福全：曾任华晨汽车集团副总裁、吉利汽车副总裁，现任清华大学教授。

不如华晨“根正苗红”。

或许对一件事情太执着、太顶真，就会忽略一些细节。这次见面，李书福并没有了解赵福全的真正想法，只是听到了“蛮好的”这三个字，这正是他所期待的。一个人在作出重大决定之前，总需要多方求证。听了赵福全对沃尔沃的评价，李书福心想：坐在对面的这个汽车业人士，也许会怀疑自己并购沃尔沃的想法，但是他肯定了沃尔沃是一个不错的品牌。

那时，没有人相信李书福能买下沃尔沃。可是李书福才不理会别人的看法，他觉得只要条件成熟，就没有问题。关键在于，沃尔沃很符合他的理想和口味。

据说，早在2002年召开的一次公司中层干部会议上，李书福说出了一个出乎所有人意料的想法：“我们要去买沃尔沃，现在起就该准备了！”与会者都以为自己听错了。李书福刚出道那会儿，经常有些异思奇想，他此刻说的话题，不少人觉得无从谈起。要知道，此时吉利才刚刚拿到汽车生产许可证不久。

“这是个漫长的过程”，提及并购之事，李书福不无动情地说：“吉利并购沃尔沃一定是有理由的，我们有百分之两百的把握，使得沃尔沃有更好的发展。”

这基于李书福两个基本判断：第一，中国车市应该能够看到中高级市场的爆发，而来自欧洲的品牌沃尔沃拥有很棒的名声，充满诱惑力的产品线，有很大的潜力。吉利拥有了沃尔沃，就能够在中高级车市场取得主动权。第二，在拥有沃尔沃之后，吉利当然能够缩短自己的学习过程，并且吉利将很快从沃尔沃的研发中心受益，沃尔沃的工程技术、设计和体系力会加快吉利走向世界的进程。

这也是一种市场规律：竞争到一定程度后，汽车的“品牌附加值”变得极其重要。换句话说，即便产品是很好的，如果品牌形象不能得到改变的话，也很难实现其价值，和著名品牌竞争最终还会处于劣势。因此，李书福认为一定要寻找个“好老师”“好伙伴”。

“这个好老师、好伙伴到底是谁呢？当时阿斯顿·马丁以8亿美元价格出售，我们没要。这只是一个奢侈品品牌，对吉利没有什么实质的帮助。后来捷豹、路虎出售的时候，我们参与了竞标，但最终也决定放弃，结果被印度收购了。这些汽车公司所有的技术都依托于沃尔沃，沃尔沃又是福特全球安全技术中心。这，就是我选择沃尔沃的最大理由。”事后李书福回忆说。

李书福对沃尔沃最向往的，是其原发性、创造性发明，全球第一的汽车安全技术，还有空气质量管理技术、排放控制技术。“我认为全球汽车工业安全技术的发展，完全源自沃尔沃。”后来李书福这样说。

卖，还是不卖

2008年金融危机发生后，福特也面临着沃尔沃“卖还是不卖”的艰难选择。这像梦魇一样缠绕着董事长比尔·福特（William Clay Ford，Jr.），也使福特CEO艾伦·穆拉利①头痛不已。

说起沃尔沃（Volvo），就不得不提及它的历史与荣耀。

沃尔沃成立于1927年，是瑞典人最引以为傲的汽车公司，在历史上曾与ABB分庭抗礼，甚至在20世纪80年代，沃尔沃仍与奔驰、宝马并驾齐驱，并略胜于宝马公司。总部设在瑞典哥德堡，在全世界超过100个国家设立了销售

---

① 艾伦·穆拉利（Alan Mulally）：现任福特汽车公司总裁兼CEO。加盟福特前，他成功带领飞机制造巨头美国波音公司走出“9·11”事件后的航空业低谷，并击败老对手空中客车公司，重新夺回飞机制造业王者的皇冠。2006年从波音转至福特担任掌门人。上任伊始，收罗福特所有资产，抵押借款234亿美元用以支持公司运营，帮助福特度过2008年的金融危机。

和服务网络，拥有近2400个销售点。而强大的研发团队和工程师队伍，世界一流的安全中心，特别是各种生产控制和管理技术，加上瑞典包括钢铁在内的工业体系的支持，人性化的服务理念，都是沃尔沃鹤立于全球汽车业的雄厚资本。

除了“诺贝尔奖”和“哥德堡号”之外，“沃尔沃”恐怕是世人最为熟知的一个瑞典传奇了。在某种程度上，沃尔沃成为瑞典的代名词，也是世界安全汽车的代名词。

又有谁能相信，沃尔沃这家知名的汽车公司是在一次具有浓厚瑞典传统特征的龙虾晚宴上诞生的。

1924年7月的一天，北欧夏天的傍晚非常迷人，在瑞典素有“水上美人”之称的斯德哥尔摩，两位绅士走进了斯图雷霍夫餐厅。他们便是沃尔沃的创始人古斯塔夫·拉森（Gustaf Larson）和阿瑟·加比利尔森（Assar Gabrielsson）。这两位酷爱汽车的瑞典人要了一盘大龙虾，在享受美餐的同时，开始畅谈对汽车的热爱和执着，并最终制定出了后来闻名于世的沃尔沃轿车公司的创建计划。

1927年，在福特T车型宣布停产时，两个怀揣梦想的年轻人成功创立了一个日后著名的运输设备公司。

“汽车是由人驾驶的，我们在沃尔沃所做的任何事，都必须且永远以安全为指导原则。”这是加比利尔森和拉森在创建沃尔沃汽车公司时定下的一个原则。

提起沃尔沃，人们首先想到的就是安全。

确实，在沃尔沃的发展历程中，他们一直把安全性放在首要位置，也就铸就了其在汽车安全领域首屈一指的成就，安全已经成了沃尔沃品牌精髓的一部分。沃尔沃的“长子雅各布（Jakob）OV4”，则更是继承了这一北欧的纯种血统，一段时间里沃尔沃也是以“雅各布”闻名于世的。当时的汽车速度比今天要慢很多，最高时速仅达90千米/时。1926年沃尔沃创立之时，在首都斯德哥尔摩的哥得堡公路上，9辆雅各布OV4原型车中的一辆，与美国轿车进行了正面撞击试验。结果进口的美国车几乎成为一堆废铁，而沃尔沃大体无恙。

此后每一年，沃尔沃都要投入大量的费用进行安全方面的产品研究和开发，并不断地对已有成就进行改进。

这种自省的精神使沃尔沃在汽车安全产品的研制方面，一直走在世界最前列，为汽车工业奉献了许许多多的革新发明，如20世纪40年代的安全车厢，60年代的三点式安全带，90年代的防侧撞保护系统。这些年沃尔沃又发明了可以自动刹车的城市安全系统，以及行人保护安全技术。

这些革命性的技术挽救了无数的生命。

在沃尔沃汽车公司的发展轨迹上，“美国”是一个不能回避的词汇。1955年，沃尔沃汽车公司开始向美国出口汽车，与强大的美国汽车品牌相抗衡。当时，这被一些瑞典人讥讽为“无异于在北极卖电冰箱”。然而，出人意料的是，短短几年后，美国就成了沃尔沃汽车最大的市场。

20世纪末，靠着卓越的安全性，沃尔沃轿车公司的事业进入了鼎盛时期。就在此时，福特公司盯上了它。最后沃尔沃这个瑞典人最引以为傲的品牌，为美国的福特公司所收购。

沃尔沃轿车公司加入“美国籍”后，却迅速地走向衰落。

沃尔沃拥有品牌并且掌握技术，似乎万事俱备，但却没有一个好老板，在相当一个时期，由于福特在建立全球体系的过程中，存在过于庞大的子品牌系统、财务与经营管理的尾大不掉、公司内部的官僚主义等弊端，加上沃尔沃自身的一些原因，沃尔沃整个儿“沦为福特汽车的一个部门”，陷入了一个无法摆脱的怪圈，彼此都不满意，冲突迭起，积重难返。

这次世界金融危机之前，艾伦·穆拉利就提出了“一个福特”战略。所谓“一个福特”（One Ford），旨在减少集团内地域性品牌，并改变福特全球市场过于分割的状态。

尽管如此，也许在所有人看来，沃尔沃不同于任何福特已经出手或即将出售的旗下汽车公司。沃尔沃在他们的心中还是一个很有希望的高端汽车品牌，在汽车安全领域的名声和实力，全世界无出其右，而且沃尔沃“血统纯正”，是真正的欧洲品牌。

其他品牌可以卖掉，但沃尔沃到底要不要出售，什么时候出售？这些都是问题，是非常实际而严酷的问题。

在福特已经售出的几个品牌中，不论是阿斯顿·马丁，还是路虎、捷豹，都是长期处于亏损状态的“累赘”，卖掉它们对于福特而言是一种“解脱”。沃尔沃虽然出现了亏损，但整体而言还是有潜力和优势的。到底是只卖“烂苹果”，还是也卖掉这只“好苹果”？

卖掉了阿斯顿·马丁，卖掉了捷豹、路虎，卖掉了马自达，最后就剩下一个沃尔沃，福特实在不想卖。可是美国金融危机不由谁说了算，所以福特对此没办法。要把沃尔沃发展好，需要投入一百多亿美元，福特自身又是每况愈下，最终还是下决心把沃尔沃卖掉。

尽管如此，毕竟沃尔沃这个品牌的巨大价值和潜在发展机遇是很诱人的，而且福特感到自身与沃尔沃在汽车技术和细分市场方面，正好是互补的。这既是福特割舍不下沃尔沃的最大原因，也是令竞购者动心的最大卖点。

难点还在于关系复杂。沃尔沃在福特整个平台战略中占据一定地位，福特要将其完全剥离，并不似卖掉捷豹、路虎那般简单。

沃尔沃S40与福特福克斯在某些方面已经实现共享，例如在中国，这两个车型共线生产，在欧洲，这两个车型也实现了部分零部件共享。所以，福特要想出售沃尔沃，还需要理顺关系。

金融危机爆发后，形势变得对美国汽车业越来越不利。

于是，一方面福特汽车公司宣布，将重新评估其针对沃尔沃汽车公司的战略方案，其中包括可能出售这家总部位于瑞典的优秀汽车制造商。它还表示，决定重新评估有关沃尔沃的战略方案，是为了回应全球汽车行业，尤其是过去3个月来的大幅回落，以及全球经济大幅波动的严峻形势。另一方面，福特又迟迟不对沃尔沃今后的命运和发展方向作任何暗示或明确表态，或者说，尽可能地拖延发布相关消息的日期。

吐露心声

让我们回到2007年1月13日的底特律，“北美国际车展”。

参加这次北美国际车展的李书福，那天正好经过底特律一条大街，突然不知从哪儿冒出一批人，只见16名牛仔，120头长角壮牛，围拥着3辆克莱斯勒道奇卡车，浩浩荡荡开向底特律市中心的科博展览中心。镁光灯闪动，尖叫声四起。牛群簇拥着道奇卡车，人群围观牛群。

登场的克莱斯勒总裁普雷斯掩饰不住得意之情：“牛群也想来看看我们的卡车……”但他随即意识到，绝大多数观众的心思仍在牛上，只得继续调侃：“这是一场你们谁都不会忘记的登场表演……”过了半晌，似乎还是没人听他的，他有点儿急了，说：“还是看看我们这些汽车吧！”

这样的开幕式，可谓空前绝后。可是这些“真人秀”怎么也掩饰不住底特律这个世界著名汽车城的衰落景象，也遮挡不住汽车制造业向着东方倾斜的趋势。李书福看到的是整个城市失去活力的面貌：陈旧的楼宇，冷清的街道，三大汽车公司[①]似乎也在寒风中瑟瑟发抖，这样的景象连多日的大雪也掩盖不住。只有他下榻的酒店对面，那几幢标志性建筑的窗户还异常明净，在阳光照耀下闪闪发亮，将昔日汽车王国的片段作一个斜阳式的勾留。

在一家美国咨询公司的帮助下，李书福趁参加底特律国际车展的机会，会见了福特汽车首席财务官（CFO）勒克莱尔（Don LeClair）。这是吉利与福特第一次接触。就在这次会见中，李书福提到了沃尔沃。他表现了前所未有的含蓄，但还是把一层微妙的意思表达出来了：“看好沃尔沃，也希图能够跟福特

---

① 这里指美国的三大汽车公司：通用、福特、戴姆勒克莱斯勒。

合作。”

在这次会见中，李书福与勒克莱尔讨论了包括沃尔沃在内的诸多问题，但没达成任何结果。在几经提示下，这位福特首席财务官记起了这个去年第一个来参展的中国企业。更为遥远的一点记忆，就是，他们曾听说日本著名的汽车公司丰田曾因车标问题与中国一家公司打官司。那家公司在积极捍卫自己的权利，并赢得官司后，却毅然地改换车标。原来吉利就是那家公司，参与会面的一些人因此对这个陌生的企业略有敬意，觉得他们在知识产权方面是有尊重意识的①。总之，当时彼此的了解很不够，关键是福特对吉利还是缺乏认知。仅就交流而言，这次李书福作了很大努力，但并没有引起勒克莱尔等人的高度重视。

这次会见唯一的好处，是让福特高层管理者知道了中国汽车界有个李书福，还有吉利汽车的存在，在一个未知数里增加了极小的可能性。据说，后来勒克莱尔因为此事受到了福特高层的责难，这是后话。

其实，这个时候的福特已经进入一种颇为尴尬的状态。此前的2006年，福特汽车公司就出现127亿美元的巨额亏损，福特平均每销售一辆车，就亏损1925美元。主要原因是北美市场销量急剧下滑。除销售下降外，福特为了自救将关闭16家工厂，减少4万名员工，为此福特也需支付巨额的补偿。

2007年9月，福特美国总部收到一封挂号信，这件从杭州发出的英文书函，阐明了吉利收购沃尔沃的想法。

福特收到信后，给吉利一个简短得像电报似的冰冷回复：“对不起，沃尔沃不卖。”其背后的真实含义，是那些世界著名的汽车公司包括福特，对吉利只闻其名，并不熟悉其全面情况。吉利还没有真正进入他们的视野。

“一开始，福特根本不理睬我。”

李书福说这句话到底是心酸，还是有点“心存芥蒂”，一般人很难体味。在他看来，彼时的沃尔沃就是一位“国王的千金”，福特则是不折不扣的“国

① 王秋凤：《又是李书福》，经济日报出版社2010年版，第87页。

王”，根本看不上吉利这个来自中国的“农村青年”。

不过也没有什么好抱怨的，如果换一种立场看，就会明白这一点，“福特为什么要理睬你?”

这个时期尽管碰到了巨大困难，但是福特还是福特，并不因此而“掉价”。加上新来的CEO穆拉利，当年曾力挽狂澜地救活了“波音”公司，他的“空降”多少给福特带来新的希望。人们总觉得福特“底气”还在，“底子”不薄，没有必要太发愁。

穆拉利也表示，“我们知道自己的位置，正在按照计划逐步改变不利局面”。他还明确指出，福特目前还没有出售高端品牌的计划，但会对这些品牌在公司中的地位进行重新评估。

其实，不全是“卖还是不卖”的问题。

福特这样的全球性汽车公司，很在乎自己的声誉，即使定下来要出售沃尔沃，对收购方的要求也是很高的。因为如果卖得不当，出了什么问题，对自己有重大影响，“不负责任”的坏名声他们可是担当不起的。

启动收购前后

2009年3月，在科特勒咨询集团的帮助下，李书福见到了福特高管团队，包括负责国际业务的副总裁、董事会办公室主任、研究院院长和采购总监。沃尔沃公司也参与其中，包括总裁、财务总监等人。

这是吉利、福特、沃尔沃三方第一次真正意义上的会面，考虑到保密因素，地点选在伦敦一家酒店。这家酒店具备所有“低调的奢华”元素，地毯和护墙是维多利亚风格的，瓷砖绘上英国乡村色调与漂亮纹饰，侍者彬彬有礼如同穿上黑色礼服的活动雕像，不肯露出一丝过分的笑容。有些客人因负有使命的某种拘谨，哪怕是礼节性的微笑，也是稍纵即逝。

吉利方面参加会见的，除了李书福，还有尹大庆、赵福全、赵杰和张芃。吉利汽车并购顾问罗斯柴尔德代表，福特汽车并购顾问，花旗与摩根大通代表也在场。没有更多的寒暄，抵达酒店稍事休息后就迫切地开始了会谈。李书福经历过很多场面，这次说话却特别地字斟句酌，关键之处还与团队成员小声讨论几句。

就在这家酒店，李书福向各方人士直接表达了吉利有意收购沃尔沃的想法，并向福特汽车正式递送了提议函件。不过福特方面当时并不完全了解吉利的情况，因对吉利的实力和能力不够了解而有些迟疑，再说他们还不想放弃沃尔沃，正在努力挽救这一品牌。所以，他们的口气并不那么坚决。

李书福为了让瑞典人进一步了解吉利，伦敦之行的两个月后，就派人去了瑞典。

这是赵福全和张芃就并购沃尔沃一事首次踏上瑞典国土，拜会瑞典王国副首相兼工业与能源大臣毛德·奥洛夫松（Maud Olofsson）和瑞典汽车工会领导人，向他们介绍吉利的发展战略、管理能力与技术水平等。

虽然和副首相的会面只有一个小时，但是她记住了吉利。

其实，在此前的2008年7月，吉利就给福特递上了收购沃尔沃的意向书，对此福特没有肯定性回应。

这也是吉利第一次正式向福特递交收购沃尔沃的书面“建议书”。在建议书里，吉利历数了收购的全面计划，包括收购的意义、收购后的战略、企业基本情形以及协同效应等等。

其实，2008年下半年随着金融危机的加深，福特已开始秘密运作出售沃尔沃资产。在收购DSI时就与吉利合作的罗斯柴尔德，得知这一消息后马上告知了李书福。

可这时的李书福却相当冷静，他并不认为这就意味着吉利可以凭着匹夫之勇，就能把这件事搞定。

他对并购沃尔沃研究项目组提出，立即动手，进一步做好收购沃尔沃前期的各种准备。于是，这个早就成立的并购沃尔沃的“研究项目组”于2008年7月开始，在上海全封闭地紧张开展工作，他们花了整整两个月时间，出了一批极其重要的研究成果。

这个成果，包括前期全面调研得知的沃尔沃基本情况，搞清了这个百年品牌的历史和现实，公司的基本面如财务状况、知识产权、资产债务、产能与营销，以及技术与装备，对大量的信息进行详尽的分析，提出了很多建设性建议，以及收购的“协同效应”问题。

所谓“协同效应”，就是收购沃尔沃这件事，对吉利而言在财务和技术各个层面上，有没有互补效用和“一加一大于二”的好处。比如在发动机方面是否可以联合研发？又比如平台升级的可能性在哪里？这是任何真正成功的国际并购案的基石。

当然项目组还研究了福特这一方的情况，以及世界各地买方中的潜在目标公司，换句话说，就是世界上究竟哪些公司有实力也有可能收购沃尔沃。这就是“知己知彼”。

2008年12月1日，福特宣布出售沃尔沃汽车公司，并且标出了60亿美元的售价，约合人民币412.4亿元。与此同时，瑞典政府也明确表示，不会把目前福特汽车公司旗下的沃尔沃轿车公司收归国有。

2009年初，就在这一节骨眼上，吉利迎来了一位重要“客人”。福特公司独立董事约翰·桑顿（John L.Thornton）来到吉利汽车考察，考察结果当然令人满意，吉利这些年的进步是显而易见的，汽车公司并非某些金融业，无法用“障眼法”掩盖自己的弱点。吉利汽车这些年明摆着的变化与实力，特别是它的高成长性，让福特高层开始认真讨论李书福的收购计划。

十分关键的一刻，终于到来。

2009年1月，新一年度的底特律北美汽车展开始了。在罗斯柴尔德集团董事长大卫·罗斯柴尔德的亲自安排下，李书福飞往底特律福特总部，会见了比尔·福特和CEO艾伦·穆拉利。这次会谈的氛围，就跟以往任何一次李书福会见福特汽车高层的情形完全不同了。从此，底特律与吉利之间，发生了某些微妙的联系。

会谈伊始，李书福大谈“波音”公司的管理理念，以及穆拉利带领“波音”取得的成就。

这正是穆拉利这大半辈子最有成就感的“得意之作”！他以极大的勇气与智慧，如同孤胆英雄一般拯救“波音”公司于濒危之境，并引领其走向再辉煌，是他永远值得自豪的地方。这样，就很快拉近了两人之间的距离，进而赢得了穆拉利的欣赏。这个李书福，绝不是曾被人笑话过的“土包子”，那种仅凭蛮力，脑子不能转弯的人，他对产业与人性的洞察，同样犀利而又精准。

说到“波音公司”，李书福还与之有个因缘。

1997年，李书福的吉利与德阳一家汽车厂合资成立了“四川吉利波音汽车有限公司”，是想打个“擦边球”，争取上国家“汽车目录公告”。当时李书福正在看一本书，书名是《波音传奇》。一个木匠造飞机，比亨利·福特造车还要神奇，更让他感动的是，波音也在各种颇为不利的条件和逆境下，最终成就了一番大业，给李书福以启迪和力量。李书福注册“波音汽车”商标是合法的，但波音公司知道这个消息后却提出了抗议。

出于对波音公司的尊重，他很快决定放弃这一名称。据说，这个小小的商业摩擦，李书福给波音的一位高管留下了尊重国际规则的良好印象。多年后这位高管空降福特高管层，担任福特汽车CEO，关键时刻正是他站出来支持了吉利集团，进而促成了吉利并购沃尔沃。而今李书福重提这段“波音汽车”商标的公案，令在场的人不禁开怀大笑。

这个前波音飞机高管，就叫艾伦·穆拉利。

就在大家都谈到兴头上时，李书福却话锋一转，仿佛是不经意地对穆拉利说：“我准备得很充分，顾问团队都请好了。”依照国际并购的“游戏规则”，只有花钱请好了顾问团队，如同运动员都挑选完毕再来谈如何竞赛，这样才能体现认真、承诺与负责的态度。李书福在这个方面是高手，不仅显示出他对国际汽车产业“游戏规则”有很强的理解力，而且找出了充分表达诚意的绝佳机会。

接着，他详细阐述了从2002年提出购买沃尔沃的设想，到与福特和穆拉利见面正式提出并购沃尔沃，足足6年时间里吉利作的准备。他还告诉比尔·福特，与沃尔沃出售相关的文件有250多万份，足足可以装几卡车。当年福特收购沃尔沃的2500多页合同，整个团队已经研究得很透，并且和比尔·福特就此侃侃而谈。

不少中国企业进行海外收购，都希望谈到十拿九稳后，再花钱请财务顾问，这恰好颠倒了国际通行的不成文规则：先请后谈。而李书福这次符合游戏规则又充满自信的拜访，给福特高层留下了深刻印象：他带来的是足够的诚意和巨大的热情。这一次，比尔·福特和穆拉利对吉利刮目相看，穆拉利甚至向李书福这样表示，“一旦启动收购程序，将第一时间通知你们”。

这是李书福最愿意听到的一句话，几乎等于穆拉利对他说：“我看好吉利！”

回国不久，吉利就正式接到了福特公司发来的进入沃尔沃并购流程的邀请函。李书福与穆拉利签订了保密协议，双方承诺，在未达成最后协议之前，双方不得公开吉利收购沃尔沃的信息。

除了时机和其他因素之外，穆拉利和福特高层对李书福本人及吉利带来的“中国故事”产生浓厚的兴趣，这一点对日后收购沃尔沃产生了至关重要的影响。这些年来李书福历经磨难而近乎传奇的经历，勇气十足的造车史和执着的个性，还有对沃尔沃一以贯之的“爱情”，是最让穆拉利和福特高层感动的。

福特为了解吉利而进行尽职调查的过程，就是对李书福的认知过程。这些年李书福进入汽车行业后冲锋陷阵的点点滴滴，都有案可查。社会公众的关注，媒体的刺探，政府态度的转变，用户的逐步认可与口碑积累，特别真实也十分可信。因此，多次接触之后，福特高层人士对李书福与吉利汽车感觉极棒。即便是吉利的局限之处，也变成了明日改善的空间与动能。

数据与实力固然重要，更有促动力的是诚意、坦诚与承诺的清晰度。国际并购的结果，不是一大堆设备、设施和安全试验场的转移，也不是汽车工程与营销网络的出手，而是汽车业灵魂的融合：人才、理念与知识体系，加上多年形成的“体系力”。

2009年2月初，福特与吉利项目团队在中国谋面，其牵线人是罗斯柴尔德公司顾问汉斯–奥洛夫·奥尔森（Hans–Olov Olsson）。这次面谈，福特向吉利提供了沃尔沃的相关重要数据。

接下来，首先需要按照法规就海外并购项目获取国家发改委、商务部和外汇管理局的审批，吉利为此作了充分的准备。当时因上汽集团并购韩国双龙公司后出现停产、罢工等冲突事件，使得国内其他几大国企对海外并购持谨慎态度，因此2009年4月吉利顺利得到了国家发改委审批通过的文件。这个文件，俗称“路条”。

当吉利计划收购沃尔沃的传闻再次出现时，出乎分析师的预计。因为李书福前不久还否认了这桩交易的可能性，“业内人士”也对吉利是否有财力收购沃尔沃提出质疑，当时吉利汽车市值仅30多亿元人民币，而传说收购沃尔沃需要高达300亿元人民币的资金。两者整整有10倍之差！

此外，也有人认为，吉利目前在国内有很多基地，很多新车和很大的整合计划，再到国外收购压力很大。

尽管国内外还有一些争议，李书福的决心已经很难动摇了。

2009年4月下旬，上海国际车展期间。有一天中午，李书福在二楼工作室陷入沉思默想，后来看到杨健、尹大庆、张爱群、陈文明、赵福全等几个高管都在，他就召集大家临时开会。

会议中大家议论到了一个严肃的话题：是否真的去“搏”一次，冒很大风险去收购沃尔沃，还是先潜心把吉利汽车做好，至多考虑收购一个像“萨博”这样的品牌。大多数人赞同后一种方案。就在这时，李书福很动情地对大家说："我有一个雄心，或者说是'野心'，就是一定要通过收购沃尔沃，将吉利引向一个新的未来，进入世界汽车工业的第一方阵。这件事，我不是考虑一两天了，而是七八年了，无非现在机会真的来了。不考虑收购一个像'萨博'这样的企业，并不是它不好，而是它不符合我的预期。"实际上他不是没有考虑过收购"萨博"这样的品牌，但最终放弃了这样的想法。其中原因就比较复杂，这里无法穷尽。

他接着说："大家都说'只有先把自己的事做好，待到吉利有足够的力量，才谈得上并购国际品牌'，而我想的刚好相反：只有通过并购沃尔沃，才能把吉利做强做大。我们应该以有生之年，切实地为中国人做一个世界顶级的汽车品牌。请大家务必相信这一点。"

最后，李书福以分量很重的语气说："我平时决策是比较民主的，但这次你们一定要听我的！"

开谈之前，李书福开始了"沙场点兵"，组织一个旗鼓相当的团队和咨询班子。李书福麾下聚集了一支实力派的收购团队。

吉利汽车这些年积累的一大批优秀的汽车界人才和各类顶级专家，此刻成了"V"项目[①]团队核心成员。这个团队分为国外与国内两个部分。国内部分负责国内筹资落地和审批，吉利控股集团副总裁、财务总监尹大庆，负责从银行和金融机构筹资，王召兴负责与地方政府洽谈项目落地。在北京奔驰担任过多年中方总经理的童志远，则负责项目落地的政府审批事宜。

国外部分，尹大庆同时是这次辅佐李书福与福特谈判的干将；集团副总裁赵福全，负责知识技术方面的谈判。沈晖、张芃、袁小林也负责国外的谈判。其中，袁小林曾在外交部任职过，是张芃在英国BP石油公司的同事，而沈晖

---

① 2009年2月，吉利正式启动了代号为"V"的"胜利项目"。这个项目之所以取名为"V"，是因为正好Volvo的第一个字母和英文Victory（胜利）的第一个字母都是"V"。

则是菲亚特中国区前CEO。

有着逾百年历史的罗斯柴尔德集团（LCF Rothschild Group），加上律师、会计师、工程技术咨询和公共关系等方面的力量，对这次国际并购起到了重要推动作用。

罗斯柴尔德金融集团是欧洲老牌家族银行之一，一直占据金融服务业的领导地位。作为家族企业，这个集团主要经营私人银行和资产管理业务，其经营资产达800亿美元，拥有2500多名专业人才。这个家族名声之大，大概只有20世纪美国的肯尼迪家族能够与之相比。世界的主要黄金市场，也曾经为他们所控制。

这次，罗斯柴尔德银行组成了一个“超级四人团队”。

他们是：罗斯柴尔德银行大中华区总裁俞丽萍，负责汽车业务的梅瑞克·考克斯（Meyrick Cox），罗斯柴尔德公司顾问汉斯–奥洛夫·奥尔森（Hans–Olov Olsson），还有罗斯柴尔德欧洲公司的副董事长培尔·吉林哈默（Pehr Gyllenhammar）。

由于一个偶然的机会，李书福找到了罗斯柴尔德国际投资银行大中华区总裁俞丽萍，希望罗斯柴尔德能够担任吉利收购沃尔沃项目独家财务顾问。

帮助企业进行并购业务，是罗斯柴尔德国际投资银行的拿手好戏，此前罗斯柴尔德也曾帮助吉利收购澳大利亚DSI公司。俞丽萍则曾先后在百富勤上海代表处、新加坡大华银行就职过，深谙并购之道。

虽然罗斯柴尔德决策层觉得沃尔沃并购案是个极具诱惑力的业务，但对吉利作为收购方并不是没有争议。对这个项目罗斯柴尔德内部一度搁置。但是俞丽萍于2008年6月提出，吉利项目一旦成功，将有助于巩固罗斯柴尔德在全球汽车业无可匹敌的地位。这一观点得到了罗斯柴尔德集团董事长大卫·罗斯柴尔德的认可，因此项目得以继续进行。

痴迷汽车的考克斯，则在复杂的知识产权谈判上发挥了重要的作用。考克斯曾是高盛的合伙人，2002年来到罗斯柴尔德银行。当考克斯还是个孩子时，就和他的朋友、现任英国首相的鲍里斯・约翰逊（Boris Johnson）一起获得了伊顿公学的奖学金。

汉斯–奥洛夫・奥尔森，曾任沃尔沃全球总裁兼首席执行官，在沃尔沃工作了40年，是一个典型的瑞典商人，克制、分析力强，他可以帮助吉利与沃尔沃的员工、工会和供应商进行沟通，而罗斯柴尔德欧洲公司的副董事长培尔・吉林哈默，曾在沃尔沃的前母公司Volvo AB工作过23年，同时还是汤森路透集团信托董事会主席。

富尔德律师事务所①，作为收购的法律顾问，负责收购项目的所有相关法律事务，包括知识产权、商业协议、诉讼、雇佣、不动产、经销商及特许经营等。海问、瑞典塞德奎斯特（Cederquist）等律师事务所也加入这次谈判。

著名的德勤会计师事务所②，负责收购项目的财务咨询。

德国咨询业巨头罗兰贝格，负责对收购沃尔沃项目展开100天的内部审查。自1967年在德国建立以来，罗兰贝格已经成为全球最大的源于欧洲的战略管理咨询公司。

后来加入的博然思维集团（Brunswick Group），负责李书福个人及收购团队的形象打造，以及与媒体的沟通。

在聘请这些咨询中介机构和相关人士时，在支付费用方面吉利清楚地表明了一点：这次是固定费用，不是根据项目金额定费用，也不是按照时间计算费用。这次谈判只能事成之后才给钱。由于金融危机加深了，很多咨询中介机构不太有业务，只能理性地对待这种平时不太接受的方式，使得吉利有效控制了谈判过程中的成本。

---

① 富尔德律师事务所（Freshfields）：成立于1743，1986年伦敦金融市场放松管制，富尔德因参与风靡一时的并购案而迅速成长，现在是世界上最大的律师事务所之一。

② 德勤会计事务所（Deloitte&Touche）：世界四大会计师事务所之一，是德勤全球（Deloitte Touche Tohmatsu）在美国的分支机构，其特长在于国际商务。主营业务有会计和审计、税务咨询等。

第九章　并购沃尔沃（Ⅱ）

伦敦上空的鹰

维京航空公司的V-251飞机抖动了一下。过会儿，又来一次神经质的战栗。机翼倾斜，发出轻微的喘息声，飞机开始下降，这时人人都感觉到了“伦敦”的存在。

进入海关。大厅里站着许多等待入境的印度人和巴基斯坦人，以穆斯林装束居多，有的神态拘谨，有的站在警戒线外东张西望，有的干脆做起白日梦。几个年轻人被拒绝入境，露出一副沮丧的样子，长久仰望着天花板，或抱头蜷缩在长凳上。排队的中国人也不少，大多数是商人和留学生。

2009年9月开始，吉利组织一个规模不小的团队来到伦敦，去完成一个特殊的使命：就收购沃尔沃事宜与福特代表进行谈判。并购正式谈判，就在伦敦的一家国际驰名律师事务所拉开帷幕。

霍金豪森（Hogan & Hartson）律师事务所，是福特方常年聘请的法律顾问。

大家随身带着的行李有点多，因为接下来一段时间要在伦敦“安营扎寨”。一路上不少人在看资料，“做功课”，在机上偶尔也有些交流，但不像平素在一起那样，可以纵情谈笑，指点汽车业的“江山”。这次来是与福特就沃尔沃并购一事进行实质性的商业谈判，没有人敢怠慢这件事。

人的一生当中，没有几次这样的机会。这次谈判事关吉利的前途与命运，人人都觉得自己身负重任。

其实李书福是很不适应长途旅行的。由于对时差的反应过于敏感，出差路途遥远的国外，晚上他总是睡不着，但白天处理事务必须要有精神。大家发现，随同李书福到国外出差，尽管每次他都说睡不好，第二天起来人们看到的还是精力充沛的李书福。当企业家不容易，首先要有很棒的身体，还要具备“泰山崩于前而色不变”的素质，方可成大事。

从吉利创立到现在，李书福和他的伙伴们所经历的中外谈判已经难以计数。

小的不说，从近年来的与英国锰铜合资到收购DSI，从与全球供应商的谈判到与最单调而“难缠”的日本人谈判，既刀光剑影又风和日丽。而这次与福特的谈判，涉及面和深度广度是史无前例的，难度百十倍增加，成功与挫败的概率也很不确定，“悬念”布满了每一个转折处，每一个技术与资金的细节，甚至每一个带有契约色彩的句法。

与福特进行的并购谈判艰苦而漫长，不亚于一场战役。

自从2009年初福特方面宣布出售沃尔沃轿车公司后，吉利方面立刻组建了考察团队赴欧。

在正式谈判之前的接触中，李书福和富有对外谈判经验的尹大庆领衔吉利谈判团队，以充分的诚意消弭了对方在企业理念、收购价格、是否裁员等核心问题的疑虑。

但毕竟吉利收购的是沃尔沃轿车公司100%的股权，涉及沃尔沃研发团队、生产基地、营销渠道、企业负债以及近2万名员工的去向问题。当时有一个很强的舆论，猜测吉利收购沃尔沃之后，极有可能将沃尔沃工厂搬到中国，并辞退沃尔沃在欧洲工厂的员工。还认为，如果李书福几年下来运作不成功，就会将沃尔沃转手给下家。这次并购谈判是一个浩大的工程，此前合资或收购英国锰铜公司、澳大利亚DSI，都不能与此相提并论。

与福特谈判的艰苦程度，是常人所难以想象的，光是双方准备的必备资料和谈判记录就是海量，吉利谈判团队成员由于经常往返于国内和欧洲之间，常常早上醒来一时不知自己身在何处。谈判的艰难，连李书福本人也觉得终生难忘。数次交集，多次会谈，大大小小的谈判，令人记忆深刻。

除了收购价格、知识产权，还有人力资源、供应链和信息化等方面的谈判，分别由尹大庆、赵福全、魏梅、南阳和张爱群来担纲。这老尹呢，在杜邦公司、华晨金杯公司任职过，是汽车、财务与融资专家，他仿佛是体育代表团的领队，协调各个谈判方阵的人，去跟福特方面接触与商谈，上阵的时候还得讨论方案，甚至“面授机宜”。每天晚上，“前方”谈判的情况都会汇总到李书福那边，不管他在地球的哪一头。

直到2009年12月13日，就主要的谈判内容与福特达成一致。

接下来，就可以转到沃尔沃所在地，在哥德堡作最后的决断了。再说，沃尔沃的管理层、工会领袖和工程师、员工代表，都需要李书福和他的团队去拜会，甚至要回答他们的质询。

2010年2月初，这个本该签约的时刻，因为在一些知识产权和收购问题上出现分歧，吉利与福特的谈判骤然停止，而且矛盾看来很难调和，谈判一停就是20多天。

赵福全清楚地记得：“谈判僵持快谈不下去的时候，我从国内飞往伦敦，因为时差关系，早上五点多就起来跑步了。我看见前面一个不高的、穿得西装革履的人，跑上去一看是李书福，他说已经散步好久了。你知道吗？我认为就是头一天晚上谈判遇到的困难，让他睡不着。这种事肯定是压在他身上的，我们去谈，谈成了最好，就像炒股票一样，赢的话我们挺有水平的，输的话是老板买单，所以他的压力是很大的。”

“当时我跑了一身汗，冷得不得了，他还拉着我聊，一定要跟我讲，这是什么情况，怎么回事情。我冻得不行，还得继续听他说着。你可想而知，那个时候他的压力之大，在某种意义上也有倾诉的意愿，而且跟别人聊，别人又听不懂。”

时间回到2009年12月。那时，已差不多完成了整个谈判，李书福对记者这样说：“谈判进行得艰苦卓绝，如果最后与福特的交易没有成功，那么责任在福特一边，而非吉利。”

《华尔街日报》这样报道：李书福表示，吉利收购沃尔沃的交易，其谈判过程“经常发生变化”，并且“遭遇到困难”。

从业30多年的国际著名律师富尔德如此评价这场收购：“这是我一生所经历过的最复杂、最激动人心的并购案。”

意志胜，则全局胜

伦敦是一个戏剧性的都会。

不是吗？如果此刻您置身伦敦，在环球剧院上演的可能正是莎士比亚的《仲夏夜之梦》，而西区的诺丁山狂欢节上那群加勒比移民刚好敲着锣鼓在街上巡游呢，男欢女爱，酒吧长谈，足球、杂技与彩票，谁能说得出伦敦快感的“底牌”到底是什么？

伦敦又是一个三缄其口的城市。人们做事彬彬有礼非常谦让，最后却无话可说，对你报以仁慈一笑。如果您住在一家离泰晤士河不远的饭店，吃早餐时只能听到刀叉的声音竟无一人低语，那个漂亮的女侍者也压低嗓门，像一个刚起床喃喃自语的女孩。

这是一个谈判和对话的好地方，从商业到政治，从随意闲谈到正儿八经的法律条例。

在这座城市，即使你有火气，有争执，甚至大动肝火，很快就会熄灭了。

因为周围都是有节制的人，沉默寡言，没有太多的人在意你的情绪，在乎你这笔生意的大小。一切都擦肩而过，随风飘散。

如今李书福和他的团队面临的不是一场单纯的“海外并购”谈判，是从精神到体力的“马拉松”赛跑。不是“马拉松”赛跑，是一次绝境逢生的国际顶级的商业“对弈”。不是“对弈”，是人生智慧和胆识的较量，意志的升旗仪式。

凡是参加过全程谈判的人，都觉得自己经历了一次高峰体验和奇境历险。

福特是“百年老店”，不仅能请到全球一流的专家和咨询公司，而且他们自身就非常熟悉国际并购程序和惯例，特别是法律和技术的关键点，以及博弈的技巧。他们的分工很细，而且很专业。福特汽车公司自身的各方面专家和领军人物就有不少，特意前来参加这次谈判。

在谈判之前，双方就做了几乎是海量的、艰苦卓绝的工作。

吉利聘请的各个方面专家，对沃尔沃轿车进行了全面评估。先是在2009年的2月，吉利团队跟沃尔沃团队进行了前期的见面会，也叫“管理层陈述”，为并购沃尔沃项目提供了许多数据，这个数据很重要，因为它全面、权威和新鲜，包括了生产、销售、财务和研发、资产等方面。

当然这种陈述并非针对吉利独家，其他竞购方也可以接受这个“管理层陈述”，获取必要的数据和沃尔沃的企业“家底”。

继2009年3月12日向福特提交了第一轮竞标书之后，吉利又于7月30日递交了约束性竞标书，进入第二轮竞选。

4月份福特向吉利开放了数据库，以方便进行尽职调查和数据分析。

调查持续了4个月之久，总共查阅了上百万次材料，吉利的财务顾问、法律顾问和汽车业咨询专家，全面参与了这次调查。福特首次开放数据库后，期间项目组阅读了6473份文件，通过10多次专家会议，2次现场考察，3次管理层陈述，针对福特起草的2000多页合同，进行了1.5万多处修改标注。吉利方面向福特方面提问多达上千次，内容涉及交易价格、财务、税收、知识产权、发动机、零部件供应、汽车模具、信息技术、养老金、汽车金融等诸多细节。

与此同时，建立了信息交互平台、财务预测模型体系、组合风险预测机制，以及收购后的“协定管理经营战略”与计划。

谈判比想象的复杂得多。双方正式开始谈判之后，围绕着企业估值、股权与价格、知识产权、资金财务、管理架构以及营销网络等方面内容，几乎是步步为营地进行“火力侦察”和“扫雷清障”，同时在交锋和妥协中经常有层出不穷的戏剧性变化。

并购沃尔沃项目是很多人职业生涯中接触到的最复杂交易，主要原因在于它涉及知识产权和其他问题，数量庞大而难解难分。福特收购了沃尔沃以后，两者完全融合在一起了，需要从各个方面重新分拆出来。

尽管吉利这一方延请了世界一流的咨询专家，但由于福特的知名度、影响力和娴熟的谈判技巧，特别由于这次谈判规模大、难度高且跨文化，无数个细节的推演，无穷的形势变化，加上时间上的紧迫，使得各方的心理压力都非常大。

漫长的谈判，庞大的谈判，令人纠结的谈判，一天相当于一年。李书福和他的吉利阵营，感觉整个谈判仿佛持续了一百年……有人事后说，参加这场谈判必须得智勇双全，得有理性的思维和坚强的意志。要有礼有节还得幽默，有时一句话抵得上千军万马，有时说了一箩筐也没有一点效果。这是一种折磨，也是生死难忘的经历。这种时常出现“幻觉”与竭尽全力之感，有时简直会令人崩溃。

在春节快到的时候，有的人觉得都患了“思乡病”。为了这个谈判，都不知道能不能回国过春节。

“你怎么定都行”，李书福故意轻描淡写地对一位谈判负责人说。一方面他要求大家全力以赴，另一方面又担心伙计们把弦绷断，故出此语。但大家还是如履薄冰，这话语里隐藏着更大的压力。

有时语言和专业的阻碍也是很伤脑筋，包括有关法律条款和专业问题，有的刚开始都不熟悉。不过，他们都相当卖力，各自钻研自己领域的事务，以一当十，而且吉利谈判手的后面站着董事长，保持全天候单线联系。当时，大家的感觉就是一个，“非谈成不可，全世界都看着呢!”

无论是在瑞典还是英国，每次谈判历时都在一周以上。这样每次一周以上的谈判起码进行了4次。从早上七点半谈到晚上十一点半，有时还不止这些时间。

“我们都很辛苦，福特这些人也累惨了。没有办法，工作量就那么大，而且情形复杂”，“几个月下来，我们与福特不停地谈。很多次谈不下去，就休谈，多次休谈。中间由于无法接纳对方提出的种种条件，就僵持了。多次出现这种情况，很多次。真是折磨人啊!”当这位吉利高管说这些话的时候，已经是收购成功了，看上去他还有挥之不去的“疲惫记忆”。

有没有谈不下去，甚至快要谈崩的局面出现？得到的回答是：“有太多次了！其实很简单，因为有的时候，就是觉得你想要的人家不想给，而人家也是非常矛盾：想给你的，你不一定感兴趣，不给你的话也担心谈崩掉。”

在整个谈判过程中，有时谈得很不愉快，就得采取一些别的办法缓解。

这样的事经常发生，一位吉利方面的谈判代表事后回忆说：

> 我跟对方说，我现在跟你们拍桌子都为了一个目标，想把这事做成。等到咱们成了，我们好好放松……我还说，如果吉利买不成沃尔沃，那么福特也达不到目的。你们之所以想跟我们谈判，不是想卖吗？大家如果达不成共识，永远都买不成也卖不出这个企业。我们要的东西如果得不到，就没办法运营这个企业。而没有办法运营的企业，我们是不会买的。用这种经验性逻辑，最后说服他们放弃了一些条款，有时是通过拍桌子来讲这些道理的。可谁愿意拍桌子啊？

在这些回合的谈判中，有一个场景很有趣，也极为感人。

这位吉利谈判代表回忆说：“为了缓和这种紧张的氛围，我就开了一个玩笑。我说司各特（Scott），等到谈判成功之后，我就和你拥抱，而且我会吻你的。他们也为了缓和气氛，说：‘是吻嘴唇呢还是吻脸蛋？’我说：‘吻哪儿都行！’[①]结果呢？我在最后谈完之后，也就是最后交割前夜的伦敦聚会上，跟他们那个主谈叫司各特的说，‘让我们两个人真的拥抱吧’，而且还吻了他的脸蛋，然后呢，全场都高兴坏了……很多人都知道这个故事，大家都鼓掌了。有人还说：‘香槟，开香槟！’”

最后他说：“没有当时的拍桌子，就没有最后的这个拥抱。而且拍桌子时我就告诉他，‘没有完整的知识产权，我们不买你，字是绝对不会签的’。我告诉他，至少我不会签。”

收购价格：底线与高点

在所有并购案中“价格”是关键问题，这次也不例外。资金是汽车业的血液，穆拉利和李书福对此是最有体会的，但收购价格究竟怎么定，并不是谁的权势大，谁的“背景硬”，或是谁善于雄辩就可以定局的。

影响收购价格的因素太复杂，最终结果也很难预料。

要论这次吉利收购沃尔沃的价格，既涉及沃尔沃本身的品牌价值和资产估值，也牵涉到在金融危机背景下，福特到底怎么评估沃尔沃的价值，同时还得考虑吉利所处的历史阶段和资金现实，以及投行领袖们对这件国际汽车并购案的评估和他们最后的决心。

很多事情并不是如人们所想象的那么简单。

这次谈判是秘密进行的。2009年9月底，吉利项目组主要成员集体奔赴哥德堡，与沃尔沃汽车高管第一次面对面交流。但是限制很严格，基本是一对一的交流，时间为一个小时。李书福见到沃尔沃CEO斯蒂芬·奥德尔（Ste-

① 西方礼节，朋友见面是触碰或亲吻对方脸颊。而男性之间见面吻嘴唇的，暗指“同性恋”。

phen Odell）之后，轮到尹大庆与沃尔沃CFO的单独会面。

一开始，双方就收购价格的讨论就集中在几个关键点上，也就是所谓的“聚焦”。尹大庆仔细查看分析了相关财务报表，发现福特方面对沃尔沃研发经费和固定资产购置的投入，过去几年比前些年明显减少，3年减少了17个亿左右的投入。如果真是这样，沃尔沃的发展后劲就不足了，实际上等于投资回报预期延后。尹大庆认为需要修订估值表，“这样一来就得按18亿成交”。吉利认为，虽然这次根据罗斯柴尔德建议的报价是在35亿美元，但根据实际调查与财务分析，这个价格偏高了。

尽管之前签了“框架协议”，但有个条款是最终依据“双方认可的财务数据”来决定是否并购。这次吉利发现福特对沃尔沃投入的费用减少了，公司价值就降低了，企业形象也会受损。双方的分歧点就这样摆上了桌面。之前，福特汽车对沃尔沃汽车有个未来三年的预测，预测的结果是2010年沃尔沃实现盈亏平衡，2011年开始盈利。但有确凿的证据表明，基于这个结果的研发费用没有相应的增长，就不可能实现销量的增长。今天福特没有投入的，明天吉利还得补偿投资。这是一种最简单的“加减法”。尹大庆当场就对沃尔沃CFO提出了这个问题，对方表示要向福特管理层汇报。出了门，尹大庆马上将这一发现告诉了李书福。

于是，李书福很快召集洛希尔银行团队成员，双方开会讨论：是否可以就此将报价降低17亿美元？在得到罗斯柴尔德团队支持之后，吉利控股集团向福特汽车提出，报价更改为18亿美元。由于涉及交易金额的巨大变化，福特方面表示，需要一个月后举行董事会会议来决定，并购沃尔沃的谈判因此中断了一个月。[①]

后来福特方面开董事会进行磋商，董事们毕竟很有专业水准，认为吉利方

① 王千马、梁冬梅：《新制造时代：李书福与吉利、沃尔沃的超级制造》，中信出版社2017年版，第173页。

面所提意见是合理的。吉利相关负责人事后回忆说，“后来福特方面经过复算，沃尔沃估值就只能算18亿美元了。实事求是，公平合理，人家确实有这种职业精神”。

“讨价还价”是谈判智慧的较量，你要让人家心服口服地把价格降下来。最终的价格不是“砍”出来的，是多次商议与互相妥协的结果。很多人有一种误解，觉得“砍价”是全世界通行无阻的，以为这次并购沃尔沃，吉利肯定也祭出这一手。收购价格当然是寸土必争的，问题的关键是：商业逻辑、事实依据是否足够，谈判时所依据的标准是什么，弹性空间在哪里。

这不仅要考虑吉利能否承担，更重要的是收购要有一个合理的价格定位，体现一种商业精神。原先商定的价格范围，发现了一些明显的问题，是可以根据实际情形调整的。整个欧美的金融危机都还没有结束，收购沃尔沃可能还会有经营性风险。如果金融危机继续蔓延，可能沃尔沃今后几年内的经营性亏损也会持续下去。吉利要是拿在手上继续亏损的话，不给补亏就无法运行。

客观上，随着金融危机的加深，福特也陷入新的困境，它的债权团队就缠着它，一定要按时完成并购，这样他们的利益能少受损失。那个时候成交已经超时了，那么就申请延期，但是在延期的范围内再不能延了，在这个情况下福特意识到问题的严重性和紧迫性，于是加快了交易的议程。

交易基本定局之后，就要研究和解决养老金问题。

最终这件事也有了结果。2010年3月28日的并购签约声明中，福特这样表示，“交易价格的现金支付比例可能会调整，价格通常会根据养老金赤字、负债、现金与流动资本有所调整，其最终的影响可能会使支付给福特的现金大幅减少”。

到了2010年8月，吉利集团宣布完成对福特汽车旗下沃尔沃轿车公司的收购，称整个收购涉资13亿美元现金，这与3月28日吉利集团与福特汽车签署协议时宣称的18亿美元收购价格有较大出入。吉利集团解释称，此最终交易价格是根据收购协议，针对养老金义务和运营资本等因素作出调整的结果。

那么，福特方在谈判中对价格问题又是怎么考虑的呢？尽管福特当年以大价钱买下沃尔沃，但是时过境迁，由于福特自身的战略发生重大变化，加上金融危机来临，福特出售沃尔沃是个必须要做的事，穆拉利反复强调的是要找个“好东家”，说明在谈判上还是有退让余地的。

福特公司深知，沃尔沃确实处在经营和运营的风险期，即使吉利以较低的收购价得手，后续的投入确实很大，特别是流动资金的注入，是激活沃尔沃的重要因素，吉利需要很好地筹划和集中资金。如果在收购价上把吉利逼急了，有可能会知难而退，即使勉强接受了，今后的运营和后续资金出了问题，也是福特所不愿意看到的。

各方都接受的结果，才是真正的好结果。

知识产权

不言而喻，知识产权是汽车业提升核心竞争力最重要的战略资源。

吉利要花那么多的钱去买一个世界顶级的豪华汽车公司，如果没有知识产权的支持，买来的这个公司是苍白无力的。如果没有知识产权去支撑，品牌就是不值钱的。如果把品牌比作皇冠，知识产权就是皇冠上的明珠。

“所以在知识产权的内容上，我们是斤斤计较的”，李书福说。以下是他在并购成功后新闻发布会上说的话，尽管有点“客气”的成分，但基本上符合实情：“福特公司是非常大度的，不愧是世界超级的汽车公司，在这个问题上他们非常通情达理，我们是很满意的。”

结果令人满意：吉利作为100%持股的股东，将通过沃尔沃拥有其关键技术及知识产权的所有权，拥有大量知识产权的使用权，包括“双零”计划，所谓安全和环保技术的知识产权。同时，沃尔沃作为一个独立的公司，为了保证其战略商业计划的可持续进行，将拥有所有与福特相关知识产权的使用权。

这是“V项目”取得的最重要胜利之一。

那么，这次知识产权的谈判难在哪里？复杂在什么地方？吉利与福特关于并购沃尔沃的基本框架协议，在2009年12月底就已经完成，为什么唯独知识产权留到了正式签约的前一周？

吉利与福特谈并购沃尔沃的知识产权问题，以下4个方面的难题足可载入全球企业并购史册。

其一，内容纷繁，面广量大。

它既包括专利文件、技术文件，也包括了商业技术信息，还有大量支撑产品开发的相关原件，甚至技术流程手册、核心技术文本，等等。汽车零部件和整车设计相关技术，以及零部件供应商和整车厂之间的关系，都涉及知识产权。总之，设计有知识产权，制造也有知识产权。

其二，跨专业、跨文化，涉及多个企业。

这些知识产权涉及技术、商务、法律和管理诸多领域，事关这些企业所采用的商业模式与运营模式，其中一个十分关键的问题是，如何保证沃尔沃拿到所有的知识产权，而且能确保运营，在这个过程中吉利也能有权利使用大量的知识产权，在产品战略、未来研发方面起到推进作用。

所谓“跨文化”，指的是这次谈判横跨东西方的中国、美国与瑞典三个国家，从语言表述的角度看，也是跨越英语、汉语和瑞典语，这些都在不同程度上给谈判带来更大的难度。

其三，高度融合，拆分困难。

这次谈判所涉及的知识产权，在福特收购了沃尔沃以后，完全融合在一起了，需要从各个方面重新拆分出来。

沃尔沃和福特的知识产权，是你中有我、我中有你。有些是两者共同形成也是共享的，现在要分开，怎么弄得清？好比“分家”，就要决定实际上谁把财产带走。最敏感的，就是哪些技术原来是沃尔沃带来的，后来福特跟沃尔沃共享，沃尔沃有使用权；哪些是福特原先拥有的技术，后来向沃尔沃开放的。特别是后者，如果沃尔沃都拿走了，福特担心会丧失自己的经营能力。

这些都至关重要，又极度复杂。于是，谈判中知识产权就分成了三类。一类叫“广泛授权”，福特拥有的知识产权，既对沃尔沃公开，又对吉利公开，这部分非常有限。再有一部分叫作“有限授权”，这部分知识产权是福特拥有，但是沃尔沃需要，绝对不能向吉利公开，因为这是福特并不想给吉利的。这部分知识产权沃尔沃可以用，但是吉利不能用。所以这部分就很敏感。还有一部分，是这十年沃尔沃跟福特一起开发的，沃尔沃新的产品线并不需要这个东西，但是都在沃尔沃的“脑袋”里面，所以福特就担心这些东西，所以这个叫“排除性的知识产权”。这是福特的东西，沃尔沃都知道，但是都不能碰。将来沃尔沃因为质量的提升或者产品的更新，这部分需要使用的话必须经得同意。

其四，信息不对称。

哪些东西是吉利认为有知识产权的，哪些是没有知识产权的，特别是现有知识产权的各种来路和归属，都要搞得清清楚楚。然而这次沃尔沃并不能介入任何直接谈判，因为福特认为是买方和卖方的谈判，而被卖的沃尔沃是不能参与谈判的；也因为最终有些知识产权上的东西，一些纠缠不清的渊源和延展，吉利并不是很清楚，还需要大量地跟沃尔沃确认。

这次知识产权谈判，在本质上就是解决吉利在并购沃尔沃的过程中，究竟能从福特那里买到什么。

于是，吉利方确定了一个谈判的原则框架：首先，保证原本属于沃尔沃的知识产权能够回归；其次，保证沃尔沃从福特获得足够的知识产权的充分授权，从而在脱离福特后可以继续使用这些知识产权，特别是福特和沃尔沃共同研发的所有知识产权，要最大限度地争取，至少获得无偿使用权；第三，通过沃尔沃，为吉利争取到更多知识产权的拥有权和使用权，比如属于福特但沃尔沃已经掌握的知识产权，力求在不触犯法律的情况下获得使用权——一方面可以用沃尔沃的知识产权进行交换，另一方面可以在收购价格方面适当妥协；第四，关于福特独有的知识产权，如果对吉利有使用价值，同时又存在购买的可能性，就尽量与福特方面达成合作协议。

对于第二点和第四点，福特始终是很纠结的。他们说，要是那样的话，相当于吉利用了福特的技术了。所以后来这方面谈得很艰苦，几次尝试都发生困难。

先是面对海量知识产权进行一系列的查阅、滤清和边界限定。

再是吃透所有与知识产权相关的商业条款，彻底了解汽车行业相关运营模式，由此对知识产权的分割和运用提出合理要求。

知识产权如果离开了商业运作，离开了法律背景，就会丧失意义和存在价值。如果这些技术不能与商业运作模式结合，等于无用。吉利团队与福特谈知识产权，就靠着对技术的这种理解，结合企业运营和商业模式的运作，领悟企业运营需要哪些技术，提出吉利方的需求和合理要求。

在这里，关键是要对商业条款吃透，对汽车行业运营模式要彻底了解。在谈判过程中，吉利这一方深切地体会到，只有带着一种管理思想，带着企业发展战略的眼光，知识产权才是鲜活的、有机统一的，否则它会是僵死的，就是一团乱麻。

还有就是“化繁为简，变难为易”，站在发展的高度和长远的立场，处理好知识产权的拆分问题。

须知，卖方想尽可能地多留下些东西，而买方想要多拿走一些东西，这是天经地义的事情。在那种你中有我、我中有你，混沌莫辨的情形中，像吉利这样一个相对弱小的收购方，不能卷入其中无法自拔。吉利在处理这方面的基本原则和技巧，概括起来，就是要站在相当的高度去把握局面，择机而动。

具体地说，吉利团队抓住一个事关沃尔沃今后发展的关键点，来说服福特，那就是：虽然这些年沃尔沃和福特知识产权难以拆分，但如果沃尔沃在这次并购中得不到有利于商业运营的知识产权，企业将无法运转，吉利也不可能买这样没有知识产权可靠来源的企业，即使买了也毫无用处。因为这些东西是企业的命脉。

起先，福特也是寸土必争的，尽可能地留住自己的东西，即使允许你用的东西，也想尽办法地限制你。不知什么原因，得知并购当中这方面谈判的消息后，沃尔沃人愤怒了。他们觉得福特太不把沃尔沃人当一回事，沃尔沃这次转手卖出去，知识产权都不能带走，今后怎么活下来？所以他们决定罢工争取自己的权利。

这是福特的失误，事先没有跟沃尔沃沟通，结果在摊牌的时候沃尔沃人罢工，不干了。

这样一来，福特也觉得必须好好坐下来再谈了，双方都得理解对方的关切点，寻求互利方案。因为沃尔沃知道了真相，表示强烈抗议，最后福特不得不把知识产权一并交给了吉利，没有理由可说了。如果沃尔沃不配合，福特卖都卖不出去。保住沃尔沃的基本权益，是谈判的出发点。

最后的局面是，福特将知识产权分开来处理，分成属于沃尔沃的，沃尔沃能拿到；属于沃尔沃和福特共有的东西，福特留下来的，沃尔沃也拥有使用权。原则上，沃尔沃尽可能拿到它可以拿走的，即使是共用的也不受限制；拿不走所有权的，也要保证支撑整个产品生命周期的使用权利，也就是保证有免费的知识产权使用权。

吉利作为沃尔沃百分之百的购买方，也要在这个过程中，得到对企业将来有价值的相关知识产权。

为更好解决信任问题，合理合法地处理可能发生的知识产权纠纷，并购完成之后吉利、福特和沃尔沃在香港组成了知识产权仲裁法庭。后来杨学良这样说：“当福特把沃尔沃卖给吉利的时候，还在与沃尔沃共享一些核心零部件，他们担心吉利‘窃取’这些技术，所以组成了一个内部的知识产权仲裁法庭，主要由福特、沃尔沃和吉利三方的律师团队组成。”

从2010年之后的5年内，该法庭每半年召开一次会议，审议是否有知识产权侵权行为，但从未发生过一次。2015年后，法庭就解散了。

第十章　并购沃尔沃（Ⅲ）

过关斩将

2009年11月间，就在谈判的关键时刻，有外媒报道说，沃尔沃汽车工会称不要中国老板，员工中现在酝酿着一股“反中”声浪。之前，也发生过几起“半路杀出程咬金”的节外生枝之事。

到了12月19日前后，又有消息说，8位前沃尔沃高管写信给福特董事长比尔·福特，反对吉利收购沃尔沃，要求重估沃尔沃的价值和潜力。其中，3名前高管代表其他成员参与竞购沃尔沃的财团。

据瑞典《工业日报》报道，沃尔沃轿车公司工程师工会负责人麦格纳斯·桑德默（Magnus Sundemo）表示，虽然中国的吉利控股集团目前看起来很有希望买下沃尔沃，但工会现在的立场就是不欢迎中国企业来当沃尔沃汽车的老板，“由1800位工程师组成的沃尔沃轿车工程师工会，仍希望公司的未来由欧洲人来领导，和沃尔沃的企业文化吻合”。

桑德默担心吉利是否理解沃尔沃的文化——沃尔沃品牌价值、沃尔沃员工的工作方式，在理解的基础上才可能在未来作出正确的决定。他希望瑞典政府能够干预这次交易，以保证当地工作岗位。

瑞典工程师协会也对沃尔沃一旦落户中国，将对瑞典的汽车工业造成很大影响一事很有顾虑。他们还认为，最大伤害将是仿冒风险增加，沃尔沃轿车可能无法从供应商获得关键技术，从此将被排除在欧洲研发合作之外。

沃尔沃工会负责人瑟伦·卡尔松说：“吉利收购的意图仍不清楚，我们感到很担心。尽管轿车销量有所回升，但沃尔沃仍是一个亏损企业，吉利打算如何扭转这一局面，我们毫不知情。”

事情还不止于此，一场新的交锋正在瑞典发生。

来自瑞典的消息说，也有另外的声音，沃尔沃的管理层批评工程师工会盲目排外，尤其体现在对吉利的态度上。比约恩·萨尔斯特罗姆（Björn Sällström）说这体现了一种排外的趋势，如果沃尔沃不能接受其他的文化，那就是一个严重的问题了。

很自然，跨国收购成功与否的一大关键因素在于能否获得工会、员工和管理层的支持。项目伊始，沃尔沃工会、管理层对并购后的发展还心存疑虑，传媒舆论也给吉利很大压力。

当时，人们普遍认为，取得工会的认可，是吉利并购沃尔沃能否成功的最大考验，裁员问题和员工薪酬待遇方面的分歧，曾让许多试图并购西方企业的中国企业不得不无奈放弃。在“吉沃恋”谈判的关键时刻，尽管吉利作出了相关的承诺，但沃尔沃工会仍然呼吁瑞典政府关注此事，以防止沃尔沃出售后出现大规模裁员。也有工会领袖担心吉利并购沃尔沃之后，会把工厂搬到中国去，关闭沃尔沃的比利时根特工厂。

2009年八九月间，李书福带领团队去了瑞典与比利时，先后拜会了所有工会领袖和相关政府部门。在汉斯–奥洛夫·奥尔森的陪同下，他还拜访了瑞典政府、瑞典五金工会和供应商代表。最后，李书福与沃尔沃根特工厂的沃尔沃工会代表对话。

在这次对话中，一位工会领袖突然向李书福提出一个问题：“李先生，你应该知道这次参与竞购的企业很多，他们都很有实力，你能不能从几个方面来说明白，为什么吉利是最合适的竞购方？”

会场很快安静了下来，气氛也一下子变得紧张起来，人们用复杂的眼神望着李书福。

李书福对他们说："首先，从年轻时到现在我都一直喜欢沃尔沃。现在有机会跟沃尔沃合作，我们希望这个合作成功。我会爱惜沃尔沃，尊重沃尔沃人的权利，并且由你们自主去管理、去发展，我不会干涉你们的内部事务。'沃尔沃是沃尔沃，吉利是吉利'，这是我们这次并购的一个宗旨。再说吉利也不是第一次从事国际化运作，我们收购了英国锰铜汽车，你们离英国很近，可以去调查锰铜的员工和主管人员，看他们对吉利的印象如何。吉利还刚收购完澳大利亚的DSI智能变速器工厂，也可以去看看，吉利是不是非常尊重他们，不干涉他们的管理权利，而只是积极去配合。我们要保障员工的权利，并且跟政府承诺，等到业务正常之后增加不少就业机会。你们可以组建一个小组去考察英国锰铜和澳洲DSI，等会儿我可以把联络人都告诉你们。"

李书福以他恳挚的方式，特有的率真，瞬间就赢得了沃尔沃工会代表的好感。憨厚的面部表情，时而露出的粲然一笑，也为他加分不少。李书福话音刚落，现场就响起一片热烈掌声。工会领袖在掌声中站起来，将一枚沃尔沃徽章别在了李书福的胸前。

沃尔沃工会后来果然组成了一个团，先去英国考察锰铜公司，接着去澳大利亚考察DSI。他们发现李书福的话是可信的，这才相信吉利可以作这样一个国际化的并购。

2009年12月23日，吉利宣布已与福特"就收购沃尔沃的所有重要商业条款达成一致"，这也标志着这场旷日持久的跨国并购谈判终于进入了收尾阶段。

2010年1月28日，沃尔沃工会及管理层近20人专程来到中国，访问团由沃尔沃蓝领和白领工会组织的负责人、工会代表、沃尔沃公司高级人力资源副总裁、高级制造副总裁、高级质量与客户副总裁等人员组成。他们一行对吉利宁波北仑基地生产经营状况、生产装备、制造工艺、质量控制、现场管理、产品研发及工会工作等进行考察，并与吉利集团高层作了深入交流。

这次访问中，由《工人日报》经济部主任姜文良陪着几位工会主席考察生产基地。“他们看车看得很细，尤其是桑德默，看得很细，坐在车里面闭着眼睛摸车，开关车门几十次，摸前盖和车帮子的缝儿是不是一致，摸座椅的缝线有没有毛碴，是不是有安全隐患，还有方向盘底下膝盖顶到的地方是不是会受伤。”①

实地考察之后，沃尔沃工会2月5日就吉利收购沃尔沃发表声明，其中指出，“如果吉利集团能够遵守此前对于沃尔沃管理团队、公司文化、财务结构等方面的承诺的话，工会将支持吉利集团收购沃尔沃”。此后，瑞典沃尔沃轿车工会也发表联合声明，表示接受吉利集团成为沃尔沃股东。

后来李书福这样说：“如果不跟工会沟通好，玩小聪明，去跟他们对着干，我想那就不要去并购沃尔沃，或者说企业也就不可能形成强大竞争力。不要看到工会就怕，好像它是一个不讲道理的组织，不是这样的。相信他们的工会是讲道理的，如何充分地去发挥工会的作用，这才是我们要做的功课。”

融资，竭尽全力

在此之前，几乎所有人都有这样的疑问，对于上市公司2008年利润仅8.79亿元人民币的吉利来说，它有财力收购沃尔沃吗？即使按“极限低价”出售，它的身价也很难低于15亿美元，折合100多亿元人民币。吉利如何能吃得下这个“庞然大物”？

李书福当然会将很多精力放在融资上，特别要考虑融资方式、渠道和实际

① 王千马、梁冬梅：《新制造时代：李书福与吉利、沃尔沃的超级制造》，中信出版社2017年版，第177页。

效果。李书福首先想的是去银行贷款，目标是拥有国际业务的四大银行：中国银行、中国进出口银行、国家开发银行和中国建设银行。

第一家谈的中国进出口银行就遇到了问题。这家银行提出的条件是，让李书福将香港上市公司全部股份质押，这样可以提供9亿美元的并购贷款。一家市值几十亿美元的上市公司，怎么可能以9亿美元质押给贷款银行呢？吉利上市公司是一个活着的公司，还有市场机会，随时都可能发新股来壮大自己，但把股权都质押了，还有谁来买吉利股票呢？股价跌到一定程度，又有谁来负责？

与中国进出口银行无法达成一致，又尝试联系国家开发银行和中国银行伦敦分行，均无果。后来与建设银行总行接触，总行建议找浙江分行试试，浙江分行认同这个项目，行长个人担保负连带责任，最终贷给吉利控股集团2亿美元。后来与复兴集团、平安保险都没有谈成。李书福还找了香港的李嘉诚基金会，对方却表示对汽车没有兴趣。总之，点燃的希望之烛都一一熄灭了。

李书福只好转而与地方政府寻求合作，很快就峰回路转。

就在吉利到处奔波之际，此前洽谈过的众多地方政府纷纷向吉利抛出了橄榄枝。这一次，吉利选择了与大庆合作。2009年的大庆，原油产量连续多年下滑，地方财政收入仅为145.5亿元人民币。在金融危机、原油价格下跌等带来的巨大压力和不利影响下，大庆正在小心翼翼地寻求产业结构调整的机会。吉利需要的30亿元人民币，超过了当年大庆财政收入的1/5。

投资方案出来后，大庆市政府紧急开会进行讨论，并请了北京多家调研机构的专家对吉利项目进行充分论证，最后得出结论：无论是影响力、科技含量还是未来的市场发展潜力，该项目对大庆而言都非常值得一试。由此，就在吉利宣布与福特就收购沃尔沃关键事项达成一致的前一天，吉利终于如愿以偿地获得了大庆市政府的支持。此次融资为吉利争取到约30亿元，作为回报，吉利承诺将在大庆建造沃尔沃工厂。

然而，30亿元并没有彻底解决吉利的融资问题，与福特商议的签约日期已在眼前，吉利需要在此之前明确融资结构。2010年1月底，在成都市政府的积极助力下，成都工业投资集团为吉利控股融资20亿元，此后又为吉利控股提供责任担保，由国家开发银行和成都银行各提供20亿元和10亿元的低息贷款。按规定，吉利控股在3年内仅需付约1/3的利息，3年后再酌情偿还。虽然这些资金不是专门用于吉利收购沃尔沃项目，但为吉利控股能够拿出41亿元资金维持集团的正常运营提供了关键性帮助。①

之前，吉利与北京市政府进行过谈判。起先进展顺利，甚至意向合同、框架都签了，突然之间又发生了改变。随着北京态度的转变，吉利与另一个地方政府的谈判跑步进入“蜜月期”。它就是上海。

上海有着上海大众、上海通用等国内大型合资企业，但与国内其他汽车产业集中地相比并不具备领先优势。虽然此前也引入了通用凯迪拉克，但凯迪拉克在中国运作并不成功，规模甚小。如能引入沃尔沃这样的豪华车项目，不仅有利于产业升级的诉求，也可以为上海补缺高端车项目。

项目上报后，上海市针对吉利的项目进行了专项研究，主要领导对沃尔沃项目给出了批示，认为引进沃尔沃项目有助于上海产业层级的提升；引入私营经济将进一步优化上海以国资为主的经济结构；支持一个外来的汽车项目，将和本地的上海汽车形成良性竞争，形成“田忌赛马”的格局。

后来，上海市委主要领导在接见李书福等人时，对在场的人说：“吉利并购沃尔沃是好项目，落地是发展沃尔沃必需的，要打破常规支持沃尔沃落地上海，并使项目尽快挣钱，使上海汽车工业结构更为多元化，全面开花。”

从另一个角度理解，也许上海是希望引入沃尔沃，进一步激活上海既有的国有汽车工业发展格局。

2010年2月9日，吉利与上海嘉定方面达成了《吉利沃尔沃上海项目框架协议》，按照该框架协议制定的路线图，双方将共同成立沃尔沃收购项目的公司。3月2日，吉利万源出资71亿元，嘉尔沃出资10亿元，共同投资设立上海

---

① 魏江、刘洋：《李书福：出奇守正》，机械工业出版社2020年版，第61页。

吉利兆圆国际投资有限公司。在吉利收购沃尔沃的15亿美元资金中，有11亿美元来自这个融资平台。3月28日，吉利控股以13亿美元现金及2亿美元票据成功收购沃尔沃。

6月13日，上海嘉尔沃投资有限公司的10亿元出资实缴到位，此时距交割时间（2010年8月2日）只有不到两个月。

最后，上海市嘉定区和大庆市通过国资平台入股方式进入与退出；成都与张家口则没有入股权，通过其他方式为吉利筹措部分资金。

尘埃落定

瑰丽的永夜星光，此刻变成耀眼的白昼光芒。

已是3月，尽管冰雪开始消融，可是瑞典港口城市哥德堡依然显得寒冷，道路、树林和湖泊被一层浅金色的阳光笼罩着，春寒料峭。有人如此简洁而美妙地写道："当地居民跟我们说，三四月是到瑞典的最佳时间。刚刚过完永夜，雪都很'新'。"

位于哥德堡的沃尔沃总部，矗立着一幢棕红色大楼，前面是大片的草地，杉木挺拔，一声鸟鸣似乎也能穿越千里。深蓝色的"VOLVO"五个字母，醒目树立在被白雪覆盖的草坪上，沃尔沃、瑞典、福特三面标志性的旗帜在微风中轻轻飘起。

2010年3月28日上午，李书福一早起来就开始忙碌了。

签约时间早就确定，协议书在过去几百个日子里也反复议论、修改和订正过了。但此时，他和他的团队依然与福特进行着最后的谈判，字斟句酌，协议书的主要内容几乎都能背出来了。

这会儿，李书福的脸上不时显现出一丝等待的焦虑。

好多次了，以往每当他进入一个所谓“大场面”，或等待重要时刻到来时，总会流露出似曾熟悉的神情。这种略带紧张感的沉静，仿佛一个大牌演员将要上场，开始华丽的人生表演。

有时他会很出神，甚至具备一种粗犷的冥想气质。他没有喜形于色，没有露出任何的轻狂之态，反而从眼神中透露出坚定的思考，也许事关沃尔沃和吉利的未来，也许只是汽车的最新技术，抑或是某种瞬间的“空无”。

然而此时，他眼神里反而出现了片刻的迷惘。

此前的3月25日，吉利控股集团召开过一次董事会，对是否收购沃尔沃进行最终决策，事关重大，气氛有点压抑。大家发表意见后，静候李书福说话。作为董事长，他要作出最终的抉择。

李书福对与会董事们说：“迈出收购沃尔沃这步，我不知道结果会是怎样，我们可能是面临生死存亡的选择。当前的情况，进也不是，退也不是。如果退出收购，社会一定认为我们是炒作、做噱头，将对吉利品牌造成极大的伤害；如果选择收购，我李书福也许就会倾家荡产，我的身家性命都放进去了。”停顿了一会儿，他继续说，“你们都是职业经理，如果吉利收购沃尔沃经营失败了，你们还可以去别的企业高就，而我，就真的没有机会了，我只能回家种地了！所以，在这样一个历史时刻，我希望你们能帮助我一起作这个决定，但是，风险由我一个人承担。”接着他还说，“今天的选择，让我的意志受到了极大的挑战，心灵也面临着巨大的震撼，这完全是一个成功和失败的抉择，我将因此而变得更加坚强。”

后来有一位高管回忆说，“我也参加了这次会议。挺悲情的。收购沃尔沃这件事，集团内部有一些不同意见，社会上也议论纷纷。董事长就讲，‘如果做错了，风险由我一人承担’。这个场景我印象很深”。

这场景，的确是“挺悲情的”。

在正式签约仪式之前，李书福要签很多文件，其数量之大，足以把人累趴下。签字完之后，他揉了一下眼睛就趴在案上，似乎睡着了。可是当他一抬头，眼泪就“哗哗”地流出，出乎大家意料，他说了这样一句话：“我觉得好苦啊！”

本来约好，正式签约仪式之前2小时，李书福要与吉利员工通一个越洋电话，视频会议马上就要开始了，这边召集人都开始点到了，国内会场也开始回应，也有人说“怎么头像没出来，就听到声音”。此刻李书福还很激动，暂时没法在摄像头前露面。

视频会议还是正常举行。不久，李书福平抑了心情，对国内的集团管理层和员工讲了一番话，包括对这次并购的看法：

“今天的签约是一个开始而非结束，接下去的工作还面临着巨大的挑战，新的沃尔沃团队要充分意识到这一点。吉利是吉利，沃尔沃是沃尔沃，两个团队独立运营，相互支持，比翼双飞！”

马上就要签约了，李书福整了整西装，下意识地抻直领带，还忍不住看了一眼鞋尖。一切都是新的，让李书福反而觉得很不自在。他习惯于在车间穿着蓝色吉利工作服，或在公司办公室穿那套更合身的西服，那样更自由一些，心里也没有什么挂碍。

今天是个特殊的日子，什么都要按照“国际惯例”来，哪怕是衣履和发型，都要“入乡随俗”。

当地时间2010年3月28日15时，瑞典哥德堡沃尔沃总部。李书福陪同国家工信部李毅中部长走进了签约大厅。瑞典副首相兼工业与能源大臣毛德·奥洛夫松，沃尔沃总裁兼CEO斯蒂芬·奥德尔（Stephen Odell），福特汽车公司首席财务官路易斯·布斯等人已经等在了那里。

长条形签约桌铺上了洁白的台布，看上去简洁而庄重。

高企的舞台中央已经搭设了3张圆桌，后面的屏幕上显示着福特、沃尔沃、吉利三个徽标。舞台旁边是一辆最新款的沃尔沃S60，闪耀着标志性的“跃动铜”的金属色泽。

接着，李书福和福特汽车首席财务官路易斯·布斯坐到了签字桌前，打开协议文本，开始签约。快速地签下自己名字后，李书福侧目看了一眼路易斯·布斯，发现他十分规矩地签下了名字。随后，两人交换协议。在路易斯·布斯的英文名字边，李书福稍微停顿片刻，再次飞快地签上了“李书福”三个龙飞凤舞的汉字。

在协议书上落笔后，满脸笑容的李书福握住路易斯·布斯的手，后者的微笑含蓄而拘谨。路易斯·布斯这种表情转瞬即逝，而李书福这时主动起身，握手并拥抱了这位历经沧桑而不露声色的福特高管。

鼎盛时期的1999年，福特高价买下了这个以安全著称于世的豪华车品牌，多年下来，却始终难有骄人的业绩。如今福特壮士断腕，用低位价格把它又卖给了这家中国民营企业。作为福特的高管，对此应该有非常复杂的心理。

据一位目击者说，就在双方握手交换协议那一刻，他注意到李书福眼里闪过一点泪花，但随即很高兴地拿起香槟酒，和很多在场的人碰杯，感谢他们为整个交易作出的杰出贡献。

来宾们都发表了简短的讲话。斯蒂芬·奥德尔在演讲开始时说，“相信沃尔沃在吉利控股下将重获新生”。莫德·奥勒夫松在演讲中表示，这是“沃尔沃新时代的开始”。她又补充说：“无论谁持有沃尔沃，这个品牌都还是瑞典的。”

毫无疑问，并购是最快的增长方式，没有之一。[①]

并购，也是企业成长的一种形式。正如并购整合界泰斗普赖斯·普利切特所指出的：由并购所产生的不稳定因素打开了变革的大门，同时也带来了积极影响。企业高管层可以利用这种激励因素促进企业成长并提升企业绩效，这是一种可以约束的力量。

不过普利切特认为，“管理者必须明智、谨慎地应对和引导这种不稳定的因素，否则它就会变成一场灾难”。摆在吉利面前的至少有八大并购后遗症需

---

① ［美］普赖斯·普利切特：《并购之后：成功整合的权威指南》，李文远译，浙江大学出版社2017年版，第2页。

要解决：高昂的品牌运营成本、债务负担下的快速盈利、人才与技术流失、劳工关系、管理风格的冲突与融合以及与此相关的文化冲突与整合、沃尔沃现有车型的处置、长安与沃尔沃的关系等。

等待李书福的任务更为艰巨，正如他自己所说的："这是一场没有尽头的马拉松赛跑。"

2010年3月31日，北京，钓鱼台国宾馆。

一场名为"吉利收购沃尔沃汇报会"的会议正在这里举行，包括高层领导、政府官员、行业协会、经济学家等150多人参加。会议的主题是"吉利并购沃尔沃的基本情况"，李书福及沃尔沃项目并购团队的核心人员讲述了吉利收购沃尔沃的相关过程，并且也像媒体发布会那样，回答了与会人士的提问。

李书福和吉利高管，对知识产权内容、收购资金安排、收购项目公司运作过程等一一如实回答。

2010年6月底，李书福踏上了飞往瑞典的航班。按计划，当地时间7月1日，吉利、福特、沃尔沃三方将在哥德堡沃尔沃的总部进行为沃尔沃正式资产交割作准备的联合会议。这是并购沃尔沃项目签约后，三方首次联合进行的沃尔沃管理大会。

根据之前三方的沟通，会议的第一项议程，就是由李书福亲自宣布对沃尔沃新全球总裁和首席执行官的任命，现任沃尔沃全球总裁史蒂芬·欧德尔，原本就是福特2008年9月任命的。在协助福特与吉利完成沃尔沃资产交割后，他还将回到福特，重新执掌福特的欧洲业务。

会议三方仔细商讨了资产交割的相关事宜，并达成了第一项共同决定。半个月后的7月15日，浙江吉利控股集团有限公司宣布，"以完成对沃尔沃轿车公司（简称沃尔沃轿车）的收购为先决条件，吉利集团董事长李书福将出任沃尔沃轿车公司董事长"。

在7月1日的联合会议上，三方确定了资产交割日期在8月2日。但三方均把这个日期作为机密来维护，尤其吉利，按照他们的设想，8月2日最后资产交割前，这个消息要对外界严防死守。一方面，真正的交易价格要在交割当天才会最终确定。这种谈判桌上的事情，只有白纸黑字时，李书福才能“落袋为安”。另一方面沃尔沃是瑞典人的骄傲，李书福不想因为收购成功就大肆渲扬。因此，李书福希望整个资产交割过程在低调中进行。[①]

在这之前，外媒已经曝出了大众汽车北美总裁斯蒂芬·雅各布（Stefan Jacoby）将出任新沃尔沃全球总裁的消息。斯蒂芬·雅各布拥有广泛的外国市场的工作经验，在2004到2007年担任全球大众市场行销执行副总裁。十几年前，斯蒂芬主管过大众中国业务。

2010年7月6日，欧盟通过了对吉利收购沃尔沃轿车项目的反垄断审查，批准中国吉利控股集团有限公司并购瑞典沃尔沃轿车公司。

在此之前，这项交易通过了美国政府的相关审查。

到7月22日，离交割时间只剩5个有效工作日，国家发改委的批复仍未签发，留给浙江省相关部门只有2个工作日的时间，如再延期一天就会影响本次收购正常交割。一系列的紧张工作，紧锣密鼓的政府与企业间的沟通，都在争分夺秒进行中。

这些文件于7月22日晚上获得国家发改委主任的签发。

浙江省政府于7月23日以最快的速度把文件上报到商务部。最终吉利公司在26日顺利拿到商务部的批准文本，为这宗并购的合法性提供了不可或缺的支持。

这次国际并购，是真正的接力赛。凭借“天时、地利、人和”，李书福笑到了最后。

---

① 王秋凤：《又是李书福》，经济日报出版社2010年版，第112—113页。

叁

第三部

谁与争锋

（2011—2020）

第十一章　并购之后

放虎归山

泰晤士河奔腾不息，就像一位不知疲倦的见证者。

并购签约仪式结束4个多月后，2010年8月2日中午，吉利并购沃尔沃的交割仪式于伦敦举行。并购项目新闻发言人这样表示："吉利控股集团开出了两亿美元票据，并支付了13亿美元现金，未来还将支付少量资金，具体金额将依据收购协议针对养老金义务和运营资本等因素作出的调整而定，但可以确定收购总金额将低于18亿美元。"

至此，吉利真正完成了对福特汽车公司"沃尔沃业务单元"的收购。

这一天，吉利以18亿美元获得沃尔沃轿车公司100%的股权以及相关资产（包括知识产权）。

吉利这次收购沃尔沃，得到了八大宝贵资产：

第一，得到了沃尔沃商标的全球所有权和使用权，非常有利于有效弥补品牌短板、提升研发能力、获得关键技术、提高整车和关键零部件制造水平、获取全球经销商网络、赢得一流管理团队和技术人才，进而提升中国汽车的国际竞争力。

第二，吉利获得沃尔沃10个系列可持续发展的产品，全时四驱①轿车及核心零部件技术、3个高效节能环保的产品平台及发展升级策略。

第三，沃尔沃SPA平台已进入量产前转换，预计2013年投产。

第四，得到了哥德堡托斯兰德、比利时根特市、乌德瓦拉、马来西亚4个整车厂的物理产能及先进的制造装备设施。

第五，获得1家发动机公司，3家零部件公司，1个拥有40%股权的生产变速箱、悬架及底盘附件的公司，一个面向全球市场的仓储物流中心。

第六，拥有83年整车和关键零部件开发经验、数据库齐全、设施完整先进、卓有成效的数字化汽车设计开发平台，拥有3800名高素质科研人才的研发体系和能力。

第七，分布于100多个国家的2325个网点的销售服务体系。

第八，获取了涵盖汽车制造各个领域10963项专利和专用知识产权。

别的不说，它们在福特会计报表上体现的无形资产价值就数额巨大。这些都可以为中国汽车工业的知识产权来源提供正当理由，为自主创新提供原始依据，最终打造出一家中国人所拥有的技术来源清楚、受人尊敬的汽车公司。

此刻，福特公司发表了声明，承诺福特汽车将继续在某些领域保持与沃尔沃的合作，从而确保此次交易能够实现平稳过渡。但在经过此次交易之后，福特汽车将不再拥有沃尔沃任何股份。

根据协议，福特汽车在不同时期内将继续向沃尔沃提供动力系统、冲压件及其他车辆零部件。

与此同时，福特汽车还承诺在过渡期内向沃尔沃提供工程支持、信息技术及其他特定的服务。作为交易的组成部分，沃尔沃轿车与福特将继续保持密切的零部件相互供应关系，确保彼此之间继续提供对方需要的零部件。

---

① 全时四驱：四驱系统主要分成半时四驱和全时四驱，全时四驱指的是车辆在整个行驶过程中一直保持四轮驱动的形式。

不少国际金融资本都看好吉利并购沃尔沃项目，所以愿意提供流动资金，吉利最终获得了15亿美元流动资金的保障。其中，欧洲投资银行愿意提供5亿美元；在瑞典政府和比利时政府的承诺担保下，瑞典第二大银行提高了沃尔沃的授信等级，提供5亿美元流动资金；其余5亿美元则来自中资或美资银行。

伦敦记者会之后，李书福在路上对陪同的人这样说道：“这不是结束，而是开始。新的长征第一步。”

就在沃尔沃交割仪式之后，汉斯－奥洛夫·奥尔森和沈晖这两个沃尔沃董事会成员，同时在伦敦的办公室里接受了美国CNBC电视台的采访。沈晖在采访中表达了股东吉利控股集团对沃尔沃未来发展的信心，汉斯－奥洛夫·奥尔森则向观众描绘了沃尔沃汽车未来的蓝图——坚守欧洲市场，重新赢得美国市场，开辟中国市场。

2010年8月2日下午1点，李书福主持召开了沃尔沃汽车临时董事会，确定了沃尔沃全球13名董事会成员的名单。

汉斯－奥洛夫·奥尔森代表李书福主持董事会的日常工作，是李书福的代理人。沈晖既是董事，又是沃尔沃全球管理团队成员，担任沃尔沃全球副总裁兼中国区董事长，此前其曾担任菲亚特中国区CEO。其他成员还有汉肯·塞缪尔森、赫伯特·德梅尔、约恩·方斯·施罗德、霍建华（Winnie Kin Wah-Fok）等。

被任命为沃尔沃新CEO的斯蒂芬·雅各布上任后，与全球著名咨询公司麦肯锡的合伙人——约克·安沃，还有李书福在董事会的代理人就“沃尔沃的未来”进行了探讨。两个星期之后，约克·安沃和斯蒂芬·雅各布就新方案通过电话会议向李书福作了汇报。

整个团队的部署，包括沃尔沃总部和中国区的经营管理层，不是一次就能到位的，组织架构与重大项目矩阵组织，也都是反复权衡和实践的结果。

如何处理吉利与沃尔沃的关系以及如何维护沃尔沃品牌，这是李书福在接下来的整合中面临的最大问题，也是市场最为关心的。换句话说，李书福要解开这几个疑虑：沃尔沃的安全、低调、高品位的品牌定位能否继续发展；如何摆脱束缚，突破惯性，在巩固稳定现有欧美成熟市场的同时，积极开拓以中国为代表的新兴市场，提高中国采购比例，降低成本，拓宽产品线。

经常借鉴一些政治原则处理企业问题的李书福，把“理念与思路”转化为现实主义行动议程。于是，“沃尔沃–吉利对话与合作委员会”诞生了。

2010年11月5日，吉利与沃尔沃宣布成立“沃尔沃–吉利对话与合作委员会”。这个委员会由9名成员组成，双方各指派4名，主席是李书福，但他是委员会的独立成员。委员会每年召开两次会议，会议时间由成员商议决定，会议地点在瑞典及中国轮换。该委员会是个对话和沟通平台，如果经过协商双方同意进行具体的项目合作，合作具体条款由双方另行签订协议约定。

2011年3月28日，瑞典哥德堡沃尔沃大厅的会议室里，沃尔沃汽车董事会成员的桌上摆了这样的方案：

愿景：成为全球最具人文精神和进取精神的豪华汽车品牌。

目标：以人为尊。

核心价值：在安全、品质、环保的基础上，简化你的生活。

这，就是并购后沃尔沃的新战略。

新战略显示了沃尔沃作为独立汽车商的进取精神——成为最具人文精神和进取精神的豪华车品牌，并继承沃尔沃的传统基因——安全、品质、环保和以人为本。新的远景与目标之下，是一个分两阶段、长达10年（2010—2020）的全球性战略——“伞战略”，包括产品战略、工厂布局战略、品牌战略和人力资源战略。其中，还包括为实现目标所需要的文化、工作方法和组织结构变化。

全球著名咨询公司麦肯锡的合伙人约克·安沃认为，沃尔沃汽车新品牌战略与以往相比，“更加便于交流”，一是“我们理解你”，“这是一种直观性的创新，对追求时间观念的消费者来说显得尤为重要”；二是“我们保护你”，“即关于安全和环境，这是沃尔沃的核心价值观”；第三层含义是“我们让你享受独特的感觉”，“比如沃尔沃的北欧设计，以及这种舒适的控制感”。

并购成功之后，李书福必然要迎接一次次重大“考试”。这个考场气氛紧张，到处都是“监考老师”，并且有很多“观察家”和“场外人士”在考场周边逡巡。这个“赶考”是“天意”也是使命，正如他当年凭着锐气、智慧和胆识闯入被视为禁区的中国汽车行业。

收购成功至今已逾10年，李书福交出了一份令世人满意的答卷，还得了不少“加分”。

正如两位瑞典记者汉肯·马森和安德斯·尼尔森，在吉利收购沃尔沃8年之后，饱蘸激情写下的一段评价：“十年前，没有人相信沃尔沃会对德国高端车企构成真正的挑战。但如今，这已经成为现实。十年前，没有人相信沃尔沃会在美国投产。但如今，南卡罗莱纳州（South Carolina）的流水线上正在产出一辆辆新车。”

从国际认可的并购指标和效应来看，李书福是极其成功的：吉利的技术高度和品牌形象得到彻底改善与提升；而沃尔沃呢，应验了并购成功之日时任沃尔沃总裁兼CEO斯蒂芬·奥德尔（Stephen Odell）说的那句话，“相信沃尔沃在吉利控股下将重获新生”。

一个重要原因，就是李书福并没有因收购成功而松懈，一刻也没有停止过思考与行动。就在他签字的一刹那，已将此前的所有成就感“清空归零”。这桩国际并购完成了，意味着开始更大的行动：融入世界汽车工业的大格局，进入全球汽车行业的前列，站立在互联网与技术革命新潮流之上。对于并购之后的“行动计划”，李书福所想的，既简单又复杂。

说简单，就是四个字：“放虎归山”。

并购成功之后，李书福喜欢探讨的问题是：“吉利和沃尔沃的发展各有战略，接下来的任务是帮助沃尔沃‘重新找回自我，实现放虎归山’。”所谓“放虎归山”，就是让沃尔沃恢复昔日雄风和虎虎生气，提升精气神，以人为本，主动站到市场前列，进而占领世界汽车工业高地。

2010年3月访问哥德堡期间，无论是在与沃尔沃高管的见面会上，还是在沃尔沃会议中心的新闻发布会上，李书福都这样说：放虎归山。他的原话是，“我把沃尔沃看成一只老虎。它属于森林，不应该关在动物园的笼子里。我们要放虎归山”。

在收购过程中，李书福形成了一个非常明确的管理思路，他曾对福特公司说，“你是大公司，当初收购沃尔沃后你们成为‘父子关系’。我是小公司，我造车才13年，沃尔沃已经造车83年，收购后我们只能是成为‘兄弟关系’”。

长期以来，沃尔沃经历了异化为“非虎”的状态。

从20世纪90年代以来，特别是为福特所并购后，沃尔沃汽车发展逐渐失去优势。管理的独立性和创造性受到制约，战略上失去主动权，即使一些重大事务的决策，也因为排不上福特庞大汽车家族的议事日程，得不到足够的战略资源支持。进入“发展瓶颈期”的沃尔沃，慢慢丧失了活力。

多年来，无论是车型的工程平台、资金投入力度，还是人事和行政方面重大事项、经营方式和市场拓展，沃尔沃都受到种种制约，有的还是意想不到的。人们知道，一旦纳入福特的经营管理体系，一切都要以费用来计算和权衡，流程不是工具与“方法论”，而演变成了导向与“目的论”，在削减成本的要求下，研发人员甚至为手中没有足够的铅笔而烦恼。

要实现品牌提升，沃尔沃需要得到比福特实际向他们提供的更好的工程平台来生产研发新的车型。要命的是，除了XC90是基于沃尔沃20世纪90年代的既有平台，几乎所有的沃尔沃车型都是基于福特的EUCD平台，而EUCD平台通常用于针对美国市场的车型开发。后来尽管管理团队还是坚守原则，“人在阵地在”，但沃尔沃确实元气大伤，在吉利收购行动开始之前，据科斯迈科斯回忆，“福特给我们提供的只有在美国的一家被组装工厂，还是一个差强人意的平台，那个平台最终只能制造出身长16.5英尺（约5.03米）的汽车”。

多年来，福特没有多少钱投入到沃尔沃的研发设计，也没有以更大的精力推进技术发展。福特为沃尔沃做的事情实在太少了，对沃尔沃的品牌了解也不充分，几乎没有能力把沃尔沃经营好。

原因是多方面的，其中之一是福特有不少汽车子品牌，很多事无暇顾及；福特自身也经常陷入烦恼，不是战略定位的偏移就是全球管理上的问题，自身也是“尾大不掉”。沃尔沃有很多优势，要么被限制或削弱，几乎丧失殆尽，要么由于官僚主义的管理方式，诸多事项迟迟排不上董事会的日程，有些归于沉寂。

1999年被福特汽车收购之前，沃尔沃一直是沃尔沃集团的一个轿车部门。为福特收购之后，沃尔沃汽车被纳入福特汽车豪华车集团PAG（包括沃尔沃、捷豹、路虎、水星、林肯和阿斯顿・马丁）成为福特汽车旗下的八大品牌之一。福特还空降了280人来管理沃尔沃，从高层到中层都有。在这种经营管理格局下，沃尔沃不可能拥有独立性、主动性，更谈不上自由空间和前瞻性思考，直到李书福作为新的掌门人出现。

沃尔沃汽车除了2005年取得不多的利润，此后一直处于亏损状态。吉利并购之前的2009年，沃尔沃全球销量为33.5万辆，同比下降18.3%，税前亏损9.34亿美元。

实际上，沃尔沃的命运早些时候就已被基本确定了，福特意欲出售沃尔沃，或是被另一家大型车企收购，或是被风险投资者购得，只不过金融危机加快了出售的步伐。

话说回来，虽然它是一只“病虎”，但毕竟不是“猫”。

在李书福的眼中，沃尔沃依然是一只虎，无非它日渐被禁锢，慢慢丧失了某种野性。彼时沃尔沃“体格”是弱小了一些，“膂力”也差强人意，但依然保留了强壮的精神，梦想着“坚实的远方”。

李书福很清楚，沃尔沃在品牌、安全性能及环保等领域的顶尖技术、海外渠道与研发实力，都是国内汽车品牌所欠缺的，沃尔沃显然是海外“成熟技术、成熟零部件、成熟汽车公司”的最佳选择。他曾不止一次地说过：“我认为全球汽车工业安全技术的发展，完全源自沃尔沃。健康技术的发展，车内空气质量管理技术的发展，包括排放技术的发展，也源自沃尔沃。所以在研发技术、原发性、创造性发明上，沃尔沃走在全球汽车同行前面。”

要为沃尔沃的发展创造一种相对宽松与包容的环境，甚至允许试验与遭受一点挫折。李书福决计不直接插手经营管理事务，而是延揽世界汽车业有经验的职业经理人、汽车专家和其他方面的专业人士，这一点从董事会和管理层的遴选方案就可以看出。

特别是让沃尔沃的董事会“像个董事会”，而不是如同福特管理期间那样有名无实。

更重要的是，沃尔沃管理层与员工的感受，与之前完全不同了。吉利实际上结束了福特的殖民式管理，使沃尔沃获得了可贵的自由。有个延迟退休的沃尔沃老厂长70多岁了，他很了解这次并购的起起落落，跟一位参与并购的吉利高管谈了一整天。老厂长对这位吉利高管说：“你们是沃尔沃的‘解放者’，把我们从福特那里解放出来了。过去我们很压抑，现在终于有了当家做主人的感觉了！”

沃尔沃的“第二本土”

要将沃尔沃“放虎归山”，就得尽早确定沃尔沃基地落户中国这件事，可这也经历了一波三折。

事实上，完成资产交割后，中国项目何时落地、在哪里落地，就成了外界关注的焦点。从李书福的表态来看，实现上述目标有两个必备条件：一是董事会和管理层达成一致，二是中国政府的首肯。

第一个条件的实现，没有太多的问题。工会代表格伦·伯格斯托罗姆

（Glenn Bergstrom）记得，对于在中国建厂，董事会成员并无异议，但是在中国建设几个工厂是董事会争吵的一个焦点。最终，在中国建厂的问题，董事会达成了相对一致的意见。

2010年9月14日，李书福宣布，吉利控股集团和沃尔沃轿车公司正考虑在中国三地落户，即东部上海、西南成都和东北大庆。其中上海、大庆工厂为新工厂，成都工厂将利用已建厂房。三个工厂的规划起步产能均为10万辆。10月29日，沃尔沃首席执行官斯蒂芬·雅各布也声称，沃尔沃可能在中国建设最多3家工厂进行汽车生产。

为了争取中国政府的支持，为这个沃尔沃“第二本土基地”的建设，吉利与沃尔沃开始了一系列的动作。

2010年10月沃尔沃中国团队成立，并向政府申请成立两个整车工厂和一个发动机工厂，以及中国研发中心。工厂就选在并购期间给吉利提供各种支持的成都和大庆，而沃尔沃中国研发中心则设在上海市嘉定区。

按照当时的计划，沃尔沃希望两年后产品可以在中国下线，5年之后的2015年，中国区销量可以达到20万辆，在中国豪华车市场的份额从2010年的2%提高到20%。

2010年12月9日在瑞典哥德堡举行的会议上，沃尔沃董事会一致提议，接管吉利控股集团位于成都的一座现有工厂，并将其改造为沃尔沃的生产车间，为沃尔沃中国战略奠定基石。

但要获得中国政府的首肯，其难度远远超出了原先的设想。

令李书福和他的团队没想到的是，沃尔沃项目在中国的落地会遭到如此多的障碍。按照起初的设想，沃尔沃项目落地并非难事。一方面，早在收购完成之前，沃尔沃中国建厂的落地计划已经开始启动了。另一方面，沃尔沃并购项目曾得到政府层面竭尽全力的支持，项目落地被认为是水到渠成的事情。尽管预计审批（包括董事会内部审批和政府审批）需要时间，但持续时间之长还是超出了李书福的估计。到2011年11月11日，李书福还表示沃尔沃中国落地悬而未决。他在一个论坛上明确表示，并不如想象般顺利，“我希望越快越好，但不知道需要多久，可能是一个很漫长的过程”。

到2012年3月，李书福在海南参加沃尔沃全球帆船比赛的时候，实在忍不住憋屈，把沃尔沃必须与吉利成立合资公司一事，比作“自己与自己结婚”。“黑色幽默”在汽车界再次找到了它的定义，这是一个“含泪的笑话”。

本来沃尔沃项目落地应该非常简单——“因为是全资收购100%股权，所以收购之后沃尔沃应该是中国企业。按照国内企业项目落地走就可以了”，但实际情况并非如此。

中国汽车业的管理部门，有包括发改委、商务部、工信部在内的多家部委主管单位。发改委负责大型项目审批，商务部负责外资审查，工信部负责产业政策制定。在这件事上，李书福需要同时取得上述三个国家部委的支持。哪怕最后都支持了，不同步就意味着时间的延缓。

在项目落地问题上，国家发改委相关官员发生了分歧，这种分歧在项目收购阶段已见端倪。关注焦点集中在两个核心问题上：一是沃尔沃项目是否盈利；二是收购后的沃尔沃汽车到底是中资企业还是外资企业？发改委在审批沃尔沃收购项目时很犹豫，“先批收购项目，赚钱之后再落地”，在当时即被发改委主管官员提及。不过这一观点也遭到发改委另一主管官员的反对：“如果不能落地，收购有什么意义？”受全球汽车市场回暖影响，2010年沃尔沃实现了小幅盈利。这让第一个疑问意外地得到解决。

对于第二个问题，在中国法律实践中，外资的认定主要根据公司注册地，注册地在境外（包括港澳台）的公司即是外资公司。吉利控股集团全资拥有的沃尔沃汽车，由于注册地在瑞典，按照中国法律，沃尔沃到中国投资建厂，应该是外资身份。

这就陷入一个悖论：国外的人认为沃尔沃是中国公司，国内的人又认为沃尔沃是外国公司。沈晖曾这样表示，从品牌上讲沃尔沃是外国公司，但拥有者是中国公司，所以“沃尔沃应该是中国公司”。

此前，奥迪、奔驰、宝马均通过与中国合作建立合资公司而取得市场先机。捷豹、路虎也在2011年3月21日宣布，与奇瑞汽车签订了建立合资公司的协议。日系的雷克萨斯和英菲尼迪不甘落后，也在筹划国产化事宜。如果沃尔沃继续在“身份”问题上纠结，只会进一步延缓其在中国市场的发展。

与其在“身份”认定上纠结，不如尽快使国产项目落地。这是李书福与沃尔沃的一个最强烈的愿望。后来就决定自选外资身份。不过，作为外资身份的沃尔沃要国产化，除了必须选择一个中方合作伙伴外，还需要推出一个“合资品牌”和新能源汽车。根据2004年发改委颁布的《汽车产业发展政策》，如果沃尔沃想在中国生产，需要找到一家中方合作伙伴，成立合资公司，且中方持股比例不低于50%。

2011年之前，外资企业在国内投资享有土地、税收等多项优惠政策。但2011年国家对汽车产业政策进行了调整，外商在中国整车领域的投资类别已经从鼓励类中删除。这是因为中国政府希望更多外商投资在汽车零部件领域而非整车领域。

沃尔沃落地的问题不仅是花费额外资金，还意味着更复杂的审批。沃尔沃中国落地计划的一再搁置，使李书福面临前所未有的委屈和压力。在沃尔沃董事会上，中国项目何时获批经常是讨论的话题，斯蒂芬·雅各布经常被问及项目进展，而作为董事长的李书福，面临的压力显然是所有人中最大的。

经不起更多的拖延了，最终沃尔沃作了两手准备来“冲关”项目审批，失败与成功都在里面了。

结果，沃尔沃在中国建厂采取了两种不同形式，两个策略并用：成都工厂是以国内企业名义申请的，是吉利控股集团帮上市公司吉利汽车，以授权生产的模式申请的。大庆工厂则是以合资公司身份申请的，以“曲线救国”的方案符合国家产业政策。

工信部对这个方案很支持，协调相关方面之后，于2012年10月通过了审批。直到2013年4月，沃尔沃汽车才公开承认，国产项目已经通过了各级政府的审批。

此时，距离吉利收购沃尔沃已经整整3年。沃尔沃2011—2015年中期计划时间过半。尽管如此，沃尔沃在中国建立本土生产基地和研发中心的事，总算是画上了一个句号。

在大庆沃尔沃成立仪式上，李书福心情很不平静：苦等近3年终于迎来了项目的落地，这一天他等太久了。不过，他还是以乐观的情绪对待这场旷日持久的“落子之患”，他说：“世界向东，吉利给了沃尔沃一次历史性的机遇。沃尔沃在中国的发展将会决定其全球复兴步伐。”

是兄弟，不是父子

并购成功后，李书福的思考更为深入。

他认为，从品牌发展、采购体系、研发系统到制造布局，特别是在文化心理层面，如何保持被收购企业的独立性，还必须从股权与管治结构的利弊得失来考量沃尔沃与吉利的关系。其结论是，“吉利是吉利，沃尔沃是沃尔沃”。

不同于其他公司统一整合的管理模式，吉利采用了“分而治之”的方式，即集团属下的吉利汽车、沃尔沃汽车这两个公司，分别在各自的治理结构下独立运营。这就是李书福后来强调的“两者是兄弟关系，不是父子关系”。

在“双轨运营”组织架构下，吉利与沃尔沃保持两个不同定位的品牌，一方面保持沃尔沃汽车延续全球知名品牌的高端路线，另一方面吉利汽车则继续立足于本土大众化的品牌形象。当然也有“交叉”，比如沃尔沃与吉利一起打造的全新品牌“领克”，就是两条路线的汇合和交融。

就整体发展、经营理念和管理方式而言，吉利与沃尔沃有很大的不同点。对此，长期服务于沃尔沃汽车，现任台州亚欧工厂总经理的奥斯卡是这样说的：

> 我开始在沃尔沃工作是1988年，后来沃尔沃被福特收购，但当时福特的重心不是在品牌上，把所有财力集中在一起，使用非常强的控制手段进行降本，所以我们只有很少的精力去考虑如何在市场上赚钱。2010年吉利来了，李董事长带着赚钱的理念来了。在福特阶段，所有事情的进度都是很慢的；吉利收购以后，所有进度都非常快，有了更好的中国市场以及现金流。对我而言，吉利是最好的雇主。

相对分隔不是目的，内在融合才是“醉翁之意”。

从“放虎归山”到“吉利是吉利，沃尔沃是沃尔沃”，非常强调独立、包容与“自由感”。在战略层面，特别是治理结构上，在吉利–沃尔沃“泛体系化”的框架下（更多是无形之框架）保持相对独立，既有物理区隔又有“联盟式”体系建构，董事会是其中一个案例。

沃尔沃新的董事会是一个全球化的董事会，具有广泛代表性：既包括了工会成员，也包含不同国籍、性别和不同专业背景的人才。在沃尔沃新董事会中，中方只有李书福和负责中国业务的高级副总裁两人。新董事会可根据公司发展需要决定超过百亿美元的投资决策，且拥有执行商业计划的自主权。此外，沃尔沃管理层也获得了相当的授权，包括相应的授权金额、财务以及非财务授权。而这种待遇，是沃尔沃轿车在沃尔沃集团旗下时都未享有过的。尽管经历了“大换血”，沃尔沃内部管理层依然能够保持有序运行，这为其执行全新商业战略提供了很好的内部环境。[①]

后来董事会成员发生了一些变化，但基本格局没有太大变化。

李书福对沃尔沃全球组织管理架构没有进行大规模变革，基本保持了沃尔沃汽车当时的工厂、研发中心、工会协议和经销网络的“四个不变”。双方在对话机制下，对沃尔沃的重大战略展开交流，实现信息共享。

---

① 参见魏江、刘洋：《李书福：出奇守正》，机械工业出版社2020年版，第120—121页。

尽管吉利与沃尔沃保持了运营管理的独立，但是如果公司的董事和高管只在各自的公司任职，就会缺乏有效协同。作为同一个集团下的有机整体，两者实现融合发展才是目标。于是，吉利和沃尔沃成立了产品层面的“战略指导委员会”，负责吉利和沃尔沃的战略协同，由吉利的CEO、CFO，沃尔沃的CEO、CFO，还有1名沃尔沃的董事等5个人组成。还有一个“产品战略协同委员会”，在技术创新、成本控制和市场资源的互补上进行战略协同。

更重要的是，李书福设立了“股东会”，并在这个管理架构中真正发挥了作用。

这是极为高明的一招。李书福通过设立这个股东会，隔开了吉利控股集团对于沃尔沃的垂直管理。这个股东会的构成与规则，决定了李书福在重大决策中的地位和作用。同时他通过股东会来聘任董事会，董事会又是以独立董事为主的一个董事会，再来聘任CEO，聘任管理层。对于吉利与沃尔沃，无论是最初的保持稳定还是后来不断深入的协同整合，这些都起到了不可替代的作用。

股东会、董事会和管理层，沃尔沃的这三层治理架构，既给沃尔沃充分的授权，同时可以作必要的管理层的调整，也不会引起不必要的波动。李书福也动了一些管理层人士，但对事不对人，讲究时机与火候，减少了震荡和不必要麻烦，包括舆论的格外关注。董事会国际化一方面使沃尔沃成为真正独立运营的公司，另一方面彻底打消了沃尔沃对中国人管理的疑虑。

在战术层面，李书福自己实行“不干涉，微观搞活，多提出建议与建设性的意见”的方针。

尤其在人事任免方面，实际上，沃尔沃中国区一有什么风吹草动，李书福第一时间就可以知道。但如果他对沃尔沃中国区某位负责人不满意，并没有权限免去此人的职务，而只能前往瑞典召开董事会，向CEO提议人事变动事宜，由CEO作最终决策。尽管有权力获悉事情的来龙去脉，但李书福绝对不会越级指出对哪一个任用人选不满意。他严守规则不越级的做法，从一定程度上维护了沃尔沃的三层组织架构，使公司治理深入人心。[1]

吉利与沃尔沃之间在对话中磨合，在争论中赢得思路的清晰与条理化，采取的形式包括：战略对话、建构新的技术平台、具体事务协商。

两家企业都要解决各自的问题，又必须保持一定的协同性：时空的、技术的、品牌的、对外舆论上的。作为两大公司的董事长，李书福必然要站得更高，在战略管理上保持有机构成状态，品牌上形成梯度，技术上共享与互补，文化上实现全球融合。

就沃尔沃而言，进一步提升创新能力，提高利润率，扭转亏损局面，是其被收购后必须解决的首要问题。

沃尔沃当时规模太小，单位造车成本高。为了解决这一问题，在收购之后，李书福针对地区客户的需求和文化作调整，从而快速、准确地去做出面向顾客需求的产品。李书福与沃尔沃董事会决定，把中国建设成沃尔沃的第二本土市场，奉行“就地研发、就地生产、就地销售”的战略，分别在成都、大庆建立整车制造基地以及在张家口建立发动机制造基地，这些工厂都严格遵循沃尔沃的全球采购、全球质量控制、研发体系和管理标准，生产与欧洲同等质量的优质产品。

对沃尔沃及其经销商而言，收购前最大的担忧是吉利汽车的中低端品牌印象对沃尔沃高端汽车品牌的稀释。因此，李书福强调二者在品牌定位和企业运营上要确保相对独立，以打消吉利将会稀释沃尔沃品牌价值的疑虑。

当然，对于占领高端豪华车市场这一点，沃尔沃管理团队的确有一个接受过程，不乏反对、拒斥，也有激辩与转变。这个转变是渐进的，也是坚实的，否则沃尔沃就不可能有今天的新成就。

李书福将相当大的精力放在沃尔沃的“放虎归山”上，同时让吉利与沃尔沃在技术、工程与平台上保持协同，让沃尔沃拥有极大的发展空间与自由度，

---

① 参见魏江、刘洋：《李书福：出奇守正》，机械工业出版社2020年版，第121页。

无论销售、采购、人事、项目、财务与计划，都赋予沃尔沃经营层以相当大的自主权。

对此，一位长期服务于福特和沃尔沃的资深专家，说了一番意味深长的话。

他认为，首先吉利对沃尔沃的管理方式值得一提，因为沃尔沃、捷豹、路虎之前都在福特下面，为什么这些公司在福特下面的时候经营效果都不好，反倒沃尔沃来到中国吉利之后发展得很好，捷豹、路虎去了印度塔塔那边之后也发展得很好，显而易见的一点，“当福特管理这两个品牌的时候，福特是告诉他们该怎么做，当吉利和塔塔管理这两个品牌的时候，是问他们应该如何做。一个是高高在上的态度，一个是征求意见的态度，这就是最大的差别”。

有一件重要的事，是李书福与沃尔沃高层想到一块儿去的。汉斯–奥洛夫·奥尔森担心吉利将重蹈福特的覆辙，在李书福问他如何运营沃尔沃时，他毫不掩饰地反问李书福：“你希望沃尔沃是国际化的公司，还是中国公司？”进入这一发展思路的交叉口，李书福的头脑极为清晰，他几乎不假思索地回答：“当然要做国际化公司。”而这也正是汉斯–奥洛夫·奥尔森的所想。

从国际并购的类型学上，李书福采取合作型的并购方式，协同发展的并购理念，且有很多实践上的创举。

差异、冲突与和解

实现并购之后的一段时期，中国股东与瑞典管理层的差异与冲突开始显现。

李书福和沃尔沃管理层的不同见解，主要集中在三个方面：首先，在中国建设几个工厂合适？其次是产品怎么做，大车还是小车，经济–大众型的还是高端–豪华的？比如，李书福说要做豪华车，可是沃尔沃没有类似奔驰S系和宝马7系的产品。最后一个问题是，中国区业务庞大，沃尔沃是应该保持相对独立性、利润单算，还是由总部总揽大权？如果是后者，就牵涉到怎么管的问题。

围绕这些问题的争论，自2010年11月便开始在董事会出现。

在品牌定位和未来产品方面，李书福和沃尔沃管理层意见也不一致。李书福一向认为，沃尔沃和ABB一样是豪华车，要和奔驰、宝马直接竞争，让买奔驰、宝马的人来买沃尔沃。但是以斯蒂芬·雅各布为代表的沃尔沃管理层认为，这是不现实的。沃尔沃品牌定位与宝马、奔驰不同，买奔驰、宝马的人不会来买沃尔沃。

这一观念的不同，就导致了争论：沃尔沃到底要造什么车？这样的争论延伸到了董事会之外。面对李书福对标奔驰、宝马的超高期望，沃尔沃内部表现出了一定程度的不适应。一时间，沃尔沃从管理层到技术专家有不少人陷入迷惘，不知该怎么办。

不过不同意见的交锋，并没有上升为根本性冲突。李书福和沃尔沃管理层在坚持基本立场的同时，也都会考虑对方的意见，出现了安聪慧说的“主动的妥协”。结果是，沃尔沃随后推出的新车上，加了一些董事长李书福的意见。而李书福对于沃尔沃的定位也有了新的看法，他承认不同品牌有自己特定的客户群。

伴随着争执和讨论，沃尔沃继续前行。

作为“伞战略”的重要组成部分，斯蒂芬·雅各布在沃尔沃新投资计划上投了坚定的赞成票，随后为实现这一战略进行了管理层调整。斯蒂芬·雅各布在全球战略确定之后的半年内，将除他和负责人力资源的副总裁比约·萨尔斯特·罗姆之外的沃尔沃管理层成员全部换掉。公司以前的首席运营官管理架构被取消，史蒂文·阿姆斯特朗从沃尔沃离职，重回福特汽车。

斯蒂芬·雅各布在沃尔沃采取的变革措施带来了掌声的同时，也引发了质疑。

雅各布做产品出身，对于研发领域非常重视，他甚至在董事会提出，为了公司的长远发展，能否集中精力放在研发投入上，暂时忽略生产的进度和销售增长率。

受支出增长影响，自2011年下半年开始，沃尔沃开始显示出利润下滑的迹象。欧美市场是重点，中国市场重在布局。但是美国市场出现困难，欧洲市场也不好。2011年，受美元贬值、欧元升值影响，沃尔沃汇兑损失巨大。

“如果你在董事会上拿不出方案，他（指雅各布）就不会让你再说下去。”多位参加过董事会的人士回忆，即使是董事长李书福，也不例外。在业绩不错的时候，这种工作风格各方尚能接受，但遇到业绩下滑，问题就出现了。

李书福一方面认可雅各布之前的改革，但另一方面对斯蒂芬·雅各布也有意见，因他在沃尔沃与吉利合作协同的问题上态度消极。协同效应是几乎所有并购项目的目的之一，吉利收购沃尔沃也不例外。李书福最实际的要求，是通过双方的合作，把沃尔沃的成本降下来；反过来，通过与沃尔沃的技术合作，将吉利汽车的技术提升上去。

但是斯蒂芬·雅各布认为吉利技术比较弱，不愿意合作。

李书福认为，美国市场汇率的问题，也许会变过来，这都需要时间来验证。但是，吉利、沃尔沃之间的协同，却是眼前就可以做的，效果也是立竿见影的。“整个吉利控股集团的实力强大了，你就算在美国市场亏30个亿、50个亿，我觉得问题也不大。”遗憾的是，李书福的想法没有得到雅各布的认同和配合。[①]

本来斯蒂芬·雅各布号称是“产品派”，问题是他拿不出太多的产品。要命的是，李书福的一些重要想法得不到落地，甚至根本就化作空无。有人这样对李书福形容这种情形：“您请的这个人就是一张‘牛皮纸’，本来一眼就能看到沃尔沃，现在反而看不清了。”

---

① 王千马、梁冬梅：《新制造时代：李书福与吉利、沃尔沃的超级制造》，中信出版社2017年版，第242页。

事实上，雅各布两年没有达到董事会给出的销售目标，这个问题必须解决。

管理层有人曾当面质疑他：“我们企业应该是赚钱的，雅各布，你不是说产品、产品，还是产品吗，我就问，你说的这些产品在哪里？”雅各布一时无言以对。

不过，当时选择雅各布也是对的。

他推行的大刀阔斧的改革对保守的沃尔沃很重要，至今仍有沃尔沃内部的人怀念雅各布对产品投入不惜力气的执念。这就应了中国的一句成语：矫枉过正。汉斯–奥洛夫·奥尔森也说过，雅各布时期所作的投资SPA和CMA[①]的决定，以及随之而来的投资计划，让沃尔沃受益至今。

2012年10月底，沃尔沃汽车宣布更换公司CEO，汉肯·萨缪尔森替代斯蒂芬·雅各布，担任新的CEO。恰好这时传出斯蒂芬·雅各布生病的消息，吉利控股集团发布的公告称，离职跟斯蒂芬·雅各布的健康状况无关，而是与业绩有关。

汉斯–奥洛夫·奥尔森也回应说，董事会决定，需要一个新的CEO带领沃尔沃进入一个新时代。“沃尔沃需要改变，汉肯·萨缪尔森是合适人选。”汉肯·萨缪尔森也表态称，他的首要任务，“是降低成本恢复公司的盈利能力，加快中国市场的增长”。[②]

汉肯·塞缪尔森，属于那种有主见，但又不去急于表现自己的人。一张饱经沧桑的面容，金发，灰蓝色眼睛，经常穿一套紫罗兰色西装，目光锐利，他常常给人以一种深沉、善思的感觉，是那种站在你面前就觉得很可靠的那种

---

① SPA和CMA：SPA是Scalable Product Architecture的英文缩写，即“可扩展整车平台架构”，它由共享模块、可扩展系统和部件组成；CMA是Compact Modular Architecture的英文缩写，即“紧凑型模块化架构”，是一个针对中级车的基础模块架构，能够覆盖从A级到B级的不同车型开发需求。

② 王千马、梁冬梅：《新制造时代：李书福与吉利、沃尔沃的超级制造》，中信出版社2017年版，第244页。

人。塞缪尔森是沃尔沃董事会里最能理解李书福战略意图的人，也是一个忠实的执行者。

汉肯·马森、安德斯·尼尔森，这两位瑞典的记者，以极其生动的笔触，对史蒂芬·雅各布与汉肯·塞缪尔森这两位沃尔沃CEO作了对比描述：

> 当公司需要人在下面点火时，史蒂芬·雅各布就像一瓶打火机油一样出现了。但当公司需要一位更冷静，却更善于提出挑战、具有远见的领导人时，坐上CEO这把交椅的人就轮到了汉肯·塞缪尔森。
>
> 塞缪尔森的个性与史蒂芬·雅各布完全不同。雅各布很冲动、喧闹，他嘶鸣般的笑声常常回响着整个走廊。他充满了热情，并且他的这种热情还是能传染给众人的。塞缪尔森则是一个低调的人，刚开始时连站到台上都会感到不自在，但他最终克服了这种不适，如今他甚至享受起在听众面前发言的感觉。在公司战略方面，塞缪尔森与他的前任并没什么不同，他们都迈出了重要的一步，带领公司进入了豪华车领域。

塞缪尔森，拥有丰富的汽车行业和财务管理经验。过去40多年来，他曾服务与领导多家全球性公司，2005—2009年担任全球著名汽车公司“曼”集团董事长兼首席执行官。吉利收购沃尔沃之后，他一直担任沃尔沃汽车集团董事会成员。汉肯·萨缪尔森素有“成本杀手”的称号，现在轮到他在沃尔沃一展身手了。

此后，萨缪尔森的贡献主要有三项：

第一个是用聪明又经济的方式造汽车。汉肯·萨缪尔森到来之后的一大贡献是化繁为简，但他对细节又非常讲究，认为方向盘和徽标都应该是质量最好的，又想到将“源自1959”写在座椅安全带扣上，以此致敬“三点式安全带”的设计。

第二个事情，是将吉利与沃尔沃的合作开展起来。包括2013年2月成立的吉利欧洲研发中心（CEVT），2014年6月，在期待已久的中国市场投产S60L，产品计划直接出口到美国。为加强美国市场重新赢得市场份额，发布了美国复兴计划，集中在加强豪华车品牌的定位上。

沃尔沃瑞典工厂成立50周年，基于SPA平台的第一款新车XC90在8月底发布。在新车发布前夕，沃尔沃宣布将瑞典工厂的产能从20万辆提高到30万辆。这一措施让瑞典工厂增加了1300个工作岗位。

还有一个贡献，正是汉肯·萨缪尔森准确定位了沃尔沃的品牌价值。在“以人为尊”（Designed Around You）的基础上，萨缪尔森更进一步，将之变成了“守护你的挚爱”。他说：“口号必须完整代表品牌战略。”对萨缪尔森来说，关键是要满足细分市场中的那些人们，他们想要获得与众不同的东西：低调的奢华，不事炫耀，干净、优雅的斯堪的纳维亚设计。

当然，他与李书福还是有一些思想和行为风格上的差异，以及认知上的距离。但此后的情况表明，这种差异变得很容易解决了。

“我们的董事会和执行管理层在沃尔沃的战略方向上是一致的。”李书福说，“由CEO汉肯·塞缪尔森领导的管理团队，我完全有信心、完全信任。”

若干年后，媒体对他也作了很好的评价：“自塞缪尔森先生2012年10月担任首席执行官以来，沃尔沃汽车已经经历了彻底的转型。依靠着自主研发的整车平台和动力总成系统、安全与信息娱乐技术等，沃尔沃推出了一系列全新产品，成为豪华汽车品牌中强有力的竞争者。”

关于豪华车和细分市场，李书福改变了以往的一些想法，沃尔沃董事会和高管给出的理由说服了他。

他看到了市场和买家（包括中国购车者）的走向，大型豪华车这个细分市场停滞不前。大型豪华车型对德国车企仍然很重要，因为这一车型代表了他们品牌的重要组成部分。但对于从未参与过这场游戏的沃尔沃而言，追赶不仅是不可能的，也已经变得无关紧要了。沃尔沃无法通过一款大型豪华轿车实现盈利。无论从哪个角度切入，不断增长的SUV细分市场都是一个更好的投资目标。果然，沃尔沃2018年的SUV销量占总销量的55%。

事实上，双方各自调整了策略，都作了一些妥协与退让。

汉肯·塞缪尔森通过官方渠道表示，他和李书福在许多方面都很相似，“李书福为车而生。他有激情。他为我们品牌的价值而活。对于公司未来的发展方向，我们有着共同的愿景，我们之间一直有非常活跃的讨论”。

CEVT，一个汽车工程“乐高”

2013年，发生了并购沃尔沃之后的一个决定性事件。

这年2月，吉利、沃尔沃联手在瑞典哥德堡成立了“吉利欧洲研发中心”，又称“中欧研发中心”（China Euro Vehicle Technology，以下简称CEVT），由方浩瀚（Mats Fagerhag）担任主任，9月13日开始试运营，起初只有7名人员。

3年之后，吉利欧洲研发中心已经从开始时的吉利-沃尔沃合资公司，变成了吉利公司全资控股的子公司，设计师与工程技术人员也扩展到2000多人，他们来自20多个国家和地区，包括来自中国的研发人员。

CEVT的主要使命是建构CMA，它是全新品牌Lynk & Co（领克）未来产品研发的主战场，在此基础上为吉利与沃尔沃打造各自所需的新车型，或联合开发的新车型，这是A级车和B级车同平台研发的全新架构。

自此，吉利汽车进入了“后并购时代”（虽然此后还会有一系列的并购动作），达到“升空”之后的“巡航高度”。

从瑞典哥德堡市区出发，驱车20分钟，就到达了卡特加特海峡岸边的一座厂区，这里就是CEVT研发中心。与其他的研发机构不同，这里几乎没有接待参观的概念，任何与业务没有直接关系的人员，基本上不可能踏入这片厂区。CEVT研发中心选址此前是一家废弃的大型造船厂，除了新建设的几座大楼，依稀还能看到一些厂房建筑留有的古老印记，整个园区的环境有点北京798艺术中心的感觉。

“寰宇汽车”记者在参观CEVT后，如此感慨道：“参观完整个技术中心后，它不禁使人联想到2001年在法兰克福参观韩国现代德国研发中心的情景，那座研发中心对汽车的超前认识以及完美把控，奠定了韩国现代近十年来在整个国际汽车市场的地位，吉利汽车欧洲研发中心给人的印象如出一辙。”

建构CEVT，似乎为命运的“偶然之机”所赐，其实酝酿已久。

这里需要提到5个与此事密切相关的人，他们是：李书福，安聪慧，冯擎峰，方浩瀚和沃尔沃CEO汉肯·萨缪尔森。

方浩瀚，看上去如同与你比邻而居的工程师。他毕业于著名的瑞典隆德大学工程系，近30年的工作经验里，方浩瀚大部分经历都是从事汽车行业，他曾于1992—1998年在萨博技术开发部工作，其间担任车身与外观开发总监，随后升任萨博汽车产品开发执行总监。从2005年开始，方浩瀚在位于德国吕塞尔斯海姆通用欧洲总部担任整车系统开发执行总监，其间负责两个新的全球汽车平台的开发，管理3500名工程师。

2011年底，萨博公司因经营困难拖欠供应商货款和员工薪水而向瑞典政府申请破产保护。在这一年，李书福收购的沃尔沃汽车宣布招聘1000名工程师。方浩瀚正是这些工程师队伍中的重要一员，他在年底收到沃尔沃管理层亚历山大·柯西梅克斯的邀请，于2012年初正式加盟了沃尔沃汽车，成为沃尔沃技术、创新与联盟副总裁。

这个职务并非不重要，但不是一线的研发管理者。方浩瀚的主要职责，是跟外部合作伙伴打交道，范围涉及技术、法律与商业机会等。正是这种状态的出现，创造了一个有利条件：与吉利汽车相关人士接触，也在他的工作范围之列。

话说吉利收购沃尔沃之后，“兄弟”之间就品牌的分工作了一个不成文的约定。由于两者品牌定位、质量标准等都存在较大的差异，简单的技术协议转让等方式并不能让吉利的技术获得有力提升。所以，并购以后吉利与沃尔沃开始探索一种对双方都有利的合作方式。

2012年安聪慧担任吉利控股集团总裁后，就各方调动资源，设法寻求合作，抓住机会去作与沃尔沃的对接。起先吉利汽车在上海与沃尔沃签订了一个技术合作协议，这是带有合资性质的合约。①本来大家完全可以通过这个平台实现技术共享，但是沃尔沃方面觉得并不好，认为没必要签，有抵触情绪。

那会儿安聪慧心里有点难受，他后来回忆说：“你看，我们收购了这家企业，要和他们合作还遭到了反对，当时确实心理不平衡。后来自己仔细想一想，人家对我们吉利毕竟不是很了解，没有合作过，也难怪。问题在于，怎么能得到别人的认识和了解？打破对方固有的观念和态度很重要，就是‘破冰’。于是我们就向对方坦诚表示，吉利现在是做得不够好，但是愿意向你们学习，大家一起努力。双方先拿出一个项目来做一做，以点带面，逐步开始合作。对方说‘那就行吧’，就这样我们尝试着开始了合作。”安聪慧信奉这样一个原则：欲自强，就得学习着去强。

与任何合作一样，信任不是一天能建立的。对吉利提出的成本控制与指标，沃尔沃方面经常会有质疑：“这怎么可能？”这里既有现实的考量，又有北欧文化在起作用。借用瑞典两位记者汉肯·马森与安德斯·尼尔森说的话，“我们（瑞典人）做什么事都要问无数个为什么，这样做的后果又是什么”。

“怀疑总是比对抗好，整个团队为了实现我们定下的指标，从几个零部件开始降成本，降幅达到20%～30%，最后的结果是吉利都完成了。沃尔沃方面觉得不可思议，‘怎么可能？’虽然这个过程挺曲折的，但让他们知道我们说到

① 2012年3月，吉利汽车与沃尔沃汽车签署技术转让协议，双方将联合开发小排量、高性能、绿色环保系列发动机和环保型的小型车平台，以及电动车、插入式混合动力车等新能源汽车总成系统技术。

做到，把不可能的事情变成了现实，觉得我们是有能力的，才开始了真正的合作。这些合作完成后，又推进了更加紧密的合作。”安聪慧对这段合作作了一个小结。

后来一个偶然的机会，催生了建立CEVT，即“吉利欧洲研发中心”的构想。

要追溯到很久之前安聪慧一个久藏的“酵母”：与欧洲汽车领域的强者进行合作。他担任吉利北仑基地总经理时，就考虑在欧洲建一个研发中心，并去瑞典和英国考察过。比如，米拉①是英国也是全球一家非常好的工程公司，有汽车工程服务的空间和条件，安聪慧与他们都谈过。

为什么要在欧洲搞研发中心？因为这样可以与最好的合作伙伴在一起，吉利就有了“好老师”。另外，建立一个研发中心可以聚集更多的、优秀的欧洲人才，而那时要把他们请到吉利来不太现实。“除了一起合作找个好老师，还有就是建立一个平台来聚集这些人才。”安聪慧这样说。

一个时期以来，有关CMA架构的建设，如何合作建构新的技术工程平台，还有对沃尔沃后续产品的投资问题，都曾提上了沃尔沃董事会的议事日程，有的还进行了实质性的研究与讨论。

雅各布不太相信吉利提出的CMA能搞成功，更倾向于拿钱买技术，他的理由是沃尔沃太小，不适宜搞这么复杂艰巨的工程，何况自身已有SPA平台。李书福想的却不一样，沃尔沃自己有发动机，所有的车型应该采用一体式架构，而且是最安全的车体架构，但对吉利来说，在这方面要降低成本，购买不能实现这个理想。

当安聪慧正在考虑他的合作思路时，方浩瀚恰好来中国访问吉利汽车。

其实这段时间雅各布也意识到沃尔沃需要合作，至于与什么公司合作，他

① MIRA（米拉）公司：由英国政府于1946年创立，前身是英国汽车工业研究协会，1975年成为独立公司，目前是英国最大的综合交通工程中心。MIRA为全球汽车和交通行业提供世界一流的工程技术服务，开展从概念设计到项目投产验收的整个过程。

还没有想好，就让方浩瀚去碰运气。方浩瀚跑了不少地方，包括欧洲和日本，这次到了中国，想试一试机会。

那天，安聪慧与方浩瀚一起用晚餐，没有其他人在场。方浩瀚意识到，让第三方参与进来会很复杂，因为他们的流程不同，工作文化也不同。在讨论了一段时间之后，他大胆提出了一个方案：在瑞典建立一个研发中心。

第二天，安聪慧希望再次与方浩瀚见面。在早餐后的会议上，安聪慧告诉方浩瀚，他认为这是一个很好的建议。“让我们开始吧。”安聪慧说。接下来，他们具体讨论了这件事。安聪慧回忆了当时与方浩瀚对话的情境：

> 当时我就对方浩瀚说：“我们可不可以做一件震动汽车行业的事？这个目标很大，一件震惊世界汽车业的事情。”他一听就说“不可能”，他没有想到会是这么大一个事情，这么多的想法，这么多的动作。我们就开始谈，一次长谈。谈完之后就轻松了，他说“行”。大框架就有了，我就把这一个想法通过他传播出去，我说你要和其他人讲，让他们知道我们的想法。不光是有妥协，还有沟通。一些非常优秀的同事聚集在一起，就可以成就大事。

当然，这需要李书福作出最终决策。安聪慧将此事向李书福作了汇报，这事非常符合李书福的意愿：既可以让吉利与沃尔沃进行无间合作，又可以零距离地“师傅带徒弟”，这何乐而不为？事实上，这个问题一直潜藏于李书福的战略思考中，由此可见，成立CEVT的灵感又具有必然性。

当方浩瀚飞回瑞典时，他陷入了重新思考的困扰。他做了什么？沃尔沃的高管团队会如何看待他的即兴建议？他甚至会因为一手遮天而被解雇吗？

幸运的是，沃尔沃管理层认为这是一个很好的主意，于是设立“吉利汽车欧洲研发中心”的计划开始成形。

2012年12月22日，李书福来到哥德堡，见到了方浩瀚。在林德霍尔姆科技园的一家酒店里，李书福告诉方浩瀚，他想做的，就是沃尔沃的高质量加吉利的低成本，希望3年能见到成果。

方浩瀚清楚地记得，当时李书福眉飞色舞地描述的是，他想要的就是一个类似大众MQB的平台，就像是搭“乐高”，基本的架构是一样的，但是使用的颜色不同，搭出来的乐高就不一样。“我想做的，是跟乐高差不多的。一个是给沃尔沃的，另一个是给吉利的。”李书福说。对方浩瀚来说，3年的时间要做出来，是个很大的挑战。“我很有信心，我会尽力。”方浩瀚回答。

在吉利、沃尔沃共同支持下，方浩瀚开始组建新公司，地点就选在与李书福见面的科技园。[①]

当时李书福和安聪慧的基本想法是，在不太长的时间内开发一个汽车共享平台，可称之为“紧凑型模块化架构”（简称CMA），沃尔沃和吉利都可以基于CMA架构开发自己的车型。

CMA这种模块化架构，在长度和高度上它具有可扩展性，其智能组件能根据不同客户需求进行有效调整。这种开发具有更高科技解决方案，并能用于不同架构之上的共享组件，例如动力总成和传动系统组件，满足不同客户需求的灵活性，以及规模经济的有效性。这种高扩展性，给予设计师更多的创造空间，可以大幅减少产品开发周期，同时极好地平衡了运动性和舒适性。

在与沃尔沃联合开发CMA架构之后，吉利发布首款完全自主设计的BMA架构，全称为B-segment Modular Architecture，即“基础模块架构”。在此架构下，汽车的动力模块、底盘模块、车身模块可以随意组合，各模块结构完全实现了标准化和共享化，工程团队能够在同一架构上实现不同模块的自由组合。

吉利缤越、ICON等都是这个架构的产物。

---

① 王千马、梁冬梅：《新制造时代：李书福与吉利、沃尔沃的超级制造》，中信出版社2017年版，第261页。

得益于BMA架构，吉利汽车新车研发时间缩短至18～24个月，速度比传统汽车研发平台提升近一倍，更快的产品迭代速度可保证吉利对市场变化作出快速响应。

此外，根据吉利与沃尔沃技术合资公司的约定，吉利可以共享SPA架构与四缸发动机。SPA是“可扩展产品架构”的简称，原本是沃尔沃实现全球复兴计划的关键，斥资110亿美元打造，具有高度的设计弹性，搭载沃尔沃多种新型发动机，这就意味着设计师可以依照车辆的产品属性，针对车内空间作出更灵活的设计。

最新的模块化理念使SPA与CMA平台由共享模块、可扩展系统和部件组成，全部生产过程都将在柔性生产系统中完成，两个平台还可实现自动启停技术、混合动力技术、纯电动驱动等多种形式的动力策略共享，这都能帮助沃尔沃和吉利保持在平台开发领域的世界领先地位。CEVT的建立，就是吉利与沃尔沃最好的协同，实现两者在技术上“从点到面”的整合与共享。

提到这件事，安聪慧至今仍难以掩饰他的澎湃激情：

> 我们通过这一个组织，包括大众、宝马、奥迪、法拉利、捷豹、陆虎等很多人过来了。方浩瀚原来也是通用在欧洲的技术负责人，与他们的沟通很方便。动力方面的研发有了，沃尔沃又派来造型设计领军人物，彼得·霍布里，还有彼得·莫腾斯（Peter Mertens）。我们成立了一个管理委员会，起先是我、方浩瀚、彼得·莫腾斯、彼得·霍布里四个成员。后来李东辉、冯擎峰也参加了管理委员会。我们要让大家清楚，整个欧洲研发中心是双方开发的成果；针对重大事项作决策，讲究彼此间的尊重。

实际上通过CEVT上升到两个企业之间的战略合作，既是基础合作又是战略合作，与2012年在上海签的那个合作协议不可同日而语。“后来我一想，可以搞一个比吉利更高的，也是吉利汽车集团旗下的品牌。我尽量小心一点，但他们（指沃尔沃方面——作者注）胆子很大，希望和吉利更深入合作。搞合资，开发‘领克’，他们可以入股。我一听就说行，当场同意了。”安聪慧这样补充说。

于是有了“领克”品牌，之后就成立了一个合资公司，由吉利控股集团、吉利上市公司、沃尔沃三方组成。大家互相认同，后来合作很成功，借助于CMA平台，沃尔沃研发的第一款车型是XC40，后来赢得了享有盛誉的“2018年年度汽车”称号。

冯擎峰回忆说：“自从搞这个CMA之后，我们派到欧洲的人员开始多了，当时由胡峥楠（吉利汽车研究总院院长）带队，他们在那儿蹲了一两年，学体系也学流程。首先是要把双方的工程语言给统一了，那就要开始建体系，它就叫VPDS，即‘沃尔沃产品研发体系系统’，沃尔沃这个时候也愿意给吉利开放这套系统，我们就专门搭建了一个团队去学它这套系统，经过转化后我们把它取个名字叫NPDS（新产品开发体系）。沃尔沃这个体系来自于福特，福特这边又来自马萨，一定程度上这个开发体系彼此都是相通的。”

他接着说：“工程语言统一了之后就是建立标准，这就得一边做产品一边建标准，一边实践一边充实理论才有意义。我们就利用开发CMA这个机会，同时把体系给建立起来，直到这个体系转为CVT阶段，然后移植和确定。现在所有的产品都必须按照这个体系来开发，合作多了沃尔沃也觉得很好，非常可行。”

自此之后，世界汽车架构形成三足鼎立之势，吉利CMA将与丰田TN-GA、大众MQB一起构建起一个“ABC格局”。这件事本身就足够激动人心。

在启动CMA架构平台项目时，李书福这样感慨道：过去知道研发是需要钱的，但没想到一个CMA需要这么多的钱！由沃尔沃和吉利联合开发这个模块化架构CMA，当时的投资规模达到了200亿元。这样的资本规模，足以支撑一家新的汽车企业从无到有。

既然是“头等重要”的工程，李书福本人也参与了新平台第一款车的研制。但像往常一样，他没有直接发号施令。相反，他用诗意而哲学的表达方式来表明实现“成功的诞生”，避免“生出畸形儿”的重要性。

整个故事还有下文。

2017年6月28日，瑞典首相斯特凡·勒文一行到访吉利控股集团，双方完成了在哥德堡筹建“吉利欧洲创新中心”的合作签约。这个创新中心，紧邻欧洲目前最先进的科研集群之一瑞典西部的林德霍尔姆科技园，建成后将有助于吉利汽车及时掌握和融汇前端科技力量，主动安全、自动驾驶、互联互通等领域将成为其研究重点。它将容纳吉利欧洲研发中心、动力系统研发中心、吉利设计造型中心哥德堡工作室等。

李书福认为，未来完全可以将“吉利欧洲创新中心”打造为欧洲最先进的创新中心之一。

打破七七魔咒

商业收购中，有一个“七七定律”的魔咒，即70%的商业收购没有实现期望的商业价值，而其中70%失败于收购后的“文化整合”问题。而李书福则认为，关键是要建立一种与时代相适应的新型组织体系以及新型的全球型文化，“经过文化融合与组织整合，‘七七定律’是可以打破的”。

这种新型的全球型文化与组织体系，在台州欧亚工厂曙光初现。

对总经理奥斯卡来说，作为一个瑞典人，都在沃尔沃工作30年了，这些年却有不少变化。亚欧工厂一位管理者说，“第一次见奥斯卡的时候，他是很nice的一个人，在车间里他不会很多地去挑战你，后来不知道从什么时候开始，突然就感觉他跟以前完全不一样了，所有人都高度紧张地接受他的各种挑战。”

也许，这可以理解成每个人都在改变自己，在两三种文化的边缘上，大家都受到不同程度的撞击。

不少亚欧工厂管理者认为，沃尔沃走过了93年的历程，生产管理体系比较健全，有点倾向于循规蹈矩。而吉利是一个才成立二三十年的企业，活力、市场与竞争的作用很明显，更多地讲究如何应对市场，对变化作出快速响应。市场变化造就和锤炼了吉利人，现在沃尔沃方面也深刻感受到这一点：“一定得快，快速地去响应。”

这，正如奥斯卡本人说的：

在如何达成自己野心的基础上，保持企业的良性运营和收益是很关键的。我认为吉利在降本上是很有经验的，尤其是在供应商管理方面。而沃尔沃更多的是研发知识的储备，因为沃尔沃的离职率非常低，可以严格按照流程去落实规划，一个员工可以从头至尾地参与一个项目，这可以积累大量的经验。我们对于怎样遵循流程是很坚持的，更加注重过程。吉利就不一样了，吉利更多的是看结果如何。

当然，对外来的文化总归有个接受的过程，不适应也是很自然的。有一位亚欧工厂的管理人员说：

刚来时，什么都是拷贝沃尔沃管理体系文件，慢慢就改变了这一状况，会去挑战沃尔沃一些非常标准化的东西。他们（瑞典人）也在突破，也要走出自己的“舒适圈”。两年前来自沃尔沃的管理者可能会说，“按照这个就是标准”，可是现在不一样了。他们也在改变自己。德国人比较“刻板”，北欧人也一样，我们中国人就是变得太快，但这两种文化都在发生改变。新的工业文明也就这样起来了。

两个很不相同的企业能够结合起来，把各自优势给加强了。亚欧工厂管理者认为，生产线其实很简单，只要企业愿意发展，舍得投钱，就可以有先进的生产线。只有先进生产线，没有先进的管理理念和思路，是绝对不行的。

亚欧工厂，就是这么一个不同国家“管理与文化融合”的“试验基地”。这里是三个方阵一个文化，新制造时代的一个“混血儿”。这种文化融合，就是发现与培植“杂交优势”。

如今，吉利人可以到亚欧工厂来学习沃尔沃的先进理念，沃尔沃的人也可以到这儿来学习吉利人处理问题的方式。两个集团之间都有技术交流管理活动，包括一些质量标准和技术要求。如何发挥能动性，把两种文化优势加以发挥和融合，达成真正的“中西合璧”，用眼下比较流行的词儿，叫“迭代”，在管理上找到新的技术与工具、新的应用场景。

亚欧工厂导入了VCMS，也就是“沃尔沃制造体系”。

如果用图像来呈现，沃尔沃体系原先是一棵“大树”，由于沃尔沃集团近年的变革，这个体系从“大树”变成了“火箭”。后来亚欧工厂导入这个“火箭图”，奥斯卡组织了不同层级的讨论，以理解并真正落实这一概念。从大树到火箭，内涵不同，形式也不同了。作为旁观者的我们觉得，本来“火箭”应该用在高速成长的吉利身上，而沃尔沃是百年老店，用“大树”倒很贴切，现在却从大树变成了火箭，看来沃尔沃要励精图治了，此刻它更强调速度与力量。

有人跟亚欧工厂员工开玩笑说，“火箭从大树旁升空，更有力量，更有那么一股劲儿”。

真正优异的管理体系，是“过程管理”与“结果导向”相统一的，在亚欧工厂，每个人对企业的管理文化必须重新理解，于是他们提倡“全员参与”，从设备、运作到维修，也是一个全员参与的过程，让你不断地去改变自己，以更好地适应汽车行业的发展趋势。

“即使是探讨和讨论过程中，我们每个人都参与进去，对生产经营的理解和认知才会更多，原来你只是follow（跟随），遵照和执行，现在通过你的每一次参与，有更多的改变或者是意识到挑战。”亚欧工厂的一个管理者说。

有一点沃尔沃与吉利是一样的，管理或者产品上都是“以人为尊”的。吉利叫“人性化管理”和“快乐人生，吉利相伴”，这就创造了一个很好的文化氛围，就叫“open”（开放）。现在亚欧的“小伙伴”们就说，我们亚欧工厂其实是沃尔沃、吉利和领克三个工厂的合一，有一种很“open”的氛围，在这里有分歧被认为是很正常的，“因为你站在不同的角度，‘屁股指挥脑袋’，是很正常的”。

如何消除分歧？“现在的团队就是要合作，要敏捷，不管是计算机行业还是制造业，如何能够快速地去把这个问题解决了。如果站在部门的角度来说，可能是分歧，站在一个更高的层面，你看到的也许不是问题。这是一个求同存异的过程，包括如何解决利益损失的问题，需要找到一个均衡点。”亚欧工厂涂装分厂负责人这样告诉我们。

“成本和利益问题，如果牵涉到好几个部门，大家坐下来心平气和谈一下，一起商讨。如果涂装要损失，损失一个小时或是损失多少工时、多少能源，总装要损失多少能源和工时，然后取一个损失最小的值，这样来协调生产安排和节拍调整，还要考虑如何做到使整个集团损失最小。既要有自己的立场，又要有整体感，这很难做到，但必须去做。”他补充说。

“挑战文化”在沃尔沃越来越流行，每个人竭尽所能，然后去做得更好。如果说沃尔沃是朝快速、灵活、效率方向发展，吉利就着重解决怎么规范，如何更上档次，更注重过程的严谨性，而不随意变更。这就是所谓的“相向而行”，最终成为一个有力的整体，又保持各自的差异，被允诺的差异。

这样的企业文化，是由两个传统融合而成的：吉利的，沃尔沃的。

亚欧文化，吸收了沃尔沃与吉利两种文化的精髓。沃尔沃叫“WE”文化，“We culture”，精髓是“以人为本，围绕人而展开管理”，“保持好奇、共同创造、成就非凡”是它的基本架构，其导向是“自我发展，协作，建立信任，追求结果和包容”。而吉利文化，则是以“快乐人生，吉利相伴”为核心的四大文化：奋斗者文化，问题文化，对标文化和合规文化。差异是存在的，但共同的一点，就为以人为本，以用户为核心。

这个工厂是新的公司、新的人员、新的品牌，所有一切都是新的。其中“包容”在亚欧工厂非常重要，如果没有“包容”这个词的话，就不能走到现在。焊装分厂负责人崔杰说：“刚开始时，台州本地的员工只占2%到4%，大家来自四面八方，带着各自的专业文化背景。思想上、观念上冲突非常之大，工作当中的吵架比比皆是。后来随着多方磨合，互相理解，逐渐走到今天这样的稳定状态。冲突不能说没有，但是已经比4年前好得太多了。”

“当时在焊装尤为明显，那段时间我们有很多的工作精力放在‘和稀泥’上，就是缓和关系。沃尔沃、吉利和领克，三家都有它们的标准，很多细节本来就不一样，肯定会产生冲突。比如有人在奔驰、宝马干了好多年，奔驰、宝马的标准在他脑子里根深蒂固，大家都以自己标准说话，那就肯定会发生冲突，最后我们就形成一个叫AFQ的标准。大家在一起讨论，不停地开会，形成了一套符合这里的标准。由于文化不同、背景不同、标准不同，开起会来常常针锋相对，因为大家都强调自己的标准。拍桌子、喊叫、争吵时有发生，不知道从什么时候开始，会心平气和地谈了，我能接受你的，你也能接受我的。最重要的是互相包容，所以董事长要建立全球型企业文化，就是这个道理。”崔杰这样补充说。

包容，并不是包医百病的药方，却是一切工作的基础，包括如何相处，怎么合作。

崔杰还说了一个令人深思的问题：

磨合与困扰，还有一个原因就是语言。不管是日常语言还是技术语言，都有一些阻隔与问题。语言表达上的差异肯定有，转化过程当中会词不达意，耐心差一点的就会造成误解。所以，一定要学习对方的文化，包括语言、技术与习惯。我们有一个“跨文化交流”课程，是沃尔沃开的一个标准课程。这样一来，我们就知道欧洲人是怎么想的，欧洲人也知道中国人是怎么想的。有一次，跟奥斯卡总经理讨论“包容文化”时，我灵机一动给他发了一张“太极图”，他一下子就看懂了。

高峰副总经理是从沃尔沃大庆工厂过来的，他的认识颇为深刻：“当时就说过，‘吉利是快，沃尔沃是稳’，所以我们工厂要吸取两边的，不能过快，也不能过于求稳。”

负责财务的江凌总监说，2005年她自英国留学回来后就加入到吉利，后来先派去参与组建沃尔沃中国总部，又去了沃尔沃大庆工厂，再到亚欧工厂深度参与了整个建设过程。刚开始的时候，觉得要融入沃尔沃文化“真的是蛮难的”，“人家会觉得你是吉利派过来的，有可能你是帮助董事长来看着我们的”。经过10年的努力，她终于取得沃尔沃管理方的信任，“中间的心路历程，可能也只有我自己能明白”。

2014年6月份，江凌被派到欧亚工厂任职。这些年来，她感受很深的是，“老外”有一个很明显的特点，只要拿出你的能力，你真能做事情，立场又很客观，不掺杂任何感情，他就会相信你。除了一些例外，总的来说，他们很讲求依据、事实与逻辑，“而本土企业比较在意人情，要处理各种关系。所以说两个文化还是不太一样，但是我觉得沃尔沃从高层到中层，整个管理层越来越认可吉利了。如果没有这种认可，今天不会有CMA的平台架构，也不会有平台架构上股份各半的技术合作。如果只是一味地在董事会上去压他们，是不可能达到这一境界的，老板也不想这么做”，江凌这样告诉我们。

中西方企业文化融合过程中，价值观依然是放在首位的。

亚欧工厂总装分厂厂长叫王文廷，是中国台湾地区人，早些年投身于台湾福特汽车。3年前，亦即2017年加入亚欧工厂时，知道它为沃尔沃所经营，在头脑里觉得这个企业虽然是沃尔沃委托和经营管理，总会受吉利“妈妈”很大的影响，会是10年前自己看到的吉利路桥公司那样的一个状态。

加入之后，亚欧工厂给他的印象却是完全改观的。

“老实说，我在福特十几年，从开始到离开我觉得它就是那个样子，但吉利与我10年认识到的就完全不一样了。从走一步到深入其中，成为它的一员，吉利是我接触过所有的企业中，成长最快，‘野心’最大，也是变化最多的一个企业。”王文廷这样描述他的感受。

不仅吉利发生变化，沃尔沃也在变。

王文廷说，“沃尔沃人文化水平很高，知识很充足，对沃尔沃这块招牌是很骄傲的，一切都用沃尔沃的标准。到了这边之后，我发现沃尔沃被吉利所影响，表现出与当年完全不一样的地方，中国文化也开始影响了他们。沃尔沃转手过几次，至少在这一个时期，福特改变不了沃尔沃，但是吉利却改变了沃尔沃”。

如今沃尔沃的人会跟瑞典人说，“我们会坚持沃尔沃文化，但是因为我们车子是要卖给中国人，所以会随之去调整一下我们的文化，更接中国的地气”。

“协同是头等大事”

通过并购双方的深层次合作产生一系列“协同效应”，是所有并购行动的重要目的，吉利收购沃尔沃也不例外。

通过与吉利的“管理协同”，把沃尔沃的成本降下来；反过来，与沃尔沃进行“技术协同”，令吉利汽车的技术得以提升，这是并购的重要目的。李书福说，“吉利与沃尔沃的协同，对我来讲是头等大事，对沃尔沃来讲也是头等大事”。

事实上，分治与间隔不是目的，协同与融合才是正道，也是并购的初衷。

按照杰克·韦尔奇的说法，协同力是一种变革性的力量，并购之后“最重要的事，就是提升被收购企业的协同力”。协同，不是简单的协作或合作，而是一种高度同步的融合与嵌入。包括采购、营销、品牌和产品规划，首先是技术与平台的协同。对于吉利、沃尔沃这样处于不同国度的“兄弟”汽车公司，“协同”意味着很大程度上的“一体化”，结构性协调，超越物理空间的对接、互补。

经过一系列的人事调整，董事会对战略的重新定位，建设“吉利欧洲研发中心”（CEVT），沃尔沃的技术、设计、营销管理层直接进入吉利控股集团担任实际职务，如彼得·霍布里、魏思澜和方浩瀚，沃尔沃方面萨缪尔森接替史蒂芬·雅各布，吉利方面形成更加专业、开放的管理层阵营，整个协同朝着好的方向发展。

这两家公司通过设立有效的沟通和协同机制，在保证符合多重法规和技术合作规范的前提下，促进了底层资源的共享，无论在技术研发领域，还是对外采购领域。CEVT的成立，突破了合作创新中普遍可见的阻碍，使吉利汽车具有了国内其他合资汽车公司或者民营车企所无法具备的技术优势，让吉利的触角真正深入到国际化研发体系循环之中，并获得几乎是几何级数的技术与汽车工程进步。

为了更好地融合、协调和发展，吉利和沃尔沃在治理结构、战略思维与知识产权等方面作了一系列的组织安排。这些安排的基本精神，就是联合、互补、增值，在相互尊重、平等对话基础上创造新价值。双方分享最佳实践而又相对独立运营，各自按照自己公司治理架构严格治理。

吉利与沃尔沃还建立了一整套的“创新协同机制”，不乏可圈可点之处。

比如，吉利给CEVT里每一个欧洲资深工程师都配一个中国同事，让他们一起工作，促进中国工程师的成长。然后是请外国工程师直接到中国的研发总部上班，带中国徒弟。这样可以确保双方工作的工具和方法一致，无论在什么时间节点、什么地方输出什么东西，按照什么标准双方都非常清楚。总之，吉利、沃尔沃之间的“师傅带徒弟”，已成为一种学习机制。

不少企业在收购之后最想做的是快速“拿来”，花钱的目的就是要把技术拿到手。但实际上图纸还是图纸，并非能力，特别是那些设计背后的理念根本学不到，因此那些半生不熟的并购，并没有解决核心技术转移的问题，而且“技术就像食品一样会过期，需要依托机制和人不断地创新，才能解决长期发展的问题”。

支撑着工程技术与设计的是“能力”，而“能力”背后又是什么呢？是经验，以及由经验与敏锐结合而成的“洞察力”。沃尔沃汽车的技术、设计与工程知识体系是宝贵的，但不是仅仅靠收购就可以简单转移的，也非一朝一夕能学会的。学习沃尔沃不仅是技术，更重要的是“能力转移”、流程和标准体系。

既然沃尔沃是老师，吉利是学徒，如何确保师傅会全心全意地教会徒弟呢？按照李书福的说法，就是“徒弟做的菜师傅要吃”，即联合开发基础架构，开发完之后双方共同使用，开发各自的新车型，双方联合打造CMA这一具有可扩展性的平台就是明证。新车型的开发、新设计思想的诞生，包括自动驾驶等专项技术，两个公司之间，联合舰队式的团队内部，徒弟与师傅都要“下厨烧菜”，互相品尝。

对此，李书福曾谈及他的一个重要认知：“在收购沃尔沃之前，我们对汽车的设计研发还是没有完全吃透的，收购之后，我们与沃尔沃协同创新，联合成立研究院，共同来研发基础架构，研究基础理论，这样我们就完全搞明白了汽车是怎么设计的、怎么研究的，工程是怎么实现的，各方面的流程应该如何进行。第二，创新能力的形成，就是知道了如何创新，这样我们的创新能力得到了提高。第三，我们的国际化能力也得到提升。”话语中，透露出了一种值得敬重的诚实。

此外，财务协同是吉利、沃尔沃“协同发展”之后的又一成果。有趣的是，一次意外的“新闻事件”触发了这个协同。

2011年6月，李东辉成为新一任CFO的第三个月，吉利需要对外通告企业债，但负债额度被一些媒体夸大了。上海《新闻晨报》报道：“短短一年间，吉利的负债从160亿元上升到710亿元，增幅超过4倍，吉利集团资产负债率高达73.4%。”其中，配图使用了雅各布为李书福脱衣的照片，图说则一语双关：“李书福压力不小，沃尔沃CEO雅各布帮其脱衣。”

李东辉立即出来澄清：“它只报道我们有700亿元的负债，却不说我们有将近1100亿元的资产。算下来，我们还有将近300亿元的净资产。”况且，无论是跟中国本土的车企还是全球车企相比，吉利73.5%的资产负债率均低于它们。

同年11月，一家周刊的封面报道掀起了更大的波澜。封面上自然是李书福的形象，配的标题——耸人听闻“李书福危局：海外高利贷勒紧吉利脖子”。文章大意是，因高盛的高息债券，吉利开始秘密接洽海内外私募机构。自发文起，吉利汽车的股价连续下挫，两日缩水9.69亿港元。许多银行立刻担心吉利的现金流会断裂，犹豫在洽谈的贷款要不要续贷，等等。

李东辉向李书福建议，果断采取法律手段。十几日后，该周刊发表致歉声明：报道内容严重失实，违反了新闻守则，并向吉利及李书福本人道歉。

并购之初，财务协同的想法就徘徊在李书福的脑中。但有些事情的推进，需要一个恰当的时机，而上述这些报道对吉利收购沃尔沃后的财务问题的诸多负面猜测和臆想，却加速了两者“财务协同”的步伐，促成了吉利控股和沃尔沃汽车合并财务报表。

有专家认为，20世纪全球并购失败的案例屡见不鲜，一个重要的原因就是并购双方缺乏有效整合，尤其是双方财务能力、资产、债务的统一整合。财务能力整合，是并购双方经营与资源整合的基础，它产生的财务协同效应成为企业并购的主要动因。

那时正值沃尔沃多年来开发SPA平台的夙愿出现了一丝曙光。并购之前，沃尔沃已有3大技术平台，分别对应9条产品线，但这3个平台都脱胎于福特，沃尔沃没有自己的独立平台。从2008年之后整整3年里，沃尔沃几乎没有研发投入，竞争力急剧下降。因此，要想让沃尔沃这样的公司提升竞争力，就要使它变得“灵活”，而SPA平台正能满足这一点，既能降低成本，还能推出新产品。并购之后的2011年3月，沃尔沃董事会确定了SPA平台的投资及后续产品开发计划，这成为沃尔沃未来5年规划的首要任务。

要实现这个目标，仅凭沃尔沃自身是难以达到的，必须进行吉利、沃尔沃之间的财务协同。

李东辉对李书福说，尽管吉利是吉利，沃尔沃是沃尔沃，但按法定的流程，的确需要合并报表——将沃尔沃的报表合并到整个集团报表里，而且在财务报表和信息披露上，一定要做得比以前更加透明，更加严格和标准化，不论对银行还是对股东都要做到公开透明。同时，按照全球惯例，吉利也要行使自己作为股东的权利，对沃尔沃提出业绩指标、利润汇报要求等。

为此，李东辉先是列席沃尔沃董事会，协助其审计委员会的一些工作。沃尔沃的审计委员会包含了常规意义上的财务、审计、投资、风控和合规部门。接下来，融资规模的扩展、融资结构的优化、利率成本的优化，都变得成效显著。

在吉利内部，主要体现在融资规模的扩展、融资结构的优化、利率成本的优化等方面；在吉利外部，赢取了外界的信任，尤其是打开了银行授信这个大门。此前对吉利贷款采取保守态度的国家开发银行抛开重重顾虑，随即成立专业的项目团队，赶赴哥德堡展开对沃尔沃的实地走访调查，一次性授信30亿元给吉利支持沃尔沃，随后来自中国银行、中国工商银行和重庆银行的贷款也相继到来。后来，中国进出口银行也跟吉利签了200亿元的授信额度。

这保证了沃尔沃拥有平稳的后续资金来源，让沃尔沃找到了收支平衡点。发展的信心被振奋起来，与福特时代完全不同了。2014年8月，基于SPA平台生产的第一款车——第二代XC90终于面世。该车型推出后，成为沃尔沃在美国最畅销的车型。

这个协同意义非凡。正如浙江大学教授魏江、刘洋所说，“吉利与沃尔沃之所以能够整合成功的起始在于双方技术协同，但财务协同才是成功的开端”。

返身丛林

并购之后的第一个十年里，李书福的梦想大多得以实现，特别是让沃尔沃“放虎归山”，回归昔日“王者”地位。吉利、沃尔沃通过各种协同，都找到了它们各自的自由空间。

值得一提的是，沃尔沃新XC90于2015年2月正式投产。

在某种意义上，这是对全球汽车行业“高大上”标杆——德国车企的一种追赶与超越。XC90首次亮相时，简直惊艳了受邀前来一窥XC90真容的一队记者：极简主义斯堪的纳维亚的内饰，散发着奢华的气质；超稳当的全新底盘在冰雪覆盖的赛道上以160公里/小时行驶时，只有一些微微的振幅。这情境，让人不得不惊叹：“猛虎出笼了！”

连沃尔沃公司都觉得XC90是自己再难超越的一种标杆。换句话说，XC90简直相当于一台终极沃尔沃车了！“这已经是我们的极致了。所有我们能做的、想做的，都体现在这台车上了。这才是真正的沃尔沃。”Zenuit[①]首席执行官丹尼斯·诺贝琉斯（Dennis Nobelius）如是说。

XC90在世界汽车舞台上亮相是一件大事。作为并购之后独立研发的第一款战略车型，对于沃尔沃汽车董事长李书福来说，的确是意义非凡。从车型设计到工程上马，李书福倾注了不少心血。多年来，吉利的每款新车都带上了他的印记，从设计、工程到命名；如今沃尔沃的XC90也不例外，不过这种影响更多通过幕后而非台前。

---

① Zenuity公司成立于2017年4月，是由吉利收购的沃尔沃汽车与Veoneer各自持股50%的合资公司，该公司总部位于瑞典哥德堡，在德国慕尼黑、中国上海等地拥有分公司。

与这款新车相关的设计者与沃尔沃高管，包括托马斯·英格拉特、彼得·默滕斯，都记得李书福的关心和热心。不过他总是对他们强调，“我只是表达我的意见，这些事你们说了算”。从风格、元素到外观细节，特别是对后座，李书福都很重视。他们清楚地记得，李书福在看新车测试时，把后排座位拉出来又推进去，认真的样子有些好笑。

结果是，XC90与此前相比，后排空间更大，乘坐的体验感也很好。“也许没有达到李书福想要的那种效果，但是比以前进步了。”瑞典记者汉肯·马森、安德斯·尼尔森在他们的著述中这样写道。

其实李书福在XC90开发之初，就对研发人员提了四个方面的要求，包括安全技术、空气质量（儿童级别与森林级别标准）、灯光效果（“像童话世界一样”）与车内音响（“音乐厅的效果”），经过多重努力，新XC90最终基本上实现了他的想法。

此后，沃尔沃又相继推出了S90，V90 Cross Country，V60。到了2018年，具有划时代意义的S60又横空出世。这是首款在美国生产的沃尔沃汽车。

更低的成本和更高的零售价大大提升了沃尔沃公司的利润。2015年公司的运营收入飙升至66亿瑞典克朗（约合7.82亿美元）。随着S90和V90的上市，2016年公司的运营收入几乎翻倍至110亿瑞典克朗（约合12亿美元）。2019年沃尔沃汽车全球销量达到了70.55万台，与2018年同比增长9.8%，不仅首次突破70万台大关，还连续6年创造全球年度销量新高的纪录。

另一个车型XC40更是拿奖拿到手软。

沃尔沃在被吉利收购之前，并不能算作一个真正意义的全球性公司，只能算是一个偏于保守理念的欧洲公司，它不够多元化，也缺乏全球化的视野。而吉利收购沃尔沃之后，给沃尔沃带来了向全球公司转型的新机会：有了吉利这样一个稳定的长期的战略投资者，想要把沃尔沃品牌做大、做好；吉利为沃尔沃提供了一个稳定而自由的治理结构；借助吉利，沃尔沃加深了对中国市场的洞察，并能快速适应中国市场和中国政策。

如今沃尔沃正在寻求如何在带有沃尔沃标志的电动化、智能互联、自动驾驶和可共享的汽车上，引入“个性化、可持续和安全”的理念。并购之后的2012年，沃尔沃成为第一个在开放的高速公路实现完全自动跟车测试的汽车厂商。2013年底，沃尔沃开启全球首个大型公共自动驾驶路测项目“Drive Me”。2015年3月，全球首款量产并配备Pilot Assist领航辅助系统的汽车——沃尔沃全新XC90上市。2016年，全系标配第二代Pilot Assist领航辅助系统的S90豪华轿车上市，可实现时速0～130公里的准自动驾驶。

在城市安全系统、行人安全系统等智能化技术方面，沃尔沃也走在前列。

2018年9月，沃尔沃发布全新自动驾驶概念车360c，提出了自动驾驶汽车四大潜在用途：卧室、移动办公室、起居室和娱乐空间，沃尔沃还提出了这样一个规划：自动驾驶汽车与其他所有道路使用者之间，应建立全球统一的通信标准（车间通信技术）。

并购之后的沃尔沃保留了一些好传统，比如自1970年创造的“荧光马甲先生”制度，即“沃尔沃汽车交通事故调查小组”成员，他们常常与警察和救护车一起抵达现场，穿着荧光马甲，冷静观察、记录现场事故的细节；还有“鼻子特长生”——沃尔沃的一个特殊人群，他们的工作是代替未来的车主进行气味“代驾”，第一批“鼻子小组”由8位特长生组成，其中有的成员甚至能够分辨车内40多种混合气味，他们至今活跃在沃尔沃公司，发挥着特殊作用。

所有这些变化的背后，都是沃尔沃“体系力”的体现。袁小林是这样说的：“体系力让沃尔沃汽车实现了在采购、研发、制造、销售等各领域的快速发展，更为重要的是，它使沃尔沃汽车从一个瑞典品牌真正成长为一家全球性的企业，在以瑞典为核心的欧洲市场、以中国为核心的亚太市场和以美国为核心的美洲市场，都形成了健全的商业和工业体系。”

如今沃尔沃在中国大庆、成都、张家口等地有3家整车厂和一家发动机工厂，有了研发中心和设计中心。中国研发中心不仅是沃尔沃全球研发的有机组成部分，更在轿车开发、电气化、智能化等领域领导和推动着全球研发的发展。沃尔沃汽车亚太区研发中心与瑞典总部没有壁垒，更不设置防火墙，真正实现了全球三大研发中心（欧洲、美洲、亚太地区）的高效率共同研发，实时全球共享，实现了全球市场协同效应最大化。

回想2008年受全球金融危机影响，位于比利时的沃尔沃根特工厂员工人数曾缩减到1800人，情况岌岌可危。而并购之后根特工厂的员工人数超过了5000人，产量逐年提升，占沃尔沃汽车全球产量一半以上，还获得了比利时弗拉芒大区的“最佳外商投资项目终身成就奖”。

2014年，沃尔沃汽车发布美国复兴计划，计划在美国建新工厂，加强沃尔沃汽车在美国市场的豪华车品牌定位。美国查尔斯顿工厂于2015年动工，2018年6月落成投产。随着该工厂落成，沃尔沃汽车实现了跨越欧洲、亚洲和美洲三大主流市场的全球制造布局，成为一家真正的全球化企业。

并购之后的沃尔沃变得大气、有活力和视野开阔，超越原先的安全优先定位，向着豪华车阵营回归的过程中，从管理层到设计者、工程师，从制造者到营销策划者，对市场、效率和消费者心理把握上，发生了极为显著的变化。汽车业同行惊讶地发现，沃尔沃虽是原来的那个沃尔沃，但变得“不认识”了，它更奔放，更“酷”，也就是说变得“前卫”了。

有人问，怎么做才算是“放虎归山”？在一次内部会议上，李书福首次借“虎跃行动”给出“放虎归山”的定义，“这个‘虎跃行动’，其实就是要‘放虎归山’，让沃尔沃回归大自然，找回以前的雄风”。他还说，“放虎归山，就是要让沃尔沃回到奔驰、宝马阵营里去”。这最后一句话是“画龙点睛”的。

汉斯–奥洛夫·奥尔森，曾对李书福作过这样的评价：“他的愿景是要创建一家全球型公司。他是一个超级企业家，对于成为一家全球型汽车制造商的意义有着非凡的理解，但他也明白只在中国制造汽车的局限性。”

第十二章　造山运动

在回归中进化

2012年吉利汽车开始进入“世界500强”。这固然是好事，但反观自身的发展道路，李书福思考的却是：吉利今后的品牌之路如何走下去，怎样才能在世界汽车产业格局中赢得一席之地，并做到“基业长青”。造车之初，破门而入，“不狂不成”。入港既深，就得仔细掂量。水深浪必高，不可贸然造次。处在一个极不确定的世界，企业家和诗人一样，看到了繁荣稳定表象之下的矛盾、割裂与荒芜。

吉利收购沃尔沃之后，企业出现了一些严重的问题，几乎导致了致命的危机。严重到什么程度？2014年前后吉利各个子品牌的销售出了问题，新的车型尚未登场，而旧车型销售不出去，产品由于“青黄不接”而处于断线状态。

2014年吉利汽车销量，从上年的55万辆急剧下滑到41万辆，下滑近28%，经营面临巨大挑战。不仅是销售，还有产品线断裂，品牌瓶颈制约，一个阶段精神放松，对市场和消费心理变化严重估计不足。无论是士气、心理还是报表、资金、基建，包括薪酬、奖金等下滑，都投下了巨大的阴影。

一定程度上的沮丧、不安和猜疑，部门和基地之间，交流过程中的低落氛围，笼罩着上下左右。

事后，安聪慧在提及此事时说："这是一个非常痛苦的阶段，带来了深刻的教训，但总的来说，我觉得也很正常。从2012年初我到集团上任，就开始加快布局，我们对吉利进行一个整体的规划，这时新产品没有出来，老产品的竞争力又比较薄弱，直接影响了销量。这也反映出汽车行业和其他行业的区别：过渡期的痛苦特别明显。2014年是历史上唯一一次销量下滑，我们主动调低了销量。"

2014年12月，吉利实施新的品牌战略，提出"造每一个人的精品车"的品牌使命。

当然，心理调整势在必行，产品储备抓紧进行，市场调研应该深入到骨子里。收购沃尔沃之后出现的一些不好的苗头，包括志得意满、好大喜功和裹足不前的情形，必须得到有效制止。该刹车的就刹车，该调整的就得调整，不管付出多少代价，甚至是很痛苦的转变，也要及时完成。

在李书福的引领下，吉利经营管理团队顶住来自市场和企业内部的巨大压力，完成"回归一个品牌"的转型。李书福、安聪慧和吉利管理层这次下决心对同质化产品进行梳理，砍掉几十亿元的投资研发项目，停掉已快进入SOP阶段[①]的车型，最极端时市场上只有"帝豪"车在售。

这不仅源于产品存在断档期，还源于吉利正在进行的品牌聚焦。

进行品牌整合时，吉利曾担心"帝豪"会受到影响。然而，由于各品牌之间的协同效应不达预期，"英伦"与"全球鹰"定位不明，甚至造成了内部竞争，这些问题让集团作出了痛苦抉择。吉利认为，继续实行多品牌战略会违背价值创造的目标，应该根据市场和用户的需求变化主动进行新的战略布局，这个布局当然包括品牌结构和总体形象的调整，用新的平台架构、车型系列与精品去满足不同客户的需求。[②]

---

① SOP阶段：Start of Production。指各项验证完成，进入投放市场的小批量生产。

② 魏江、刘洋：《李书福：出奇守正》，机械工业出版社2020年版，第87页。

“回归一个品牌”之后，吉利汽车作了大量的减法、聚焦。安聪慧始终认为，吉利不缺产品，缺的是明星产品。上汽、广汽集中推出当家产品，而比亚迪完全专注于新能源市场，长城就把重点放在SUV。但问题是，那时吉利在每一个细分市场都有产品，“所以我砍了很多产品，将重点放在做精品上，虽然在短期内造成比较大的损失，但至今我们的损失早就赚回来了。”安聪慧这么说。

除了产品，经销商、供应商和服务商同样需要“做减法”，消除思想与物质上的“肿胀”。

安聪慧认为：“长痛不如短痛，这样做的目的就是为了更好地给我们3.0产品时代做好充分准备。我给精品车的定义很简单，你在细分市场是不是标杆？围绕这一点，吉利对品质、供应商、渠道、服务都要有更高的要求。”

这次转型与2007年那次一样酷烈而无情，包括战略微调、新产品开发、品牌归并和研发设计上“另辟蹊径”，需要吉利人鼓足勇气，渡过难关，“勒紧裤带过日子”，克服生活与工作上的难关，于是吉利再次走过来了。

吉利陆续推出博瑞、博越、帝豪GS、GL等3.0代产品，在市场上收获了不俗的销量和口碑，才有了2015年实现51万辆，2016年实现76.6万辆，2017年实现124.7万辆的销量三级跳。

没错，有一种进化叫“回归”。①

2007年实施“转型战略”后，李书福把“吉利牌”压进了箱底，用帝豪、全球鹰和英伦3个新品牌取而代之。7年后的2014年，当吉利打算由“技术”向“品质”二次转型时，李书福决定打开箱盖，重新取出“吉利牌”。

他将吉利定位在位于帝豪、全球鹰和英伦三大品牌之上的母品牌，还作了一个说明：“未来吉利将有更多的新技术推出，如果统一将新技术纳入吉利牌，那三大子品牌都会受益，反之消费者很可能误解为，全球鹰拥有的技术，

---

① 套用当代思想家、著名诗人、文化学者洪迪先生的一句名言：“在回归中进化”。

帝豪不一定有。”

随着新的品牌战略的实施，除吉利新车型将以吉利母品牌形象推出之外，吉利旗下的3个子品牌经销商，也将逐步整合为统一的吉利品牌经销商。

一个标志性事件，是在2013年10月底开始的吉利GX7“海岸之旅”活动中，对GX7的称谓已不带有“全球鹰”字样，而是吉利GX7。集团管理层也开始达成一致，最终形成凸显母品牌、撤销子品牌的战略抉择。

在吉利进化过程中，体系建设与“体系力”提升尤为重要。

通常而言，汽车在市场上的成功，最根本的原因在于连续多年对体系能力（又称“体系力”）的打造。除了产品、技术、制造、服务能力优势之外，还在于营销力、渠道力的胜出。这些年来，吉利汽车建构体系、提升体系能力颇有成效。

在接受访谈过程中，吉利管理层与专业人士认为：造好车，造高品质的国民车，并非单靠先进的设计、设备和工艺，或者高超的技艺、熟练的操作，或营销人士熟练而巧妙的推广所能达到。所谓“体系力”，不仅囊括了上述元素和板块，还包括了整体造型、动力总成、安全性与驾驶稳定感，高品质、高可靠性和高耐久性的品质基因，高质量的售后服务。

建构体系与提升体系力，对吉利来说尤为迫切。

多年来，吉利汽车在安全方面成绩斐然。研发人员认为，之所以能这样，是因为吉利人知道在汽车安全领域，把高技术和高配置简单叠加，并不一定能够带来高安全性。汽车安全是一种系统构建与体系力呈现，绝不是多了几个安全气囊，多用高强度钢就一定安全。重要的是，必须做到系统的集成，形成最佳的匹配。在安全测试中要拿到“五星＋”，既要确保每一个零部件都做好，让各个单项关键技术“各显神通”，更应该确保组合起来取得效果最大化，让每个安全零部件在合适的时机发挥合适的作用。

体系能力的提升，正是吉利能够以低成本取得好业绩极为重要的原因。

2012年之后，在体系建设和体系能力提升方面，吉利已经在整体上形成了“事关成败”的共识。从那时起，吉利提出“从制造向创造转变”，决计以远超行业平均水平的研发投入驱动创新，探索以电动化、网联化、智能化和共享化为核心的新技术、新业态、新模式。这是更高层面的“体系力”。

对吉利来说，“体系力”就是生产力。体系力的每一块都要提升，而且要做得相当均衡，这确实是非常大的挑战。“体系力”包括了整个企业运营管理当中的每一个板块，比如采购、物流、人力资源、财务、销售制造等。而企业战略、价值观、文化是体系力的基础，也是企业成功的核心。

安聪慧说，“拿木桶来作‘体系建设’的比方，一个阶段可能你认为是平衡的，再往上一个台阶可能有一些‘板’长了，如产品力、竞争力、营销力、品牌力等，其他的‘板’也要跟着往上走，因为那块短板决定你的盛水量。这一解决过程是螺旋式的。2019年以来，在行业大势负增长情况下，我们仍有比较好的增长，充分证明了近年来体系调整的成果，代表了吉利‘体系力’的上升”。

GPS（吉利生产方式）

这是一个真实的故事。

2011年4月，吉利收购沃尔沃一年之后，请来了一位国际汽车界的“高人”，这里我们姑且称他为L先生。

到吉利就职第2天，L先生就去一个制造基地作现场观察，发现了不少隐藏的问题。第一眼看到的就是垃圾比较多，卫生间有点脏，有人随地吐痰，还发现了一些设备故障。“没有一个器具摆放在它应该被摆放的地方，物流仓库也是乱得一塌糊涂，很多时候都找不到零部件。”事后他回忆说。

最让L先生看不下去的，是烟头。

在国外，多年前他也曾遇到过类似的情况。L先生干的第一件事情，就是自己撸起袖子去搞卫生，捡垃圾。在一些现场，也能够看到掉下来的螺栓螺母，他就去捡。L先生的工作就从整理开始，把零部件摆放到指定的位置，摆足所需要的量，但那时大家都不觉得是什么问题。

当L先生问到5S[①]的时候，发现大家都是学过的。他觉得，这属于"明知故犯"，对管理干部来说尤其不应该这样。

当时L先生最大的感受是，开始改变这一切的时候，确实有很大难度。如果管理者能够作出一些反思与鼓励，并亲自教学示范，员工一旦接受，改进的速度会非常之快。于是，他采取了一系列的"动作"，对一些确实"顽固"的人，该调离岗位的就调离岗位。

对他来说，最缺的还是时间：快速地去转变这种状态，"当务之急是先把质量提升上来，将吉利汽车的质量提升到整个中国前三名的水平"。

有人认为，这个设想太"激进"了。

怎么去提升吉利汽车的质量，形成比较成熟的一套管理方法和原则？经过考虑和征求意见，他提出"GGQ353"行动计划，目标是把吉利汽车的质量"提升到全球（化）水平"。第一个"G"意味着"全球化"和"全球水平"，第二个"G"是吉利，"Q"代表"质量"。"3"是指"三年之内"，"5"代表改善"50%的索赔"，最后一个"3"是进入中国前三名。

当时很多人怀疑能否达到这个水平，或持观望态度。让L先生非常惊讶的是，他给安聪慧递交的"'GGQ353'建议方案"，很快就得到了呼应。

李书福知道后也十分认可，还罕见地出席了2011年帝豪品牌公司的中期会议。会上，李书福为这个目标的实现大声呼吁："吉利想要走向全球，首先得站在中国的最高峰才有可能。我们生存的唯一的活路就在质量，只有质量得

---

① 指5S现场管理法，一种现代企业管理模式，又被称为"五常法则"。5S即整理（SEIRI）、整顿（SEITON）、清扫（SEISO）、清洁（SEIKETSU）、素养（SHITSUKE）。

到认可，我们才有可能得到客户的认可。”

之前，吉利也在质量体系建设方面做了大量的工作，有各种各样的做法，比如在北仑等基地推行的“黎明工程”，即在清晨5时，发生质量问题的零部件供应商，在每个月的固定日期赶赴吉利汽车的生产车间，与安聪慧和从韩国请来的质量部长一起开现场办公会，逐一讨论改进方法。为了保证效果，安聪慧还授予韩国人一把铁榔头，将不合格的零部件当场砸碎。而“GGQ353”行动计划为更系统地控制和改善质量，作了有效而持久的保证。

3年后，这个计划就基本实现了。

之后，“GPS”亦即“吉利生产方式”呼之欲出。结合国际汽车业的理论与实践，特别是吉利的经验教训，L先生与吉利管理团队创立了一个适合本土又具有全球高度的生产方式，也就是“吉利生产方式”（GPS）。

当然，制度要在推行过程中不断地“内化于人”，并构建一种制度文化，这样的生产制度和管理方式才是可靠的、可落地的、面向未来的。收购沃尔沃之后，吉利面临着如何转型为全球型企业，融入世界汽车业总体格局的问题，而生产方式的成型、成熟极为重要。

L先生敏锐地意识到，制造板块的管理模式必须改革。L先生明确地提出，要有一整套具有吉利特色的生产方式。可以先参照“TPS”（丰田生产方式），然后打造吉利自己的生产方式。他认为，只有超越了“TPS”的“GPS”，才是真正的GPS。

“吉利生产方式”的核心，是通过持续改善消灭所有的浪费，而标准化是持续改进的基础。它是吉利特有的“精益生产方式”，包括了“准时化”“改善”和“自动化”。由改善和标准化衍生出GPS三大业务：各专业模块课题推进、制造管理体系标准化、厂部长改善计划。

其中，“厂部长改善”是指厂部长、科长、班组长要以身作则进行现场改善，促进全公司“改善氛围”的形成，形成全员式的“改善参与”。

当然，质量问题是个系统性问题，包括要有熟练的高素质产业工人队伍，

“将工作当作一种修炼”，还有师徒制度。为何一个8000万人的德国竟然有2300多种世界名牌呢？西门子的回答是：“这靠的是我们德国人的工作态度，对每个生产技术细节的重视，我们德国的企业员工承担着要生产一流产品的义务，要提供良好售后服务的义务。”

特别有意思的是，L先生还提出了“人财培养”这一概念。

这里的“财”不是错别字：才等于财，公司的最高财富就是人，人才和人力资源。其中，包含了一个循环：管理层以意识/理念输出，革新专家也以知识/技能输出，共同抵达基层管理，而基层管理则以意识/理念/知识/技能输出到达全体员工。全体员工呢，就与管理层、专家和基层管理人员一起，通过操作和专业化的工作，共同推动目标达成与标准完善。

这套生产方式的“实践地”，则是吉利国内五大生产基地：北仑、杭州湾、春晓、宝鸡公司及大江东项目指挥部，并自然扩展到其他基地。

GPS的第一个环节，就是推出“标准化作业”。

想要造“精品车”光靠口号肯定是造不出来的，要从标准化作业开始。这就意味着，不管是什么样的工厂，什么样的人去作业，都能做出一样品质的产品。L先生当时提出来这个目标之后，觉得能做到起码需要3年时间，但是从2018年开始到2019年，这项工作就逐渐进入尾声，其实发展速度非常快。

其实标准化是从“造每个人的精品车”延伸出来的，重点是生产任何一个产品，在质量与品质方面，把生产过程的变化控制到最小，并在每一项工作当中找出最高效的方法，把它固化下来。然后，随着设计提升与技术进步，不断地去找新的、更好的方法。

最终，吉利汽车从管理层到普通员工都达到了这样的认知：要根据时代发展，不断地去完善我们的标准化。从数字时代到智能化时代，再到物联网–大数据时代，生产序列和每一个行动都要符合时代和技术的发展，不断去更新、去换代。

关键问题在于，这些做出来的标准怎么保证它们能得以遵守，如何保证行动和书上的标准是一致的，也就是：文件和现场的产品如何完全保持一致。对此，L先生和他的管理团队，下了极大功夫。

L先生率先在北仑、杭州湾、春晓、宝鸡等基地提出建设“七美”工厂，现在逐渐推行到大多数基地。

工厂首先要美丽，不是简单的能够看到的“美丽”，比如整洁干净或者说是五颜六色，甚至也不仅是“花园式工厂”。视觉上的美丽当然需要，但本质上的美，令人愉悦的“真正之美”，首先是完成目标，还有一种能100%完成、达成目标的文化。

很多时候，大家承诺得非常好，但是实际做不到，所以L先生又提出来，能够遵守承诺也是一种“美”。

改善也是美。不是只改善单一的问题，而且要把改善过程中好的成果予以巩固，保持下去。

再就是创造与革新，执行、诚信与团结。这些都属于美的范畴。“奇迹是执行出来的”，L先生说。

L先生从事汽车业已有43年了，一直坚信“要不断地创造与创新”，还有“速度经营”，比如说你制订一个需要半年、一年这么长时间的改善方案，这不叫“改善”，其实是通过时间让它自然改变。所以他的一个原则，不管是什么样的问题，哪怕再难的问题，也不要超过90天，3个月之内改不好的，基本上就改不好了。

在这个基础上，以“七美文化”为主轴，然后强有力地推进GPS的落地。比如，涂装、总装、质量、物流、生产、安全、核心技术、人才等方面，共有11个模块，纵向、横向同时开展竞争。

L先生要求，所有的管理干部，包括基地副总和各部门负责人，都要主动深入现场，“体验现场工作氛围，了解一线工人的难处，进而更深层次地了解汽车制造，掌握更深层次的汽车生产管理方法”。这是一个管理者的精神标高，他说得何等深沉、绵密和理性。

还有针对“七大浪费”的改善[①]，所有这些都要求易记会背，如同“二十一条军规”。

为了改善质量，做到“不接收、不制造、不传递不良品”这样一个“三不原则”，从源头上做起，每个工位都要做到“自动化”，防止不良品的产生以及随意流动。

到目前为止，吉利上述5大基地的单台不良率，已经降到0.05%这样的一个水平。L先生的目标，第一阶段先在2023年之前，达到“国际先进”制造水平，然后力争在全球建标。

经过一两年的摸索，他和管理团队又大胆地提出了G.Q.I（Global Quality Innovation，简称“G.Q.I”），也就是吉利独创的“全球品质革新”质量控制体系。吉利生产方式也好，全球品质革新也罢，必须要有一系列的管理细节，包括经验、诀窍和格言予以实现，使得上述生产方式、管理工具活生生地在现场呈现出来。

在调研过程中，我们发现L先生、潘巨林、刘向阳、黄勇、王全新、王应、曲军[②]等基地总经理，都有一些“别出心裁”的地方，使得这些吉利基地在管理和文化上，有着“服水土”的争奇斗艳。

什么事都是这样的，若你觉得能做成，就会想方设法去做。这几乎是L先生的一个信念。

“世上没有困难的事情，就看你怎么想。”于是，他定下了一个不成文的规矩：一般情形下会给团队成员三次机会，“一旦给了你三次机会，你都没把握住，还一直找借口，这样的人肯定要被淘汰的”。这叫“三振出局制度”，在棒球场上若连续三杆都没击中的话，这个人就要被淘汰出局，这就是“棒球原

---

① 指杜绝以下七个方面的浪费：等待浪费、搬运浪费、不良品修正浪费、动作浪费、库存过多的浪费、加工过剩的浪费、制造过多（过早）的浪费。

② 潘巨林、刘向阳、黄勇、王全新、王应、曲军，分别是吉利临海基地、湘潭基地、贵阳基地、张家口基地、宝鸡基地和梅山基地的总经理。

理”。

到了21世纪，还想靠血汗工厂赚大钱而不失败的，甚为罕见。L先生认为，“要关心爱护员工，而且是真心地、发自内心地关爱。比如李董事长会去各个基地转，慰问咱们的员工。他能够抽出时间非常不容易，把其他的事情都放到一边，每年坚持做这个事情，这是非常了不起的”。L先生一直认为，在现场工作，人是最重要的，除了一线的人之外，其他的人都是围绕着帮助他们去做事情，这就是对员工予以爱护和关心。

L先生又提出，“我们要革新，必须达到全球顶尖的这样一个质量水平”。

在自主品牌汽车企业中，有一段时间对“四大工艺”不够重视，有一种观念暂时占了上风：唯研发与设计“马首是瞻”。L先生认为，研发设计与工程技术固然极为重要，但汽车“研发、营销与制造”三大模块每一个环节都不能有弱项。从用户的观点、市场的观念来考察，制造、销售、研发三个系统应该是同步、平衡发展的。“三大支柱”都稳固的时候，才能真正支撑住汽车公司的发展。

真正的核心，就是用户的需求与体验。

杭州湾、北仑、春晓等基地有这样一个定期例会、这样的一个制度来支撑相互之间的沟通，基础在于“三现主义”，研发与技术专家、制造基地的人，都要到研发的实验现场去看，营销者也要到4S店去看，然后大家互动、沟通。L先生认为，在这个过程当中才能真正发现问题。重要的是，企业管理干部一定要有信念与信心，同时要“干净”，思想、行动方面都要干净。

他一再强调，“不要把灵魂卖出去”，“要拥抱改善与革新”。

L先生强势推进“吉利生产方式（GPS）”时，就有一股反对“势力”，说这一套与中国文化不符，是行不通的，于是他就与大家讲，汽车不是靠中国文化造的，汽车是靠汽车文化造的。造汽车，事关人类商业文明和基本价值观。

L先生不是没看到难的那一面，而是无所畏惧地通过“战争手段”做到了。他认为“造车要有战斗精神，因为在战争当中一旦失败就死亡”。一开始他就跟这些不良现象“宣战”。

事实上，所有的改革都是这样的。

令人安慰的是，L先生亲眼看到，自己教大家时，一线管理者与员工的眼神和接受的态度：“一丝不漏”，专注、敬畏。那是一种朴实的、感性的，又是专业的、具有高度理解力的目光。他们并不一定有很高的学历、优越的家庭背景，但他们以自己的行动，与L先生、管理团队一起，共同创造、执行和传播了吉利生产方式，还有一系列的管理工具、制造技艺与产品成果。

在访谈中我们发现，这位汽车业的“老男人”为此感动得泪光闪闪，经过这些年的洗礼，真正意义上的产业工人成长了，也成熟了。这，正是吉利最宝贵的财富。

快乐经营体

创业，既辛苦又充满风险，伴有“九死一生”之感，但李书福偏要提炼以“快乐”为核心的文化价值。这是一对矛盾，他试图找出一条调和、超越的路径，并认为只有将经营管理提升到“快乐哲学”的层面，给用户、合作伙伴和全体员工以更多的快乐，汽车业的根基才能扎得更深。

那么何谓“快乐经营体”呢？《吉利企业文化纲要》是这样表述的：

> 指将组织划成一个个小的团体，通过独立核算制加以运作，让全体员工共同参与经营，依靠全体员工的智慧和努力，实现员工个人价值与团队经营目标的双赢。它建立在员工自主经营之上，主动分享经营成果，自己主宰命运。

竞争体现在产品上，包括研发、制造、采购、生产等各个方面，也体现在各种关系上：企业、社会与用户。所谓“快乐经营体”，获得快乐就意味着创造价值，让客户与经销商、供应商、服务商满意，同时自身又能开心快乐。

一开始吉利有很多“围墙”，技术部说“为什么听你的”，销售和采购反唇相讥：“我干吗要听你的？”有了“快乐经营体”，现在不用谁听谁的了，大家的利益再往上扩展，所有人都在一个整体里工作和生活。这个“经营体”做成了，大家都受益，做不成大家都不受益，甚至受罚。

李书福曾这样诠释“快乐经营体”：

> “快乐经营体”的建设，就是划小核算单位，但分工不分家，并不是建立了经营体后，各方只负责自己这一个经营体了，就可以不顾大局了。这种想法是错误的。整个集团还是由经营管理层来共同管理的，每个经营体之间要相互沟通、相互合作，而不是相互围墙、相互拆墙，一旦发现这样的问题必须严厉处置。

“快乐”而又落实到“经营体”，貌似矛盾却可统一。当然对“快乐”的定义各不相同，理解也大不一样。“快乐经营体”既是构想，更有具体的管理办法。“快乐”不可以简单计算，却能够体验与感悟。吉利的“快乐文化”，被划分为很多小方块，成为与项目、事件与任务结合在一起的“经营核算单位”。

按照李书福的说法，划小核算单位，“但分工不分家”，“各个经营体之间相互沟通、相互合作”，“建立在自主经营之上，自己给自己发工资，自己给自己发奖金，自我分享经营成果，自己主宰自己的命运，核心理念是公平”。这里隐含着的核心理念是“公平竞争”，由此带来了个人、团队在公平氛围下因奋斗而造就的快乐。

“快乐经营体”的滥觞，来自1979年之后从集体经济中分离而出的“独立核算”和初步自由竞争，农村从集体劳动转而划分“小小队”，最终归于“大包干”，也就是“联产承包责任制”。这个近乎“自由主义”的做法，虽遭受各种压制，最后却形成燎原之势。那时人们将核算单位“最小化”，符合阶段性的社会发展水平、人的自由天性，以及孙冶方说的“社会主义经济规律”，因而深受百姓拥护，在全国得以迅速推广。

如何评价“快乐经营体”制度？李书福说，“整个经营体的构成人员是相对自由的、相对灵活的”，由这样的“经营体”所构成的企业“去连接市场、连接一线、连接实际，就会更接地气”。

接什么“地气”？一言以蔽之：市场。

李书福是天生的“市场派”，是市场经济的天然拥护者。从世纪之交实施的“老板工程”，到收购沃尔沃前后的“流水线研发”，即矩阵式管理模式下的研发方式，都是这一想法派生出来的组织形式与合作方式。“快乐经营体”，说到底就是在目标清晰的基础上，利用“市场式竞争”来实现高业绩、高回报，让每个人把自身价值发挥出来，在实现企业成长的同时谋求个人福利。

在吉利，包括研发、采购、制造、HR都有快乐经营体。营销经营体又分为区域、产品、备件等经营体。其原则是“以快乐经营体为机制，以市场占有率论英雄，以用户满意度为导向”。超贡献者重奖，有保底目标、确保目标和挑战目标，这些都由大家讨论设定。能挑战到什么程度，就给你什么样的回报。

有的人拿得多，有的人什么也拿不到，甚至有的人被“负激励”。如果一个目标定下来，你说自己“无法完成”，公司内部其他人认为可以完成，这个人就是“挑战者”。他就会“跳出来”说，“我来实现这个目标，我来承担这个责任”。

以前还有责任不分、边界不清之处，现在大伙儿都在一个经营体当中，可以面对面地解决问题，找到方法与工具，认识到任何互相抱怨都没有意义，结果是最重要的。在这个经营体中，设立了“风险抵押金”（后来改名为“质量投资金”），每个人拿出一点钱作为投资，经营好了，预期目标实现了，不仅可以拿回自己的投资，而且可以得到翻倍的奖励。当然，完成得不好就有可能拿不回投资。上不封顶，下不保底，是“快乐经营体”的底牌。

与吉利有异曲同工之妙的是，海尔的市场一线人员在市场调研中发现用户需求以后，可以有权选择来自组织内各链条的人员组建“自主经营体”，共同去创造用户和满足用户需求。张瑞敏将“自主经营体”界定为一个自组织，按照他的想法，每个员工都可以自己就是一个自主经营体，“自主经营体为员工创新提供了一个机会公平和结果公平的平台”。根据张瑞敏的设计，海尔的每个员工都要进入各自的自主经营体，包括人力、财务等职能部门也要融入各个自主经营体之内。原有的企业后台人员都要走向前台，为各个自主经营体提供资源。而经营体内部所有部门和成员都要围绕共同目标展开协作而不推诿，人人面对市场主动工作。

2015年开始，吉利北仑、杭州湾两地公司实行了经营体模式，起先有点“水土不服”，运行中也有些生硬，后来管理层提出了一个颇为人性化的目标：“把‘快乐’作为经营体的核心，让经营者快乐起来，成为企业的奋斗者，让奋斗者的荷包鼓起来。”

在吉利制造基地，经营体定位为“导向奋斗者”的一种分配机制，目的是激励全员形成“自主经营”文化氛围，“让经营者快乐起来，乐于经营”，公司持续兑现经营收益，提升士气，增强每个人的工作主动性，同时经营体管理模式赋予了“经营长”资源、权限，有力地支撑了一线管理。

作为制造型企业，成本主要集中在生产环节，生产型经营体的成本管理，真正承载着公司的成本命脉。好几个基地还建立了“基于经营体的成本管理体系”，将质量控制、安全管理、质量索赔理念纳入经营体。

按照稻盛和夫的说法，“让每一位员工成为主角”。

多年前，人们就在李书福的办公桌上发现，案头摊开的书籍与资料上，赫然有介绍稻盛和夫与研究“阿米巴”的书，书角都有些磨损，书中画满了各种记号和杠杠，那些感叹号和问号更留下了他的思考痕迹。

在吉利，有一个接地气的管理思维：管理层没有三头六臂，文化环境和制度就是“三头六臂”，厂部长、工程师没有三头六臂，元动力、快乐经营体和精益改善、标准化就是“三头六臂”。最终归结到：良好的治理结构和制造、采购、营销体系的建设，基于文化的传播、观念的创新。

当然这个“经营体”要成功，必须要找到一个好的载体。

于是吉利搞了个“产品线”概念，一旦认定你是这个“产品线”的组长，你对这个产品线产品的生和死都要负责任。如果搞不好，经营体就没有收益，哪怕是一个生产基地，倒闭了就要关闭，绝对没有含糊的余地。所以，总经理会把这个压力传递给所有干部，没有一个人能置身于外。

这就给了所有吉利人以“倒逼机制”，同时也给予应有的责任和权利，而不是口头激励。

如果你是整个基地的产品线组长、产品总长，对内需协调研发、采购、制造等相关单位协同工作，对外要协同好经销商、供应商和服务商等，为市场作好各项服务和配合。在其他企业，考核一个制造基地，考核质量与产量、安全等业绩就行了，但吉利考核的是利润，以及创造价值的过程。哪怕更小的一个单位，考核的也是利润。整个制造公司就是一个大经营体，这样一来就驱动了整个公司都去创造价值。

在吉利，技术部、质量部、分厂车间、企业文化主管，都要串在一起研究问题，不是说“我把事干完了”就抛给你。这一点，吉利恐怕是整个汽车行业里做得最彻底的。仅仅把“快乐经营体”理解为一个组织形式，基本上就错了。这个“快乐经营体”已植入到生产、营销、研发各个环节，渗透到人际关系、利益分配过程当中。

那么，吉利供应链管理跟公司内部的销售、研发部门是怎么沟通、对话和合作的？

时任吉利汽车集团副总裁管宇的结论是，“过去大家都是孤岛，各自有各自的本位，但是现在吉利开始打造‘液态化组织’。我们做了一个‘4+N’快乐经营体。其中，‘4’就是研发、采购、销售、制造，后面的‘N’是支持服务团队。‘4’是锁定的，‘N’实际上是代表了很多团队，比如质量技术，还有人力、经营管理、财务等等，叫‘4+N’这么一个组合，把‘4’锁定的时候，4个支柱里就会产生一个经营长。”

“一个产品线会设一个经营长，研发、采购、制造、销售这四个模块共同对这个产品的生命周期竞争力负责，而且又把这四个模块通过产品线会议，在成本、质量、技术、交付等方面达成统一意见。‘4+N’是很灵活的一个液态组织。经营长可以任免干部，如果你工作不给力的话，就可能被免掉。经营长可以一票否决。”

经营长可以对整个研发、销售、采购、制造作统一规划，而且可以协调、决策。管宇说，“就像水一样能融进去，也能像水一样快速地流出来”。原先采购跟研发之间经常有一些争论和矛盾，比如一个车卖得不好，大家都怪对方，总是互相埋怨。现在有了这个“液态组织”就完全不一样了。

无论是营销、制造、采购、研发都要围绕一个中心，这个中心就是用户，这是一个时代的变化。同样，对供应链的业绩，要量化地去评价，包括市场的占有率和盈利能力。市场占有率高，说明你受到客户的拥戴、欢迎。集团经管评价你这个产品是否成功，就直接看你的细分市场上的占有率。

“阿米巴”经营方式，是从一个细胞、一个单位开始，然后让整个公司形成一个整体，在此基础上开展经营管理活动。“快乐经营体”也是类似的经营方式，但它兼顾了经济利益、人性化和责任，更适应中国的水土。

吉利的“快乐经营体”，意味着一个团队能够带着共同的使命感，以自身的能力和整合的资源，提供一些有创意又能广泛应用的产品与服务，这在带给别人幸福快乐的同时，自身和家庭也能获得成就感和实际收益。

供应链，决定性事物

著名供应链管理专家马丁·克里斯说过："市场上只有供应链没有企业……真正的竞争不是企业与企业之间的竞争，而是供应链和供应链之间的竞争。"

汽车产业供应链，不仅包括了零部件企业，还囊括了原材料、装备及基础设施提供商等全产业链上的参与者。如今汽车供应链的定义有了新扩展，既有传统意义上的供应链企业，也有诸如运营商、通讯商、服务商、内容提供商、基础设施建设及管理者，以及各类高科技公司。

业内人士普遍认为，供应链对整车水平有决定性的影响，整车与零部件两大板块必须并行发展。

从吉利汽车早先的零部件"外协""建设供应商队伍"，到收购沃尔沃后的"全球采购体系"形成，供应链结构相对变化，其转变程度令人刮目。不可否认的是，吉利对"甲方乙方"关系的认知，从注重供应商队伍建设到与之建立战略合作关系，有一个相当长的过程。

曾经负责过吉利集团供应链的人士，作了这样一番回顾：

"战略转型"前后，主机厂与供应商更是到了互帮互助的时候。当时选池幼章先生当"协利会"会长，举办了很多的活动、培训、研修、考察，吉利与供应商一起做了很多事情。2008年前后，一大批供应商从那时起，一步步引进了现代的、科学的管理方式和理念，如质量管理、精益生产，还有新的设计理念与生产技术。同时又要想办法减少差距，就搞了一批合资、合作的项目来提升供应商的能力和水平，逐步把这个队伍建设好。

在发展初期，吉利汽车供应商中的80%到90%是与企业一起发展起来的本土供应商。2007年吉利在整车层面的供应商竟然多达499家，仅发动机上就有171家。供应商众多的局面犹如蜘蛛织网一般，虽然给产品制造流程以重要保障，但供应链拓展与合作空间也被大大压缩。

“协利会”，实际上是供应商与吉利的联谊“俱乐部”。李书福希望以此提升供应商的自组织能力，以换得品质保障的确定性，建立零部件价格博弈上的秩序感。富有创见的是，吉利决意和供应商们建立“命运共同体”，形成高质量、高技术、高忠诚度和低成本即“三高一低”的竞争力，这就给未来建立更为主动、优质、科学和低成本的供应链管理体系确定了清晰的方向。

当时吉利的外协还是“卖方市场”，成长的烦恼很多。对吉利这样的主机厂，很多供应商并不待见，吉利甚至是求着供应商供货，遇到了非常多的坎坷。老吉利人回忆：“有时候热脸贴冷屁股，吉利老总有时口袋里带着支票去找供应商供货，还请人家吃饭。也谈不上零部件质量体系。”

吉利的供应链建设，是伴随着企业的扩张而不断进化的。后来，对各个单位的采购需求开始统一，开始明确职能、职责，慢慢建立制度标准，规范业务流程，达成科学决策，通过标准化的模式进行整体建构，以适应市场变化。

真正的转型，应该是吉利收购沃尔沃之后。从那时开始，供应链的构建、供应商的队伍建设开始规范化与专业化，质量体系也开始健全起来。

吉利开始建立自己的SQE[1]队伍，从沃尔沃、起亚公司请来了一些外籍专家，在他们的帮助下，把零部件质量体系完善起来。加上汽车工程改进和技术提升，后来吉利造出来的汽车质量明显改善了，与“造每个人的精品车”完全吻合。从分散到整合再到转型，吉利逐步将供应链变成一个标准化、体系化、国际化的“正规军”。

---

① SQE：Supplier Quality Engineer。是供应商质量工程师的简称，负责跟供应商打交道，对供应商的品质给出结论报告。

管宇，一位从上海通用转入吉利汽车的富有经验的供应链管理者。他对吉利供应链建设的几个阶段作了一个很形象的定义："冷兵器"阶段、"重炮"阶段、"导弹"阶段、"卫星定位打击"阶段四个阶段。

在"冷兵器"时代，吉利整个供应链管理的特征是：被动防御，前后脱节。前期项目采购"搞"一款车出来，后台也不介入，后台只负责降价。这也可以总结为："纵强横弱"。"纵向"很厉害，"一岗多能，一个负责采购的部长可以搞出一整部车的定点"。"横向"很弱，产品和产品之间无法打通，帝豪、金刚、远景的通用化做得并不理想，定价上过多使用一些商务技巧。

这个"冷兵器"时代，是一个单打独斗的境况。

"重炮"阶段，意味着"步兵"和"炮兵"开始合作，吉利供应链开始协同作战了，包括前台、后台归在一起，前期定点、后期定价，大家都开始一起合作。后来就把"定点委员会"成立起来了，所有的环节与角色开始"阳光化"。所谓"导弹阶段"，就是开始以客户为导向，重视通用化、模块化，还要考虑到"全成本"的概念，包括质量成本、时间成本，还有设计成本的管理，从设计这个源头来寻求降低成本。特征是系统、精准，还有响应灵敏。

最后一个阶段是"卫星定位打击"，真正的全球采购。

并购之后，李书福和安聪慧就提出，要"沃尔沃的质量、吉利的成本"。管宇说："当时没有一个供应商会相信，包括当时自己都不敢相信：既要达到沃尔沃的标准，又要做到吉利的成本。后来亲身经历了，觉得这完全可以实现。当时我负责CMA平台的供应链建设，完全采用沃尔沃的标准，给的成本就是吉利的成本。"

沃尔沃的技术质量要求非常高，但是因为它主要是欧洲的产品，故而供应商圈子很小，供应链没有打开。管宇他们来操盘的时候，这个情形就改观了。如今吉利主管供应链的团队，将很多优秀的中国供应商、日本供应商、韩国供应商都纳入竞争，就产生了所谓的"鲶鱼效应"，把原有的格局改变了。

"跟吉利当年进入汽车行业一样，就是'冲进去'。但是我们有一个'尊重原则’，就是尊重沃尔沃的质量标准，我们就提供这么多‘鲶鱼’，日本的、韩国的、中国的，让沃尔沃和我们一起来作质量评估，看这些供应商的选择与定价合不合理”，集团供应链负责人这样说。

最终，他们成立了一个“供应商质量评估委员会”，里面有沃尔沃的，也有吉利的，它是一个50多人的团队。吉利与沃尔沃差不多是一半对一半。

“作为采购来说，当时那个阶段也是非常痛苦的阶段。很多我们觉得很好的供应商被砍掉了，但是因为我们提的次数多，还是有其他‘鲶鱼’冲进去，是通过了沃尔沃的质量评估冲进去的，这个‘评估’促使整个产品线竞争形成了一个良好生态，质量体系逐渐走上了新的轨道”，管宇这样描述当时的状态与心情。

当我们问及，这个过程当中供应商们的感觉怎么样，他们服不服气，管宇认为是“服气的”。

他说，“因为我们所有的准则是公平、公开的，所有的商务是最公正的。那时候我是这个定点委员会的总负责人，我们和沃尔沃一起开会讨论。沃尔沃、吉利和CEVT平台的采购主管，都参加这个定点委员会，一起来进行公平决策，对此大家都没有意见。当时有一些争议，也属正常。所有的定点决策必须通过这个会议，否则就无效。我们让沃尔沃负责审查供应商质量、技术、项目，采购的主管都参与进来，大家一起讨论”。

“战果”很明显。由于建立了新的供应链格局，加上制造部门的努力，沃尔沃的成本得到了大幅度下降。

当然也有争议，比如有时沃尔沃更倾向于原有的供应商，说不通时也会拿出别的筹码，说这些供应商“如果得到定点的话，会给沃尔沃有额外的巨额返利”。当时吉利与沃尔沃之间对此也有不少争论，最终结论是：返利不能过多，否则会影响公正性。

这个采购定点委员会，实际上是联合工作团队，主要采购CMA平台品牌领克的零部件。事实上，参与的人数反而是沃尔沃方面的多，吉利方面不到10

个人。多半谈判放到中国来进行，“国际的供应商大多在欧洲，在那边谈他觉得很舒服，很舒服就缺乏竞争意识，让他来中国感受一下市场与企业，再说我们也要发挥主场的优势”，管宇半开玩笑半认真地补充。他还这样说：

> 大家可能会挑战供应商评估打分。有些供应商，沃尔沃可能打分过严了，这样我们就不能形成竞争。放在桌面上讨论，我们推荐的供应商很多和通用、大众、日系车也合作过，不采用的话总得给出理由，我觉得商务合作里面大家还是尊重事实的。可能大家的争议，最后还集中在技术方面。来来回回的争论还是蛮多的，有时候还会“吵架”，有的还升级到安（聪慧）总和汉肯（Hkan）两个CEO那里，当然，这是极少数特殊的案子。

很多人原来以为，采购全球化就是吉利融入沃尔沃，其实与沃尔沃打这方面的交道，吉利起着更重要的作用。沃尔沃愿意把更多的平台释放出来，因为他们看到了吉利采购的力量。

吉利早期合作的供应商，大多在江浙一带，以台州、宁波居多，与吉利结下了深情厚谊，不排除有些误解、矛盾和不如意的事情，也会“兄弟吵架”，但确实是非常“有缘”。

这些供应商头脑灵活，经营思路确实能够跟得上市场变化，靠真本事比拼，考虑问题的重点是“我怎样把产品做得更好”，还有“怎样在新产品上适应吉利的需求”，能跟着吉利走到现在，有的打了“翻身仗”，有的“从头再来”，真是令人敬佩。

台州的金业公司是为吉利配套生产车灯的，起先确实产品做得不好，都已经快要倒闭了。在李书福的鼓励和支持下，创始人刘宗良一次又一次地“跌倒后再爬起来”，愈战愈勇，如今已拥有大灯设计研究院。这家公司前期专供后灯和小灯制造，逐步进入大灯制造领域。他们克服漏水、雾气等产品缺陷，造出了漂亮的水晶大灯。如今金业公司员工超过了2000人，已经是名列前茅的车灯研发制造企业了。

一位吉利高管认为，“如果我们想要好好发展的话，供应商也需要有一个很好的生存环境，要有很大的投入，进行很多培训”。

如果只是逼着供应商降成本的话，人家会怎么干？“本来应该用好材料的，他可能给你换成稍微差一点的，还可能把一部分不良件混进合格品当中交付给你。只有你跟他共同去努力，去帮他改善，让他也得到发展，成本才能真的降下来，供应给你的零部件才会是最好的品质、最优的价格。当然想要做到这一点，管理的人必须有水平、有技术、有主见，否则根本就没法儿帮人家做这些事情”。

正是从吉利身上，国际上的供应商知道了中国市场的密码，以及汽车消费的阶段与消费者的心态，特别是对吉利的认识，作为一个中国汽车本土企业，从不规范、较规范到相当规范，对知识产权、计划性和流程的尊重，包括对欧美文化一些局限的超越，对市场的认知，以及技术、品质与市场、用户关系的动态变化。他们从吉利这里得到了互动性、改善与成效的再认识，于是打破一些陈规陋习，付诸改进性行动。

现在吉利提出“打造全球一流的供应链”，同时还对供应商建设有一些定义，“要做全球最具竞争力的，最公开透明的供应链团队”。管宇经常跟供应商说，“与吉利做生意，我们的门是打开的，你们的销售费用可以归零”。这意味着，吉利把“合规文化”真正体现在供应链建设上。

很多企业都讲公开透明，实际上不同程度会存在一些倾向性，但在吉利这里是不允许的，“全部都是数字讲话，不允许凭感觉、熟悉程度来作决定”。

在供应商的引入方面，吉利实施供应商快速准入制，凡是世界九大主流企业的核心供应商，只需一周左右的时间就能够完成准入。但这并不意味着吉利在供应商选择方面是轻率的。相反，吉利的供应商引入需要经过集体讨论，层层筛选。

所有的采购项目都采用集体讨论机制，每一个采购项目都要经过采购、质量、技术、供应链四个部门成员的一致通过，同时要通过不同层面的会议，包括产品采购小组会议、项目管理团队会议和国际采购项目会议等，才算真正完成，这就保证了最大限度的公开与透明。供应商之间可以展开公平竞争，避免吉利内部某人或某部门的权力过于集中，或者因个人经验不足、考虑不周而决策失误。[①]

那些全球型的供应商意识到，除了严格按照自己的内部流程去做，还要适应市场、适应客户。吉利对市场的“快速应对”和开发能力，也对供应商提了不少新要求，迫使他们去改进流程，学会怎么去适应吉利的需求。当然，市场本身也对供应商自身的流程提出了很大挑战，必须与市场同步，而吉利与市场的联系是最直接的，供应商可以通过吉利这个主机厂，与市场发生更大的耦合与关联。

吉利与供应商的合作，从前期的简单供货关系，到全面合作、战略合作，一定是打下雄厚的合作基础才能渐入佳境。只要是多年合作的供应商，都应该得到尊重与信任，在开发零部件过程中，都可以联合调试、随时改善。

进入全球化采购阶段，吉利着重打造一个以“利益共同体”为核心的供应链竞合模式，供应商之间既是竞争关系也是合作关系。经过多年的零部件采购，吉利已经形成一整套较为完整的供应商合作体系，划分出基于系统的一级供应商、基于部件的二级供应商、基于零件的三级供应商这样一个清晰层级，这一模式也应用在吉利的国际采购体系中。

吉利有一个供应链建设上的独到之举，那就是让供应商与国外优秀的厂商合资生产，这样既能引进技术又能提升管理水平，也能让吉利的供应链得到长期的质量保证。国内零部件企业具有成本控制优势，而海外优秀零部件供应商具备技术和质量优势，再加上吉利的参与和支持，能够快速实现吉利产品品质

---

① 魏江、刘洋：《李书福：出奇守正》，机械工业出版社2020年版，第102页。

的跨越式提升，同时能帮助国内外两类供应商在短期内实现能力的跃迁。这被称为“1+1+1”模式，实际上就是以整车制造厂商为纽带，协同国内外零部件企业，实现三方优势融合。

2010年12月，吉利控股集团、浙江利民实业有限公司和法国佛吉亚集团签署了一份全球战略合作协议，三方联合成立合资公司，各占相应比例的股份，如供应商占50%，法国品牌占41%，剩下的9%为吉利持有。之所以定为9%，是因为9%及其以下不涉及关联交易。吉利占有股份，更多的意义在于保证三方公司的合作稳定。作为吉利的核心供应商，浙江利民实业有限公司能够在海外结合当地供应商的生产能力，快速实现与吉利产品的对接。本来存在竞争关系的中外零部件企业，通过吉利的穿针引线，成为战略合作伙伴，共同服务好客户。在这一过程中，吉利能形成零部件供应优势，其产品的技术、性能、品质也能实现高层次发展。

在合作过程中有很多新要求，吉利与供应商之间会进入很多技术方案的深度讨论，有的时候供应商会修改技术方案来满足吉利的要求，有时候吉利会尊重供应商的技术意见。既要签保密协议，相互尊重对方的知识产权，又要让开放程度越来越深广，这也许是一对矛盾，需要以诚意、合规和开放的姿态去实现。

多年来，很多人不明白吉利成本这么低是怎么做到的。其实这不是什么秘密，不是因为偷工减料而是因为议价能力，特别是在彼此了解的基础上，与供应商的价格协商能力。还有一个重要原因，是供应商与主机厂携手共进，在技术进步和综合实力上不断有新的合作成果，让供应商有利可图。

进入21世纪的今天，主机厂、供应商，谁都在变。吉利也好，供应商也罢，这种变化包括观念与理念、程序与结果、技术与流程、坚持与妥协、原则与策略，已经不再是早期的“斗智斗勇”，也很少单纯为了一个产品的价格与成本而争论不休。

吉利供应链管理者认为，汽车制造的体系、标准、质量和技术，在供应链建设中始终是占主导优势的，而共同进步、“共享共赢”意识，则应该成为一个主要导向。

汽车营销3.0

“现代营销学之父”菲利普·科特勒把营销分为三个时代。

第一个时代是以产品为中心的时代，人们常用亨利·福特说的话作代表：“无论你需要什么颜色的汽车，福特只有黑色的”①；第二个时代是“以顾客为中心”的时代，此时更强调市场细分、目标市场和定位；第三个时代则更专注于人类的情感需求，通过媒体创新、内容创新、传播沟通方式创新去征服目标受众，特别强调用户的体验和个性化需求。

在吉利汽车集团副总裁、领克销售公司总经理林杰眼里，三个时代的演进，让一件事变得越来越重要，那就是：以产品为基础的客户体验。

在外界眼中，他是个极其低调和务实的管理者，但在品牌营销领域，他却把汽车营销3.0时代的“用户体验”思维拓展到了极致。

有人问，吉利为什么提出“汽车营销3.0”的概念？这是一种“代际感”的体现。吉利汽车的产品进化史，可以分为1.0、2.0和3.0三个时代。“1.0时代”就是吉利汽车以美日、豪情、优利欧进入市场的时代；“2.0时代”是吉利汽车凭借金刚、远景、自由舰，在汽车市场中站住脚的时代；“3.0时代”则是吉利汽车凭借博瑞、博越、帝豪GS和帝豪GL的代际领先优势，在汽车市场中实现跨越和引领的时代。

---

① 此话原文是“Any customer can have a car painted any colour that he wants， so long as it is black.”。当然，后人对亨利·福特这句1909年的语录可以有不同的解读——作者注。

产品的代际更迭，对应着行业趋势、市场变化和用户需求的更迭，相应的营销策略也会随之调整。但林杰做的第一件事并不是改变，而是审视和传承。他始终认为，改变固然需要勇气，而传承的意义则更为根本。

“吉利是谁？”这个从卖摩托车开始的吉利营销老兵，面对上任伊始的焦灼，以及随后的吉利新崛起时代，这是他思考的第一个问题。

从吉利创立第一天开始，李书福那句著名的承诺——“造老百姓买得起的好车”——就立在吉利老生产基地门口。无论是开会，还是接受采访，安聪慧说得最多的一句话就是“以市场为导向，以用户为中心”。这是吉利的魂，不管是手工敲打出来的“豪情”，还是如今在纳米工厂高度自动化生产的“星越”，都闪现着这种精神。

无论怎样改变，这种精神不会变。所以，营销3.0时代，事实上要契合的就是吉利精神与能力的3.0时代，就是以最大限度的细致来满足汽车用户的多维度需求。这个思路清楚了，林杰看到更多的不是变，而是不变。而这正是很多发展迅速的中国企业在变化频频的市场中忽略的东西。

以今天的眼光看，汽车营销从来不是一项孤立的业务，而是联结用户与产品、用户与品牌的纽带，是一个涉及用户、产品、品牌、渠道、服务商等诸多领域的业务群。对于执掌“3.0时代”吉利营销的林杰来说，要考虑的不仅仅是如何收获更好的销量，还有更多维度的业务需要齐头并进、同频发展。

初心笃定不变，举措却有抽丝剥茧与大刀阔斧并用的坚定。

首先要理清的是产品与营销之间的关系。毕竟用户想要购买的产品客观存在，用户对产品的体验也最为直观。“营销”则是让“用户体验”更上一层楼的一系列的策略和举措。

吉利连续三年蝉联中国品牌乘用车销冠期间，很多人认为吉利太会作营销了——好像三年销冠是营销得来的。“与其说吉利会作营销，不如说我们更懂得造车”，这是林杰在不止一个场合说过的话。他认为，营销这件事不能过度，如果说“产品是船、营销是帆”，船与帆必须配合得好，而不是营销过度、产品欠佳——因为帆过大、船过小也会翻掉。

这是一个中国式表述。它的国外版本是，产品是核心，渠道是关键。林杰通过这样的表述，既明确了吉利产品至上的核心价值观，同时也表达了营销的独立价值。于内部，营销是审视整个企业的一个不可或缺的独立视角，于外部，营销是产品与消费者无缝衔接的媒介。

林杰的营销观的基础，就是让每个吉利营销人都坚信，自己的工作就是让为用户专属打造的好产品惠及更多消费者。所以，吉利营销体系的价值取向，一直是让更多消费者以更超值的价格享受到更好的产品与服务，而不仅是关心我们卖了多少辆车。

对于一些经济条件宽裕的人来说，买车只看是否属于豪华品牌。但更多中产及以下阶层的人买车，最看重的是“性价比”。过去的“性价比”等同于“只要满足基本要求，越便宜越好”，现在的“性价比”不仅要求技术先进，产品品质还要高，造型要漂亮，价格还要适当低。

于是吉利又提出了“品价比”和“价值感”的概念，即精品车实际的价值与价格的对比。这个概念，基本契合了中国汽车市场消费理念升级的现状。

基于此，也基于“用户体验”的至关重要，“以用户为中心”和“以产品为核心”，是吉利汽车营销中最核心的理念——要做懂用户所需、给用户所要的高价值产品。

林杰刚刚接手营销工作的时候，吉利汽车正好处在年销量40万辆之后的低谷。那时的吉利，实施着包括全球鹰、帝豪和英伦在内的多品牌战略。

林杰回忆说：“当时我们认为，需要推出更多的产品，需要更多的品牌，但结果是全球鹰GX7和英伦SX7的销量都不理想，没能创造双倍的价值。2014年‘战略转型’后，我们把三个渠道合并成一个渠道，全球鹰GX7和英伦SX7也合并为一款车，这时候就出现了销售渠道减少、可售车型少的困境。”

林杰对吉利这段并不成功的多品牌尝试有着细致的审视，而不是简单否定。从中国汽车品牌的发展来看，需要用一二十年的时间走完老牌国际车企百余年的路。这就注定了中国汽车品牌需要走一条更加艰难的路：低端进入——积累资金和技术——品牌分化升级——走出去参与国际竞争——价值制胜——体系革新。

而多品牌发展，就是吉利的一次市场升级尝试，从发展逻辑上来说并没有错，只不过在时机和能力上没能匹配好而已。这一思路也是后来林杰全心致力于领克品牌的原因。

而在当时，摆在林杰面前的难关却是时间，到2014年底，吉利的3.0产品就会大批投产，吉利即将迎来脱胎换骨、大步发展的好时机，而如何熬过2014年的低谷？

还是聚焦用户，真正去研究用户需求。

林杰与销售公司的同仁调研后发现，当时的帝豪EC7还是具有相当强的市场竞争力，所以内部协调了很多资源来获得用户的反馈和期望，并快速、如实地传达给研发部门，研发部门则对帝豪EC7进行快速升级，把用户比较喜爱的配置丰富到产品上。

结果显而易见：帝豪至今仍是中国品牌轿车销量王者。

有了这样成功的先例，林杰和营销团队意识到：打造精品产品是获得市场和用户青睐的关键，而营销团队如果能提前介入，把用户的需求以最快的方式传达给研发部门，将更有助于研发部门推出精品车。

李书福曾提出把用户、推销员、工程师和设计师放在一起，置身于共同的汽车营销大舞台。他们互相吸取对汽车的理解和灵感，将“宣传推销”“工程系统”和“汽车设计”聚合成一个不可分割的整体，就像水晶球的光芒，彼此穿透，其中还包含了互为支撑、共享成功、彼此监督和改善的意味。

于是，在安聪慧的全力支持下，吉利的营销团队与研发团队联结成了非常紧密的沟通关系，甚至有一段时间研发与营销人员干脆就吃住在一起。也正是这种不可剥离的融合关系，才促成日后吉利“精品车”代际领先优势越发凸显，用户对吉利汽车的态度也大有改观。

例如，首款“3.0代精品车”博瑞一经推出，马上使绝大部分消费者改变了对吉利的印象——毕竟博瑞的样子，就是消费者们期待的样子。在博瑞推出之前，很多买吉利产品的用户，是不会交定金的。但博瑞上市之后，很多用户愿意交5000元定金购车。在成都，试驾博瑞的潜在用户甚至都排起了长队。

很多消费者对吉利的进一步了解，就是基于博瑞的推出，因为博瑞把新一代吉利产品的精品品质、智能配置带给了用户。而博瑞之所以能够一鸣惊人，除了产品过硬、实力强之外，营销团队向研发部门提供的信息支持也必不可少。

与博瑞类似的还有博越。此前很多人认为吉利只会卖轿车，不会卖SUV。全球鹰GX7和英伦SX7的折戟，似乎更印证了这种观点。但博越上市之后的一年时间内，都处于供不应求状态。直到今天，博越系产品仍身处SUV市场销量第一阵营。

“博”字系列车型的火爆，确实与吉利收购沃尔沃密切相关——博瑞、博越的性能调校，都得到沃尔沃相关技术团队的支持。最重要的，仍是营销团队与研发团队间的对话机制。

“在尊重彼此知识产权的情况下，吉利与沃尔沃之间各个领域都有对话小组。营销板块也有对话小组，在产品开发、渠道建设、售后服务等方面彼此分享心得体会，交流很重要。大家同在一个行业，有时一句话就可以点醒人，打开一个新的窗口，能够让大家看到更多、听到更多。博瑞和博越的成功，也带动了吉利整个产品矩阵的‘复活’。比如原来的GX7，1个月销量也就几千台，但是我们以‘3.0代精品车’的产品理念对它进行全面升级后，渠道也发生了翻天覆地的变化，升级后以‘远景SUV’推向市场，月销量达到近2万台。”林杰这样补充说。

当然，产品给用户创造超越期待的价值之后，更多更好的“用户体验”就需要营销来完成。而“用户体验”的内涵不是一成不变的，它随着市场和用户消费观的升级不断丰富、延展。

当前的汽车市场中诞生了一个新词汇，叫“选择性增长”，这意味着企业推出的车型不仅要更懂消费者，而且要讲究产品全谱系发展，才能满足用户选择的多样性。为了实现“选择性增长”，吉利在细分市场上加快布局，不断推出新车型，同时也更注重“提高用户黏性”。而提高用户黏性的最有效办法，就是提升“用户体验”。

用户买车之后，最常见的使用方式还是日常行车。如果想让用户得到更深度的产品体验，邀请用户参与更极端的产品试驾环节，无疑是最直接的手段。

吉利开创了中国品牌首个“用户体验官”制度，就是让用户直接参与到深度试驾等环节中。如博越的100℃温差挑战，包含两重含义：首先，从中国最北的漠河到中国最南的城市三沙，博越在行驶过程中，将经历温度层面100℃温差的考验，是对产品品质的检验；第二，是吉利以及博越“对用户的爱”达到100℃。这不是什么噱头，在这次活动中，共行驶56000公里，途经20多个省市、100余座城市，2万多名用户参与，很多得知消息的用户，甚至到高速路口去迎接车队。

不过并不是所有吉利的产品都举办了“100℃温差挑战”，那么用户对车辆品质不信任怎么办？吉利的答案是：拆给你看。同一年吉利举办“24小时博瑞品质直播间”活动，通过直接把产品拆开的方式让用户能更直观地感受产品品质。

增强“用户体验”，也体现在吉利营销人员的咨询服务中。

比如，领克的营销人员在向用户介绍某款车型时，会说这款车的车门是一体式成型的，不需焊接。这就意味着领克的车门需要大模具、大冲床，边角料浪费多，综合下来一扇门的成本高了很多。包括领克的车门铰链是欧洲标准，而国内有些品牌的车，铰链才22元一副，是铁皮焊的。“我们的铰链成本是别人的近8倍，因为我们是和沃尔沃一样的安全标准”——成本和理念摆在这里，由不得它品质不好，销售人员也更有底气把话说得如此铿锵有力。

同样，营销人员会继续说："我们领克的车顶是激光焊接的，第二排座椅背后有一块厚厚的钢板。虽然这样给我们带来成本的提升，车的重量也增加了，但同时给用户带来了什么呢？万一车辆被追尾，如果没有这块钢板，行李箱可能就会被后车尖锐的东西刺穿。这块钢板带来的就是安全，是源自于沃尔沃的'安全理念'。"这样介绍比起直接说获得什么样的安全奖项、碰撞测试中拿到几个五星+的成绩要直观得多。

讲到领克地板下的隔音棉时，营销人员会给客户指出："领克采用的是全新环保隔音棉，有些品牌用的就是某些服装厂的杂棉。在这些看不见的地方，吉利在用'12分的诚意'去打造产品、打造品牌力。"

用什么样的语言讲述造车的故事，让用户在顷刻间了解并接受，是极为重要的事。

这份热爱不仅仅体现在提升"用户体验"的活动中，更融入吉利营销、研发、制造等各个体系中。从李书福到高管、中层直至一线普通工人，都有着相同温度的热爱。"如果没有这样的热爱，很多人只会很简单地把加入吉利当成一个打工机会，那么我们就做不了那么多事。"一位吉利管理层人士如是说。

既然有着这份热爱，吉利为用户做出的种种也就不难理解。

吉利在中国品牌汽车行业内第一个建立起"呼叫中心"。后来又推出"321工程"。领克诞生之后，成立了CRM部门（客户关系部）。从卖出第一台领克01开始，领克自己的"超级APP"就成为联结用户与品牌的桥梁，不仅打通了包括选车、买车、用车和服务在内的购车全流程，还把用户的用车场景连接到其中。

"以用户为中心"，不是一味地提出"我要卖给别人什么"，而是问一问市场需要什么样的产品，进而快速洞察与前瞻客户需求，适时提供消费者需求的产品，为用户构建生态，实现企业、用户和商家多赢。

营销渠道作为品牌与用户的第一个接触点，对"用户体验"起到决定性作用，同样要达到3.0标准。吉利对销售顾问的要求，就是"亲和、专业、自信、真诚”。

这是一整个体系的变化。当然，变化的过程总是反复的，探索和试错不可避免。“吉利在发展过程中，最大的好处是有容错率，没有容错率就可能没有今天的营销团队。在创新、探索的过程中犯错，是一定会发生的，我们允许营销团队犯一定的创新错误。”林杰以肯定的语气强调。

同时，林杰认为，所有的探索和试错，都应当在一定的约束条件下进行，坚持良好的品行，不能踩着别人上位。这些约束条件，就是业内广为人知的十六字箴言：敬畏市场、感恩用户、尊重对手、做强自己。

对于“敬畏市场”和“感恩用户”，林杰解释说：“我们要用敬畏的心去分析和看待市场。市场有自身的运行规律，用户的需求高于一切。我们要用感恩的心，把用户当成家人的心态去对待。”

又如何理解“尊重对手”和“做强自己”呢？

吉利在快速发展的过程中，听到了一些质疑的声音，就是吉利有没有去中伤别的品牌。所以，吉利内部对此进行了认真的梳理并作出反思：“我们到底做得怎么样，所有的发展过程中有没有尊重对手、遵守商业道德、合规经营？”结论是：“对手做得好的地方，我们要谦虚地学习；对手做得不好的地方，我们不去诋毁，而是要吸取经验教训。唯有如此，我们才能不断超越对手、超越自己。”

在“做强自己”的过程中，吉利“营销3.0”面对的不仅是来自对手的压力，也有互联网时代的倒逼。

就汽车行业来说，以往用户口碑形成比较慢，是因为信息网络不够发达，用户之间难以形成圈层效应。但互联网时代信息传递非常快，一旦企业打造的产品不符合用户对“价值感”的期待，互联网时代“人人都是自媒体”的特性，马上就会将一点小问题放得很大。这就倒逼企业疯狂地改善产品。

从另一个角度看，有压力也会有机遇。互联网时代也给了吉利营销一个好机会。

进入互联网时代，大量自媒体的涌现对吉利来说很重要：媒体逐渐趋向于“人人平等”，有好内容的媒体才更容易吸引用户流量。所以，如果吉利有好的产品，媒体也需要好的内容，更多的时候大家就可以一拍即合，以更新颖的形式、更丰满的内容赢得用户的关注。自媒体帮助吉利开辟出一个崭新的传播阵地。

依靠“和用户一起去创造内容”，吉利站上了互联网时代的营销风口。

经销商：新集结号

如果站在某个特殊的角度，会发现经销商其实也是“用户”。

刘金良曾说过：“很多民营企业搞制造的，就是制作的思维，很少有市场的思维，李书福董事长则很不相同，他认为市场不仅是消费者，还包括经销商。那个时候我们做一些车型，会让经销商来看一看设计和创意。董事长那时就能够认识到，虽然真正买车的是用户，但经销商是更早接触产品的‘用户’。”

吉利并购沃尔沃之后，中国汽车市场也进入“微增长”阶段。如何分到更多的蛋糕？这是一个严峻而现实的课题。在吉利的规划中，营销方式和经销商队伍必须要有所变化，不仅要靠个人的努力，更要靠团队的合作，同时也要专注于客户的感受，更执着于每个细节，以赢得客户对吉利的信赖与满意。

但2014年前后，销量的下降造成了吉利的经销商普遍信心不高，安聪慧下决心一定要打破这个局面。

博瑞的上市是个非常好的契机：新一代产品焕然新生，现有的经销商群体也必须进行试炼和打磨以有效提升吉利品牌的形象和价值，如同“猛药去疴”。

林杰对经销商的提振和改变，可以用抽丝剥茧四个字来形容，而不是高举高打的改革。在2014年，如果让吉利经销商突然对到店的客户说，吉利已经成为中国科技力量最强，堪比任何国际汽车企业的一流品牌，那估计没人会相信。吉利对经销商这样说，经销商也肯定有怀疑。

不搞洗脑式的大唱高调，而是首先在吉利内部形成统一意见，在3.0时代，吉利能为经销商做些什么？吉利怎样才能让经销商持续盈利？吉利怎样让经销商以经销吉利产品为骄傲？事无巨细，只要是为经销商做的，林杰就鼓励团队去做。

他经常说，我的主要工作内容之一，就是做好经销商的服务，对于营销体系来说，经销商就是我们的伙伴，我用对待用户的心来对待经销商，那我们的经销商就会明白怎么对待用户。

“信心”是经销商方面的最大问题，对经销商队伍的管理创新中，无不体现着提振信心的内容。进入“3.0时代”以来，吉利的经销商对自己所从事的事业充满了信心。这个信心既来自产品与品牌，更来自市场、用户以及新的营销格局。

2019年6月，吉利在原来授权基础上进一步授权与调动资源，对营销架构进行新的改革。在把握整体发展趋势的过程中，吉利集团也进行经营调整，对经销商发展保持冷静。

有些细微关怀也许会赢得更多的人心：在经销商营销额较小的情况下，吉利通过主动调整政策和方法将他们的损失降到最低。

“吉利汽车的营销战略思路清晰，今年的销量目标一定可以实现。跟着吉利有饭吃，也一定有肉吃。”在吉利汽车商务大会现场，经销商投资人用通俗而朴实的语言表达了对吉利的认可。

可见，经销商的“用户体验”，也在不断提升中。

当市场发展到“存量竞争”阶段，而吉利全球化的步伐愈加坚定时，吉利“营销3.0”又会对经销商提出哪些新的要求？

林杰说：“我觉得首先要加强吉利与经销商之间的契约精神，我们做什么、他们要做什么，要‘约法三章’，减少沟通过程的成本，也就是更加‘阳光化’。这就意味着，没有那么多的申请、报告，合作更透彻清晰。第二，合理制定营销目标让经销商通过努力可实现，就是给他一个确定的、跳一跳可实现的目标，目标的制订过程也更加合理。市场在变，如果厂商反应速度太慢，可能就没有竞争力了。”

对于经销商而言，树立不同区域的标杆同样很重要。按照林杰的说法，就是：“经销商的标杆就像航行中的灯塔，向着灯塔走，船就不会偏航，航行者也更加有信心。照这样下去是有出路的，因为别人在前面嘛！”

明确了与经销商的伙伴关系和共同目标，吉利的经销商阵营建设，从“千台俱乐部”开始就情形大变。

2014年，入围“千台俱乐部”（单店月销过千辆）的吉利经销商连100个都不到，而现在已有50%到60%的经销商进入“千台俱乐部”。如果有经销商确实遇到了困难，吉利的营销部门也会跟经销商进行充分的沟通，并进行一定程度的帮扶。

因此，经销商普遍认为吉利是有原则性的，也是有人情味的企业，跟经销商之间不是简单的买卖关系，而是把经销商当作能够持续合作的伙伴。经销商也乐于与吉利一起建立和巩固这种合作伙伴关系。

有人问：这样的关系是怎么建立的，人情味和原则性体现在哪儿？

比如，当经销商遇到具体困难，例如遭遇火灾、水灾或是其他挑战时，吉利就会与经销商一起设法共保“市场占有率”。很多经销商都是出于这样的原因“投奔”过来的。有经销商说，“就因为跟吉利做，我活过来了”。

又如领克的渠道，有30%来自于吉利原有的经销商，另外70%则是新生力量，“新老血液”汇聚在一起，发挥出很好的效应。“道理很简单，原有的30%经销商是稳定的力量，因为他们长时间跟吉利共同进步，很有定力。而新引进的经销商，就是增量空间，增进了营销的活力。所以这种组合，对我们来说，非常有意义。”林杰如是说。

另外，吉利一直提倡“合规文化”。所有的经销商，包括新加盟的经销商，都对吉利的这种文化很认同。“合规文化”并不复杂，就是遵循合法、公平的原则，把市场做好。按照林杰的说法就是“也不媚大，也不欺小，这是吉利整个渠道建设的基本原则，营销体系建设一定要公平、公正、公开”。

于是，整个吉利渠道体系的面貌，都在发生新的变化。吉利的渠道发展战略也明确为“合理布局，优胜劣汰，总量平衡，注重生态”。

首先就是单店销量的明显提升，其次就是“渠道”网络更加合理。合理的渠道布局，不但更便于用户买车和享受服务，也会起到节省资源的作用。在营销实践中，吉利采取“稳中加新品”的策略，实施渠道的分组，为吉利实现年销量超百万，甚至两百万辆汽车，做好了准备。

此外，吉利还积极深化渠道运营评估，关注经销商盈利情况、资金状况、库存结构，发挥优势，补齐短板，培养高潜能经销商，识别风险经销商，构建健康、有序、善战的渠道生态体系。

这就叫作：线上线下，一起发力，和谐共振，互为时空。

第十三章　狂飙突进

从“一座山”到“一层纸”

收购沃尔沃之后，吉利在研发体系、流程与能力上，到底发生了什么实质性的变化？吉利与沃尔沃之间在技术、设计与汽车工程方面又是怎样合作的？

所有这些，是媒体、用户和公众普遍关心的。

事实上，吉利与沃尔沃两大研发体系之间的关系，用冯擎峰的说法，“技术是一层窗户纸，捅破了大家都明白。如果不捅破，就是一道山，永远过不去”。吉利与沃尔沃，并购之前和并购过程中，在研发的总体水平上，确实存在不小差距，不过吉利也有其长处，包括技术与制造。对话与合作正是改变的开始，否则一切无从谈起。

这层“纸”，如今可以捅破了。

沃尔沃毕竟是一个研发体系健全、研发流程顺畅的公司，虽然在福特管理期间，沃尔沃的研发生产力没有很好地得到释放。吉利收购之初，沃尔沃并不太愿意和吉利研发团队打交道，一个重要“阻点”是语言问题，还有一些心态因素，也就是沃尔沃工程师对吉利的心理评估与实际情形并不吻合。

包括技术语言、工程语言在内的“工作语言”，吉利与沃尔沃不是很“对得上”。“就好比你是个诗人，而我是一个理工男，对诗歌语言不关心更不理解，你给我讲诗就很困难。从合作的角度来讲，起先沃尔沃工程师和设计师要么存在一定的心理抗拒，要么觉得交流起来费劲。”时任吉利汽车集团研发副总裁的冯擎峰对本书作者这样比喻。

面对困局，“破冰”势在必行。

2012年，契机终于出现，吉利控股集团总裁安聪慧和沃尔沃汽车在上海签订了一个技术合作的协议。

正因为有了平台，双方的技术共享之路才得以逐渐走向宽广。那几年事实上并不仅仅只有吉利从沃尔沃拿技术，沃尔沃也拿吉利的技术，这可能出乎一些人的意料。比如在电动车领域，汽车业同行都认为吉利的“电池包”很厉害。

“在吉利看来，如果只是单向地从沃尔沃导入技术，就像生活中有人天天上门去蹭饭一样，对方难免会有些不高兴。如果能互相往来，也时常做一些好吃的，请对方来尝尝，双方的关系才有进一步拉近的空间”，冯擎峰善于用日常生活来形容汽车业的精专问题，让人一听就能明白。

“CEVT的起步是标志性的事件”，吉利管理层人士认为，“之前几乎所有的交流都是空对空的，没有太多实质性内容。因为你对他提不出需求，他也不知道你的需求是什么，他的需求又不是你所能做的，而CMA就真正成为一个契机”。当时，沃尔沃没有所谓的C级车（欧洲称之为C级车的，中国叫A级车），但从需求上来说，应该有这么一类有亲和力的产品。而这时吉利又需要开发一个高品质的，具有“欧洲血统”的产品，能够在A级车领域占领一个高地，彼此之间形成“你有我也有”的格局。所以，先解决双方的需求问题，合作就变得容易了。

此时，CMA平台开发开始提上日程，将时任吉利汽车研究总院副院长的胡峥楠派至瑞典，通过两年时间熟悉体系、掌握流程，颇费周章，终于把双方的工程语言进行了统一。

接着，就是建立标准。吉利的做法非常务实，就是“边下水边学游泳”。

利用开发CMA这个机会，把技术开发体系也建立起来，并逐步往吉利移植，将单一产品上确立的标准运用于其他所有产品的研发和制造全过程。很快地，吉利建立了一个既接地气，又能站上世界汽车业高地的技术、研发与汽车工程新体系。

既然沃尔沃汽车安全性最好，吉利就先从安全开始建立标准与体系。沃尔沃在中国没有安全实验室，就让他们放到吉利来做。经过几年努力，吉利有了“星越”，而沃尔沃也有了XC40以及XC40电动车，大家都“开花结果”了。

正是得益于和沃尔沃之间的紧密协作，加上自身努力，经过数年打造之后，吉利的研发体系才日臻完善。那么，在研发和生产之间，如果还存在一定的“壁垒”怎么办？吉利的做法是建立一个“通用化中心”，在进行产品开发之前，提前定义好那些“通用”的东西，从而避免重复开发、低效开发，在节约成本的同时极大地提升了规模效益。

通用化中心还能实现“架构化”，从而实现不同产品生产过程接口的一致性。何谓“接口的一致性”？如果同一个产品可以在A、B、C三个工厂生产，效益自然比在单一工厂生产更高，不过为了实现这样的“适配”，要求这款车的部件和部件、系统和系统的接口都要一致。通过定义这些通用化的东西，研发人员就可以聚焦于用户的需求，真正集中精力进行其他方面的创新。

2019年下半年，安聪慧提出，研发系统要全生命周期做好项目管理，聚焦核心产品，提升研发效率。他认为，产品不在于多，而在于强。这里的“强”，指的是竞争力强大。同时，研发团队一定要以客户价值定义产品竞争力，精准识别市场“刚需”，摈弃一味地配置堆砌。

经过了“跨越一重山”“捅破一层纸”之后，吉利建立技术、设计和研发的更高体系和新流程就不再存在太多障碍了。

我们看到，从本土到海外，吉利已经布局了一个全球研发体系。这个体系，既是吉利、沃尔沃在研发领域协同布局所造就，将触角真正伸入了国际化研发体系循环之中，又标志着吉利通过自身研发能力的快速全面提升，站上了全球汽车研发价值链的前端。

这是虚拟版的“青藏高原”：空气清新，视界旷阔，奇景屡现，站立其上，“一览众山小”。

工程师的“用户思维”

从“博瑞”车型来看，吉利引入的中国元素毫无违和感。作为吉利3.0时代产品的代表作，这个车型大气的流线造型设计受到广泛好评，并被认为是“最美中国车”。

有人问：这到底是什么原因？

“团队中有一批资深的外国设计师，他们来到中国后寻找到各种具有视觉冲击力的元素，并将其运用到设计中。发现生活的美，这很关键。”冯擎峰表示，在造型设计阶段，中国设计师与外国设计师也存在意见分歧，“但只有在矛盾和冲突中，才能产生更多的方案。得益于合理的开发机制，当双方的分歧无法达成一致时，便由评审机构介入，项目组、公司高层领导都会参与其中，通过层层筛选，得出最佳方案”。

冯擎峰还补充说，造型设计并非只是简单的“好看”，有些设计乍一看非常亮眼，却禁不住时间的考验，而某些看似平淡的设计却经久耐看。

除了在外形设计上深得人心，在产品配置、功能等方面的“全副武装”，也让吉利赢得了市场的“点赞”。在大部分自主车企将重心向SUV倾斜时，吉利保持着轿车与SUV“两翼齐飞”。

在冯擎峰看来，抓住客户的“痛点”，并逐一解决，是吉利赢得消费者青睐的关键。他以“自适应巡航系统”举例说明：“此前汽车配置的定速巡航系统其实并不智能，前车刹车时，定速巡航不会作出任何反应，若驾驶员分神很可能酿成悲剧，所以很多老司机渐渐弃用这项功能。因此我们引入了自适应巡航系统，不仅是为了解决用户体验方面的问题，更是保障了安全性。”当配装自适应巡航系统的“博瑞”上市后，很多企业纷纷跟进。“这就是‘痛点’。我们要做的，是始终保持这种领先地位。随着iNTEC智驾科技的开发完成，接下来全新的技术将逐步推广使用。”冯擎峰这样说。

曾任吉利汽车研究总院院长的冯擎峰对员工的培训要求，同样是从客户出发，“作为汽车工程师，并不是把所有好看的、自认为好用的设计用电脑软件制作出来这么简单。我们会送工程师去各地的4S店体验销售和售后工作，在这个过程中，他们就能够明白消费者需要什么，抱怨的是什么”。

如今，吉利已经形成了一套规范合理的数据库，此前设计的不妥之处及错误都被记录其中，以有效避免类似问题的发生。此外，在设计结束后，工程师还需要对产品进行验证。“工程师也要感受用户体验，逐步引导其以客户要求进行设计。”冯擎峰这样介绍道。

李书福本人曾发出这样的感叹：“我觉得这是核心，一切的一切，都是用户的消费体验：用户用了什么感觉？企业做得怎么样？这是唯一的标准。其他东西讲得再好都没有用。用户的感受第一重要。所以，所有的吉利员工，上上下下，从工程师到其他各岗位的工作人员，都要围绕用户去思考，一切的目标、一切的出发点，都要聚焦到用户，让用户满意，让用户高兴，让用户体验好。”

作为汽车产业的后来者，吉利自主品牌在基础研发方面与外资品牌相比，是否难以望其项背？冯擎峰并不这么认为。

“在车身轻量化上，高科技、新材料的使用是一种最直接有效的方式，但通过现有手段，在不增加成本的情况下，依然有很多办法可以达到同样效果。”冯擎峰说，“一块钢板在没有加工前不具备很强的抗冲击能力，但如果将其进行结构设计，就具备了良好的抗冲击能力。如果想在保持同一抗冲击能力的情况下减重，可能要在切下多余部分的同时，在结构方面进行再调整。”冯擎峰表示，最好的结果就是在不增加成本的情况下，既达到减重的目的，又保证安全性，“这对工程师是真正的挑战，因为涉及科技、材料、力学、结构特性等很多方面”。

在虚拟分析能力上，冯擎峰认为吉利具有较强优势：“有些东西不是通过试验解决的，而是用虚拟分析的方式，迅速判断工程师设计出来的结构是否具有可行性。”从机械结构上看，吉利目前虚拟分析的准确率可以达到98%，这不但大幅缩短了开发周期，还能给工程师快速提供有效的决策。

杭州湾研发中心的成立，进一步提升了吉利研发能力。

吉利很多研发设备在国内车企中是领先的，整车试制中心引进沃尔沃技术标准，采用柔性化新开发车型试制模式，可实现10款车型柔性化混线精益制造，并能够完成单班年产2400辆的小批量生产及涂装总装工作。杭州湾研发中心的架构是完整而先进的，集设计研发、试验试制、质量控制、供应商协同开发于一体，能够进行汽车关键零部件试验和总成试验、新能源电机的性能试验、底盘耐久试验、整车分析评价、结构研究及测量。

但是，有先进的汽车工程与研发架构，和顶尖的设备、手段与工具，不等于就有了超越潮流的研发思维，或者是引领汽车社会现实的工程语言。

“由工程师思维回归到用户思维”，这是一个重要的研发思路和设计理念。要促进产销研协同，并非像传统认知中那样垂直管理着一拨技术人员即可，而是要把用户语言翻译成工程师语言，从起始点去定义产品。

开发新车型，要把每款车都打造成爆款，就要靠体系了，就是NPDS①研发流程与模型发挥效能的时候了。

NPDS不仅涵盖了产品研发的完整流程，更包含了采购、制造、市场、售后等全链条，对于内部信息的时效性和沟通效率都提出了很高要求。吉利的解

① NPDS：New Power Dynamical System，指“新电源动力系统”。吉利大约在2013年内调整了研发模型，并从传统的矩阵研发体系转变为参考沃尔沃VPDS研发流程设计的大型项目团队NPDS研发模型。在这一研发模式的推动下，吉利先后建立了RMA项目团队、BMA项目团队、NL项目团队、CV项目团队和其他大型项目研发团队。

决方案是，通过组织力来统一内部语言，比如每周、每月都要召开“研销协同会”，以行政力量扭转各个部门各自为政的现状，从而实现高效沟通。同时形成新的“工程师文化”，让蓝图上的每一个圆、每一个倒角都为用户所想。

唯有达到此境，才能真正意义上“击穿”产销研一体化链条。

冯擎峰说：“以前我要求工程师经常到市场上去，但是现在发现这还远远不够。他们只是体验了4S店如何卖车、如何解答用户提出的问题而已，并没有真正了解到用户想要什么。”很长一段时间内，用户的诉求只能通过经销商这层纽带传递，并“翻译”到工程师耳中，信息难免会受到干扰和扭曲。接下来，吉利工程师的脑中必须自带一个“翻译器”，直接理解用户的所思所想。”①

冯擎峰说，从市场调研开始确定一款汽车产品，“我们的造型师就已经参与进去了，当他开始作造型的时候，我们的工程师也已经参与进去了”，“造型和工程之间是并行的，没有和其他环节割裂开来，能够确保汽车造型和工程的共性开发”。

彼得·霍布里

2014年底开始，吉利汽车的设计开始了根本性变化。

“吉利的造型设计革命开始了。从‘博瑞’发布开始，此后将要发布的一系列全新车型，会彻底改变大家对未来吉利的看法。这些车会看上去很棒，摸上去很棒，开起来也很棒。这些车的出现，会在世界汽车舞台上将吉利推向新

① 牛莉、江德洲：《独家对话吉利冯擎峰：回归用户思维，“击穿”产销研一体化链条》，网新社，2020年4月8日，https://www.sohu.com/a/386247246_120547734，2020年11月11日。

高度。”2014年12月15日晚上，在北京“水立方”（国家游泳中心）举行的吉利博瑞首发仪式上，彼得·霍布里说了这番话。

他，就是这次变革的关键性人物——吉利汽车集团高级设计副总裁彼得·霍布里（Peter Horbury）。这些年来，吉利热销汽车的造型，不少出自霍布里和他的设计团队。

1950年，彼得·霍布里出生于英国。5岁时，父亲为他打开了绘画这扇窗。10岁左右，霍布里就会挑一款那个时候的汽车，据此设计改成新款车型。“根据这个车的一些特点来进行修改，”他说，“我很喜欢做这个。”直到现在，霍布里仍然喜欢边画图边与人交谈的沟通方式。因为对汽车设计有浓厚的兴趣，霍布里就选择了纽卡斯尔学院艺术与工业设计系。1974年，他又获得皇家艺术学院汽车设计硕士学位。此后，他进入克莱斯勒的英国设计部门开始职业汽车设计师生涯，其中在豪华汽车领域的工作经验超过20年。

作为当今全球汽车设计界的顶级人物之一，彼得·霍布里资历显赫。

1991年他加入沃尔沃汽车后，连续11年担任设计总监职务，其间霍布里让沃尔沃从方正的“盒子车型”，变得更加圆润并且具有运动感，他当时确立的尾部马蹄形尾灯设计元素保留至今。随后霍布里前往福特汽车集团，负责包括阿斯顿·马丁、捷豹、路虎和沃尔沃品牌在内的高端车设计业务，并于2004年前往底特律担任福特汽车集团设计总监，2009年再次回到沃尔沃担任设计副总裁。

在2011年上海车展上，彼得·霍布里还带来了一款名为“天地”（Concept Universe）的概念车，一度被解读为沃尔沃向D级豪华车市场进军的标志。随后，霍布里突然从沃尔沃离职，转投吉利担任设计高级副总裁。

一直以来，沃尔沃车型是以机械工程为核心的，可是加入沃尔沃之后的霍布里告诉总工程师，“我们不是想把你的想法变得更难看，从而实现设计的想法，不是设计想要改变工程，是工程需要实现设计的想法”。

就汽车行业而言，设计与工程总是充满了互动关系，需要保持必要的张力。不仅如此，汽车设计与生产流程、工厂制度之间，已经不是谁迎合谁，而是围绕市场与用户体验来不断调节与改善自身，成为一个有机体。霍布里有一个基本理念：“我们需要为消费者生产他们想要的产品，而不是生产那些我们能够生产的汽车。”事实上，所谓“汽车美学”，既是汽车观念、设计水平和研发–制造能力的反映，也是大众流行审美趣味流变的折射，又是制度、文化和技术的聚焦。

第一次见到李书福的时候，霍布里觉得他很有眼光，既大气又谦虚。见面过程挺有意思，当时李书福和另外两个中国人在房间里，彼得·霍布里介绍自己说：“我是Peter Horbury。”李书福马上对他说：“我们都知道你是谁，你很有名。”接下来，李书福向霍布里介绍和他一起过来的人。

当霍布里刚造访中国时，李书福就带他参观了故宫，两人发现双方有很多相似的兴趣爱好，包括建筑、艺术与历史。每次见面，话题总离不开诗歌与艺术，这让霍布里非常诧异，没想到在中国还能遇到兴趣相投的知己，不禁大喜过望。

“他人很好，说话很有意境，很哲学，而非当年的福特高层那样，一开会就拿着冷冰冰的报表。”霍布里如此形容李书福。而后李书福还赠送给他一些DVD，内容是一些中国的民族音乐，还有一些宇宙、太空、月亮的图片，以及李书福在飞机上写的一首关于月亮的诗歌。

后来霍布里回忆说，李书福曾拿了几本书到造型中心，一本跟中国地理有关，一本与中国建筑有关，还有一本是同宇宙相关，里面有很多小便签贴在那儿，给他和设计团队带来更多的设计灵感。

从此以后，霍布里对月亮有了不同感受。

有一天晚上，霍布里正在离海边不远的家中，无意之中被眼前的一个情境所吸引了：当月亮从远处的机械的架构[①]上方落下去，快到对面码头的时候，

---

① 机械的架构：霍布里对生活场景与物件的描述，也使用了工程语言。

一个圆圆的月影，刹那间出现在那个海面上。他说，“当时，我心里突然获得一种超然之感，宁静而旷然的感觉油然而生”。

与李书福接近的人都知道，他对梁祝的故事和音乐抱有一份深深的热爱。《梁祝》音乐响起来时，他都会沉默很长一段时间。听到阿炳的《二泉映月》，他有时会暂时放下手头的事，沉浸其中片刻。哀怨、执着和忠诚之类的情感，对“世外桃源”的想象力，梦蝶、追寻与善终，包括在其所创作的歌词和诗篇中，与其说是李书福的一种审美自觉，还不如说是其精神源头，一种力量之源。

汽车设计，介于“美的艺术”与“机械的艺术”之间，是一种“居中的艺术”。从最初的福特T型车，到流线型，再到当下许多概念车，都可以看到这种“居中的艺术”与时代的关联。

在霍布里看来，李书福更像一个标准的“文艺青年”，不只是汽车集团的董事长。他坦承，李书福是个极有感染力的人，对自己的审美观和设计理念的拓展很有帮助。

汽车是由钢铁、橡胶与电子件组成的，貌似冷冰冰的面孔，足够的现代性给人以过于强硬的印象，必须在外观和内部设计（包括仪表台、座椅和内饰件）上，注入一种人文精神和美感，将一些来自于大自然的灵感巧妙转化为设计理念，并挖掘出皮革、木材与其他材料柔软的一面，这正是霍布里的美学追求。

对“老板”有了深刻了解后，回到工作中的霍布里似乎更加有信心和胆量来操刀吉利的汽车造型了。

初步看完吉利各个车型的具体资料后，霍布里立马发现了一个严重的问题：虽然吉利的设计种类繁多，产品特性丰富，个性多元化，但产品之间找不到一个共性，某种一以贯之的脉络，也就无法形成一个良好的品牌认知。彼得·霍布里甚至毫不避讳地指出了吉利一个被人诟病的问题，比如2009年吉利在上海车展上的概念车GE，与劳斯莱斯的“幻影”如此相像。

“直观上是品牌辨识度，但在辨识度背后，体现的是对品牌的信任感和认同感。”彼得·霍布里如是说。

于是在吉利的车型设计上，彼得·霍布里选择从零开始，摒弃了原来繁杂无规律的设计路径。他觉得：“中国汽车应该呈现出具有民族性格的特征，作为服务中国品牌的外国设计师，我更容易注意到那些被忽视的传统中国美，我希望吉利造型中心的成员能把中国元素找出来，应用到吉利的设计中去。”

他所说的这些，后来都一一成为现实。

年轻的记者和专栏作者们，热衷于考证彼得·霍布里的自身气质，说他是典型的“双子座”，这个星座被戏谑地称为：“既分裂又融合”的“别扭”星座。这些考证还挺像那么回事儿的，因为我们从彼得·霍布里的作品中不难看出他的“双子特质”，他却凭借杰出的设计天赋，将这种特质很好地运用于作品之中，形成了自己鲜明的风格。

作为一个英国人，生活在瑞典，彼得·霍布里能带领设计师把北欧的元素提炼出来，应用到沃尔沃设计当中。在福特工作的时候，他也能够准确地把美国的个性寻找出来，融入福特车型当中，为福特和林肯品牌设计赋予更鲜明的美国特质；而在吉利设计中心，彼得·霍布里带领他的团队把中国元素寻找出来，并将西方现代美学与“中国风”完美相融，从而实现吉利品牌的设计进化。

可以说，这个人是当今世界上最时髦又富有创造力的设计师之一。他的大脑、心灵和手指，穿越的是混搭、融合和对峙，且能在更高的层面上，得以几近完美的统一。

他认为中国人对汽车前脸特别看重，与西方人的审美重心大相异趣。可能与东方心态、儒家文化都有关系，在这里，“仪式感”“体面”“威仪”等，都能成为一种“象征”，至于这几者之间到底是什么关系，他觉得需要很好地研究一番。

彼得·霍布里坦言：“作为设计师，我不希望只是一些肤浅的中国元素呈现在我们的设计中。而对于中国在文化方面的底蕴和深厚的传统我一直非常敬畏，但这并不意味着我因此就可以怯于去学习、模仿和汲取。作为外籍设计师，有时这反而会成为我们的优势，因为我们更能从因熟悉而被忽略的事物中去发现特殊和不同，这对吉利汽车的设计非常有必要。”

他还说：“用外国人的眼光结合中国的特色去作设计，从设计师的角度来说，这是非常棒的一件事。”

这种“分裂而统一”的特性，还体现在彼得·霍布里在吉利的“一师二用”：分别领导吉利品牌和“领克”品牌的设计工作。年轻的汽车评论员说，也许只有双子座的鬼马性格，才能担当起“一人分饰两角”的设计重任。

“霍布里的深厚行业经验，将成为吉利产品获得成功的关键。”李书福曾经给予他高度评价。

一个卓越的设计师，足以将一个品牌推向新高度。

两只“非洲猎豹”

从博瑞赢得的掌声看，已履新吉利汽车设计高级副总裁的霍布里，没有令人失望。

从一头迅速奔跑的非洲猎豹上提取线条转化为博瑞运动感十足的车身，再融入具有中国印记的设计元素，最终形成吉利战略转型以来第一款全新车型的造型风格。博瑞、博越两款车型都采用了0.618的黄金分割比例，这一灵感正是来源于猎豹，它无论是在奔跑、行进还是坐立时，其肩和身体的黄金分割点不会发生变化，由此就形成了博瑞和博越优美的腰线比例以及独特的快背式轮廓之美。

大自然尤其是动物世界，给予霍布里很多设计灵感，有些设计达到出神入化的地步。汽车设计师的禀赋，就是要在工业文明之上，绽放出血性、自然和力量之花。

自欧洲文艺复兴艺术三杰诞生以来就是这样，在达·芬奇身上表现得尤为突出：他对身体骨骼构造、机械装置与建筑结构的着迷，与色彩线条之渴望是完全并行不悖，也是互为致意的。

汽车界的那些设计大师，多少都具备这些气质。

“对于自然的形状人类有一种天然的亲近感，比如车身的比例关系也是如此”，他甚至会对着汽车爱好者不厌其烦地诠释自己的运思过程：“如果你看一头猎豹或一匹马，在车型、线条比例等等方面给你一种非常自然、非常美的感觉，一定能打动人心，所以我们作了这方面的研究，我们看不同的产品之间的相似处，就可以找到这样一种共性。”

有汽车专家认为，基于KC平台打造的中高级轿车博瑞，就是由迅猛的猎豹身上提取的线条，转化到金属面板上之后就形成了独特的快背式（Fastback）轮廓。

“从肩线始于头灯，于前轮眉上方微微拱起，并迅速向后过度与腰线一气呵成，融为一体，顶部线条张力十足，一直向后延伸至车尾，这两个线条相辅相成，相得益彰。就是这两个元素，以及车门底部向上升起的线条，给予了整车十足的运动感，一种优雅且稳健的姿态，让整车设计风格接近轿跑的感觉。”霍布里这样阐述自己设计的作品。

“或者，你可以把它想象成一个奥运游泳冠军，听到发令枪声后一刹那间纵身入水。强有力的肩膀，低头朝下，在起跳台上四肢极力伸展，竭尽全力以最快速度让整个身体切入水面。”霍布里又这样补充说。

这二者之间存在共性，都是淋漓尽致地展现出了动态之美。

“动态”，正好是汽车的本质。无论是急速行进中还是停在街头路尾，汽车所展示的流线型、动力学和动态美，使得它不仅仅是实用的运载工具，而是文明世界最重要的象征之一。捕捉这种“美”，并力求完美地呈现在汽车造型设计中，正是霍布里所希望达到的设计效果。

当然，“猎豹”只是一个车型的展现，吉利未来的全系车型都将有一套系统而又有各自鲜明的特征，而不仅仅具有俄罗斯套娃的效应，“当初我经常说吉利汽车没有一个很好的让人认同的设计，所以我提出能不能用一个所谓的猫科动物作为集合名词替代所有提到的这些汽车的特征。作为猫科动物来说，可以包括狮子、老虎、猎豹等所有的猫科动物，每一个动物都有各自的特征，但是都属于同一个科。”

他认为，以往吉利车型很多元化，也使用了动物的形象，但是并没有一致性。

汽车和其他的产品不一样，它不像洗衣机一样是一种静态的物品，必须不断地以运动的姿态出现在大家的面前。“所以我们必须给出这样一种动态过程最佳的词汇来加以形容，因此这种联想只不过是对自然比较好的回归和反馈。”

不像外部造型那么张力十足、孔武有力，博瑞的内饰给人更多的是一种舒适、豪华的静谧感觉。

说起来，博瑞的前脸中网的设计灵感，还来自于自然界很常见的元素——水泛涟漪。仔细观察，可发现钻石型的车标宛如一片落叶漂浮湖面，而缓慢延展开来的中网格栅造型，则如同水滴在湖面泛起的波纹；格栅网格采用了传统的中国回纹图案——而这一经典纹饰不仅在外形设计中展现，在包括车内扬声器表面、空调出风口旋钮以及方向盘区域的内饰细节上都有所体现，这些无不凸显出彼得·霍布里的“匠心独运”。

“前保险杠底部沿着大灯下面延伸，上面则与大灯连在一起，共同形成了飞翔的鸟翼的效果。”霍布里表示，这是他特意将中国元素融入设计中的一个举措，目的是在创造国际化设计语言的同时，提醒外界吉利来自于哪里。

通过这样自成体系的设计，可以创造出一个独特的品牌身份，能让人“一眼认出这就是吉利车”。

虽然吉利博瑞的概念车是2013年4月在上海车展首发，但吉利内部是在

2011年10月决定启动开发这款车型。因此，你可以推测到，当时霍布里转投吉利的第一件事情，就是开始着手为吉利打造下一代中高级车型，而他的灵感和出发点，正是之前沃尔沃那款名为“天地”的概念车。

不能忘记的是，在博瑞、博越身上倾注了许多人的心血。其中有一个人也应该留下他的名字：马征鲲。他于2000年担任上海通用设计总监，主持了别克君威的设计工作；2010年进入长安汽车，负责长安汽车全球造型设计工作。马征鲲于2012年7月初加盟吉利控股集团。

《京华时报》记者王亚菲曾这样报道过他：

> 擦去名片上总裁助理、副院长之类的种种字样，马征鲲只保留了他最爱的一个——造型设计中心设计总监。“设计总监的工作性质像电影导演，导演不是亲自去演电影的人，但它会调动编剧、摄像、演员、灯光师等等。”调动起所有人的最佳状态，成就一部优秀的电影，导演的工作果然与马征鲲的工作相似，“我经常会鼓励我的团队成员，告诉他你是最棒的，这个设计除了你没人能完成好”。吉利汽车在“帝豪”品牌成功之后，开始明白造型设计的重要性，而彼得·霍布里和马征鲲的加盟，确实为吉利汽车注入了新的品牌DNA。在上海车展上，吉利概念车KC惊艳全场，它一洗自主品牌在造型上的土味，展现了高端、大气、国际范儿。

按照媒体的说法，“2011年‘大神’彼得·霍布里来到吉利；第二年，著名设计师马征鲲加盟，担任设计总监。如此‘中西合璧’的核心团队固然重要，而更关键的是吉利建立了完备的‘全球化’设计体系”。

博瑞、博越这两款车，都被冠以“最美中国车”的称号。2017年博越的全年销量达到了28.7万辆。

这是一个什么概念呢？同年东风“悦达起亚”全年销量为35.95万辆，也就是说，吉利凭借博越这单一车型就占了起亚在华年销量的80%，其火爆程度可想而知。

所以称之为“具有划时代意义”并不为过。

这些设计之所以如此出彩，有一个重要原因，是吉利高层给予设计师最大的发挥空间。彼得·霍布里回忆说：“加入吉利的这些年来，我和吉利的领导几乎没有发生过重大冲突，因为在工作过程中，我们始终确保公司领导人知道工作的进度和方向，同时也保证了充分的沟通和交流。”

事实上，从市场调研开始确定这款产品时，造型就参与进去了。当彼得·霍布里开始作造型的时候，吉利工程技术人员就已经一起工作了，造型与工程之间是并行的，没有和其他环节割裂开来，这能够确保造型和工程的共性开发。

与克里斯·班戈对宝马的改变、彼得·希瑞尔对起亚的改变一样，彼得·霍布里对吉利的改变有目共睹，他用自己40余年的行业经验，让一个品牌发生蜕变。

按理而言，当一款标志着车企转折点的新车发布时，车企往往会给自己的全新设计风格命名，比如现代的风暴边缘、马自达的魂动、丰田的Keen Look等，可是霍布里却认为吉利这样的时机仍未到来。

霍布里解释说：“可能等我们这种设计变得比较成熟，而且随着时代的发展，我们有一系列能够凸显出这个设计词汇的时候，才能给出一个准确的定名，有可能会称作‘上海风格’，这谁都说不准。”

领克（Lynk & Co）创世纪

领克（Lynk & Co）乍一出现，充满了一种强烈的“场景感”。简单地说，有点儿“酷”，有点儿“后现代”。

2016年10月19日和20日，在德国柏林和瑞典哥德堡，吉利携手沃尔沃向世界展示了全新高端品牌领克（Lynk & Co）及名为“Lynk & Co 01”的概念车。第一天是产品发布会，次日是品牌发布会。

柏林，是德系汽车大本营，我们可以看到发布会的现场嘉宾——全球知名花艺师Aschwin Beukert，天才DJ Kayper，节奏口技大师Shlomo，高级鸡尾酒调酒师Purfict……整个会场被布置成了一个“先锋基地”。音乐，美食，鸡尾酒，让大多数人误以为Lynk & Co发布会是一个时尚品牌发布会。

其实，“领克（Lynk & Co）”是一个全新汽车品牌的名字。

这次发布会，邀请了100余家海内外媒体和部分经销商参加，李书福则坐在了台下，默默地观看这场专属年轻一代的汽车盛宴。回忆起当初策划与决策建立CMA架构的情形，他承认自己当初并没有想到，在这个平台上会诞生出领克（Lynk & Co）这样一个新品牌。入行之后，与汽车有关的事物，很少超出他的预见与想象力。这次想不到的事，下次说不定他就作出“超级补偿”。

Lynk & Co与CMA架构，是李书福能把握其发展方向，同时又给他带来意外与惊喜的事物。

与李书福走得近的人，都知道他有个习惯，会保持一种大庭广众之中的寂寞感，并非仅仅出于孤独，还因他经常陷入深思。他的这种思索，可以从汽车的造型扩散到往事与未来。即使置身于喧闹的场景，他也会出现“精神跑马”，游荡在产业场景、技术高地与社会心理的空地上。

之前的产品发布会李书福并没有出现，不知是没空还是刻意而为。

那场发布会上，安聪慧作了大约10分钟的演讲，讲述了品牌的缘起，以及领克（Lynk & Co）新品牌在吉利汽车阵营中的地位。这个新品牌介于吉利与沃尔沃这两大品牌之间，欧洲设计研发，全球制造与销售，当然先期是在中国。他还将其概括为“收购沃尔沃之后实现协同效应的成果”，并认为“作为新时代高端品牌，领克从一诞生就秉承‘生而全球，开放互联’的使命”。安聪慧说得很平实，但掩饰不住对领克的莫大期待。

在创立之初，领克（Lynk & Co）就被注入了不甘平庸的基因。

Lynk代表Link，意为联系链接，连接东西方，连接互联网，连接社群，其寓意是，“通过无间连接的创新科技，在人、场景和体验之间建立全新连接模式”。

从另一层面朗读，“领”，就是引领与领先，强调开放的思维、潮流的设计与前沿的科技。Co代表互联（Connect）、协作（Cooperation）、社区（Community），以及酷（Cool）。“克”代表互联网时代开放与协作的精神，以及无限之可能，主张这是一个开放且不断发展的平台，由那些乐意表达自我，融入世界，探索未知的人共同创造并为他们服务。一句话，领克就是“个性、互联、开放”。

在同级车市场，很难找到像领克01（Lynk & Co 01）这样一款车。这款车型的诞生，无异于是吉利的“创世纪”，沃尔沃的“新生纪”。设计上不拘一格，技术层面高度智能化、互联化，造型简洁，且极富辨识度。从制造的角度看，也是国际化高端制造手段的综合运用，从张家口基地到路桥的亚欧工厂，以及最新的余姚制造基地，人们都可以看到这一点。

在李书福看来，“（领克）这个产品是个历史性的产物，既继承了传统汽车公司安全的优点，又实现了公司互联互通的优点”。按照魏思澜团队的说法，这是“车轮上的智能手机（Smart Phones on Wheels）”。

领克01前脸设计的灵感，源于国际化大都市中昼夜交替的繁华景象。分体式车灯设计的灵感，则源于北欧的光线。LED日间行车灯位于引擎盖两侧，大灯与前格栅融为一体，尾灯由一组通透感极强的立方晶体构成，点亮时像是注满能量的晶体。按照彼得·霍布里的说法，“从都市人群的生活视角出发，充分考虑了全球消费者对设计审美的需求，为新品牌注入极具辨识度的独特设计语言”。

吉利与沃尔沃联姻之后，需要开辟一条介于中国元素与斯堪的纳维亚风格的“第三条道路”。作为大设计师的霍布里，他将眼光聚焦于全球化的典型象征——超级都市，在领克身上，随处可见传统与现代、传承与创新的交织，它们充满对立又相互融合，都企图赋予都市以独特的美感。而生活于其中的年轻人群，也同样在对立与矛盾中寻找自身价值。

设计师们恰如其分地捕捉到了其中精髓，并以独到的笔触将“对立的情绪”转化为一种审美表达，以“个性化、高科技、尊重、深邃”四个核心要素，呈现出“都市对立美学”的设计理念。比如，前脸的“都市天际线”造型，丰富的细节勾勒出黄昏或黎明时分都市天际的轮廓；内饰大量的灰色绒面和撞色设计，表现出年轻人个性、时尚、潮流的特质。霍布里定义领克为一个真正由“设计驱动”的品牌，它的设计语言不仅要有个性与风格，更要展现新的审美价值，引发人们的共鸣。

这四个核心元素中的“Dark”，翻译成“深邃”并不完全确切，还有其他很多含义，比如：矛盾状态或思想，有对立的东西。

领克设计师们研究的这类人群讲究个性，对新科技有追求，相互尊重，但经常处于后现代的“悖谬”状态。这类年轻人群的画像，打扮很个性、怪异，处事、沟通起来却彬彬有礼，很斯文。在设计开发的时候，就以特定的产品形态，把这类人群的生活状态和诉求呈现出来。

领克的设计美学特征就是“对立美学”。

那些欧洲设计师说，在寻找这种感觉的时候，其实已经跳出了他们设计的“舒适区”。他们天生对北欧的斯堪的纳维亚风有感觉，但现在要面对中国消费者，要找到城市、大都市“千禧一代”的感觉，就必须思考怎么把中西方理念文化的冲突融合在一起。

领克的出世，既是一种必然，也纯属“意外”。

并购之后，如何吸收消化沃尔沃的技术和研发体系？吉利管理层认为，联合新创一个高端品牌，不失为一个好办法。这不仅增强了研发能力，同时也让吉利具备了“上攻”的基础和空间。对于定位高于吉利品牌，但又不同于沃尔沃豪华车品牌的领克来说，如果没有吉利并购沃尔沃之后的团队建构与文化融合，企图凭空做出这么一个好品牌，几乎是不能想象的。

这一点，很快得到沃尔沃管理层的认同。

李书福从来不为一个门面的装潢工程投资哪怕少量的钱，但对代表未来方向的研发与技术，那些看准了的大项目，却可以一掷千金。并购沃尔沃之后的研发新需求，在他的“投资备忘录”里是放在第一位的。不过，他更多地作为一个引导者与推动者的身份出现，看准了的方向就大胆投资。与李书福有过接触的业内人士，包括沃尔沃管理层都认为：“你做得好，做得多，他给予的信任就更多，这样你也会越做越好，‘权力’也更大。”

2017年8月4日，在领克上市9个月后，吉利与沃尔沃在吉利杭州湾研发中心正式签约成立技术合资公司。

根据双方协议，吉利和沃尔沃将通过“相互授权”的方式，实现整车架构技术、高效清洁动力总成等领域的前沿技术共享与零部件联合采购。此次合作中，领克汽车合资公司，由吉利控股和沃尔沃汽车共同持有50%的股份，吉利汽车拥有剩余50%的股份。根据三方协议，未来共享技术涉及的知识产权仍属于开发方，但沃尔沃汽车、吉利汽车、领克汽车都有权使用这些技术，而未来各方可实现模块化平台及其他技术的共同开发和共享。

在这样的格局、气象和文化氛围下，方浩瀚、霍布里和魏思澜这些人就可以带领造型中心的设计师，以及汽车工程的专家们，围绕着“都市对立美学”这一核心设计理念，采用全新设计语言来满足用户对时尚个性、互联开放的追求。

领克的酝酿开发设计，可以追溯到2012年左右，CEVT的建立使得它真正进入状态。

从市场定位来说，沃尔沃相当于一个豪华品牌，吉利相当于一个大众品牌。实际上两者之间还有很大一块市场空间。主流的合资品牌市场空间，尚缺乏一个高端品牌。另外，汽车发展一百年了，大家都有点审美疲劳，与世界上那些有抱负的汽车公司一样，都不想在大众、丰田之后亦步亦趋。

在这种氛围下，吉利与沃尔沃联手，一方面开始研发新产品，一方面作品牌的规划。

于是，各路高手各方汇聚，组成了全球顶尖研发团队，开始吉利与沃尔沃双方都没有过的尝试，开发出一台带有21世纪第二个十年强烈特征的，超越传统东西方文化，面向都市“新生代”，经过严苛测试验证的车型。正如方浩瀚所说，“负责开发领克全新车型车系的工程师，曾在世界最优秀的汽车制造企业工作过数十年时间。与沃尔沃及吉利的紧密合作，以及多年来扎实的数字模拟与实物测试，让我们生产出世界一流的车型产品”。

魏思澜、方浩瀚和霍布里等人，出于激情与事业心，也由于个人之间的“投缘”，与李书福一拍即合。

这些汽车设计与研发的中坚人物，多曾转战于世界各大汽车公司，什么事都经历过，而今都被李书福和吉利吸引，且干出了一番大业绩。西方人极为重视工作经验、生命体验和亲身感受，李书福与众不同的个性和思路，抓住了他们的心灵。“这个掌舵人有意思，不寻常”，是他们的共同感受。这个团队由来自全球20多个国家的200余名设计师组成，其核心团队曾服务于宾利、阿斯顿·马丁、沃尔沃、捷豹、路虎、通用等国际知名品牌。

他们的口号是：“要么颠覆，要么别来。”在这个世界上，你若要创新，就这么简单。

领克的与众不同在于，设计师和工程师们挑战了一切惯例，其超前的模块化开发理念、个性鲜明的设计语言、无间互联的创新技术、全新的商业模式和用户体验，都为拥有130多年历史的汽车工业注入了全新的气息。

正如领克高级副总裁魏思澜所说：“这个世界可能不需要一款新车，但是一定需要对汽车的新理解。”

设计师们的新理解，包括“用最艺术的方式呈现科技之美”，在汽车的外部“能量晶体式”尾灯以矩阵式排列，形成一个个红色立方体，不仅成为尾部造型的视觉中心，更增添了整辆汽车的“未来感”，成为“领克”的关键性元素。在领克汽车内部，设计师颠覆了隐藏功能性配置的传统设计思路，将尖端科技配置尽可能地展现在乘驾者眼前，呈现、裸露、原汁原味，以艺术化的方式将科技与设计进行融合。

从产品本身来说，领克产品与品牌的诞生就是整合了全球最好的资源，不是停留在欧洲的，或者刻意用中国的。

所以，领克设计用欧洲团队，因为它是潮流、时尚第一，有非凡的灵感。工程团队，欧洲与中国各有强项，那么就联合做。而制造就放在中国，因为这里有强大的制造能力。这个团队是全球化的，采购也是全球化的，本身就是一个非常开放的生态圈。

领克的生产线是个大工程，新品牌、新发动机、新工厂、新团队，所有这一切都是全新的，从一张白纸发展起来的，也算是一个小小的奇迹了。整个领克产品，完全是中国团队来整合资源，进行开发、验证的。从立项开始，到欧洲作设计，中国工程团队配合设计把车做出来，然后造模、开发、投产，之后是市场投放。

造第一辆车的时候，欧洲团队完全按照欧洲的习惯去设计。设计第二辆的时候，就优化了一点。比如中国路况与欧洲很不一样，“如果按照欧洲做出来，硬邦邦的，驾控性很好，但中国满地都是减速带，开起来并不爽。当时作了很多路况分析，将吉利的经验也拿过来对比，双方融合，中国团队介入进行底盘调校、零部件变更，欧洲团队配合执行，慢慢就形成了一套更优的方案。”吉利汽车研究院的一位负责人这样说。

不管是传统汽车公司，还是那些“造车新势力”，现在都在提倡“年轻化”。领克能够做得稍微领先，反而是因为专家与设计师没有刻意研究或讨好消费群体，只是把他们的生活状态通过汽车产品呈现出来了。

现在年轻人“反叛”，有个性，这一代人从小就“国际化”，又讲究生活品质。他们“海淘”，并不仅仅是为了便宜，而是全球范围看性价比。所以，领克设计上用了很多元素来体现这些理念。比如做了很多跨界元素，把时尚界的材料用到车的内饰上。造型上，小的设计方面也有很多特点，没有约束反而令年轻人更有共鸣了。吉利汽车研究院负责人说："要把城市年轻人的生活状态呈现出来，引起他的共鸣，不是追着他问'喜欢什么'，而是给他做出来。"

领克推动了一个理念形成："开车就是要有激情。"

市面上有很多品牌，讲究平顺、省油。其实很多年轻人喜欢这种"行驶感"，那就得将新车型调整得激情、运动一些，还稍微留个"瑕疵"，比如加速很猛，但需要有一点"顿挫"，这会给人以兴奋感。

蓝色行动

2015年11月18日，吉利在广州车展前夕正式发布了新能源汽车发展战略——"蓝色吉利行动"，开启了吉利新能源汽车发展的新纪元。

2016年4月，吉利以帝豪燃油车型为样本，推出了旗下第一款纯电动车——帝豪EV。那时，在政府政策支持下，中国新能源汽车进入爆发式增长期，尤其是私人用车领域。

帝豪EV的推出，可以看作是"吉利蓝色行动"计划的第一步。

"蓝色行动"，意味着吉利产品将从传统汽车向新能源汽车转型。帝豪EV正式上市销售后，仅仅用时8个月就登顶纯电动A级这一细分市场销量第一宝座。数据显示，2016年帝豪EV终端销售16928台，位于国内纯电动乘用车之首，2017年，这个数字变成23324台。

2018年5月28日，吉利新能源战略发布会暨博瑞GE上市仪式，在杭州湾新区举行。通过这次发布会，大家看到了带领吉利迈入新能源元年的首款产品——博瑞GE。这就意味着，中国首款量产的P2.5架构混动车型，吉利首款搭载PHEV系统的混动车型顺利上市。

在发布会上，吉利汽车同步发布了新能源动力系统智擎，涵盖纯电技术、混动技术、替代燃料以及氢燃料电池等四大技术路径，“致力于新能源动力技术的战略实践，用技术为每一位驾驶者开启更经济、更高效、更舒适的未来出行生活方式”。

与此相较，当时国内还没有一家自主车企研发出MHEV轻混技术。

有专家认为，目前混动技术还没有大量推广，主要原因是成本有效性问题，即要解决“改进发动机带来的成本增量要小于应用复杂的混合动力技术带来的成本增量”问题。[①]

吉利在新能源技术的一马当先，到底是用钱“砸”出来的，还是通过规模优势让成本不再是一个问题，或是两者兼而有之？也许，放在更长的时间线上考察，最终的答案才会揭晓。

如果说，“发展燃油车，还是发展新能源汽车”属于战略层面的问题，那么“发展什么样的新能源汽车”就属于战术问题了。

新能源汽车行业的领军者特斯拉，选择的是纯电动的路线。

那么，吉利的“战术”又如何呢？细细分析2018年5月28日吉利的新能源战略发布会，我们会意外地发现吉利此次并没有推出纯电动车型。如果我们再细察“蓝色吉利行动”的战略，更意外的发现是，除了2016年发布的帝豪EV为纯电动车型外，吉利此后再未推出其他型号的纯电动车。

在国内车企大肆进军纯电动车领域，各种类型纯电动汽车蜂拥而至的背景之下，吉利却反其道行之，推出混动车型，吉利“非主流”的做法究竟为何？

新能源汽车主要分为纯电动汽车、增程式电动汽车、插电式混合动力汽车、油电混合汽车和燃料电池电动汽车这几类。正如专家指出的，电动车还远远没有达到可以完全取代内燃机汽车的程度，内燃机也远非日薄西山，其实还

① 赵福全等：《汽车技术创新》，机械工业出版社2019年版，第136页。

有很大的发展空间，两者之间更不是你死我活的斗争关系，而是相互帮助的伙伴关系。内燃机和电驱动的有效组合，可以形成1+1＞2的局面。

消费者如何选择新能源汽车？对此，一位行业中人这样说：

> 如果专门从技术路线来分析，以现有的电的储能方式来看，也就是所谓的“动力电池”，可能还不支持电动汽车这种产品大范围的推广。如真正将新能源推广到全社会，整个社会的基础设施建设要跟上才行。而混合动力主要是针对上班族，每天只是开二三十公里到一个地方去上班，正好纯电的续航为40公里或50公里，一次充上电就好了。周末想跑个300公里、400公里也没关系，反正我有油箱，油又能支撑，确实能够吸引一些人。混动汽车可能是未来一段时间更受消费者青睐的一种新能源方式。

与纯电动车同属于新能源汽车的混动汽车，其优势在于车上有两个以上动力源，燃油经济性高，行驶性能优越，因此不必采用大容量电池，成本低，体积小。丰田发展混动的思路是“榨干每一滴油的能量”，通过电机来“削峰填谷”让内燃机始终工作在高效区间，达到省油的目的。

吉利不少人士倾向于油电混合、氢燃料电池也是新能源途径之一。他们认为，综合来看，混动动力汽车，既有媲美传统燃油车的性能，又具有纯电动汽车的节能环保优势。说到底，就是提高燃油利用率，把刹车、滑行、怠速等多余的能量回收回来储存在电池内，合适的工况下由电池来驱动车辆，尤其在城市道路内走走停停，燃油车始终怠速运转，而油电混动能纯电行驶，无论怎么堵车，内燃机不必工作。

那么，电动化的能源到底是用锂电池，还是用氢燃料电池？

李书福倾向于锂电池，而不是氢燃料电池。因为锂电池很简单，把电充进去、放出来就可以了，而且成本也在不断下降，能量密度、功率、安全性都在提高。氢燃料电池有一些不可回避的问题，化工厂的废料变成氢气需要成本，制取、运输和储存也很麻烦，这样一来成本就很高。

因此，吉利汽车提出多元化、多线并举的“新能源路线”，包含混动技术、纯电动技术、替代燃料与燃料电池四大技术路径。至此，会聚全球3000多位新能源汽车技术人才，投入超300亿元，拥有新能源领域核心技术专利超过300项，成为吉利新能源体系和解决方案的基本轮廓。

吉利早在2012年与沃尔沃签订的技术合作协议中，就涉及联合开发小排量、高性能、绿色环保系列发动机，电动车、油电混合车，以及插入式混合动力等新能源汽车总成系统技术。在英国，吉利在2014年收购了绿宝石电动汽车（Emerald Automotive），已经步入节能环保型新能源汽车行列。

李书福在2019年的全国“两会”提案中，围绕着推动甲醇燃料和甲醇汽车普及进行了建议。在甲醇替代燃料技术上，吉利已经进行了12年的持续研发，并且取得了4款甲醇动力、14款甲醇车型及百项专利的成果。

2019年新年伊始，吉利集团对现有的内部组织架构进行了重新调整，将旗下新能源板块进行调整升级，升级之后将与吉利品牌、领克品牌一道成为吉利并行的三大品牌之一。

正是在这一年，吉利先后发布了多款新能源插混车，包括缤越、帝豪GL、星越和嘉际等车型的PHEV版，特别是推出了以极简、科技和前卫为设计基调的高端纯电动品牌“几何”。

2019年4月11日，几何A作为几何品牌的开山之作在新加坡上市。

几何A定位为“高维安全纯电车型”，采用“多维流动生命体”设计理念，呈现“纯电动车原生气息”，配备L2 Plus智能驾驶、Cd0.237超跑级的风阻系数、W-HUD投影式数字抬头显示、2.6平方米的曲面全景天窗、高于国标测试标准的电池安全防护等数十项安全和智能科技配置，力图建立纯电动车“新标杆形象”。

2020年8月7日，首款纯电SUV几何C在杭州上市。

几何的造型就足以征服消费者，简约的线条与先锋的风格，加上新能源的感召力，只有一个字可形容之："酷"。几何C上市发布会当晚，知名摇滚乐队GALA以一首"能量神曲"《都选C》燃爆全场，可谓"酷上加酷"。

第十四章　基地风云

谋篇布局

“基地风云”这样一个标题，令人联想到美国作家赫尔曼·沃克那部以“二战”为题材的小说《战争风云》。这些年吉利所面临的，是全球汽车产业转移、重组和并购的“一次大规模战争”。从入行开始至今，吉利汽车正好完成了一个从“游击队”到“正规军”，“从奴隶到将军”的过程。

吉利在国内外的布局速度惊人，既有政府和产业的结合度（“发展是硬道理”推动了产业刚需），又有李书福的深谋远虑，特别是在空间、人力资源与物流方面。可能还会有整合、扩展和归并，但不可能转向房地产。

21世纪初进入汽车行业之后，吉利在生产基地方面就有布局，不管是主动的还是被动的。说“主动”，是李书福的工业激情与商业驱动力所致，而“被动”则因土地与空间所受到的限制，包括对民营企业“所有制身份”有形无形之制约。

这个布局，从上海和杭州湾都市经济圈到贵阳、宝鸡、张家口、西安等地，从中部重要区域的株（州）湘（潭）经济圈到西南中心成都。李书福把研发制造心脏和决策中心仍然放在起家的浙江。收购成功之后，李书福将沃尔沃的亚太总部和研发中心定位在上海，沃尔沃制造基地布局在成都、大庆等地，供应链也从原先的以江浙为主的长三角，扩展到全国，最终形成全球采购体系。

诚然，长三角是中国改革开放以来最具成长性的地区，也是民营经济的重要策源地，是社会文化资源最为活跃地带之一。这一带的人才，自明清以来就是最引人注目的，尤其是科学家、经营管理能人与工程技术专家。长三角地区，乃当代中国经济成长之“主引擎”，自洋务运动以来激荡百年史的思想文化新舞台，也是近代以来资本、人才和技术的重要交换地。从中国工业化的发轫，士大夫的流产变革，到社会经济结构的二元化，直至文化变迁到价值重建运动，经过多次重大历史转折，这个地区从传统到近代，从农耕社会到工业后工业时代的来临，都扮演了与湖广、四川一样，甚至深广度上远超其上的重要角色。[①]

可以说，没有包括浙江在内的长三角活跃的经济活动，多元的社会文化层面，多样性的社会资本，多到不可想象的技术经营管理人才，就不可能有吉利的成长空间。

更重要的是，20世纪90年代中期以来经济体制、观念和社会的变革，引发了中国经济社会进入一个黄金时代。它与美国19世纪下半叶以来的“镀金时代”不一样。虽然没有所谓的“自由竞争”与典型的产业革命、全球性公司的大量诞生，却由政府、企业家和知识分子共同推动了一场革命性的变化：改革、开放与“思想解放运动”，特别是在政府推动下经济社会要素的聚集，社会资本的积累与工业化的进展，沿海地区产业集群的崛起，消费观念的变化，造就了一个难以描述的史诗般的时代。

一个商业天才遇到能自由创造的时代，其结果会出人意料。

就微观而言，生产制造基地的属地化，解决的不仅仅是产能提升，还有基于推销、物流、人力资源、配套条件等问题。吉利汽车新增的生产基地，从各

---

① 参见许纪霖、陈达凯：《中国现代化史：1800—1949》第一卷，学林出版社2006年版；［美］吉尔伯特·罗兹曼：《中国的现代化》，江苏人民出版社1988年版。

方面来看，都能大幅度缩减整车生产成本以及整车物流成本，实际上也降低了销售成本。这样的供应链格局，有利于各地供应商缩短地理半径，与主机厂进行不间断的交流和及时改善，从准时化供货角度看也很有好处。

从人力资源的角度看，在生产制造基地建设过程中，会产生一种“晕轮效益”和“吸附效应”。

以浙江为例，工程师、熟练技术工人和管理者资源比较充沛，清末民初以来皆然，“由于浙江省的新式工业兴起，于是工人阶级在清末民初时期逐渐形成”。新一代的工商管理人才与工程技术专业出身的年轻学子，比较愿意到吉利这样的企业来，一则可以满足他们的工业理性思维的发挥，或一定程度上实现各自的“汽车梦”，二来他们感到民营企业机制灵活，出成绩的机会更多，又可以满足他们留在江南的“生活理想”。

吉利其他地区的生产基地，也有类似的情形。

如贵阳、宝鸡、张家口等地，很多原先从本地到浙江等地务工的人员，有很充分的理由回到本地的吉利生产基地工作。有些甚至是在深圳、上海工作的本地人，外地合资企业的技术人员与管理者，也趁吉利汽车在上述省份和地区建设生产基地之机，回到他们的“本地”加盟吉利汽车。

汽车生产基地建设这件事，也牵涉到政府支持和政策吸引力。

罗纳德·哈里·科斯、王宁在《变革中国》一书中指出，在中国市场体制的转型中，要素市场的崛起首先是从地方开始的，随着地方政府参与度的提高，竞争逐步向区域化发展。

从本质上讲，地方政府所做的，是提供一种组织服务，即把所有的生产要素组织起来，更好地为企业所用。在那些不发达地区，组织能力通常会比资本投资更为欠缺。在中国，组织真空被地方政府填补，他们在调动资源方面仍能发挥巨大的力量。

像吉利这一类企业的生产基地建设，自然也会涉及这一点。地方政府优越的招商引资政策，以及发展当地经济的热情，的确有利于民营企业和外来企业扎根，给当地的发展和繁荣带来极大好处，无论是解决劳动就业还是产业链的形成，以及产业竞争态势的构建都是如此。

事实上，吉利与地方政府和社会组织共同形成了一个生产经营结构，在特定的历史阶段表现出强大的“协调性”。

政府与企业一起“对生产要素进行组织协调，最终将生产要素转化为商品”，其中“组织是关键”。在吉利等企业组建过程中，地方政府的参与程度很高。为了得到企业的“青睐”，地方政府往往会与它们紧密合作，为其甄选当地供应商，协助其招聘人才等。在一种理想状态下，“一旦企业进驻并开始经营，地方政府便功成身退，给企业完全的自由”。

不少地方政府需要发展本地的产业，同时解决大量的就业问题，拉动物流、服务和商业，与主机厂配套协作的供应链建设，以及工业旅游、脱贫致富等，而对吉利汽车来说，的确需要以更多的土地与空间来进行布局，吸纳当地技工和其他就业者加入产业工人大军，谋求更多的优质生产要素。李书福也曾说过，所谓企业家，就是在更大程度上能自由组合社会资源的人。

这种“供需关系”既是资源上的，也是空间和要素方面的，更是发展动力与文化融合方面的。

吉利国内的生产基地，分为整车基地和动力基地两大类型。当然，有不少动力基地与整车基地是合一的，如宝鸡等基地就包含了整车和动力，也有独立的动力总成基地，如义乌、路桥。这两类基地都很重要，因为动力（包括发动机、变速器等）是汽车的心脏级核心零部件。

吉利的整车基地，又可以分为三类。一类是焕发青春的老基地，如临海、北仑、路桥、湘潭等，成都基地从某种程度上也是这样。一类是吉利收购沃尔沃之后新建的，如杭州湾、春晓、贵阳、宝鸡、晋中、余姚、梅山、杭州钱塘，在建的西安生产基地等。还有一类是为领克专门建立的生产基地，包括已建的张家口基地，在建的成都新基地。

按照全球型汽车公司的要求，吉利这些年来，逐步形成了海外生产制造布局。

类似的“造山运动”，加快了一个大格局的成型，以及产业集群的网络化，并迅速放大工商科技的集聚效应。这其中，除了地方政府的诚意、各界人士的支持之外，李书福麾下开疆拓土“阵营”的俞学良、毛勇、王召兴等人都发挥了重要作用。

仔细想一想，类似吉利汽车这样的企业，能够连接和吸附多少个上下游企业，包括供应商、经销商、物流企业和科技公司、服务企业，还有咨询业、文化传媒和广告业，我们就会更多地明白，最近几十年来中国现代化的基础是什么，成因又是什么。

“搬动石头的人”

吉利众多制造基地中，有一个“集群”，就是临海、杭州湾、宁波北仑、春晓、宝鸡等五大基地。

这五大基地，除了服从集团生产调度计划与经营管理安排之外，还实行其独具特色的质量控制体系与生产方式，并扩展到几乎所有吉利制造基地。

我们都知道，除了设计、智能化和工艺水平，汽车作为大宗消费品的品质，主要来自于稳定而超群的质量，固然质量控制与体系化保证居于决定性地位。质量如“脊柱”，人靠脊柱而站立。好的品质，有赖于质量、技术和工匠精神的融合。

2017年3月开始，临海、杭州湾、北仑、春晓、宝鸡等五大基地率先提出，“将高质量、高标准渗透到公司各领域和生产过程，保证订单一台不丢，质量寸土不让，为吉利的持续发展打造新引擎，构建新支撑”，并发起了一场事关吉利长远的“质量战役”。

主导者提出的“G.Q.I”（“全球品质革新”质量控制体系），隐含着一个极为朴素的思想，就是要使全员明白“日常每一项看似枯燥的劳动蕴含的巨大价值，每一个看似普通的动作对产品和用户产生的意义、对促成企业目标实现和促进行业发展的影响，感受每位吉利人在平凡岗位中所孕育的不平凡”。

这套体系对每个阶段、每年的质量与品质控制都提出了很具体的要求，直至2030年IQS达到50以下，进入全球前几位。

为此，吉利这些生产基地建立了一系列“规则”，包括：以结果为导向、强力的任务推进体制；建立囊括技术质量、生产、行政等各大模块主力的G.Q.I行动小组，力求全面超越标杆；通过对标学习，树立全球品质革新意识，把项目精确到每一个改善点；对有特殊贡献的员工以行业最高标准进行奖励。

这样一来，整个质量体系与品质控制的架构就开始建立了。

于是，在这些制造基地，一系列的方法和工具应运而生，整车评价标准需从客户（由J.D.Power提供数据）及公司标准两个角度出发，“听到设备不正常的声音，要去思考为什么，然后去改善，而不是一走了之，置若罔闻”，这是管理层的严苛要求，起先有人接受不了，但很快就推开了。

其中有一项要求，会让你感到惊异：“所有的工厂首先都应该成为干净的工厂、闪闪发亮的工厂，设备要闪闪发亮，模具也要闪闪发亮”，这些生产制造基地的会议室、食堂、洗手间等辅助设施与公共空间，也必须明亮洁净，整个厂区不能有一个烟头。还提出了“让吉利成为令人流连忘返，来了就不想离开的企业”的要求。

有人形象地说，小学生参观工厂后，如果这个孩子对父母说“以后长大要来吉利上班”，那么我们就成功了。

在整个“全球品质革新行动”过程中，管理层要求生产基地管理者必须转变思维和行为方式，道理很简单：“浪费性思维是导致浪费的本源，所以消除浪费者首先要转变思维习惯”，必须成为对现场、现实、现物进行分析的管理者，“每天在办公室的时间一个小时就足够了，其他时间都要去现场发现问题、解决问题”，要主动深入现场，体验现场工作氛围，了解一线工人的难处，进而更深入了解汽车制造，掌握更深层次的汽车制造管理方法。

这还不够。“改善应该坚持‘数据为王’，必须养成以数据为考量标准，以数据为研究依据，以数据来测定成果的思维习惯”，“必须养成以图纸为基准进行质量改善的习惯，否则就无法保证实物效果的可持续性”。吉利管理层认为，在质量与品质保障体系建构过程中，提升“行动力”是最主要的，而那些总是忙于作计划、统计数据，却不见付诸实际行动的，是质量管理的误区。

因此，品质改善不仅仅是简单的改善质量指标，还囊括了人员品质、时间节点品质、目标完成品质等内涵。在吉利，有一种强大的“内部舆论”：“我们不需要一个说起来头头是道，但具体到数据就哑口无言的管理者”，“谨记使命，践行契约”。

通过收购沃尔沃，吉利搞清楚了一个“秘密”。

对公司出品汽车的质量评价标准，沃尔沃是根据客户的眼光进行评价，而之前吉利则根据企业内部制定的标准进行评价。于是，管理层提出，“要从最挑剔客户角度对成品车进行评估，全面接轨沃尔沃评价体系”。比如，油耗、百公里加速，安全性、操控性、VOC[①]等指标必须确保不出任何问题。

除此之外，最让客户反感的是“间隙阶差”、噪声异响、漏液等问题，这种间隙阶差，好比一个人穿着西服，如不合身就很难看，所以必须要做好“间隙阶差”的精细化，然后是平行度及颜色，必须做好零部件的精致程度、质感等细节。

西方国家驾车人士喜欢机械类声音，东方人则喜欢柔和的声音，对噪声异响非常敏感，所以要得到本土市场的认可，噪声异响的管控就必须做到顶级水平。而漏液，包括漏水、漏油、漏燃料，更是要高度重视。汽车绝不可以漏

① VOC：Volatile Organic Compounds，指汽车散发出来的挥发性有机物。

油，否则就是质量不过关。还有电器件的合格率，它的下降导致的直接后果，就像看电视时电路出现故障、开灯时灯不亮，是根本不被不允许的，所以必须保障电器件的性能。

正如吉利一位高层管理者说的，“人从出生的那一刻起，就在不断地接受各种评价，直到人生终点；同样，工业产品在其生命周期里也要不断地接受各种评价与判定”。

吉利要求每一个生产者与管理者意识到“改善是一次真正的改革”，单凭一个人的力量是不够的，需要全员共同参与；必须要有思维的碰撞，心灵的沟通，才能称得上“改善”。

质量控制之难，不在于一个时期的强化与“攻坚”，而在于它是个“永恒的主题”，要每时每刻去控制，以逼近“理想状态”。质量控制必然涉及制度性安排，深入到从设计到制造的骨髓里。有时，这头质量问题解决了，那边又出毛病了；今天看上去是稳定的，明天却发生了意外。

殊不知，质量控制是个系统性问题，而且是动态化的，不可以出现哪怕很细小的问题。即使达到了相当强的稳定性，产品一致性和工艺精致度也大为提升，公司里却没有一个人敢于懈怠：瑕疵与失误往往就在“志得意满”中悄然播下种子，可能还会酿成大祸。

质量提升的道路上，需要企业全员的敬畏之心，更需要改善的激情与追求完美的持久战意识。

借用吉利一位高管，也就是前文提到的L先生的一句话，就是：“不狂不成，以一当百，把不可能变成可能。”他提出了“以质量求生存，以革新谋发展”的口号，并规划了一个令人耳目一新的“全球品质革新”质量控制体系（即“G.Q.I”）。这个体系旨在将每一个品质项目改善革新至全球化水平，把“品质·吉利”的印象烙在客户心中，向吉利汽车全球化目标发起冲击。

没错，在质量与品质领域，必须在全球范围内与汽车全行业对标，而非局限于一个国家的自主品牌。

就个体而言，按照L先生的说法，需要“在本职岗位上经历蝶变，不放过任何一个螺丝、焊点、灰尘与瑕疵，保证所有工作都能达到100%的优秀品质”。

对少数人来说，也许起先对改善的“烦琐”与“精细”，对检查中挑出的问题有抱怨情绪，但吉利管理层的态度是，“要将不满的情绪，转变为改善的动力，带着高度的热情开展工作，最终成为竭尽全力找出答案的人”。

负责杭州湾等五大基地的集团高管要求，每一个质量管理人员应具备一双“火眼金睛”，“甚至凭肉眼就能发现一些细微的症候，从一个零部件的材质、色泽和形状可以看出瑕疵，迅速地锁定问题，并通过检测仪器确认后，及时督促相关责任人进行整改”。

这不是传统意义上的“中国功夫”，而是世界级汽车公司的“功夫”。不仅仅是“身怀绝技”，更是责任感与技术、经验的熔铸。

L先生长期对零部件和设备进行“研究性学习”，“50后”的他，到现在还能背出一些零部件的材质，为了学习零部件知识，他经常查阅大量标准文件、图纸，多次进行实验验证，并前往厂家对供应商的所有过程工艺都进行逐项分析。事实正如他所说的：“每位领导都应该成为各自领域内的专家，对供应商的过程工艺烂熟于心，做到用感官就能判断零部件材质是否合格的水平，明确塑料件、注塑件的标准硬度。这是一个基本功。”

因为他在汽车行业工作时间很长，所以只要到现场，就能够闻出不一样的“味道”。这“味道”指的是什么呢？比如说员工的一些动作、工作态度、设备的排布、整个工厂的清洁度、周边环境等等，还有机器人的运行速度、动作，物流车辆的移动，因为这些能够看到的东西所表现出来的样貌就是“味道”。

搞技术的人也好，搞管理的人也罢，一旦看到问题之后，就应该产生想要去改善的欲望。为了“全球品质改善”过程的真实性，L先生还创造了一些“细小而有特色”的管理方式，如“白手套管理”。

L先生在日常管理中发现，必须得让大家有个非常深刻的感受，所以开始让大家用白手帕去擦设备与机器。这样一来，脏的东西一眼就能看出来，大家都拿出来看一看、比一比，给人以最为直观的感受。于是，他让“四大工艺”的每个工段都亮出擦拭过设备的白手套，陈列在看板的一个角落，可以评价与打分，也可以让厂内的人经过时“观赏”一番。试问，那些设备、物流车和零部件有灰尘和油污的，还好意思使用吗？

还有“改善的马甲”。工厂里的班长、科长、部长，穿马甲的人是本轮的“火炬手”，叫“黄马褂”，配以各种标语，首先让穿的人感受到一种责任与动力，讲究内部氛围与传播效果，一段时间过去之后，然后又传给下一个人，直到本轮任务完美结束。有人问，你到底有什么动力去做这些匪夷所思的事？L先生的回答必定是：“只有保持恒心，并投入全部的时间和精力，才能真正实现超越。”

这样做是否“过分”，甚至有点“疯狂”？答案是否定的。

史蒂夫·乔布斯一个人就能养活整个苹果公司，但在汽车行业是绝对做不到的。汽车无法由一个天才来完成，必须要所有人共同努力。上万个零部件中只要一个出了问题，那么这辆车就不合格，如果这辆车不合格，那么使用这辆车的顾客的生命就会受到威胁。高科技企业走向国际可以凭借技术高度、机遇和风险投资而一夜成功，但汽车制造业特别是像吉利这样一个白手起家却能走向全球的企业，没有一种探索与实干精神，逐步积累的资金与口碑，是不可能成就自己的。所以，质量与品质成为吉利品牌生死攸关、由企业内外无数人一起铸就的基石。

李书福为何说“市场不相信眼泪”？道理在于，汽车公司如果造出质量有问题的汽车，就会给你的用户带来“眼泪”。这个时候汽车厂家流泪也没有用，市场不会为你埋单。

在相当多的情形下，质量问题不是因为“不懂”而没有做好，而是已经知道了解决问题的方法，却没有取得好的结果。知而不行，只是未知。这正如面前有一块石头，都知道将石头搬走的方法，就是没有人付诸行动，只是站在原地说“这块石头要搬到那边才可以”，质量问题亦如是。

“必须成为一个搬动石头的人”，这句话很快流传开来，并在吉利集团上下产生了“涟漪效应”。

湘潭，枝繁叶茂

如果你有机会到吉利湘潭基地，说不定能见到集团副总裁、吉利湘潭公司总经理刘向阳。一个敦实的中年人，总是穿着那件蓝色、橘红色相间的吉利工作服，圆脸上挂着温和的微笑。他，就是一个能同时给员工以“面包、空气和微笑”[①]的人。

可是，一旦谈及汽车，谈及企业管理，说起质量体系、供应链和成本控制之类的问题，刘向阳的脸色就顿时严肃起来，不时蹙着眉头，眼神也变得炯炯发亮，有时嗓门也会“高八度”。他的神经中枢，始终为质量与品质而紧张，似乎日夜紧绷着。

刘向阳毕业于西安交大，曾经在海尔任职，后来又到吉利汽车发展，先担任集团主管质量、供应链的副总裁，后兼任湘潭基地总经理。一个极为随和、平易和不计得失的人，而在质量、品质方面却丝毫没有讨价还价的余地。他在生活中十分低调，却在工作中具有强悍气概，颇具号召力。

长期从事质量管理，他养成的工作风格是：对于细节的重视，不容置疑的执行力，一竿子到底的管理风格。“日日清，日日新”是他的口头禅。他和他的管理团队最擅长的，是让湘潭这样的“老基地”重拾活力。

湘潭的确是个“老基地”，前身是李书福家族成员所有、为生产奥拓而准

---

① 源于智利诗人巴勃罗·聂鲁达的诗句：你需要的话，可以拿走我的面包，/可以拿走我的空气，可是/别把你的微笑拿掉。

备的一块地，时间大约在2003年左右。后来由于种种原因没有继续下去，就让李书福来经营。当地政府同意转为吉利汽车制造生产基地，但当时吉利汽车“产大于销”，李书福本人也没有太多实力和精力投入湘潭基地。那时，这个基地连“四大工艺”都不齐全，“白车身”也是从浙江运过去的。

2007年“战略转型”前后，时任北仑基地总经理的安聪慧非常大度，提出将原来在北仑生产的吉利“新三样”之一的远景，改为由湘潭基地来生产，得到了李书福的支持。这是湘潭基地被“激活”的关键之举。

那时吉利远景这款车已经卖得很不错，而吉利帝豪刚刚投产，还没有来得及接受市场的检验，吉利北仑基地面临着选择：保留远景，推出帝豪，让产品形成梯度制造与营销格局，还是冒着风险将远景这款相对成熟的车型“拱手相让”湘潭基地？安聪慧选择了后者，体现了大局意识与气度。也因此次非凡的抉择，让远景保持着强大的生命力，从而成为湘潭基地的主打车型之一，中国品牌为数不多销量超百万的车型。

之后，吉利因收购沃尔沃加上自身内生型增长，在技术与品牌方面得以大步提升，所推出的博瑞、博越等吉利3.0代产品，令消费者趋之若鹜，这就让远景面临极大考验。如果远景车型市场萎缩，湘潭基地就“英雄无用武之地”了。刘向阳接手湘潭基地之后，首先面临的就是这个难题。

绝地反击！殊死一搏！位于中部地区的湘潭基地对吉利很重要，不能放弃。想方设法扭转局面，打一场“湘潭提质提效突围战”难以避免。

这些年来，湘潭基地最值得称道之处，是把多年前的吉利远景不断改进与升级，做到了汽车业的某种极致。2007年左右，远景与自由舰都属于吉利“新三样”，肩负了重大使命。帝豪面世后，有人就认为远景可以退场了，吉利要造“最安全、最环保、最节能的好车”，远景无力承担此任。

这些吉利人，总是将“不可能”的事做成“可能”。在安聪慧的支持下，湘潭基地戏剧性地让“远景”重焕光彩。

远景虽不是新产品，但有它的长处：中庸而“皮实”的设计，整个架构很大气，价格又实惠，深受中产阶层人群欢迎。其实，丰田的卡罗拉和大众的普桑都是这个类型的产品，人家都能几十年不衰地在市场反复推出，吉利为什么不可以？

答案，是显而易见的。

于是湘潭基地与吉利研发人员、销售公司携手合作，对远景进行一系列的再思考，再动作。这个动作的关键，是要抓住年轻消费者的心，抓住三、四线城市那些经济实力上稍逊，但一心想求新求变、眼光远大的中青年人士，他们既讲求实在又希望在汽车功能上满足其新要求，一步步实现自己的梦想：从座驾到事业。

这就是细分市场的精准定位，就是社会心理学加产业变革，一种更加强烈的人性化因素，被研发人员和湘潭基地管理层注入：外观造型发生了一系列渐变，时尚元素的加入，不惜成本地用上功能齐全、设计“高大上”的导航设备，内饰件也变得既耐看又流行，车大灯和前脸是普通中国人非常注重的，尽可能地符合客户的审美要求。

奇迹就出现在埋头苦干之后，你不经意回首的那一刻：

> 有人说，“远景”这个名字取得好，代表了年轻人的价值取向，没有太多钱的人买了远景，满足了驾车的乐趣，而且也觉得自己更年轻，有活力，有远见，有想法，有未来。这款车现在不是孤零零的车型，已形成了远景家族，面向刚刚从社会起步的年轻人。这就是一种力量。有些年轻人没有太多的钱，需要代步工具，远景可以让他们既有理想，也有未来。这些年轻用户虽然现在不富有，拥有这个“坐骑”却令人感到有理想与抱负，还催人奋进，直奔远景。

这就是刘向阳和管理团队的远景汽车“变形记”，也成就了“老基地”的新生命。“基因”依然是吉利的，民族气质的，但又显示了未来感、科技味，能满足年轻消费者的心态和需求。

2012年前后，远景经历了前期改款打基础，又有了全新的面孔。

那时候工厂已经改造，“四大工艺”也提升了，又对发动机、变速箱进行了改进，总得要发挥作用。正好市场出现爆发，远景2012年产量过万，影响很大。2013年产量就达10万辆左右，一下子就起来了。从2014年开始，又有一个市场波动，之后湘潭基地的管理层下了决心，在多品牌战略的影响下，将手中的三款车远景、海景、GC7整成一款，叫“新远景”。也正是通过这款车，用户改变了对吉利的看法。

这样一种变革“不成功也难”，人们开玩笑说。

市场再次显示了它的伟大之处：吉利远景的性价比起到了主要作用，特别是变革之后的功能、形式感和人性化体现，都使得它再次站立起来，实现了从“月产过万”向“单品过万”的突破，跃身“万辆俱乐部”。

迄今为止，吉利湘潭基地已变成了集绿色、品质、智能、柔性于一体的国内汽车先进工厂，拥有新能源SUV缤越、远景轿车两大产品平台，生产涡轮增压节能汽油发动机SUV、插电式混合动力SUV等车型，逐步形成整车制造、零部件生产、汽车服务、汽车文化、教育等完整的产业链和产业集群。

只有远景的几代消费者在一起交流，才能感受到新远景的质量、技术与品质已经到达了什么样的一种境界。杭州的诗人余刚就是其中一位，他在2007年就拥有一部吉利远景，开了好多年。这次应邀到湘潭基地参观，将新远景试驾了一番，他只用一句简洁的话语来形容：“完全不一样了！真没想到。”

很多人并不知道其中的艰辛与曲折：就一个车型而言，其外观改变与品质提升，绝非一朝一夕之功，而是一种自内而外的蜕变。

一开始刘向阳所面临的最大问题，就是如何做到老基地有新章法，老员工有新面目，老阵地有新打法，老产品有新内涵。生产基地不怕老，最可怕的是没有活力，“面容苍老且精神疲惫”。质量如何管控之类的事情，不能就缺陷论缺陷：不看过程，也不看体系，不静下心来研究，只是统计数据、分解考核。

湘潭基地管理团队思考与行动的指向，就是迅速解决这一矛盾：新与老，单线条与系统性，特别是“满足于追随，还是着眼于超越”。

“我们每个人都要解放思想，重塑自我，变成‘同路人’，我们要把自己的心态调整过来，不少人在企业中待久了，就变成了‘小白兔’和‘小绵羊’，需要扛目标时就东躲西藏，一些人之所以还能在职场上混日子，是因为企业还没有倒闭。我们一定要防止出现‘三自’：自鸣得意，自以为是，自我欣赏。”

刘向阳认为，“从表面上看，汽车的竞争是车与车的竞争，但实际上是一个造车团队和另一个造车团队的竞争”。

干部的责任在于解决问题，看清楚问题的本质，找到规律与方法，把复杂的问题变成标准的问题、流程的问题，最终化为模式的问题。工程师要解决某一具体问题，技术工人要把自己岗位上的事情做到极致，所谓“极致”就是精准、到位和高效。

“不要承诺目标时签字了，兑现目标时又开始找理由”，这是他的一种敏锐，也是发现问题的方式。作为一个基地的负责人，就是从自我与他人、企业关系上去找症结所在，这是因为“如果不把自己放进问题里，就找不到答案”。

一个高明的管理者，总是站在系统的角度认识问题，保持一种警醒、一种惕厉。他们总是孜孜不倦地追求“改进、改善、改革”，将所有的事件形成一个匹配与因果关系，保持一种“从价值到具象”的追问。

2014年10月17日，新远景在广州一公布上市，当月订单就过万了。吉利瞄准这一细分市场，当时打的“价位段”就是买车能出5万到6万元之间，三、四线城市和城乡接合部的年轻人，因为精准定位，及时发力，果然市场反应强烈。

在湘潭基地，人们听到管理层说过这么一番话：

我们必须以好的品质和设计，优异的制造水平，赋予吉利汽车背后这一层意义。和销售公司一起总结挖掘这些东西，这是制造基地的义务。要永远告诉消费者和市场，我们不仅仅卖一款便宜的车子，一款最低价格的车，还有着汽车公司的人文关怀，让年轻人坐这样的车子能够自我激励，给他们以“诗和远方”。

2016年7月17日，基地和湘潭市政府签订了一份协议，对工厂进行技术改造，引进新产品，全新BMA模块化构架平台，对原有工艺和生产线进行全面改造和提升，建了一条全新的生产线。

“要一点一点地去‘抠’”，湘潭基地管理者这样说。

他们制订了一个激励方案，一个很“激进”的方案：一秒一秒地降耗时，每降一秒就奖励1万元。基地管理层告诉我们：“你看那个焊装线，那个生产线是最棒的。大概1个小时干30台，后来他们居然能干到50台，不得了！”

“对内就是提升效率和品质，对外就抓用户的满意度”，这就是他们的辩证法。

过去用户的体验感，就是要求提高车子的可靠性，但现在不一样了，小毛病少了是远远不够的，比如说对气味有很高的要求，如果车内的气味不舒服，也会使用户懊恼。所以现在必须高度重视“气味”问题，再说坐车与开车都应该是享受，而不是克服困难。现在最低标准VOC做到六级，那确实是了不起的成绩。

“这就是今天的用户体验了，我们必须考虑到，并且要做得完美。”刘向阳说。

过去用户只要节能就行了，现在不光要油耗低，还要动力好。以前买车的人，讲究的是基本品质，比如可靠、没有大毛病，不至于开到半路抛锚，现在却需要一些新奇的体验感，开起来让人激奋，有愉悦感。运动感、科技感、动力性、推背感、驾驶乐趣，这是当下年轻人所追求的，必须满足这些东西，否则汽车公司就要落伍。具体说来，开这个车，“一脚下去，肯定就是一百（码）了”，开完以后，让你爱不释手。

车子造到这个地步，开车的感觉就要“不一样”，否则免谈。质量是“底线”，运动感与驾驶乐趣是“超越”。

以前说“鱼与熊掌不能兼得”，汽车公司要是把油耗降低了，就会让动力性变得很弱。动力好，油就烧得多了，这个是两难问题。但吉利新研发的缸内增压直喷发动机，是新一代的动力系统，拥有这个新技术，就是要解决动力与油耗的矛盾。这不就两者“兼得”了吗？湘潭基地管理层是这样说的：

> 把用户的体验放在第一位，动力的黄金组合，让油耗、节能跟运动性取得平衡。把气味问题彻底解决掉，争取每年油耗减半。“远景”改了多少代？七代、八代乃至十代改下去，不断改善，累积进步。要跟上用户欣赏的眼光，过去的汽车追求大气、沉稳，方方正正，现在要运动、要时尚。从造型的角度，质量与审美的角度，从省油实用型变成节能运动型。

同时湘潭基地又顺势推出了吉利缤越这样一款高颜值、高动力、高智能、“底子”好，又能满足年轻人购车需求的全新产品。基地内部叫它“中国钢炮”，并且性价比很高，完全可以与合资品牌“同台竞技”。这个产品一上市，确实打动了年轻消费者的心，上市20个月累计销量突破20万辆。大家都觉得必须实现这样的目标，“让用户觉得不但老产品变得更有魅力了，用新产品又是不一样的全新体验”。

质量也好，用户满意度也罢，湘潭基地所以能保持活力，背后的力量是全员参与和革新意识，还有企业本身的变革与改进，例如一个扁平化的组织，生产小组的改善策略，或是一个进步的生产方式。

工业文明之光

从东海之滨到大西北，吉利进行了大跨度布局。似乎是某种“天意”，位于宁波的“春晓基地”与坐落陕西的“宝鸡基地”，有着时空关联，合起来恰好就是“雄鸡报晓”。

2014年3月动工建设，2016年8月底实现量产，吉利宝鸡生产制造基地建成了整车“四大工艺”，以及与之配套的各项辅助设施。宝鸡生产的主流车型是博越。

2016年宝鸡基地刚开始投产，面临着各种各样的问题，大家勠力相向，没命地日夜干，连续攻克难以逾越的堡垒，“‘爬产’如登山”，即便挑战如此大，宝鸡的实际投产时间比计划还是提前了7个月。各项生产制造秩序很快建立，超越了集团的预期，吉利人将这一达产速度称之为“宝鸡速度”。正如宝鸡基地员工所述：

> 2016年“爬产”那会儿，我们的节拍是28JPH[①]，当时线上的合格率在78%左右，一小时的合格车也就是22台，领导给我们的任务是每小时交付28台合格车，我就在那里默默地摇头：这是不可能的。但是最终我们做到了，做到了28JPH，后来还做到了40JPH，这是“爬产”阶段给我印象非常深刻的经历。

一谈到基地建设这个话题，宝鸡基地总经理王应，负责生产的副总蓝群

---

① JPH：Jobs Per Hour，指每小时的产量。

建，掩饰不住内心喜悦：“集团将那么好的产品放到宝鸡基地，我们就要确保质量，不能出现任何问题。从刚开始设计的DP500[①]，到投产不到一年的第一轮技术改造，达到DP800的生产条件，都是集中优势兵力，所以才有了2017年宝鸡公司全年生产活跃，产量超过了16万台，2018年继续保持这样的水准。接着在‘博越’上市3年后，我们又推出了升级款车型——博越PRO，为了这两个车型能够在宝鸡并线生产，我们又在2019年四、五月进行新一轮技术改造。您看，八、九、十这几个月我们已经稳产稳质地达到满产状态了！”

“宝鸡速度”和精品“博越”离不开宝鸡的人才团队，而这些业务骨干来自四面八方，有吉利老员工，也有来自合资企业的，还有其他自主品牌的厂家，称得上是“大杂烩”。正因为是个“大杂烩”，大家反而能够更好地在一起工作。在没有任何隔阂的情况下，效率会很高。时任总经理凌总说过这样的话：“因为信任，所以简单；因为简单，所以高效。”

事实上，有了高效协同，最后才有可能把事情做得更好。

就像现任总经理王应，他从吉利汽车研究院调入宝鸡公司，曾从事项目研发。他说，“从项目组到这里，我就应该是最了解产品的人之一。没有对产品的了解，光把工厂建好，设备安装调试好，也不管用”。人才引入及融合带来的是高效协同，也是理念的升级和迭代，王应一直强调，重要的是让宝鸡基地的所有员工认识到，汽车产品不仅要产量，更要质量。不少员工认为，“因为我们深知汽车产品是‘良心产品’，如果没有质量作为基础，带来的危害是巨大的，做不好它是会伤害到人的”。

考虑到员工队伍的稳定性，宝鸡公司尽量在西北地区，特别是在陕西、甘肃、青海等三四个小时就能够到家的省份招聘人员，以发挥地域上的优势。而宝鸡比其他西部省份的城市还有个明显的优势，就在于这里原本就是工业城市，重工业相对发达，一些军工企业、大型企业就在附近。是否有大工业背

---

① DP500、DP800，分别指每天生产500台、800台。

景，对汽车生产制造基地是很重要的，不仅是产业配套和服务业的需求，更重要的是产业工人的源泉补给相对充沛。很早以前，有人曾这样说过：真正的产业工人，必须有三代以上“纯正工人血统”。这说法显然夸张，但也有几分道理。

宝鸡作为生产制造基地，有严格的要求，有一些方面还特别讲究。

首先，是政企合拍，目标一致。吉利懂得政府“需要”甚至“渴望”的是什么，那就是要发展本地经济——就业、人才和流动性，政府也知道本地人新的观念如何形成，人气如何聚集，这其中企业的作用是不言而喻的。

其次，是产业基础与区位条件。宝鸡基地管理层的观点是，“如果将生产制造基地放在一个没有工业基础的城市，连怎么去配套，如何为你服务都不知道，那就‘没辙了’，至少工厂的水电气以及道路网络，都必须具备重要的基础条件”。对于一个基地来说，物流也太重要了。宝鸡市依据吉利工厂布局和管理层的要求，再次予以统筹规划，高速公路看起来已经很宽了，还得修个并行线。

“宝鸡政府非常懂得大工业特点，这样才能作出这种新的规划”，王应认为，至少企业提的要求他们会理解，会有针对性地予以满足，否则不管企业提什么要求都感到很困难，反过来做思想工作让人家去理解它，那就把时间全浪费了。

最重要的是，生产制造基地的产业工人需要经过工业文明的洗礼，是一支成熟的产业工人队伍。

“不仅仅是我们的部分员工知道什么叫‘汽车’，什么叫‘工业文明’，而且这些员工的家长大多都知道‘陕汽’是怎么回事，‘汉德车桥’怎么回事，他们对产业和工业文明都有一定的认知，就会支持孩子投身汽车业，并教育子女在工厂应该怎么做。家长有一定的认知和理解以后，对孩子的职业选择和发展，会给予一些指导性的意见和支持。要是不理解，就会觉得孩子在工厂上班，天天被管得严严的，早出晚归，‘我打电话你也不接，你在搞什么’，那就麻烦了。”王应如是说。

“现在跟很多员工聊天，发现正是因为他们的家长大多知道汽车是什么，汽车公司是怎么回事，生产汽车大体上如何进行。新员工进基地工作，我们再给一些员工的家长介绍这是一份怎么样的工作，他们将会如何工作，怎么样生活，企业会如何关心、关爱他们，让家庭更支持自己的孩子安居乐业，形成良性循环。反之如果员工还是那种散漫的生活方式，整个矛盾就开始了，工厂的管理制度和他自己生活习惯的矛盾，就不可调和了。如果基地管理层花大量的精力去做这些事情，整个生产怎么协同呢？”王应说。

宝鸡基地管理层有一个坚定的认识：体系是基础，要建立制造体系标准化，形成一个严谨而又有一定弹性的质量管理体系。所以，国家质量认证中心每年来基地进行全流程评价，这两年对宝鸡基地的评价很高。跟合资公司相比，最前端的几项可能还有些小差距，但是跟其中游水平相比已经是旗鼓相当了。

这些标准、流程及体系化的内容，要传递到班组每个角落，到了车间以后，各个工段和班组每天要做哪些，什么时间去做，做的标准是什么，什么样才算做好了，都有具体运营标准。质量、安全环境、工艺，还有日常的行为规范，都有检查和落实。所有环节都有责任人，形成一个闭环。

有了体系以后管理层更明白一点，要让这个体系良好地运行，必须要有更细层次的，即程序文件、规章制度与管理要求去支撑它。这其中公司的整体制造过程全部都会涉及，将这些标准进行体系化的梳理、规范、总结及沉淀，最终形成制造体系标准化。推行制造体系标准化，就是为了练好内功。

宝鸡公司对自己的要求，就是到2022年试着跟丰田“掰手腕”，达到丰田中国工厂的水平。

他们说，“要对每一个细节都进行改善。接下来，宝鸡公司希望先突破涂装工艺，不管是从策划，还是整体运行的效果，首先是质量，其次是效率，都要与丰田进行对标。顾客反馈回来的质量，也有一些衡量指标，比如MIS这个质量指标是代表耐久性的。差不多的车型，开‘丰田’3年和开我们的车3年，大家出的问题是不是同样少？还有一个指标就是‘感知’质量，别人开我们的车，摸着、坐着都很舒服，和开丰田车一样。对，在‘直观体验’方面也要跟它‘掰手腕’”。

汽车由上万个零部件组合匹配在一起，要经过500多道工序才能成车，所以对于每一个细节，都要细心打磨，力争使生产制造过程更精细，使产品更精致。丰田的单台不良率，能做到每十台车只有一台，控制在10%以内，这方面宝鸡基地也要以“丰田”对标。“就成本和效率而言，同样生产一台车，不算材料成本、人工费用、能耗以及所有权价值流，人家占用的资金量和我们占用的资金量各是多少？通过对标改善，我们也要赶上丰田。”王应这样说。

当我们问及是什么样的动力，或是什么样的支撑来保障达到新的水平，王应的回答是：

学和超背后，要知道别人做到什么程度，以及为什么要这么做，知其然亦知其所以然，这样才能达到人家的高度，找到自己可能存在的不足点，才更有价值。要不停地改善。我们毕竟还是后来者，应该潜心学习。如果一定要讲吉利特色，那就是我们的学习能力比别人强太多。决定谁是以后胜者的关键，就是学习能力。今天产品可能技术领先，也许两三年以后别人就有了。但只要我们学习能力强，仍然还会持续有更好的产品、更好的工艺。

吉利是甲醇燃料汽车的积极推进者，李书福觉得西南地区煤炭资源丰富，就决定在贵州投资甲醇汽车工厂。在他的推动下，贵州M100甲醇汽车项目落地。2014年11月，吉利与贵州省政府签约建设整车制造工厂。

吉利贵阳基地坐落于贵阳市观山湖区现代制造业产业园，占地面积1027亩。基地于2015年11月动工建设，现已建成包含冲压、焊装、涂装、总装四大工艺在内的完备的整车生产线及相关配套设施。项目总投资超百亿元，整合工业机器人、智能化设备和信息化系统，可实现五种车型混线生产。在基地周边规划有1300余亩零部件生产及整车与零部件物流配套用地，已引进28家零部件配套企业及多家物流公司。

与整车配套的发动机厂亦在贵阳市白云区同步建成投产。

目前贵阳基地生产的产品主要有“帝豪”甲醇汽车及包含新能源和传统动力在内的MPV嘉际、中大型SUV豪越。嘉际和豪越的上市扩充了吉利的产品线，弥补了吉利在MPV和中大型SUV领域的短板。贵阳基地已成为吉利控股集团重要的新能源及传统汽车生产基地之一。

这是一座建在复杂地形地貌上的工厂。贵阳地貌深受地质构造影响，山脉连绵高耸、岭谷高差明显，类型复杂多样，不仅形态和海拔高度不同，成因及组成物质也各不相同。要在这样的地域建一个超千亩的汽车工厂，除了开山破土，别无选择。据早期参与贵阳基地建设的员工回忆，基地所在地原本都是山，大大小小有5座，一座座山都要一车车拉走，一条条沟又全都得用级配碎石回填。

项目开工前，基地的早期建设者们对项目建设的难度已有所了解，并做好了打一场硬仗的心理准备，可项目推进过程中碰到的难题和挑战还是远远超出了他们的想象。基地所在地为典型的喀斯特地貌，地下情况极其复杂，有的区域有溶洞，有的区域为坚石，有的区域又是松散的回填土。这极大地增加了项目设计、勘察及土建工程施工的难度，曾一度使项目土建工程施工步履维艰。早期参与项目建设的老员工说：“刚开始动工时，我们对这样的地质条件感到十分的无助和沮丧。”

地下石头十分坚硬，打桩用的旋挖机在这完全失去了威力，一台设备3～4天都打不出一个桩孔，每天还得搭上十几个钻头，就像牙口不好的老人啃骨头，骨头没啃下多少，反倒把牙给弄崩了。因为桩孔实在太难打，打桩施工队伍换了一个又一个，每个都是乘兴而来，沮丧而去。除了贵阳项目工地，估计大家很难看到几十台刨头机同时工作的场景。这些刨头机是用来破岩石的，尽管设备每天“突突突”干得十分卖劲，但效率相当低下，石头太多太硬，刨个小坑都要好半天。有员工感慨地说：“当时大家心急如焚，整个工厂有上千个这样的桩孔和承台，还有大量的设备基础，按照这样的工程进展，项目何时能完工？”

正当大家一筹莫展的时候，有专家推荐了一种叫“潜孔锤”的打桩设备，这是一种专门对付坚硬岩层的打桩设备，据说全国总共就十几台，主要分布在海南、山东等沿海地带。每台潜孔锤需匹配一台大功率发电机及多台大型空压机组，加之物以稀为贵，使用成本相当高。为了项目进度，基地想方设法弄来了两台，自此打桩工作才得以正常推进。

地下溶洞是影响工程进度和成本的又一重大因素，当年的建设者回忆说，“有的桩连续浇了十几车混凝土才冒出个头；有时混凝土从这个桩孔灌下去，却从另一个桩孔冒了出来，地下有溶洞，两个孔桩之间是通的”。项目所在地有些是回填区，回填深度有的达二三十米，在这些区域打桩最棘手的问题就是跨孔。解决跨孔问题的措施有多种，如使用钢护筒、低标号混凝土浇灌、泥浆护壁等。所有的措施现场都尝试过，还组织召开过专家评审会，最后摸索出了最快捷、最经济的处理方案：一次开孔——浇灌低标号混凝土——二次开孔。

贵州“天无三日晴”，这是项目建设者们必须面对的现实问题。后来他们回忆，“气候环境对项目土建工程带来了巨大影响”，如：“好不容易挖开的承台或设备基础，常被雨水淹了，要想继续施工，得先抽干积水才能进行”，“尽管地面铺了碎石，但雨水的长期浸泡还是使工地变得泥泞不堪，施工车辆常常被陷”，“老下雨，钢结构施工单位的人常急得像热锅上的蚂蚁”。

除了工厂建设，贵阳基地面临的挑战还有物流及零部件本地化问题。仓储物流及零部件本地化问题的快速和妥善解决，对基地的生存和发展至关重要。贵阳是个汽车工业的“小孤岛”，没有太多的产业资源，零部件供应缺乏本地化，本地产零部件很少，全得从外省运进来。这就要求整车厂周边路网必须完善，整车及零部件仓储场地必须充足。

“基地周边全是山，哪来那么多地？”公司管理层头疼了，政府领导也犯难了。后来，当地政府在整车工厂的北侧和西侧又协调出了近千亩仓储用地，整车及零部件的中转与储存场地问题终于解决了。此外，还对工厂门口的道路进行了扩建，社会车辆与基地物流车辆分流，还建设了从基地到沪昆高速及周边配套零部件厂到基地的两条专用通道，工厂周边的物流更加合理顺畅。

基地建设中最关键、最迫切的，还是要尽快进行零部件本地化供应链体系的建设，以降低物流仓储成本，提高生产准时率。为此，贵阳基地与政府密切协作，出台了一系列优惠政策，积极主动开展招商引资。起先一些供应商都不愿意投资，后来由吉利招商引资，政府配合提供土地，并按照供应商的要求把厂房盖好，供应商租用建好的标准厂房，只需带设备、模具、管理人员过来。现在已经有28家零部件企业在基地周边办厂，包括座椅、排气系统等汽车零部件，本地化的供应链就这样基本形成了。

当地政府官员说：“人们见证了吉利贵阳公司就这样建起来了，从一棵小苗木变成了真正的大树，人聚拢了，产品也开发出来了，工业文明的种子，就这样扎根在了这块特殊的土地上。一群吉利人就在我们眼前活跃着，这么拼搏，这么敬业，真的没话可说！”

工业文明的标志物很多，包括物理空间、机器和自动化，还有一系列的制度文化，以及与之相匹配的观念，其实后两者更重要。

但并不是所有的生产制造基地都像台州、宁波和成都一样，员工接受“新观念”后，就可以在很短时间里转化为行动，内化为精神，只要人在那边一站，就能闻出他身上“产业工人”或“技师”的味道。

除了建设中饱尝艰辛，贵阳基地开工后又经历了一场轰轰烈烈的变革。

贵阳基地现有人员85%左右来源于贵州本土，大部分是第一次接触整车制造，培养的周期和成本都比较大，在这些员工入职前，都会进行完整的技能训练，同时通过接受吉利企业文化，增进全员对企业的认同及工作理念转变。2018年下半年，通过上述持续的文化渗透和技能培育，一支素质过硬、业务能力强的队伍逐步形成，能够“应战”了。

启智是多方面的：技术、文化和精神。虽然有一段时间基层员工的流失率较高，但技术、质量和关键岗位，特别是各个厂部的班组长、工艺人员比较稳定。基地管理层告诉我们：“基础岗位的员工，到现在我们还没有办法保证不会变，因为花钱买不了这个。但情况正在发生改变，正在朝好的方向发展。”

针对这些现实状况，管理层采取了很多办法，可以称之为“以极端的方式灌输工业文明和现代理性”，正如《礼记·大学》里说的“君子无所不用其极”。

“质量，首先培育质量的理念”，贵阳基地管理层认为，贵阳特殊的地域性，造成它缺乏大制造业的产业工人，这是大工业的基础，是汽车产业的基本条件。所以对质量的理念，与质量要求相匹配的工作习惯，是管理层最为看重的。一旦认识到质量的重要性，人们的做事方式就会改变。

所以管理层对质量管理这一块，要求可能显得“苛刻”一些，如各部门/单位一把手现场跟线处理质量问题，以及出现低级问题要求员工承诺不再复发，“问题不过夜”，让员工先有根深蒂固的质量意识，再从原理、文化和工具上培育员工的质量理念。

对于一些极端行为，必须严肃对待，哪怕有些人认为是“无情”的。比如，一个装仪表盘里边一个零部件的人，只关注他这个件装得怎么样，不管这个车整体的情况，上下车很随意。装完以后，他会随便拿一个东西往车上一扔，会倚靠着已喷涂好的部件瞎摸一通，脚踩在有涂装漆面的地方，一切都很无所谓。

“一发现这个问题，基地就反查。出问题的这个工段，从他的厂部级领导到工段长，一直到他的班组长，调查从管理到执行过程中出现的问题责任，负有责任的各级人员都要受到连带处罚。这相当于‘网格式管理’，通过严格的质量管理制度，让他对质量事件产生敬畏，跟他个人的利益挂上钩。”管理层这样告诉我们。

最主要的，还是严格执行标准作业指导书，强调一致性，然后再谈创新。

这些工业文明理念和习惯养成之后，员工会主动地找标准，主动地控制过程质量，主动地把产品做成一致。发生的变化是很深刻的。很多员工主动性增强了，自律意识得以养成，文明的习惯逐渐形成。管理层认为，品质离不开人，包括人的理念、人的意识、人的行为、人的习惯。对品质要求宁可“过”一些，而绝不能放宽。

人才培养需要过程，但必须加快，因为时不我待。

一切从细节开始，包括公共生活中的细节。算不上“规训”，只能说是熏陶与引导，持之以恒，真正的产业工人也许就是这样炼成的。吉利汽车集团副总裁、贵阳基地总经理黄勇这样说，“一些人起先总是不接受规范化的管理，但是一旦文化氛围建立起来，就能将规范化体现出来，今天你看到在路上行走的员工，已没有一个会走在机动车道上了”。

有一些员工不能适应就辞职了，留下来的则都是融入和认可吉利文化的员工。一方面要靠时间来改变人，形成大工业所需要的行为规范，另一方面在这样的环境和文化中“型塑”一个人，还是要有更多办法。

李书福的一贯想法，就是员工好了，不管在什么地方都有用，终生受用。基地管理层就从这个理念出发，认为讲安全，讲作业纪律，讲规范，就是要培育高素质的人。哪怕你之后不在吉利上班，你也会比别人优秀，会一起带动身边的人进步。

对不能胜任的人员，管理层采取换岗的处理方式，让合适的人在合适的岗位上发挥出最大的作用。黄勇说，“这不是什么‘铁腕’，一定对事不对人，一定保证公平公正，作为一个大工业必须这样。不是有情、无情的问题，关键是你的行为是不是符合企业的要求。汽车是一辆辆生产出来的，开出去就是一个终端产品。在这个过程当中，如果你出了问题，那么整个管理就乱套了。吉利给了你更大的空间，赋予你更多的责任，你要是不好好做，那就只能‘对不起’了”。

不同的人到吉利工作之后，对吉利的制度、流程、规范这些东西，相对来说都是陌生的，但必须尝试着去做。

工业文明的熏陶，在物质层面和业务之中，产生了极为明显的效果。在贵阳基地的冲压线上，虽然模具、压机和自动输送设备全部都是国产的，但工艺能力、工艺水平却毫不逊色于进口设备，如“一键换模”，两套模具一键自动切换，最快可在2分10秒内完成；再如后围外板，用的是来自浙江黄岩的模具，经过精心调试，最后做到了每分钟16冲次这样的水平，这些在行业里边都是很难达到的。

“使用国产设备，做出了国际水平”，冲压分厂厂长杨建苏这样说，“包括福特等合资企业在内的很多企业的专业人员都到这边来看过，从之前我们追随他们，到现在能吸引像福特等这样的大牌企业关注我们的设备、模具、工艺、产品和管理，这是一个巨大的变化”。

在吉利贵阳基地，生产工艺做到类似国际水平的，还不止这一项。

策马张家口

张家口，号称“塞外明珠”，远近闻名。

这儿是“京津冀蒙”四省市交界处，“风之口”，也是交通要道与兵家要塞。据说五千年前黄帝、炎帝与蚩尤“邑于逐鹿之阿”，开启华夏文明之先河。所辖张北等四县就在摄影家必到之地——“坝上”范围。张家口又是“长城”最多的地区，有华北最大的天然滑雪场——崇礼、赤城。

这里有领克张家口生产基地，打造以CMA架构为平台的多种车型，主力车型是“领克02”“领克03”。

出现在我们眼前的，不是传统意义上的汽车生产制造基地：体积庞大，板着面孔，物流繁忙，发出一阵阵巨响，厂区污迹斑驳。这里像是一个现代艺术博物馆，无论是立面设计还是空间布局，包括几乎悄然无声的厂区，草坪与树木穿插其间，中瑞两国国旗与企业徽标彼此呼应。每一个灯光、铭牌和路标，都是精心设计的，简洁而前卫，国际化元素随处可见。在标识醒目的内部道路上，工具车和小型运送车如此“精巧”，智能化、电子化和艺术匠心，在此真正融为一体。

不远处是一座极为新颖的企业大学——“领克学院”，主体建筑面积5300多平方米，34间功能不同的培训教室，能同时容纳600人以上的培训。各种测试仪器、模具和汽车零部件，安全设施、机器人和教学设备，非常完备。这里既有仿真的场面，也有实际操作的情境，包括培训道场和现代化教室，供讨论与教学的空间，欧式咖啡厅散发出诱人的咖啡豆香味。

时任张家口基地总经理王全心，湖北人，算是吉利人中多处转战的一员“骁将”了。接触之下，发现他的性格沉稳如长城砖石，勇毅如战国武士。如果你在路上碰见他，还以为遇到一个严谨、细心又深沉的汽车电气工程师。当年从武汉理工大学毕业，很快投入吉利北仑基地的他，颇有点“沧桑感”。

他是这样开始叙说的——

集团叫我过来，可能在于我是土生土长的“吉利人”，对吉利的核心文化理解得更深些。之前，张家口基地的骨干大多是外来的。这几年，我们把这个公司的文化架构搭建起来了，把内在的东西做出来之后，再融入吉利核心文化，毕竟“领克”是不可能脱离吉利存在的。集团是希望我们在原有的基础上，把吉利的文化再融入进来，真正变成包括吉利优秀文化在内的国际化“领克”基地。

其实，这项工作还是有很大压力的，企业文化的创建，制度体系的形成，新价值观的养成，不像诠释工艺流程与操作步骤那么容易，但对吉利和沃尔沃来说，这些都很重要。

这个基地的管理人员来自合资企业的比较多，包括福特、通用都有。合资品牌在管理过程中，设计出来的就是定好的，什么都不再动，不像吉利会在制造过程中不断去深挖潜力。摆在眼前的事实是，吉利确实很会设法改进，不拘一格地解决问题。

2019年上半年，工厂设备的“稼动率”[①]很低，设备停线时间一天要个把小时。为了解决这个问题，王全心成立“设备稼动率”提升经营体，设备工程师和设备维修人员必须常驻现场，逐个排查设备，专项提升设备开动率，降低停线时间。通过整改，现在生产线基本不停线，焊装稼动率达到98%，总装接近100%，产能可以达到40JPH，一天能够生产400台车左右，人员也减少了大概1/3。

原先这里按照出勤时间核算加班工资，王全心来了之后改成超产能加班工资，将工厂产出和员工收入绑定，把现场改善和效率提升的红利和员工分享，这样员工收入更多了，企业效益也同步得到了提升。相较计时工资制，员工的加班费根据加班时数核定，员工的收入与效率无关，反而停线越多，效率越低，员工的收入在相同产量情况下越多，这样会让企业进入恶性循环。

生产讲究“三现”主义[②]，现场是会说话的，管理者要能够倾听现场的声音。

有一次基地领导在生产线边听到有个员工在那儿说：“设备怎么还不坏，还不停线？”面对这样的情况，基地领导非常困惑，哪有员工盼着停线的！一定是哪里出了问题。通过深入分析，原来是员工的工资模式导致的，员工是计时工资制，工作时间越长，工资越高，加班费就越多，收入也越高，员工都盼着加班！有了这个导向，生产过程中总会出现各种异常问题，生产老不顺，停

---

① 稼动率：英文称作Activation或Utilization，是指设备在所能提供的时间内为了创造价值而占用的时间所占的比重。

② “三现”，指的是“现场、现物、现实”。所谓“三现主义”，是一切从现场出发，针对现场的实际情况，采取切实的对策解决。

线就很多。这样的问题，不深入现场是不容易发现的。

管理层认为，员工的工资要跟产量挂钩，引导员工提升效率，早做完，早下班。过去15个小时做了400台车，现在用10个小时，同样给你原先的工资，业绩跟产量挂钩。只要任务完成了，就给你应得的工资。其本质在于，让企业的目标跟工人的利益基本保持一致。把吉利本土的传统文化跟外资的管理方法结合在一起，在劳动法的框架之内，解决员工的效率问题。

开始调整的时候，很多员工反对，现在已经没人反对了。道理就在于他的收入没降低，反而高了。

张家口基地给人以国际化的感觉，但如果没有吉利精神的融合，就可能会产生“水土不服”。吉利建立领克品牌的目的，与其说是多卖几款新车型，不如说是想实现品牌超越。不把吉利的文化因子融入进来，领克有可能重新走一遍老路子。

王全心认为，制造的成本控制、工程技术支撑和工艺细节改善，都要想到前方的营销，“要尽全力支持销售去做好市场营销”。首先要把制造成本降下来，用以支持销售，同时要以最大努力做好质量支持销售。“我们也会从侧面去反馈销售存在的一些问题与不足”，制造部门平常也跟营销的同事去开会，提一些建议和要求，讨论价格的制定所需的成本依据，等等。

如今的管理模式，很少有扯皮的事情了。

起码在张家口基地形成了这样一个共识，“因为销售是帮我卖车，研发是帮我开发产品，采购帮我管供应商，反过来我一定要支持他们，包括一些过程设计、产品研发的验证等等，全都要及时参与，提前发现问题，而不是最后在制造过程中产品出现问题了去埋怨”。

汽车公司的环节很多，而客户就一个。

因此，所有制造、研发与营销人士，都要从客户的体验与感受、客户对汽车使用过程中的体会，来衡量自己的专业工作。总之，要围绕客户的各种需求来卓有成效地开展工作。很多具体技术、工艺和商业问题是可以协商解决的，只要大家都有这个想法，那就好办了，这个“老板”就好当。

经营管理上，集团是充分授权的，当然严格监管是必须的。在运营过程中，彼此不需要有太多的掣肘，按照王全心的说法，“在吉利工作的人，只要你努力向上，永远都会有发挥的平台，这就是吉利跟其他企业不一样的地方。凭本事干，永远有这个平台，让你得到发展。‘战败’了之后，吉利还会给机会，让你重新再来，让有梦想的人能得到一个平台，奋斗、成长、发展”。

合资品牌的汽车人到吉利张家口基地后，起先的感受是五味杂陈的。最难接受的，可能是出自企业文化的一些要求。这些员工在合资品牌每天按部就班，这里却是“无限责任制”，特别是产品线经营体制。他们可能会觉得，既然从事制造，把自己这一块制造管住就好了，降低成本应该是采购部门的事。但他们发现这个想法在这里行不通，改变也就从此开始。

在张家口基地，我们随时会发现吉利文化的元素，“大家永远觉得自己不够优秀，永远离淘汰只差一点点”，这是他们对这一企业文化的“另类概括”。危机感来自市场，而不是集团高管，不是李书福本人。这些压力一层层传递，直到每一个人，并转化为一种新的力量：改进的力量，变化的力量。

来自“哈飞”研究院的高飞，一开始就到张家口基地负责规划涂装分厂。

全球汽车业对“涂装”这一工艺的实际控制，主要就是油漆质量，还有涂胶质量，再加上防腐性。针对涂胶的质量，更多的是考虑密封性。“所以我们每两周会抽一个产品的车子，作车身气密性测试，就是车身空气的密封能力，相当于把车身拿过来，门窗都没装，堵上以后对车身里边加压，检测空气泄漏量。我们的车身泄漏量要求是每分钟45立方英尺。如果达不到，里边放个烟幕弹，然后找到这个漏点。”高飞这样说。

人们原先的印象，涂装车间会有很重的气味，有点“脏乱差”，有毒有害。但现在所有人到涂装车间去参观，都会感叹说：“你们这儿怎么闻不着味呢？”涂装车间是完全封闭的，采用新风空调送风，一点味儿都感觉不到。除非你站在喷漆工序跟前，可能会闻到一点油漆味，别的地方根本就不会有。

这儿的涂装完全遵循沃尔沃技术，用的是“SSD”也就是“水性涂料”，且是机器人喷涂，所以车上一点味儿都没有。

亚欧工厂，一个“混血儿”

当你进入“欧美风”的厂区，就会听到不同语种的说话声，看到不一样的肤色、面孔与手势，还有不简单的数据、计算与图形。你还会发现，在这儿差异化的管理方式和文化状态，正形成一个新的管理格局，营造出不一样的“全球型企业文化”。这时，你也许会产生某种迷惑：自己身处何方，他们来自哪里？

这，就是位于台州市路桥区，远近闻名的亚欧工厂。

一家由吉利控股集团投资，按照沃尔沃标准设计与建造，并由沃尔沃汽车集团负责日常运营的全球型生产制造基地，全称“亚欧汽车制造（台州）有限公司”。中国首个CMA工厂，在此生产的基本车型为：沃尔沃全新的“40系”车型、领克01，以及极星2。

2016年至今，亚欧工厂的总经理都由沃尔沃这一方派出，并组成一个经营团队，与吉利方面的管理者一起行使管理职权。之前的那位总经理叫彬文（Benoit Demeunynck），在工厂的建设中发挥了重要作用，如今去了成都“极星工厂”当总经理。就在两年前，亚欧工厂换上了现任总经理奥斯卡（Oskar Falk）。

奥斯卡来自瑞典，取得机械工程硕士学位后，于1988年加入沃尔沃汽车发动机部门，以一名培训生的身份正式开始了他的职业生涯。1995之后他加入动力总成工厂。2001年开始，奥斯卡开始牵头制造工程项目，并于2005年到曼谷负责管理泰国被拍卖的工厂。2009年，他回到沃尔沃发动机制造板块，并在张家口建立了新的发动机生产基地。

后来奥斯卡来到了亚欧工厂。他性情开朗，平易近人，长得高高大大，带着一种热情、优雅与帅气，看上去像个大学讲师。在这次访谈中，奥斯卡保持了工科男的严谨，但又给人以近距离接触中的轻松感。

亚欧工厂的发展背景，起先是由“V项目组”（“V项目”是“并购沃尔沃”的代号）成员来进行筹建的，当时的规划是在CMA平台上生产制造领克01和沃尔沃新车型。这个工厂的定位，采用吉利控股集团投资，沃尔沃团队进行管理的模式，但工厂内的员工都受雇于吉利。

奥斯卡到亚欧工厂之时，工厂已经建成，领克01也在产量爬坡阶段。厂内CEVT人员基本撤退，沃尔沃的人员同步替换成第二批队伍，此时工厂人员的融合非常关键，相当于是一个新的起点。奥斯卡说，亚欧工厂人员构成非常“复杂”，这是其他工厂所没有的：有吉利、沃尔沃、CEVT等各个板块的人员，“开始阶段，更多的是各方人员的冲突”。

上任之后，奥斯卡希望把这个制造工厂的质量、安全及所有其他的工作都提升到沃尔沃的标准，并推到一个更高水平。几年下来，这个目标得以实现。如今欧亚工厂所营造的企业文化，是在沃尔沃文化基础上添加了“亚欧特色”，也就是中国本土的成分。

那么，沃尔沃文化最大的特色又是什么？奥斯卡的回答是：“我认为是沃尔沃的‘WE（我们）’文化，它传递了团队协作、配合的重要性。而吉利更注重的是个人工作任务的交付，注重结果，这也是中国和瑞典文化的不同造成的。比如在供应商的关系处理上，吉利与沃尔沃的方式也是不一样的。如今吉利在很大程度上改进了与供应商的关系，在理念上向沃尔沃靠拢，相向而行。”

亚欧工厂有3个不同车型品牌，让奥斯卡觉得很有挑战性。

问题就在于，不同车型有着不同的客户群体，针对不同车型，品牌有不同的措施。对领克来说，有吉利采购、吉利供应商体系，还有吉利的供应商管控。沃尔沃XC40以及极星，也有沃尔沃人员支持。这一切都需要调和，在保持沃尔沃管理风格的同时，要更多地考虑吉利的因素。

“对于我来说，会考虑如何让工厂得到更好、更长远的发展，第一个最重要的是怎么样存活下来，怎样让领克顺利量产。第二是按照规划如何更好地运营工厂，所以我们制订了一个2021年规划，再就是关注工厂的文化建设。我们在沃尔沃‘WE’文化的基础上，提炼了亚欧工厂的特有文化，就是‘包容’。”奥斯卡说。

这个文化的提炼，是工厂管理层经过三次会议，耗时约大半年才得到的结果。

每周奥斯卡总经理会给所有部门、分厂开碰头会，大家汇报已完成的重点工作和下一阶段计划，或者是一些重要的影响业务流程与运营的事情。在那两个小时内，大家对工厂的大事和下一阶段将要发生的事情，都有一个比较透彻的了解。

每天早上9点到9点20分，工厂会召开早会。总经理、每个部门的负责人，包括制造、物流、质量控制方面的负责人，还有其他主管都会参加，描述工厂每天的运营状态，并在会上作出新的任务布置。

沃尔沃全球副总裁贾瑞亚，每个季度会把所有的工厂都巡视一遍，提出他的要求，检查贯彻和执行的情况，看看整个运行是不是按照他引导的方向发展。

在亚欧工厂，从战略安排到整体落实，从策略制定到车间、部门执行都是一体的，富有秩序感。

如果供应商在产能开拓上遇到瓶颈，亚欧工厂会派IE工程师，包括工厂的副总经理前往协助支持，改善其整体工艺，突破产能瓶颈。对于供应链问题，亚欧工厂的处理方式是从管理层方面给予他们一定的压力，但在另一方面，会派自己的工程师去支持，造成“压力与支持的融合”。

奥斯卡还说，“我在杭州湾研发中心看到吉利在测试一些很智能的新技术，吉利在这块工作上的投入是很大的。这些测试的新技术，完全可以运用到新的工厂中。沃尔沃在欧洲的工厂，如今产量产能非常高，整个运营与管理系统更加稳定。对智能制造，沃尔沃有其针对性的措施，主要是IT方面的融合。

亚欧工厂的生产制造，更多基于沃尔沃的知识体系与工程技术”。

奥斯卡表示，在亚欧工厂的质量系统中，每一辆车都有它自己的账号数据，从最初开始生产到最后下线一直跟踪，车辆的所有问题都会记录在系统里面。一切生产过程都在监控之中。“比如冲压，与沃尔沃系统一样控制生产状态，至于焊装这一块，我们目前在用的一个系统叫AXXOS，与瑞典的系统是一样的。”他这样补充说。

亚欧工厂有一个关于安全提升的项目清单。奥斯卡说，“在‘领克01’车型就可以看到，它已经大量使用沃尔沃安全技术，因此安全系数是很高的”。

当我们问到沃尔沃如何看待中国市场，如何适应中国用户的需求时，奥斯卡的回答是，“同样销售一款车，在欧洲市场会得到更多客户的投诉/意见，例如沃尔沃XC40，最早是在根特生产的。就生产销售后三个月内的客户反馈来看，每1000台车，欧洲会有70个顾客投诉，而在中国生产销售三个月后，每1000台车只有30个人投诉”。

说到这里，奥斯卡在黑板上用笔做了一个示意图，接着说：“我认为中国的客户更加注重于车辆的外观，但这两年发现中国市场有变化。中国近来在手机、IT等模块的发展很快，受此影响，新的顾客在需求点上跟之前肯定会不一样。还有个不同点是，中国人喜欢坐在后座，而欧洲人喜欢坐在前面，两者的感受不一样，这个也是需要在研发与制造过程中加以考虑的。”

说到“沃尔沃重过程控制，吉利重结果”这一话题，我们请教了奥斯卡，问他如何做到“既注重结果又注重过程”。

他的回答是，“目前只能通过更多的时间投入来弥补。比如向安（聪慧）总展示车的时候，他要是有不满意的地方，就会要求我们作出调整，但没人会关注这个流程到了哪一步，是否适合再改动。（对有些临时性变化），其实我们会感到不悦，然后吉利就会给予我们最大的支持，最终还是达到满意的结果。这就是文化的差别，有时让人觉得挫败，有时候也感觉很有意思，过程是痛苦的，但最终总能找到解决的办法”。

那么究竟如何既保持沃尔沃的工作方式、管理理念，又适应中国的市场环境和文化氛围呢？

这位被称为“奥斯卡总”的北欧人，也学会了将瑞典拳术与“中国功夫”糅合在一起。谈到这里时，他笑着说道：“我认为你需要倾听员工的心声，这里有很好的管理群体，有很好的员工，有时候这种关系是相互的，不一定是你领导他们，有时候他们也会带领我。虽然有时候也会出现误解，有时候你不理解中国人话语中背后的意思，所以我需要在了解背景后去解读这些话，然后作出一些决定。”

奥斯卡关心的是怎么发挥各个品牌的“协同效应”。他认为，让这些品牌健康、良性发展是很难的，也是非常重要的。所以，他对“未来”既充满希望又有点担心——更多的是看到希望，“我认为不管是吉利也好，沃尔沃也好，收购沃尔沃对双方都是非常有利的。对于董事长来说，这是个很明智的选择”。

在亚欧工厂，一切都是新的。

这里的运营模式是混合的、灵活的，东西方管理元素兼备。吉利汽车和沃尔沃汽车虽然都属于吉利控股，但它们是两个不同的汽车集团，至少现在来看如此。亚欧工厂是由一个中国汽车集团来投资，一个西方汽车公司的人来运营的企业，这很可能是非常独特的一种模式。当然，在这里沃尔沃的管理模式还是主体，是一个经过再造的主体。3个品牌完全隶属于3个独立运营的汽车集团，在这样非常独特的工厂架构与运营模式下，能够很好地把不同的文化、不同的管理理念、不同的管理风格融合到一起，恐怕是全球少有。

当年的通用，有别克品牌、雪佛兰品牌和凯迪拉克品牌，虽然一个工厂生产3个品牌，但它隶属于同一个体系。亚欧工厂则完全不同，在这种非常不同的条件下能够运营起来，而且已经形成规模，绝非易事。因为在日常管理中，各方管理思路与理念不一样，需要协调的东西性质也不同，不是合并同类项就能奏效的。

设立这个工厂的意义，还在于塑造了一个吉利与沃尔沃互相学习、全面交流的平台。沃尔沃要向吉利学习控制成本的能力和迅速应对市场变化的能力。吉利要向沃尔沃学习技术、工程与体系，包括生产管理流程、质量控制等方面的经验。亚欧工厂之所以诞生，不仅仅是要造出几款好车。

亚欧工厂的整体设计，包括四大工艺都是很先进的。

从空间布局、制造流程到生产线、道路、系统、物流、测试，可以感知到一种新工业生态的形成，以及人性化的种种细节。就冲压而言，这里有完善的检查系统，来确保每一个零件的尺寸、精度还有面品都是合格的，保证按照标准和要求去做。所有的生产过程都是自动化的，如冲压车间自动化拆除、自动化清洗、自动化抓板料，最后把零件放到传送带上。整个模具工装切换，3分钟之内就能完成，属于目前行业顶尖水平。冲压分厂厂长郑辉告诉我们："在效率与质量控制上，用的是沃尔沃的管理系统与质量控制系统，它的先进性与稳定性没有问题。"

负责生产计划与物流方面的一位管理层人士说，每个月要生产多少台车，来自3个不同集团的不同品牌，就要平衡三方对我们的需求。如何既满足他们的需求，还要平衡亚欧工厂的产能，这就不是一件容易的事。如果不能达成一致意见，又怎么来满足3个品牌对市场的需求？这需要一些极为复杂的计算与调整。

还有，其他工厂所有零部件都是由供应商自己送到基地的，亚欧工厂包括沃尔沃其他工厂，由主机厂的物流承运商到零部件企业去上门提货。起先这个问题令吉利人费解。"怎么跟吉利方面进行交流，获得大家的相互理解，还是需要花一定的时间。大家充分交流，互相理解这种模式的优缺点，权衡利弊的前提下，结果是认同了我们选用的那一种。"潘亮说。

沃尔沃制造与物流方面的高级副总裁换成来自"丰田系"的贾瑞亚，全球沃尔沃现在逐步接受丰田的管理方式，按照亚欧工厂一些管理者的说法，"并不是完全照抄，但我们必须吸收它的长处"。导入精益变革，贾瑞亚把丰田系一些管理经验带过来，给亚欧制造与物流系统带来了不少转变。

准确地说，如今沃尔沃采取的是两种管理方式的折中，既要体现精益生产的高效率与减少浪费，也要体现高技术含量、汽车工程的先进性，力求“鱼与熊掌兼得”。

从台州再出发

2016年12月12日，“吉利汽车临海产业园”扩建项目开工。

一年零九个月之后，随着年产30万辆产能达产，一座规模恢宏的吉利“汽车城”现出“真身”。按照集团副总裁潘巨林的说法，从早年手工作业为主转变为智能化程度很高的现代工厂，吉利临海新基地具有“里程碑式”的意义。对面就是高铁站，开阔的厂区、繁忙的物流、充满活力的生活区，与吉利汽车配套的部分供应商厂房，还有即将诞生的汽车工业区广场，构成了不逊色于当年“底特律”的汽车工业图景。

就在李书福预言“这里将会崛起一座‘底特律’”之后20年，一切都得到了应验：以阳光、海风与铁路站为背景，一座现代化、国际化的汽车城，屹然矗立在临海市头门港，正闪耀着令人惊异的大工业之光。起风时，象征产业理想的旗帜翻卷着，被染上了一层透明的海蓝。

潘巨林告诉我们，建于1997年的吉利豪情工厂由于地势低洼，每年一刮台风就地面淹水，屋顶漏水，而临海几乎每年都会受台风影响，成了“心头大患”。豪情公司固然为吉利立下汗马功劳，但是从现在的眼光看，不折不扣是个“工厂老、产品老、地方老”的三老基地。加上原来设计的时候，不是专业的汽车工厂标准（用于造摩托车），厂房质量与高度都达不到要求。如果没有好的地方可以搬迁，这个制造基地或者关掉，或者需要转型。

临海，是吉利进军汽车的“集结地”，包括李书福本人在内，大家都对它有难以割舍之情。

潘巨林回忆说："当时我跟董事长说，能否跟政府商量一下，再物色一块地方，搞一个比较现代化的工厂。对此董事长非常认可。找来找去，正好头门港开发区需要引进大企业，那儿虽然有点荒芜，但确实适合建大工厂。那时候这儿一边是鱼塘一边是荒滩，但是我们有信心建新基地，这就把吉利临海新基地定下来了。"

后来政府给予一揽子支持政策，给了这块地，把离市区较近的老工厂收回去。"这真是一举多得的好事。整个规划作得很成功，新工厂没建之前，就把工人住的地方先解决，安居乐业，大家就有劲头。"潘巨林这样补充说。

走进吉利展览大厅，一个声音似乎从时间那头传来："让我们走进吉利梦开始的地方。"这句话很能打动员工们，也感染了用户和公众。正是这些吉利人，硬是将这些荒无人烟的地方，建造成为一个智能化、现代化的汽车专业领地。这个制造基地引进瑞典APP、德国马尔、奥地利福尼斯、美国尼尔森等国际顶级的机器人，采用智能化管理，很快就形成了生产能力。

潘巨林向我们演示了新车型的各种功能，"最简单的测试是关车门，只要它在中间的位置，你只要给它一点点力，这个车门就能够自动关进去，这个工艺考验的是制造的精密度。原来造出的汽车，有时用力关也关不上车门，如今你感觉如何？别小看这一点，这个技术水平有些豪华型品牌都做不到"。

这个临海新基地，从各个侧面体现出吉利汽车3.0工厂的特色。为了打造环保节能工厂，在商品车停车场以及各种场合，全覆盖太阳能光伏发电板，所生产的清洁电能直接服务工厂，对环境保护尽一份企业的责任。

到了"四大工艺"车间，人们看到了一派繁忙景象，工业秩序感早已建立，空间布局呈现了工业化后期的现代感与"梦幻状态"——犹如一幅后现代画面——更多的自动化管理，更高层面的整合与分工，以及更加精准的生产节拍。

现在谁能想到，所站立的这个巨大的汽车制造基地原来是个鱼塘，还紧挨着大片荒地。

潘巨林说："说到整个汽车城的规划，我们选的是火车站的南面，工厂处于城乡接合部，现在看来这个位置还是非常好的。后来安总（安聪慧）也非常支持，把全新帝豪GS/GL车型放到这里来。从建厂到产品下线，我们用短短3年时间把它建成了，台州市也非常满意。”

吉利老制造基地的创业精神，在这里得以传承。

尽管环境变了，制造者面对的生产线、设备设施和工具方法都不一样了，但当年造车之初的那种精神依然受到尊重。“以前靠能吃苦能敲榔头能挥锹，现在一个榔头都不需要了，全自动化、智能化、数字化，对工人素质也有了新的要求。轮岗、交流，这样大家会由此改变，成为多面手，成为适应新的生产环境的工匠，同时也是能人。这样的能人是有知识、能力和技巧的，员工的精神状态完全变了，眼界也开阔起来，看到的是世界汽车产业的图景，但‘师傅带徒弟’传统还是没有变。任何时代都有师傅与徒弟，都存在着这一层关系。一代代传承下去，重点是培养新人。传授内容不一样，但精神实质是相同的，这是吉利赖以生存的根本。”潘巨林这样告诉我们。

谈及如何控制质量的问题，潘巨林是这样说的，“我们还是要虚心学习，不光我们自身要进步，还要吸收欧美、日本汽车制造业的长处”。按照他的说法，“现在沃尔沃就有现成的经验，还有技术高度、汽车工程的系统性、生产与物流的管理经验，这些都可以共享”，他把沃尔沃说成“自己家里人”，颇能体现吉利人此刻的心态。

这一语境里，潘巨林说的“自己家里的东西”，更多地是指管理方法、体系力和企业文化，当然也包括技术合作。

吉利汽车制造基地之一“福林国润公司”，位于李书福的家乡路桥，人们习惯上称之为“金刚公司”，或“路桥公司”。

路桥公司建于2002年，当时吉利跑车“美人豹”就是在路桥下线的。后来又把在临海基地生产的豪情SRV，也放在路桥生产了一段时间。2004年开始，路桥公司“四大工艺”贯通，同时研发吉利新的“金刚”车型。2006年在此生产的金刚上市之后，与自由舰一起发挥了很大作用。早年与李书福一起干汽车的顾伟明[①]，在故乡的吉利制造基地上，辛勤耕耘了好多年。

作为一个台湾人，亚欧工厂总装分厂厂长王文廷曾谈起自己第一次接触路桥公司的印象：

> 2018年12月，我第一次去路桥工厂——吉利现存历史最长的一个工厂，给我的最深印象，倒不是说这个工厂有多老，而是路桥公司的同事们能在这种硬件设备、工艺设备条件下，每天做出那么多辆车。那时远景X3一个月要卖1万台，尤其是夏天车间里非常热，没有空调，里面的温度跟外面差不多，却一天造出400台车，非常不容易。

2012年，路桥公司开始慢慢走下坡路，因为这时远景、帝豪的销量起来了。2015年之后，一下子上来了博瑞、博越两款车型，意味着吉利的发展方向发生巨变。之后，路桥公司度过了极为艰难的3年。

那时大家都很困惑，甚至有点悲观。顾伟明不甘心让这个工厂消失。可以理解的是，作为与李书福一起干汽车的这一拨吉利汽车人，的确不想让吉利“发家之地”，同时又是董事长家门口的基地就这样进入衰退。“真的很不甘心，我们必须要自己想办法搞一个新产品出来。”路桥基地常务副总经理王波这样说。

每次开会商议路桥公司何去何从，顾伟明总是这样强调，“集团对路桥公司不可能再有大的投资了，只能靠我们自己想办法，干成想干的事情。我们一定要面对现实看清形势，抓住新的市场机遇，去完成这个转变”。所谓“新的市场机遇”，指的是2015年中国汽车市场的一个变化，原先轿车一统天下的格

① 顾伟明：曾任吉利控股集团副总裁、吉利集团路桥汽车工业基地总经理，2020年因病逝世。

局被打破，SUV飞快增长，出现了一个“分水岭”。

于是，从2015年开始，路桥公司尝试在吉利CS515这款车（就是CE-1）基础上，推出一款小型SUV，也就是“远景X3”。2017年8月新车上市之后，彻底改变了路桥公司的面貌。一直到2020年疫情发生，将近两年零4个月时间里，“远景X3”都是处于欠单（供不应求）状态。

路桥公司开始酝酿转向“远景X3”时，安聪慧很支持，放手让他们去大干，但是要求“钱要少花一点”，因为不知道到底能不能开发成功。事实上，只花了不到1个亿的钱，就把这个新车型开发出来了。“远景X3”定位是A0级SUV，售价5.5万到6.5万元，上市不到10天，订单接了将近2万台。

“远景X3”为什么销量这么好？王波分析了几大因素：

第一，是吉利的“品牌红利”。并购沃尔沃之后，吉利的品牌形象上来了，也就是说很多客户是奔着吉利来的，进4S店一看，“还有这么便宜的车，品质跟GS、GL差不多”，就满心喜欢。“远景X3”这个品牌很有感召力，成为用户走进4S店的“诱惑力”。

第二，定价很适合。当时市场上只要是SUV，肯定定价都在7万元以上，而这款车定到了5.5万到6.5万元，恰到好处。实际上，这个车的外观、配置、性能都不错，车感很好。

第三，定位精准。路桥基地管理层充分理解安聪慧提出的“以客户为中心”理念，正如路桥基地一位管理者所说，“客户要什么我们就做什么，真正地做了客户想要的东西”，比如真皮座椅、倒车影像、天窗、铝合金轮毂、行车记录仪都有，还有定速巡航、语音导航，性能、操控、配置等都完全超越了8万元这一档次的配置。“远景X3”的刹车距离已经做到38米，也就是说，100公里时速的时候，在38米内能刹住车，这是非常过硬的性能。

第四是质量过硬。车卖出去客户抱怨越少，这个车在客户当中印象就越好，这方面“远景X3”也创造了纪录，市场索赔率为千分之十二，意味着1000台车在客户手里使用一年，只有12台车返回到4S店维修，跟丰田车相比质量非常接近。

除了稳定人心，对员工进行企业文化锻造之外，路桥公司对基础建设也进行了投入，厂房、设施与设备改善了不少，该上机器人就上机器人，并且实行分步投资，“积跬步至千里”。

吉利路桥公司当时设计产能是双班一年10万台的产能，2018之后这两年，每年1.5班都生产到了16万台，在没有大投入的情况下，比原来干得更多。那段时间，顾伟明天天给干部们开会，就说一句话：花小钱办大事，将不可能变成可能。李书福的想法与做法，全部在这里得到“极限验证”。

就对标来说，路桥公司是分几个渠道对标，将零部件分拆开来对标，总的目标是“成本最低，质量最好”。“大家能看到的是汽车表面的精细化，吉利金刚原车型关门很重，要花力气，现在做的车门确实可以跟合资品牌抗衡”，路桥基地负责人补充说。

安聪慧给大家提了一个目标，“一定要做你这个车型的细分市场的‘老大’”，路桥基地就奔着这个目标去做。路桥基地一位负责人说，“远景X3的细分市场是A0级SUV，标杆车型是宝骏510，它能一个月卖30万辆，我们就从这个出发跟它对标。大家都一门心思地往这个方向去做，就有可能把这件事做成”。

隔一段时间路桥公司内部员工就要进行轮岗，干部实行跨部门调动，提升能力和素质，并把“师傅带徒弟”标准化。各个岗位的员工，必须做到“一会三，三会一”，也就是“一个人至少会干3个岗位，一个岗位至少有3个人会干”，把员工培养成多技能工人。还成立了“吕义聪[①]工匠集训营”，让吕义聪

---

① 吕义聪：1983年10月出生，安徽定远人，浙江吉利汽车路桥公司总装厂总工程师，通过不懈努力，从一名普通的汽车装配工，快速成长为高技能技术工人。24岁时成为“浙江省职工技能状元”中最年轻的一位，2007年获得全国汽车装调工大赛第一名。拥有50多项改善创新成果，其中2项获国家专利，是吉利汽车路桥公司唯一一名七星级员工。曾荣获全国劳动模范、全国五一劳动奖章、中国青年五四奖章、全国技术能手等称号，被誉为“‘从打工者到工程师’的汽车调试专家”。

去招徒弟，培养第二个吕义聪、第三个吕义聪，现在已经毕业的达到100多人，培养出来的人能力超强。亚欧工厂的不少员工，是路桥公司这边培养出来的。

谈到用户与市场，路桥公司管理层深有体会，“对用户不仅要满足其需求，而且要让他们有好的体验。路桥公司的品质，也随着这3个过程在转变：先把实物质量做好，最起码客户用车时不发生实际的故障；其次要用得舒服，感觉这个车挺好，从实物质量转到感知质量；最终，用户对车子很有感觉，甚至真正喜爱这个车子。要以客户体验的这种感觉为目标，来提升我们的产品质量。客户需要什么，我们就做什么事情，包括语音导航，胎压实时监测，都是在满足客户的不同需求”。

吉利汽车一直在研究这个问题，怎样理解客户的需要。不同价位的车，客户的需求不一样，还有客户的年龄、身份都是值得研究的。要研究配置与价格的关系，如皮椅、倒车影像、天窗，是现在的客户必须要配备的，把其他成本节约下来，这些配置哪怕成本高一点也要满足客户。不同的客户群在不同的年代，需求随时在发生变化。

路桥基地，不跟别人比工厂有多先进，关注的核心就是保证品质。花心思去做的工作，一定会有成效。“比如车身焊接，其他基地基本上都是机器人，相比之下路桥基地靠人工焊接更多一些，那么如何保证焊点稳定可靠？其他基地一个星期检测一台车身，我们有可能一天要检测好几台车身，通过这样的办法，来弥补设备的薄弱环节。”王波这样说。路桥基地的吉利人所花的心思，所投下去的努力，真是难以想象。

台州滨海吉利发动机有限公司，距离台州市区约15公里，主要生产供吉利及沃尔沃多车型搭载的2.0TD发动机，这个产品使得吉利汽车集团整车的技术水平、动力性能进入新阶段，能够满足“欧六”排放法规的要求，为星越、领克等车型后来的批量出口打下了坚实的基础。

台州发动机工厂总经理石刚、运营管理部部长何勇，听上去的感觉仿佛台州发动机工厂的“哼哈二将”。

这款发动机，来自由沃尔沃主导开发的Drive-E平台。目前沃尔沃XC40\XC60等车型配置同型号发动机，与这款发动机是以同样的工艺路线、生产方式生产，该发动机是沃尔沃Drive-E系列发动机中的高端动力产品，连续三年获得“沃德十佳发动机”称号。

动力总成方面，如今吉利与沃尔沃完全可以合并研发、生产和交付，成为真正的“一家人”。①

这款由台州发动机工厂生产的发动机，各项指标并不比沃尔沃原厂有明显差异，质量表现也相当优异。这也是“站在前人肩膀上”成长，因吉利动力总成生产线是在沃尔沃的基础上建成的，之前一些出错的地方也纠正了，设计中曾存在的问题也进行了规避。

汽车发动机的要求是：精、细、专。

动力总成方面，吉利已经站在全球“第一梯队”，包括设施设备、加工能力、设计水平、验证水平。亚欧工厂总经理奥斯卡，是发动机工程师出身的，他到台州发动机工厂现场，认为“做得不比沃尔沃差”。戴姆勒专家考察吉利一些发动机制造基地后表示：吉利发动机制造基地处于全球顶级水平。

台州、义乌等吉利动力总成基地全面采用沃尔沃工厂标准，引进高端智能设备来生产制造精品发动机。与此同时，融合了丰田管理方式、智能管理、网联化管理系统，自动化、精细化生产线，柔性生产工艺，特别是科学的管理流程。

效率提升了、工艺精细了，没有科学的流程管理是不可能的。

台州、义乌的吉利动力总成基地，是个“全流程品控可追溯的智能大数据

① 2019年10月，吉利汽车集团与沃尔沃汽车集团宣布双方正在探索合并旗下发动机业务的可能性，旨在建立全球领先的动力总成业务单元。此次整合计划，将使双方在研发、生产、采购及运营方面的规模化效应进一步提升。

工厂”。具体来说，就是通过对发动机零部件的RFID身份证管理，实现全制造过程的质量数据的追踪与捆绑，全线过程数据可以实时上传、分析预警与报告推送，最终保证零部件质量的精确可追溯。在这里，装配线使用ABB机器人、ATLAS拧紧设备、自动涂胶测试等自动化设备，涂胶工位采用可以自动检测涂胶精度的国际知名品牌Cognex的摄像系统，关键螺栓拧紧工位采用全自动设备拧紧，前后油封压装采用伺服电缸压装，整条装配线三分之一工位为全自动无人工位，完全代替了人工及传统的设备搬运模式。

这里的制造精度可达微米级（一根头发丝直径约为8.2微米），被称为世界级智能制造的“微米工厂”。

整个管理模式都在逐步地统一，因管理者来自各大汽车公司和吉利内部，管理风格肯定不一样。下一步要统一管理模式，都是GPES（吉利精益生产模式），这是通过丰田的精益生产模式融合吉利特色的一个管理模式。“我们要有一个共同的语言，共同的思维模式。否则每个人来了之后，都按照自己的套路去做，最后对于我们整个组织来讲，肯定是不好的。”石刚这样对我们说。

可是，当年要做这件事面临何等困难的局面！

何勇是这个项目到岗的第一人，石刚第二。石刚说，“刚开始的时候，这个项目是一片水塘，10个大水坑。之后慢慢地填建，经过两年多一点的时间才建成。首先把水先抽干，把淤泥清掉，全部挖到一定的深度，再去填海砂，我们将几百万方海砂运过来，整个地全用海砂填掉。填完以后再打桩”。

他们计算了一下，地底下有将近6000根长度60米的桩支撑着这个工厂。

总经理石刚还对我们这样说：

当时沃尔沃这款2.0TD发动机供货严重不足，董事长和安（聪慧）总在年终大会上多次要求，说你们这个2.0项目如果提前一天，我们的“领克”就可以多卖一天的车。就这样逼着我们使这个项目提前了半年。为了上这个项目，我们两个春节都没有回家。

安总到这里来了好几次，说“你们缺什么条件，需要我支持什么，尽管说”，来一次就让我们提一次，就是要我们赶快把项目搞上去。他这个人就是这样，让你没有退却的余地。刚开始他说“你们要提前3个月完成”，下次再来就要求“至少提前半年”。真的还给他逼出来了，后来我们整个项目提前完成，得到了集团的肯定。

2019年的1月13日这个基地就“SOP”了，比计划提前了整半年的时间。2019年台州发动机工厂获得了集团优秀经营体奖，因为项目提前了半年，集团奖励了这个基地70万元。

访谈结束时石刚和何勇对我们说，在吉利就是能开放式地做项目，“集团从来没有捆住我们，上面不会来指手画脚，给你目标、任务，放开干就行了。这个项目没有受到任何阻碍，我们就一门心思考虑怎么能够保质保量、提前投产。建成和运营这个项目，我们没丢老板和公司的脸”。

第十五章　宝腾-路特斯

国民汽车

2017年6月23日，马来西亚吉隆坡。

签署完并购宝腾-路特斯正式协议后，李书福与到场的吉利控股集团高层缓缓走下台阶。即将到达一层时，他突然扭过头来，露出标志着精神放松的笑容，召集大家拍一张合影。于是，参与这次收购的团队成员们，纷纷向李书福靠拢，20张意气风发的脸庞，就这样定格在照片中。

对于吉利汽车和马来西亚来说，这是一个历史性的时刻。

十多年前，吉利就开始寻求进军东南亚市场，却几经折戟。这一天的到来，既标志着一段酸楚岁月的结束，也意味着另一场战斗号角已然吹响。而对马来西亚来说，这次并购同样意义非凡，“宝腾汽车”这颗国家工业明珠，被赋予再次迸发光芒的原动力。

宝腾，是马来西亚一个自主汽车品牌。更准确地说，是唯一一个。它的诞生和马来西亚第四任总理，一位没有贵族背景、没有在英国深造过的总理——马哈蒂尔密不可分。

马来西亚此前是英国的殖民地，直到1957年才摆脱殖民统治。但在20世纪70年代前，马来西亚经济结构中，占主体的依然是农业经济，对外出口以初级产品为主。

马哈蒂尔在1981年7月当选为总理后，带领马来西亚逐步走出了单一的殖民地经济结构，转向形成相对独立自主的经济结构，建立了马来西亚自身的独立经济支柱。在这个过程中，马哈蒂尔采用的是“学习日本”和“向东看”的策略，并收到绝佳的效果。

借此，马来西亚也成为后来的“亚洲四小虎”之一。

汽车产业是马哈蒂尔外交和经济战略中的重中之重。早在担任马来西亚副总理兼国际贸易与工业部部长时，他就提出了建立本国汽车装备制造业的意见，并早早地开始布局，甚至提出“国家汽车发展计划”，尽管该计划并未获得国会通过。

除了公路等基础设施的修建外，他还利用贸工部部长的身份发布了一系列支持汽车产业发展的相关政策，如整车进口许可制和鼓励汽车产业投资等产业政策；他通过和日本三菱集团的接触，获得三菱公司的技术支持；他亲自参与设计汽车信贷产品，刺激消费者的购车需求。

1983年，踌躇满志的马哈蒂尔对外宣布，要在2020年时将马来西亚建设成一个工业化国家。在这一战略带动下，马来西亚政府建立了“宝腾汽车公司”。为了给宝腾创造出足够的市场空间，马来西亚出台的保护性政策简单、直接、有效，即树立牢固的壁垒，对进口汽车征收高昂的关税。由于具有价格的优势，宝腾一度很畅销，市场占有率曾高达65%。

历史数据显示，一直到2005年，宝腾一直都占据着马来西亚汽车销售冠军的宝座，在马来西亚的市场份额甚至超过80%，并完成了对英国著名跑车品牌“路特斯”的收购。

1992年，马来西亚政府准备让宝腾进入资本市场，马来西亚重工业社将所持有的所有宝腾股权，转到另一个由政府直接管辖的国家股权基金（Khazanah Nasional Berhad），目的就是希望宝腾能够通过资本市场走上一条独立发展的道路。

1992年3月26日，宝腾汽车以马来西亚“国家汽车工业集团有限公司”的名称在吉隆坡股票交易所挂牌（2004年，上市公司更名为宝腾），总市值10亿林吉特（折合人民币15.7亿元），共募得资金5.49亿林吉特（折合人民币8.62亿元）。宝腾，是马哈蒂尔最重要的信用资产之一。毫不夸张地说，它承载着几代马来西亚人的民族骄傲，是马来西亚工业的精神所在。

受到百般呵护，身处马来西亚举国投射的聚光灯下，宝腾却遭遇了滑铁卢式的衰败。

1996年，在推进国有企业私有化改革进程中，马哈蒂尔对DRB公司的创始人、颇具实干精神的叶海亚委以重任。在叶海亚的带领下，DRB这家汽车贸易与零售公司，逐渐渗透成为梅赛德斯–奔驰、大众、铃木、本田等公司在马来西亚分公司的股东。

叶海亚不负众望，他用自有资金与HICOM交叉换股的形式，完成了HICOM的私有化工作，DRB–HICOM集团正式建立。他向马哈蒂尔建议，宝腾应该“增加合作伙伴，打造自己的研发实力”，并建议宝腾收购英国路特斯。

谁也没有料到，1997年，因为一场偶然的飞机事故，准备放开手脚大干一场的叶海亚意外去世。一时间，各种政治阴谋论甚嚣尘上，但对宝腾来说，更为客观的一个情况是：自CEO叶海亚意外去世后，宝腾就面临着独立研发所带来的周期性风险。

1995年至2000年长达5年时间里，宝腾竟然没有任何新车上市，尽管在1996年有一款基于PSA旗下AX平台开发的超级小车Tiara，但这款产品在叶海亚去世后已被放弃了。

那一阶段，恰逢亚洲金融危机爆发。宝腾的策略是降低产能、降低销售量，只追求提高单车利润。但政府依然在帮忙，保护性汇率令本国货币处在贬值状态，致使进口零件成本上升，迫使日韩车企缩减了在马来西亚的生产和进口。宝腾在这场金融危机中扛过了产品断代带来的风险，却忽视了自主研发的周期性风险。

实际上1983年宝腾汽车公司注册完成时，仅仅是一具空壳。通过中间人介绍，马哈蒂尔接触到日本三菱集团，后者还成为宝腾的重要股东，通过直接占有和子公司间接占有的方式，控制着宝腾30%的股份。但自主研发带来的不确定性风险，令宝腾的大股东改变了对它的发展策略。

1996年至2004年的独立研发，以及内部经营困难，让三菱集团逐步失去了对宝腾的投资兴趣，先后在2004年和2005年分两次将其所持有的剩余股权卖给了马来西亚国家股权基金。在与三菱的资产交割中，马来西亚国家股权基金也对DRB-HICOM在宝腾的经营表现失望，2004年，DRB-HICOM所持有的宝腾经营权和股权一并被马西亚国家股权基金回收。

从1995年算起，宝腾空缺了整整一代产品，在这长期的期待与失望中，宝腾与北鹿大的产品竞争逐渐处于下风。

2003年10月29日，马哈蒂尔辞职，巴达维成为马哈蒂尔的继任者。2009年，纳吉布成为马来西亚新一届政府总理，他随即颁布了全新的“国家汽车政策”，并希望将本土两大车企宝腾和北鹿大合并，以阻止跨国企业对马来西亚的冲击，但该计划因北鹿大方面的不配合而最终放弃。

为拯救产能过剩的汽车产业，马来西亚政府推动宝腾汽车进行私有化改革，宝腾最终成为DRB-HICOM旗下的一家子公司。

结缘宝腾

吉利对宝腾的并购并不一帆风顺，经历了几次起落、几次进退维谷、几次峰回路转。

从李书福与宝腾结缘，到第二次谈判，再到差一步就成功的技术输出，在一次又一次的合作进展和失败中，双方不断增进了解。吉利对宝腾乃至马来西亚内部的矛盾关系，以及宝腾对于马来西亚的意义有了更深的领悟，而宝腾也体会到了吉利的合作诚意。

李书福对东南亚市场的关注，早在十几年前就已经开始。2005年李书福将目光瞄向年销500万辆的东南亚市场，最终和“一位马来西亚经销商集团老板”苏锦鸿达成协议，与IGC集团在马来西亚合作制造、组装和出口吉利汽车。但这份协议遭到马来西亚保守人士的抵制，认为价格低廉的中国汽车会抢占宝腾汽车原有的市场份额，给宝腾带来巨大损失。

于是，孕育在母胎中的吉利“马来西亚项目”就此搁浅。

2012年，宝腾成为马来西亚最大民营企业DRB-HICOM的子公司，DRB-HICOM的掌门人萨义德认为，宝腾以往依靠引进改装日系品牌老旧车型的发展思路已经被市场淘汰，必须找到在技术和研发生产平台上能够帮助企业的人。这时吉利提出，愿意在瞄准欧美市场正在与沃尔沃联合开发的全新产品平台上与其开展合作，萨义德对此很感兴趣，并促成了马哈蒂尔与李书福的会面。

回忆起这次晚宴，李书福依然难以抑制一种庆幸之感：“这不是一次形式上的安排，而是直接关系到未来吉利与宝腾合作的一次会面。”吉利与宝腾合作成功之后，马哈蒂尔到杭州吉利集团总部考察时，其鲜明的个性、健硕的身体和锐利的目光，让见过他的人无不留下深刻印象。

经过初期的接触，宝腾和吉利双方尝试推动合作。吉利随即向马来西亚派驻包括产品、技术等方面的团队，并着手制作商业计划书，然而，因为三个方面的原因，这次合作出现了变数。

压力首先来自“认识不明朗”。宝腾及马来西亚各方一直对中国汽车企业的技术和产品实力有所担心，认为一旦入股，马来西亚就会失去民族汽车工业。其次是“意见不统一”。宝腾各方意见不一，且相互之间也在博弈。最后一个是“预期不确定”。习惯了国企体制的宝腾汽车难以适应DRB-HICOM集团的运营方式和考核制度，两个集团原有职工之间对企业发展存在着不小的分歧。DRB–HICOM集团希望尽快找到帮助宝腾扭亏为盈的合作者，而国企思维下的宝腾员工却抱着“人在厂在”的老旧思想。

最终，吉利与宝腾的第一次合作搁浅了。

转眼到了2013年，伴随着并购后的吉利与沃尔沃汽车协同的全速推进，李书福着手布局外界耳熟能详的SPA与CMA平台建设。而宝腾在进入2013年后，市场业绩不断下滑，马来西亚政府与DRB–HICOM集团都不希望这种颓势继续下去，掌门人萨义德再次想到了吉利。

这一次，他找到了祖籍中国福建的马来西亚总理对华特使黄家定，主动到中国向李书福发出邀请。

李书福并没有纠结于之前合作告吹的失望中，他明白吉利和宝腾的合作并不只是两家公司的事，而是牵涉中马两国经济发展的大事件，经慎重考虑后，李书福答应了邀约。

会面中，马来西亚方提出“双方共同成立一家汽车合资公司，既不叫吉利也不叫宝腾，而是做出一个新的品牌”。李书福当即否定了这一想法，“马来西亚不需要新的汽车品牌，中国更不需要再做一个新的汽车品牌”。

为了让对方真正认识吉利的合作诚意，李书福提出了一个新的合作规划，包括：帮助宝腾首先扭亏为盈，通过引入车型，逐渐回到宝腾过去在东南亚市场的顶峰，最终形成一家百万辆规模的汽车企业。他还提出，将路特斯品牌加入此次合作中，利用吉利与沃尔沃联合开发的SPA、CMA平台，将路特斯打造成一家全球超级豪华跑车和超级豪华SUV企业。①

这也是“路特斯”首次被纳入合作议程进行考虑。

李书福抛出的这个思路，将整个会晤内容提高到了另一层面。萨义德为李书福如此宏大的格局观所感动，也清楚看到了吉利的诚意，当即表态同意合

①吴迎秋：《李书福的汽车密码：吉利并购宝腾路特斯始末》，人民出版社2018年版，第24页。

作。但这一合作最终却遭到了马哈蒂尔的拒绝，他坚持要保持宝腾所有权的独立。

更大的变数，却是宝腾与金星的官司和解。

宝腾与吉利的合作，经历了两次签约被推翻的过程，有一个很重要的原因就是马哈蒂尔坚守的东莞金星路特斯合作项目。东莞金星重工主要生产销售汽车配件等，后业务逐渐扩展到更多汽车业务。2002年6月17日，宝腾来中国寻求合作伙伴，最终与东莞金星重工签署合资协议，以宝腾占股49%、金星占股51%的形式成立“金星宝腾汽车有限公司”。

但此后5年，金星始终没能获得生产资质，合作项目已确定无法开展，双方最终对簿公堂。作为促成与金星合作的牵线人，马哈蒂尔不愿改变自己的方针。为了进入中国市场，对冲马来西亚市场不断萎缩的销量，宝腾与金星打了7年的国际官司才和解。最后，路特斯和金星重新签约，明确将一起合作，包括开发新的车型，并希望路特斯在中国落地生产。但实际上，后来金星依旧没有获得资质，合作还是以流产告终。

三心二意的宝腾和无法绕开的金星，成为吉利与宝腾合作初期最大的不确定因素。

面对宝腾不断下滑的市场份额，以及亏损了15年的路特斯，萨义德非常明白，金星根本不能兑现对宝腾的承诺，宝腾也不能承受日益沉重的亏损。汽车制造技术的变革，吉利自身的日益强大，令马哈蒂尔真正开始重视和吉利的合作事项，然而他仍在谋求平衡各方关系。这就考验着李书福的耐心，他希望赢得这位潜在合作者的共鸣，而不仅仅是用钱解决问题。[①]

最终，在中国外交部、浙江省政府等各方面的沟通下，李书福与DRB-HICOM集团第三次坐在了一起。

---

① 吴迎秋：《李书福的汽车密码：吉利并购宝腾路特斯始末》，人民出版社2018年版，第30页。

这一次，DRB-HICOM集团拿到了马哈蒂尔的认可意见。根据前两次的经验，他们认为尽管合作内容可能有所变动，但吉利不会拒绝和DRB-HICOM集团的合作。然而会面一开始，李书福就开门见山："从2013年至今我们谈了很多，吉利也拿出了最大诚意，如果没有合作基础，我们没有必要浪费时间。"

这让DRB-HICOM集团非常紧张。最终经过反复沟通，马哈蒂尔默许了引入吉利沃尔沃SPA平台，并在此基础上打造一款大型SUV的设想。

作为沃尔沃投入百亿欧元打造的汽车战略平台，稍有商业常识的人都会明白，引入这一平台的成本与落地技术要求，不是谁都能够掌握的。当时，就连马来西亚汽车业相关人士在媒体上也这样形容："这是DRB-HICOM为了说服马哈蒂尔编造出的一个美好梦想。"

果不其然，听完对方的阐述，李书福面无表情，凝重而又低沉地给出了自己的态度："你们买不起SPA平台。"

这不是一句气话。对于吉利和沃尔沃联合打造的关键平台，李书福内心不知道算了多少笔账，他太清楚这两个决定吉利和沃尔沃命运的平台其背后所付出的代价：投入120亿欧元打造的SPA平台，技术转让费用至少要在60亿元人民币以上，路特斯导入后还需要吸收资金，至少也要30亿元人民币，而当时处于亏损状态的宝腾和路特斯根本承担不起这个价钱。①

可以看出，一直保持国有企业发展思路的马哈蒂尔不太明白投入产出在真正的商战中意味着什么，也没有过多考虑宝腾的实际市场需求。

最后，吉利国际事业部负责人张林为了缓和气氛，给对方提了一个建设性建议："我们不妨在CMA平台上尝试谋求合作，如果有兴趣我们可以谈一谈。"

2015年12月，马哈蒂尔以宝腾汽车董事长的身份参观吉利位于哥德堡的

① 吴迎秋：《李书福的汽车密码：吉利并购宝腾路特斯始末》，人民出版社2018年版，第31页。

吉利欧洲技术研发中心——CMA平台诞生的地方。吉利欧洲研发中心的工作范围，几乎涵盖了吉利未来战略产品以及研发平台的方方面面，从共享架构、底盘、动力总成到传动系统，直至上车体以及车型外观设计，还包括整车采购、质量管理以及新产品的市场营销等。整个研发中心的工作场景，技术人员交流讨论的氛围，那些工程设施和极为复杂的流程，甚至风格简约的北欧建筑，都让马哈蒂尔深受感染。

阴郁寒冷的天气，没有挡住马哈蒂尔和宝腾团队探究事物的热情。吉利欧洲技术研发的产品与技术，使宝腾技术团队惊讶而又兴奋。经过一番考虑，马哈蒂尔与同行的宝腾CTO以及路特斯全球CEO让·马克，均表示支持与吉利的合作。

“我支持与路特斯共享CMA平台，如果有机会可以收购部分路特斯股权。”李书福对随行人员这样说。

在宝腾和吉利掌舵人认可下，双方的磋商一步步推进。

通过前期规划，时任吉利控股集团高级顾问余宁拿出了未来CMA平台与路特斯共享发展战略：借助技术合作或收购股权的形式共享平台，未来路特斯形成SUV与轿跑两条产品线，由双方商议分摊CMA平台投入成本。

吉利最后给出的报价是30亿元人民币。余宁给出了报价理由：“整个CMA技术先后投入费用超过120亿，经过测算和划分，未来吉利承担60亿元成本，沃尔沃和宝腾各承担30亿元。”

面对30亿元人民币的分担费用，曾经担任DRB-HICOM集团首席财务官的阿末弗亚明白，连年的亏损使得宝腾根本无法承担这笔费用，即使寻找政府援助，也需要给政府一个非常合理的理由。

另一边，DRB-HICOM集团和吉利继续进行合作计划的讨论。DRB-HICOM集团希望：第一，对CMA平台转让费提出分两步进行，先期支付15亿元人民币技术转让金，另外50%按未来单车售价的5%提取完成。第二，希望与吉利建立深度合作，利用CMA平台，成立实体工作小组合作开发并销售路特斯未来产品。[①]

2016年6月2日，双方终于达成共识，宝腾一方只要得到政府注资就可以落实合作。

就在所有人都认为即将大功告成之际，2016年6月15日早上，一封来自DRB-HICOM集团的信函给了余宁当头一棒。萨义德告知吉利，宝腾项目之前所有的谈判作废，政府要求该项目以全球招标的形式寻找宝腾股份合作者。

马来西亚政府其实早已否定了宝腾的技术转让合作思路，政府也不希望再为宝腾提供资金支持。而马来西亚国内对于包括宝腾在内的经济发展模式也出现了新的争议，导致马哈蒂尔辞任宝腾汽车董事长，退出宝腾汽车的管理与决策。

在即将看到胜利曙光的时刻得到这样的结果，对任何人无疑都是巨大的打击。但李书福对这个突发情况却显得十分平静。“这不是我们的责任。”李书福告诉余宁继续应标，他对吉利的能力充满信心，坚信吉利是宝腾最合适的合作伙伴。

在后期吉利回答宝腾的意向并购调查问卷中，吉利列举了双方合作的五大优势，比如，吉利与宝腾共同开发东南亚市场，帮助宝腾成为东南亚汽车领导品牌，且不会受到吉利自身产品的限制，其他企业无法做到这一点；吉利极具竞争力的成本效益，可以帮助宝腾实现联合采购，从而达到快速扭亏为盈；具备收购沃尔沃汽车并重整其业务的成功经验；吉利对投资国的承诺兑现；地理、文化与价值观相似的优势，包括吉利与宝腾之间没有时差。

继并购沃尔沃汽车之后，吉利一场新的国际股权合作谈判开始了。日后李书福回忆，“这是一场不亚于并购沃尔沃汽车的谈判”。

---

① 吴迎秋：《李书福的汽车密码：吉利并购宝腾路特斯始末》，人民出版社2018年版，第38页。

竞标与角逐

2016年6月15日，DRB-HICOM集团获得包括吉利在内的23家国际汽车企业对并购宝腾路特斯股份的竞标回复。宝腾向所有意向合作者提出三项原则：战略互补，运营互补，文化互补。

入股合作，这是李书福从一开始就思考过的合作方式，不同的是吉利这次有了竞争者。在李书福看来，这并不是一件坏事：“这说明宝腾有自己的价值，否则不会有23家企业应标。”

不到一个月的时间，在李书福的指导下，第一版合作建议书就制订出来了。这份建议书详细阐述了双方股比、车型引进以及技术平台共享整个规划，内容非常接近日后双方签订的正式合作协议。

吉利建议未来掌握宝腾低于49%的股份，路特斯持股比例由双方协商；吉利帮助宝腾成立独立的商务管理团队，陆续引入博越、帝豪等车型，在工厂改造完毕后，共享CMA平台技术，先期在路特斯打造出具有竞争力的车型。[①]

2016年8月，吉利收到回复，顺利进入下一轮竞标。10月份，吉利的竞标对手身份被陆续曝出：法国PSA、铃木和雷诺均进入了新一轮意向合作名单。内外的压力让吉利必须做好所有预设的风险。2016年10月7日，阿末弗亚带队的宝腾团队在余宁的陪同下，参观了位于杭州湾的研发中心与春晓工厂。第二天，双方从上午8点30分一直谈到下午5点30分，最终就合作谈判时间节点、技术授权费用、股份比例等各方面进行了深入探讨。

---

① 吴迎秋：《李书福的汽车密码：吉利并购宝腾路特斯始末》，人民出版社2018年版，第41—42页。

宝腾方承诺在2016年10月底前从5位候选企业中选出2～3家进行最终角逐。2017年2月前吉利向宝腾给出有约束力的报价，所有谈判与协议签署最迟在2017年5月完成。

在关键的股权问题上，吉利提出尽可能多地拥有路特斯股权，而宝腾的意见却是，先期仍持有路特斯50%～75%股权。宝腾希望吉利持有宝腾更多股权，甚至超过50%，将宝腾作为吉利控股集团的附属公司，吉利承诺将宝腾扭亏为盈，帮助其发展国际业务。

余宁事后回忆，这次与吉利的会面给了宝腾很大的信心，也直接保证吉利8进5，进入第三轮候选名单。

2016年11月初，宝腾一方正式通知吉利进入最终候选企业名单。在分析对方谈判组核心成员后，吉利发现对方谈判团队成员无论在人数规模、专业分工还是在知识技能上都是国际顶尖人士。

相较之下，余宁带领的十几人团队实力显得有些单薄。李书福意识到，必须有更多的人参与进来，调动更多资源才有可能获得这场商业竞标的最后成功。

于是，吉利内部开始调兵遣将，吉利控股集团董事长外事助理费翔迅速加入并购竞标谈判小组，并在一个月内锁定第三方咨询公司。最终，确定汇丰作为谈判咨询顾问、德勤作为财务支持、大成律师事务所作为法务支持。

三家公司经验丰富，对于马来西亚政府、宝腾以及DRB-HICOM的市场分析都十分详细，同时对东南亚市场十分了解，汇丰、大成都在马来西亚设有分公司，可以直接获得当地资源支持。

除了寻找外部支持外，李书福还任命李东辉担任项目组组长，余宁作为项目组执行组长，对项目全权负责，可以调用集团资源。必要时，由安聪慧亲自协调。

这样，吉利宝腾项目组从2015年10月的仅有十几个人，到2016年11月发展为一支由财务、投资、风险控制、法务等各方面人才汇集的大团队。曾多次参与国际并购的李东辉说，“这是一支不亚于当初并购沃尔沃的谈判团队”。

2016年11月16日，宝腾方面将所有资料发到吉利项目组，用于吉利尽职调查和制作竞标文件。对方要求吉利在2017年1月底完成宝腾与路特斯全部尽职调查，并在2月15日前提交投标方案。吉利宝腾项目团队像一根紧绷的弦，不敢出现半点松懈。在一些细节问题上，为了寻找更好的解决办法总会出现不同的争议，项目组个别核心成员甚至正式提出辞职。

作为项目组组长的李东辉，十分关注每个人的情绪波动，他很少对项目的工作细节给出具体指令，他希望整个团队充分讨论，只有在争议搁置时他才会给出一个强硬的决定，推动整个项目前进。

李东辉定了三个原则：树立内部团队信心与凝聚力，说服顾问团队拿出最好的资源帮助吉利，不能靠报价取胜。

不惜一切代价拿下宝腾路特斯项目，是李书福给整个项目组的指令。随着竞争对手的明确，在报价方面，项目组初期意见希望用价格打动对方，这遭到了李东辉的反对：“董事长的不惜一切代价不是靠金钱砸出来，而是要让对方明白我们合作的共赢。”①

因此到最后，吉利给出的报价与竞争对手相比并不占优势，但是吉利给出了更有竞争力的合作资源，表达了希望和宝腾一起长期走下去的美好愿景。

在2017年1月底，距离宝腾给出的递交投标书的时间只有15天了，余宁与汇丰顾问小组经过一番探讨后认为，有必要建议董事长与马来西亚政府进行直接沟通，为宝腾项目的稳步推进打好基础。于是，春节期间，李书福与马来西亚政府财务部部长Johari Abdul Ghana、DRB-HICOM集团实际掌控者萨义德会面，各方开诚布公地进行了深度交流。

2017年2月15日，也是吉隆坡会面后的第五天，凝聚着80位项目团队成

① 吴迎秋：《李书福的汽车密码：吉利并购宝腾路特斯始末》，人民出版社2018年版，第46页。

员心血、厚达70多页的宝腾项目竞标书终于完成。和以往用白色打印纸装订不同，细心较真的余宁特意找到了主管公关事务的吉利控股集团副总裁杨学良，在他的协调下将这本标书重新装订，按照伊斯兰文化形式进行设计。

拿到这本竞标书时，宝腾所有人都感叹："这是我们见过最完美、最认真、最用心的竞标书。"

不过，面对PSA和吉利的两份竞标书，宝腾汽车CEO阿末弗亚在高报价和长远合作之间依然难以作出抉择。

此时，宝腾企业内部甚至马来西亚国内对"宝腾股权卖还是不卖"的争议也趋于白热化。从接到两家企业报价开始，宝腾汽车管理层连续多日高频率地召开会议，讨论对方提交的方案。

为了宝腾的未来，两种相反的声音撕扯着宝腾管理层与马来西亚政府。虽然没有彻底撕裂，但也到了千钧一发之际。敏感人士甚至将它作为事关主权的事件来审视，情形比任何时候都复杂。马来西亚贸工部第二部长黄家泉随后站出来，用"一切尚未决定"的态度缓和双方矛盾，"马来西亚政府不会出让国家所有权。我们只是在寻找一个有助宝腾获得更有效发展的机遇，以达到与全球汽车行业中其他大品牌同等的高度"。

当被问及马来西亚政府对外资入股的态度时，黄家泉表示，政府不会针对宝腾汽车的企业行为发声。他希望每个马西亚人都能对此事表现得更有耐心："我们期待宝腾能通过此事，成为一个重要的汽车制造中心，提高马来西亚高品质国产车的制造能力，从而进入国际市场，尤其是在东盟国家。"

马来西亚国内的信息立刻传到了中国，吉利内部开始为可能出现的变化筹备相应预案。果不其然，2017年2月23日，在PSA进行竞标答辩的头天，宝腾方告知股权架构需要重新调整，从此前的51%降至30%，同时要求宝腾与路特斯分开独立报价。

2017年2月24日，余宁通过微信向李书福详细汇报了宝腾突如其来的变化。看着这些信息，面对变故的李书福闭上眼睛，迟迟没说话。危机如期而至，折腾着李书福的心。

5分钟后，他用最简单的几个字回复了余宁：“好，知道了。”

误读之后

商业谈判，天然地夹杂着妥协的成分，但妥协不等于没有底线的退让，坚守原则同样重要。2017年3月1日，余宁代表吉利向宝腾表达了两个立场：第一，报价有效期截止到3月22日；第二，拒绝宝腾与路特斯拆分报价的要求。

3月3日，李书福在北京出席全国两会开幕式。

记者们当然不会放弃这个提问的大好机会，对匆匆赶往会场的他进行了突击式采访。当被问到这一项目的进程时，李书福简单描述了沟通进程：“他们老变。今天这样，明天又那样，没有想好。”于是，各大媒体铺天盖地地报道李书福公开表示计划退出对宝腾股权竞购的消息。

在余宁向李书福求证时，李书福表示媒体误解了他的意思。

这场误会着实有点“闹大了”的意味。不过事后证明，这确实是一次“美丽的错误”。这次事件彻底打乱了宝腾的阵脚，也间接推动了整个项目谈判的进程。消息很快传到马来西亚，余宁不断接到时任宝腾CEO、CFO以及对方顾问公司电话来询问情况，并表示“任何事务都可以商量”。

3月20日，在对宝腾估值调整后，吉利更新后的报价得到了宝腾方面积极的回复，同时对方请求延长报价有效期。但吉利态度明确，宝腾和路特斯的报价应是一个整体，并要求对方关于路特斯的谈判必须拥有两个月的排他性期限。

就在这一关键节点，2017年3月22日在香港吉利汽车港股沟通会上，安聪慧也回应了吉利有意撤销收购宝腾股权的信息。这再次让宝腾方面感到紧张，不断地打来电话询问。

2017年3月28日晚上10点，是一个让吉利宝腾项目组所有人难忘的时刻。马来西亚政府方面终于同意了吉利对于宝腾和路特斯在报价一体性方面的要求，并答应给吉利为期两个月的路特斯独立谈判权。“这是一年来我最幸福的时刻。”回忆起这一晚，余宁如此形容。

十分钟的电话沟通中，时任宝腾CEO阿末弗亚向余宁肯定了与吉利合作的需求，同时表示时任马来西亚总理纳吉布会写信寻求中国政府支持；除了估值与股权占比问题外，其他问题都可以商谈。余宁明白，距离成功已经越来越近。双方沟通后，将报价有效日期再次延长到4月21日，力争在马来西亚穆斯林斋月前签署框架协议。[①]

冒着谈判破裂的风险，吉利最终让宝腾下定了合作决心。

进入2017年4月，吉利与宝腾几乎每周都会碰面，双方谈判的核心问题在于对宝腾路特斯的估值和股权问题。经过一系列的谈判，4月6日，双方确定估值从之前的2亿英镑降到1.3亿英镑。4月28日，确定宝腾估值10亿马来西亚林吉特（约1.8亿英镑），吉利一方拥有40%股份。

然而，“好事”总要“多磨”。在吉利与宝腾紧密沟通的同时，马来西亚舆论从3月初开始疯传PSA（标致雪铁龙集团）即将成为宝腾最终合作者，甚至连PSA的顾问公司都向余宁透风：“吉利已经没有胜算了。”

确实，种种迹象显示，PSA比吉利更占先机。一方面，给宝腾的报价中，吉利底线是宝腾、路特斯必须同时合作，不接受分开合作。相比之下，PSA更侧重与宝腾合作，该公司希望通过收购宝腾汽车建立一个面向东南亚地区的出口基地，并推出适应当地市场的廉价车型。另一方面，PSA给出的报价也高于吉利。

---

① 吴迎秋：《李书福的汽车密码：吉利并购宝腾路特斯始末》，人民出版社2018年版，第54页。

就在此时，路透社传出消息，PSA将在2017年3月7日宣布收购欧宝品牌。当所有人认为PSA可以全力拿下宝腾项目时，李书福却并不这么认为，在他看来，PSA收购欧宝对吉利来说是一次机会。

在李书福看来，欧宝是一个大块头，PSA不可能同时兼顾两个大的合作项目，整个管理层也不可能有精力做好两块市场，他大胆地预测：“我相信PSA会放弃宝腾项目。”

似乎没有人相信这一点，就连余宁都半信半疑。几年来的接触，尽管他很钦佩董事长，但这一次他找不到更多的理由来佐证李书福的说法。

出乎所有人意料，事情居然完全按照李书福的判断在发展着。

在DRB-HICOM集团向吉利和PSA共同提出外方不能控股，要求重新提交方案时，由于法国方面审批流程过长，在吉利重新调整报价后，PSA却迟迟没有作出回复。等到2017年4月6日宝腾正式通知给予吉利10周独立谈判路特斯的期限后，大家才明白胜利的天平已经倾向于吉利。

于是，吉利马不停蹄地修改标书。4月28日，吉利重新递交最终版本的竞标书。

卓越的“平衡术”

2017年5月3日，马来西亚驻华大使在北京驻外使馆约见余宁。在交流中，大使向余宁完整阐述了合作对两国经济发展的利好，并嘱咐完成这项历史性项目，是中国汽车工业“市场换技术”最好的时机；对马来西亚而言，也是复兴国家品牌最好的机遇。这次约见，意味着吉利和宝腾的“携手”已经近在眼前。

当天晚上10点，余宁带领团队从北京机场飞往吉隆坡。

几天时间，吉利与宝腾就股权问题进行了深度谈判，最终在关键问题上形成意见，但需要双方最高层决策：

1. 在路特斯估值上，吉利控股集团认为股权价值不能超过1亿英镑；DRB-HICOM认为，路特斯股权价值应提升到1.31亿英镑。双方有待进一步对路特斯估值进行谈判。

2. 路特斯股权架构，吉利要求直接对路特斯持股70%；DRB-HICOM认为吉利直接持股降低至50.1%，仍保有控股权。

3. 宝腾股权架构，DRB-HICOM要求持有60%股份，吉利持股40%。“博越”车型开始量产时，吉利将增持9.9%股份，拥有宝腾49.9%股份。

4. 未来在东南亚市场，DRB-HICOM要求宝腾汽车在东南亚右舵市场具有排他性，基于DRB-HICOM战略目标，力争在5年内让宝腾达到东南亚市场销量前三。

5. 双方同意合作达成给予12个月停滞时间。吉利协助提升DRB-HICOM供应商质量，达到更高的竞争力标准。12个月停滞期仅适用于DRB-HICOM的供应商、宝腾的现有车型[①]。

2017年5月8日，吉利集团高层人员和DRB-HICOM集团掌权人萨义德进行最终谈判。

会议之前，李书福和李东辉再次明确了吉利的诉求：宝腾可以不控股，路特斯持股比例不能低于70%，同时吉利必须拥有这两家企业的绝对管理权。

会议一开始，萨义德首席顾问陈国煌提出：“如果DRB-HICOM持有路特

---

① 吴迎秋：《李书福的汽车密码：吉利并购宝腾路特斯始末》，人民出版社2018年版，第57页。

斯股份太低就不再考虑出售。”“你能接受的最低股份是多少？”余宁反问。对方回答：“宝腾我们持有51%，对路特斯，吉利持有51%。”

李东辉和余宁几乎同时摇头，这完全超出了吉利的底线。路特斯未来寄望发展，必须依靠吉利最新的CMA技术，如果仅仅比对方多持有2%的股份，意味着吉利的投入产出严重失衡。

关键时刻，李书福拍了下坐在旁边的李东辉的肩膀，示意不要争论，然后面向萨义德，出乎意料地说道：“阁下，您一直称我是兄弟，对吗？”

“是的，你是我值得交往的朋友和兄弟。”萨义德微微怔了一下回答。

“既然是兄弟，我听哥哥的。”李书福肯定地回答。

这句话打乱了在场所有人的思维节奏，李东辉和余宁诧异地看着自己的老板，谈判就这样在李书福的这句话下彻底反转，一场顶级谈判变成了一场“家宴”。更多的人错愕不已。这个场景可以写入国际并购谈判史。这一天萨义德与李书福交流了很多，但关于宝腾路特斯的却只有寥寥数语，两位性格相近的企业家惺惺相惜，直到很晚才结束会谈。

斧钺换成了酒杯，当代商业真正的戏剧性一幕落下了。

送走客人，李书福喃喃地问李东辉和余宁：“我是不是太草率了？”不等其他人开口，他露出标志性的笑容看着大家：“我觉得挺好，这是经营哲学——平衡。”

随后，李书福又把余宁叫到办公室。他进一步解释说，保持DRB对宝腾的控股权，是体现这家马来西亚民族企业的重要象征。“路特斯股权上我们作出重大让步，就这样定了吧。但是宝腾可否在股权上实现49.9%？这样既保全了宝腾的民族企业性质，又便于我们未来的管理。关键是把宝腾作成功，其他都是次要的。”①

---

① 吴迎秋：《李书福的汽车密码：吉利并购宝腾路特斯始末》，人民出版社2018年版，第59页。

2017年5月24日，吉利与DRB-HICOM就宝腾路特斯签署合作框架协议，在头一天晚上，DRB-HICOM宣布，PSA退出竞标。

6月22日，去往马来西亚签署正式协议的飞机上，李书福道出了那一天答应萨义德条件的理由：

> 第一，吉利要在东南亚长远发展，必须获得合作伙伴的信任。如果在股份上斤斤计较，会伤害感情，也会对未来合作设置障碍。吉利让出0.2%股份，让这家企业仍然属于马来西亚人民，大家定会齐心协力将这家企业做好。
>
> 第二，马来西亚持有宝腾大股份，能够享受本国的政策，政府也会扶持这家民族企业继续发展，对于吉利的合作起到帮助。
>
> 第三，持有更多股份，意味着对方愿意承担更大的投入与风险，这对我们而言是公平的，也说明合作伙伴不是要抛弃这家企业，而是真正想和吉利一同将宝腾路特斯做大，我们要成全合作伙伴。[①]

李书福这种“逆向思维”，让所有人恍然大悟。在李书福看来，吉利并购宝腾路特斯背后是一个很大的命题，它不仅仅是一个企业的概念，赚钱不赚钱的概念，而是有着更为深远的意义。

世界上很多貌似逆向思维的，其实是“正向思维”。

宝腾汽车2020年12月销量达13306辆，2020年全年销量为109716辆，同比增长8.8%，出口增长49.8%，成为马来西亚唯一实现销量增长的汽车公司。这正是中国人通常说的“好消息”。

一些著名媒体的记者们评述，吉利并购宝腾路特斯，不仅通过马来西亚这

---

① 吴迎秋：《李书福的汽车密码：吉利并购宝腾路特斯始末》，人民出版社2018年版，第60页。

个支点将市场范围辐射到整个东盟、印度乃至整个伊斯兰国家，而且可以利用马来西亚东盟自由贸易区成员的身份，发挥东南亚市场零关税优势，规避高达30%的税费成本，迅速完成对东南亚各国市场的布局。

这次并购也让李书福的“跑车梦”走向现实。

速度代表着极致，只要有可能李书福就想造跑车。从这个意义上看，吉利通过这次并购得到路特斯51%的股份，部分地实现了李书福的跑车梦想。

路特斯（Loutus）是世界著名的豪华跑车与赛车品牌，与保时捷、法拉利并称为“世界三大跑车制造商”。创始人柯林·查普曼（Colin Chapman）于1948年制造出他的第一辆汽车，并于1952年注册成立了路特斯工程有限公司。

加入吉利之后，路特斯如同获得了新的引擎，再次迸发出巨大活力。

2020年3月，据汽车媒体报道，近2000马力的路特斯首款纯电动超级跑车Evija将投产。自2009年Evora推出以来，路特斯已经11年没有推出过全新的车型，一直发布的是改款车型。Evija海外起售价为170万英镑（约合人民币1467万元），中国地区起售价为2188万元。

让人惊讶的是，这些车还未下线已全部售罄。

虽然路特斯未给出具体的销量，但这足以让人期待：吉利是否会再一次实现跑车般的速度？

第四部

软实力

第十六章　变革中创造价值

存在的理由

李书福认为，所谓“企业文化”，就是企业所有员工经过长期磨合所创造出的价值观，是一种环境、氛围与习惯，“它不是花钱能买来的，也不是从天上掉下来的，是通过制度建设、严格管理和全体员工共同实践自然而然形成的”。集团副总裁魏梅对此作了补充：“企业文化只有嵌入到管理流程当中，才能真正长在员工身上，否则它就是一张纸。”

在宝鸡基地采访，会听到一种富有“血性与磁性”的声音：

> 我们寻求更好的管理方式与途径，高效的、人性化的、有创造性的工作。基地对员工的基本要求，是作业标准化，做个优秀的工匠，同时也要具备知识、具备智慧。现代化企业不像过去，光靠投入，靠胆子大，仅仅有创业精神是不够的。所以我们要求一线管理人员和技术骨干既要有肉搏血刃、攻城拔寨的勇气，还要有智慧，要有能力开好“航母”，驾驶好“新型战斗机”。

一番庄重的言辞，一次宏大叙事的背后，总有它真正的深层原因：锚定事物的基准，以及岿然不动的基调。比如，愿景、使命与核心价值观得以成立并能为人所接受，一定有它坚不可摧的缘由。

价值观，是企业的“能量源”，使命则是一个企业“存在的理由”，而“愿景”就是“值得为之奋斗的事物”，包含了一种热切期待。

多年来，李书福颇似一个产业“布道者”，科技、汽车与工匠精神的“布道者”。他的愿景是：“让世界充满吉利”，这个双关语暗示了吉利存在的理由，包含了企业的责任、使命和归宿。

吉利的使命与其产品一样，也有个“进化”过程。

造车之初，是“造老百姓买得起的车”，后来加上一个“好”字，为的是突出质量和品质，说明不唯廉价。在中国进入汽车社会的“黎明期”，它很有力量，有着令人心动的鼓动性。“买得起”，当然指的是价格，人们不再囊中羞涩，但尚未抵达“财富遍地”的时代，这就是一次感召。“好车”是个很高的标准，但在二十多年前，“皮实”符合当时的审美标准，对“耐久性”的要求远胜于今天的“驾驶乐趣”“运动感”。

2007年“战略转型”之际，李书福不失时机地改写了吉利的“使命”，将其表述为“造最安全、最环保、最节能的好车，让吉利汽车走遍全世界”。对此当时争议不少，包括管理层内部。有好心人建议“降低调门”，改为“更安全、更环保、更节能”，这样可以“服众”，李书福却坚持不改。

在集团内部对“新使命”发生争议时，李书福锱铢必较，绝不退让。他甚至十分留意，那些提出反对意见的人，到底有什么理由可以说服他。

到2020年，吉利又酝酿了一场新的企业文化变革，吉利控股集团“新的使命”变成“战略协同、推动变革、共创价值”，而吉利汽车集团的使命，则是“创造超越期待的出行体验”。别的不说，“协同、变革、价值”等字眼的出现，意味着企业更注重精神层面的追求，国际化的味儿也更浓郁了。

首先，是更多的经营哲学，更少的效益考量。这也等于向外界宣布，吉利重视的是本体论、方法论，而不是简单的工具论、实在论。汽车人要超越汽车驾驶工具的性质和简单乐趣，对“出行方式”作出符合人性和时代、科技的选择，让“体验”成为更重要的事，简单的运载与出行目的，反倒要退居其次（尽管也很重要）。这很符合很多年轻人的胃口，也令一些中年人跃跃欲试。

其次，更注重“价值、战略和变革”，将“利益、形象与结果”置于第二位，甚至放到“使命”的更后面位置。

李书福本人说得更直截了当：“成功没有捷径可走，天上一定不会掉馅饼，一切不会创造价值的东西都是不会成功的。”他对价值的追求可见一斑。

没错，企业的本质是交易成本、利润和再生产，经过多番风雨的吉利人，从李书福、安聪慧到几乎所有的企业成员，从来没有这么强烈地意识到，时至21世纪，所谓的“生意经”发生了如此大的变化！过于注重利益，反而无利可图；为维护形象与品牌而不择手段的，会最终归零。

21世纪第二个十年之后，汽车业竞争将更为残酷、白热化和间不容发，如果战略引领上没有高度、不合趋势，将会让汽车公司成为一部博物馆的“老爷车”。

至于吉利的“发展战略”，是李书福在公司起步阶段定下的，一直没变，但每个时期都赋予了新内涵：“总体跟随，局部超越，重点突破，招贤纳士，合纵连横，后来居上。”可以说纵贯了吉利的一部造车史和一部国际并购史。

以今天的眼光看，它也是常新的，链接未来。

过于“超前”的李书福，在开始造车不久的2003年一次内部会议上，提出了真正的力量源泉“在于真心的沟通与合作”，“来源于不断地实践，与超越自我的奇想”。这个谈“沟通与合作”的内部小册子，当时还流传甚广。

之后，李书福、杨健等人日益意识到企业文化的重要性，2006年以集团名义正式提出“六面大旗打天下”，这六面“大旗”指的是：团队、学习、创新、拼搏、实事求是、精益求精。那时企业主要还是靠“硬气”与坚持不懈的信念，“六面大旗”经过了诠释之后，褪去了一些“草根”气息，变得科学、规范与严谨，但它直指人心的气质，保留至今。

李书福始终认为，“快乐人生，吉利相伴”体现了三重快乐原则：“担当的快乐”是指责任感与主人翁意识，“分享的快乐”是指成就员工、成就客户、成就伙伴，还要“让员工在吉利快乐工作”。不消说，这句话的重心还是“用户与合作者”的快乐。

对于合作伙伴，包括供应商、经销商与服务商，李书福有一个生动的说法：“成功举杯共庆，失败鼎力相助。”

“元动力”：行动与进阶

事情还得从一件小事说起。

2006年，吉利宁波公司“自由舰”销售火爆，供不应求，工厂经常加班加点。时任吉利汽车有限公司总经理安聪慧发现，有些一线员工下午四五点钟时经常走神，精力不集中。经了解，是员工担心孩子在托儿所没人接。于是，他下决心为员工解决困扰。

吉利在生活区内建了一个条件很好的托儿所，请了宁波市最好的幼师资源红蕾幼儿园经营。签订房屋租赁合同的同时，安聪慧答应对方可以免费使用场地硬件，唯一的要求是，托儿所与工厂作息时间相同。从此，员工上早班，托儿所都会有阿姨迎接孩子，晚下班，托儿所都有老师照看。员工的心安了，气顺了，在紧张生产工作之余，积极参与现场改善和问题解决，真正实现了“把员工的所思所想化为企业发展的动力”。

安聪慧认为，企业管理者就是要时刻激发全体员工的动力源，要对企业经营活动高度关注，让员工提出各种改进与改善意见，推动企业朝前走。

于是，“源动力”这个说法，不胫而走。

北仑基地一个管理人员说：“‘源动力’在我心目中，就是企业发展的助力器，既推动着企业发展，也推动着我的思想不断地朝前走。通过主动、积极地参与企业管理过程，不断地提问题、作改善、写提案，改变了工作思路，挖掘出自身隐藏着的潜能，丰富了自我。这个过程是快乐的，每当看到自己的参与和改善收到实际效果后，我就非常有成就感。”

2009年李书福自己动手写了一篇文章：《元动力，是企业生存和发展的核心力量》，他把“源动力”改成了“元动力”。一字之改，这个概念的根本内涵得到了提升与拓展。

李书福在文章中这样写道：“元动力的‘元’，是指元气，是指企业生命体的力量源泉与核心要素。企业元气是指什么？企业的元气不是企业的董事长、总经理，也不是厂房、设备、固定资产，企业生命力是否旺盛，主要是由企业的员工决定的。没有员工的努力，没有企业的凝聚力，就不可能形成企业的战斗力。”

最后他说，“我认为员工是企业真正的主人，是形成企业战斗力的核心力量”，“伤害了员工的心，就是伤害了企业的元气”。

这一代民营企业家，在其完成原始积累并转型升级过程中，饱尝了各种滋味，与他一同白手起家的，不仅是家族成员，更多的是来自四面八方的劳动者，包括技术人员、销售员、技校毕业的工人，还有很多原先是个体户和商人，五行八作，一群身怀绝技、走南闯北的人。很多原先“凑热闹”的，也在企业的成长过程中，脱胎换骨，做出了不可思议的业绩，更不要说那些与李书福一起成熟的伙伴，方圆八百里的经销商、供应商，也一起上了这条“船”去远航了。虽说大浪淘沙，四散不少，却也保留了很多宝贵的火种，令吉利汽车的“星火”燎原全球。

在安聪慧看来，一线员工对自己所在的工位最了解，对情况最熟悉，也最清楚存在什么问题、如何去解决问题，是企业的宝贵财富。他认为，这样做可以“充分调动一线员工的主观能动性，发挥他们的聪明才智，很多问题会迎刃而解，产品质量、生产效率、一次下线合格率等指标，也定会大幅度提高”。

“元动力工程”的基本管理思想，是“领导为员工服务、部门为一线服务、员工考核领导、一线考核部门”。

其中很重要的是，提出了“问题解决票机制”，并进一步完善“员工提案活动”，这意味着生产一线人员在工作过程中发现自身无法解决的问题时，可以通过“问题解决票”的方式把问题及时暴露出来，领导或管理部门在规定的时间内给予答复，必须在规定的时间内予以解决，最终的解决效果由问题提出人进行评价，从而实现“有了问题，立刻暴露，彻底排除”的目标。

这是对“员工围着上司转”这一管理方式的颠覆。

员工这一方，起先可能提出一些身边的事，关注与自身有关的问题，更多地体现在生活与工作环境上，比如提出为员工修建停车棚的要求，建健身房和洗衣房，免费为员工洗工服，开发饭卡充值APP之类。之后，会站在更高的层面，深入到企业管理的方方面面，包括工位器具合理摆放、劳动效率提升、工艺文件的修改与完善、班组园地的改善等。

事实上，对于企业管理层和员工来说，更重要的是激发了其自主意识和参与感。

多年前，李书福偏爱那些“爱厂如家”的人，并购完成之后，随着阅历、心理和思路的转换，他发现仅仅有着这种“爱厂如家”的“老黄牛”是远远不够的（虽然也十分需要）。不管一个员工有多少才华，不管他是个口吐莲花的人，还是一个稍显沉闷的“管家式”人物，李书福多么需要视企业为其归宿，愿意与其共命运的人。

在众多的意见提出和回应、改进过程中，员工们也感到了企业管理层的诚意，员工不仅亲眼看到了管理者如何重视员工的诉求和愿望，并得到一个实在的“说法”和付诸行动的纠偏与改进，而且形成了一个不同以往的工作氛围，那就是作为领导或管理层，必须围绕着工程、技术和制造的一线需求改进工作，还要为研发、营销、公关等扫除前行路上的障碍。

问题文化

吉利之所以能提出“问题文化”，是因为企业文化出了问题。

2007年“战略转型”前夕，李书福、杨健和集团管理层紧张工作，日夜忙碌。他们一边要处理很多危机事件，应对市场、消费者和汽车质量问题，尽快挽回销售的颓势，走出困境；一边要在企业内部查找问题，开展一些必要的“思想交锋”，进行同事之间的沟通与交流。

可是李书福发现，在交流与沟通过程中，每每会遇到阻碍。互相埋怨的，对峙责问的，彼此不满的，情绪再低落也掩盖不住逃避责任的心态，说是查找问题却总是说别人的。李书福感到，这是企业文化出了问题。他认为，这比销售下滑还要可怕，企业利益可以止损，有时人的内心却止不住流血，这是最大的问题。

之后，“战略转型”取得了空前成功，大家最终在危机中觉醒过来：怨天尤人是没有出路的，不仅自己要做好自己的事，还要懂得配合，才能走出险境。公司战略决策转变了，就能将人心收拾起来，加上金融危机爆发后，吉利逆势而上，为问题的解决赢得了时间和空间。但李书福对企业遇到危机后发生的“意识扭曲”，一些管理者对待问题的姿态和追责中的混乱状况，还是留下了深刻的印象。

收购沃尔沃之后，集团管理层提出新的要求：既需要平稳过渡，更要求彻底转变思想方法和提升责任感。没有料到的是，一些新的矛盾与冲突又发生了，对李书福、杨健等人震动不小，问题已经到了非解决不可的地步。

2010年前后，发现汽车出现了批次质量问题。在一次管理层会议上，争吵非常激烈。负责研发的认为设计都是好的，是搞生产的出了问题，没有把产品造好。制造方面的管理者却说：哪怕我们有再好的能力也没用，是供应商的零部件太差，用差的零部件怎么可能做出好产品呢？负责采购的人则说：公司这么一个业务状态，无法吸引到好的供应商。搞营销的说法是：把有问题的车子研发制造出来，我们根本不可能卖出去，怎么可能是营销出了问题呢？

“后来董事长就发火了嘛，当时就拍桌子了，说‘你们都没有错，就是我李书福出了问题’，他一说大家都不吭声了。有人觉得这确实需要反思：我们都没问题吗？只有老板有问题吗？”一位经历过当年这一情境的管理层成员，这么回忆说。

“当时开会的时候，大家都在吵，每一个人都觉得自己没有问题，都是人家的事情。我是很生气，你不能说自己就没有问题。于是我就说‘发现问题是好事，解决问题是大事，回避问题是蠢事，没有问题是坏事’。”事后李书福回忆说。

稍后，另一事件的发生，直接推动了“问题文化”诞生。

有一位吉利汽车用户发现，他刚买的“熊猫”新车，虽然在安全上很有底气，但一场大雨之后，打开后备厢一看竟然进水了。大家都有点疑惑不解：怎么会这样呢？李书福得知后，就问制造公司问题到底出在哪一个环节。制造公司给出回应，每台车下线时都作过暴雨级的淋雨试验。集团销售公司通过售后服务查询记录，发现原来是密封条失效了。

大家把目光转向采购部门：是怎么找的供应商？供应商是按照要求送货的，但等到批量供货的时候，却做了“手脚”，偷换了材料。李书福又问，研发对进厂材料这一环又是怎么把握的？研发部门感到很委屈，解释说他们要研究新产品项目，根本就忙不过来，也没有办法具体去管零部件被换掉材料的问题。结果，一圈下来，从采购、研发到制造，似乎谁也没责任。

这次李书福却没有发火，只是对大家说：“如果是你的亲人买了这样的车，你心里是什么样的感觉？”

接下来，吉利从源头重新排查，发现问题不光是供应商管理、研发把关，制造过程中也出现问题。在制造公司的淋雨房，说是按照暴雨级别的淋雨试验，但设计的喷淋设施却是花洒，更要命的是，有些喷头被堵上了，出不来水。作淋雨试验时，出来的都是滴滴答答的流水。

于是，制造公司立即进行整改。不仅要检查淋雨器是否被堵，还要定期检查整个淋雨试验系统是否正常。研发、采购也不能置身事外，按照职责来进行监督与检查。

很快，李书福与时任集团总裁杨健等人，在整个公司内部进行了一系列反思。

在调研和反思的过程中，李书福发现了更严重的问题：从采购、研发到营销，几乎每个体系都是自我封闭的，就像一个个城堡，有人把守，严加防范，意识深处是“诸侯割据”，独门独院过日子。外部的问题抵挡在门口，“内心安定”是首要的，公司整体利益反倒其次。哪个体系都对其他体系封闭，不让别人提自己的问题。

当时杨健总裁搞了几次“飞行检查”去看4S店，发现问题就曝光。这一招当然厉害，但有人却接受不了，“为何不去看看制造的问题，凭什么来看我销售部门？各人管好自己的事就行了”。研发设计也是这样，若有人想去看研发部门都是不被允许的，理由是“我这是保密的”。那个时候是神秘的不得了：这里不能看，那里只能“看一眼”。公司内部不应该有那么多的“围墙”，除了必要的知识产权保护和商业机密外。如今公司内部如果需要去看研发部门，只要完成报备手续，随时可以去考察其设施、程序与工作状态，除了造型中心产品实验室、试制中心的国家实验室，还有技术数据库之外，哪有这么多“保密”范围？这不，从新车型的研发初期开始，各个制造基地都会派工程师到研究院工作，探索工程技术与研发如何跟制造对接。

说穿了，是把企业内部矛盾的“盖子”揭开。原来大家是“你好我好”，你别管我，我就不管你，问题就这样一次次、一层层被遮蔽了，形成了一个类似于“黑洞”的东西。创业之初，尚情有可原。在企业异常艰难的历史时期，大家好不容易走到一起，需要一点“你好我好”文化，否者容易造成人心涣散。到了企业转型并开始走向国际化阶段，还经常出现这种现象，李书福就忍无可忍了，所以他要“揭盖子”，要打破这个“魔咒”。

在李书福和集团管理层看来，“问题文化”是吉利人思想、方法和工具的高度共识。其核心思想归结起来就是两句话：“没有问题是最大的问题，解决问题是根本问题。”

管理者天生是来“解决问题”的。但要形成共识，少说也是花了若干年时间，因为“问题”是逐渐暴露的，冲突也是不断加深的。问题是客观存在的，无时不在、无事不在、无处不在。尤其是吉利这样的企业，多个系统，千头万绪，市场与消费者都有火眼金睛，光梳理问题就累死人，一个问题不解决甚至会影响全局，管理的过程就是解决问题的过程。

以“问题文化”为依托，以发现问题、解决问题为导向，鼓励每位干部、员工提出任何自己发现的问题，依据一定的程序对问题进行管理，由此形成的挖掘问题、表达问题、归结问题、审核问题、解决问题、评价、激励等管理模式和方法，称为“问题管理体系”。

事实上，制造基地管理者对“问题文化”的理解，并不比高层肤浅：

> 首先要营造一个好氛围。“言错无过”，只要大家在讲问题，哪怕你讲错了都没关系，但是不能不讲。发生问题之后没人去管它，没有人去解决它，总有一天它会成为“定时炸弹”。如果真的发现问题了，先不追责，先想着解决它，解决完以后也不能放过它，我们叫作“每战必总结，每错必反思”。我们不回避问题，营造一个大家敢于说问题的好氛围。只有大家把问题说出来了，我们才可能去想办法解决这些问题。

这个过程中，还诞生了“问题管理委员会”，这是吉利集团所属各单位对问题管理进行政策制定、专业指导、资源支持和重大改善成果评定、奖励、决定的组织。在问题文化中，吉利管理层认为，若出现“没有一次做对”，那就先查人——是不想做对，或是不会做对，还是没能力做对？

对标：尺度与期待

吉利在走向全球化前后相当一段时间里，它是以丰田为标杆的。这是一个“公开的秘密”。人们经常会在网上发现这样的留言：“哦，我发现了，吉利对比的是丰田！”

丰田汽车始创于1937年，当时投资仅为一千多日元。到了20世纪80年代，丰田汽车逐渐走向世界，风靡全球。“丰田模式”也不胫而走：实施激进的管理制度，用以加速业务流程，减少浪费，改进质量。多年来以精益生产、零瑕疵享誉全球，成为全球制造业的标杆和楷模。丰田的核心竞争力在于丰田的管理系统和它持续改进的精神。渐渐地，催生出一种名为“丰田主义”的生产方式，主旨是推广增值的概念，将客户置于所有内部实践活动的中心。

丰田生产方式基于三个系统：首先，准时制，通过减少库存而降低运营资金；其次，质量管理“自働化”[①]，追求零缺陷、零返修，以更低的成本确保优质的服务；最后，实行参与式管理，发挥包括操作工在内的所有员工的能力，而不局限于管理层和工程师。

---

① 丰田主义的“自动化”不是我们平常理解的自动化，而是“自働化”，这个“働”的“人”+“自动化”，强调人机结合，是日本人造的一个汉字。

丰田汽车的“精益生产方式”，与李书福造车前期的低成本策略可谓不谋而合，即使后来进入“造每个人的精品车”阶段，如何与丰田进行对标，吸收“丰田模式”的长处，再创造出吉利自身的生产方式，同样是李书福的一种强烈愿望。

在吉利的生产车间，丰田式的“看板管理”随处可见，吉利也想尽办法去丰田工厂实地参观学习。在吉利各个基地，包括成都、湘潭、宝鸡、贵阳、张家口、春晓、杭州湾、余姚、北仑、临海、路桥等，还有义乌等动力总成公司，都可以看到进化了的“看板管理”、可视化生产和智能控制。

“参与式管理”在吉利找到一个最好的载体，就是李书福倡导的“快乐经营体”。对此，我们已专门辟出章节予以描述。

有一段时间，李书福下决心把丰田研究透彻，甚至专门设立了一个丰田研究小组，引进了博士和相关专家，对丰田进行分类研究，包括精益生产方式、营销理念、车型开发和产品规划，以及物流、现场管理和汽车金融等方面的具体做法。

事实上，吉利造车之初也经历了跟丰田相仿的管理上的摸索过程，所以很能“互通款曲”，学习起来也很快，容易入门。与丰田对标学习成为吉利“行业整体性对标”的一个重要标识。

对标丰田，吉利不仅直接对标丰田，一点一点地学习，早期还通过对标韩国的现代、起亚，切实加以研究学习。从宏观的管理思想、经营理念，中观的研发、制造与营销，微观的车型、技术与平台，都要“知其然又知其所以然”。对那些知名车企的新车型，从动力总成、电子电气到内饰外观、重要零部件，经常进行拆解、分析和研究，相关部门和技术人员都到了痴迷的程度。

这就是吉利的“行业整体性对标”：先是丰田，后来又加上一个大众。学丰田，是学习其生产方式、成本控制，精益管理中严谨、协调与品质意识。学大众，可以学习德系车的优点，学习其系统性、平台战略与技术优势。再说，吉利与大众在品牌定位上，也有一定的相似性。

在访谈过程中，我们曾经向集团副总裁、贵阳基地总经理黄勇讨教如何与丰田对标的问题，他对此感触颇深：

> 首先，日本人的严谨是有工具和落地方法的，中国的制造业和企业也有，但不如日本人用得那么极致。第二个就是日本人的筹划，或者叫规划，值得咱们学习。比如就一个产品来说，开发周期可能是四年，他们的前期策划可能用了一年半，把产品的市场定位、产品定义、目标人群，产品的配置、功能、性能、标杆，现有以及未来的技术都研究得很透彻。丰田车型出一个成一个，但不是铺天盖地，前期策划作得非常充分。咱们公司在开发上提出平台化、通用化、智能化，这些都应该包含在前期规划里。规划做得好，后期犯错和变更就少，对成本和周期产生积极影响，会带来更多的价值。

其实，文化层面的“对标”更是关键，然后是工具与方法论的对标，最后才是产品对标。

这三个层面对标都对上了，就获得了系统性。

黄勇认为，“真的不能‘想起了’就去‘对个标’，‘想不起’就不去‘对’。实用主义对标是要不得的，‘临时抱佛脚’，无法在对标中获得长进。至于抱着求证自己的想法，去找论据来证明‘我是对的’，这样的‘对标’既无系统性，也没有逻辑，断章取义，是最可怕的”。

2012年安聪慧代表吉利集团提出“对标管理、品质经营”，非常精准，也很有力。

随之而来的企业文化建设方向，由“人性化神经管理，军事化高效执行”，调整为“人性化对标管理，制度化高效执行”。

如何“超越标杆”，才是对标文化的核心价值之一。

当然，不论是“对标文化”还是“对标管理”，都有它的一整套方法，和一个完整的流程。①

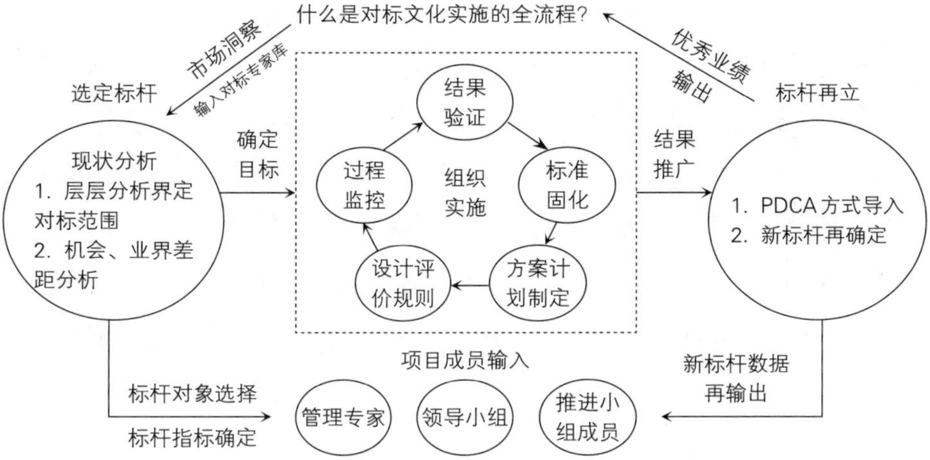

吉利集团对标文化实施全流程

李书福认为，“对标”不仅仅限于生产制造，只有在各个方向、各个领域上进行对标，才能真正实现“比学赶超”，“各个领域的人员，都要和行业内自己领域的标杆对标……我们不仅仅要对标，而且要超越对标，超过我们的标杆”。

对此，人力资源部门也作了深度介入，准确地说，是进行“嵌入式”对标管理。

“对标管理”的最终结果，是把它放在人力资源的总体管理流程之中。吉利的人力资源政策中，确定每个岗位，每个KPI②，首先要找到自己的“标杆”，想清楚要定的标杆是谁。正如魏梅所说：“你的标杆做到了什么水平，那

---

① 对标文化的实施流程，可分为三个方面。1. 选定标杆：包含着市场洞察、现状分析、标杆对象选择、标杆指标的确定；2. 组织实施：包含着方案计划制定、设计评价规则、过程监控、结果验证、标准固化；3. 标杆再立：包含着优秀业绩的输出、新标杆数据的再输出。引自吉利文化案例及对标文化实施全流程方案。

② KPI：Key Performance Indicator，关键绩效指标，是通过对组织内部流程的输入端、输出端的关键参数进行设置、取样、计算、分析，衡量流程绩效的一种目标式量化管理指标，是把企业的战略目标分解为可操作的工作目标的工具，是企业绩效管理的基础。

么你的KPI就应该定在跟标杆一样的水平。”比如研发团队的每一个项目组，都有个对标车型，列出它的性能指标，每个性能指标都应超越这个对标车型。这样一来，就使整个研发工作发生了根本性变化。

正如魏梅谈到的，这个“对标管理”与文化，从研发到质量控制都很需要，“当时我们说要对标丰田、现代，没有人相信，因为当时就我们的产品质量而言，怎么可能对标丰田、现代？安聪慧总裁那时动了真格，说就是要对标他们，就是要比‘现代’做得好。这件事还真的让我们做成了”。

在吉利制造领域，只要在某个方面“对不上标”，就通不过质量检验关。凡是集团层面管辖的干部，都由人力资源部和总裁办给他们定指标，而不是各基地与单位自己来定。没完成这个指标就是考核没通过，对管理干部来说，压力肯定存在而且不小。

合规，乃文化基因

进入汽车行业初期，因认识不足，合规方面的欠缺也给吉利造成了一些负面影响。

那时整个社会环境也是法治欠奉。大家都不怎么重视“合规”问题：蜂拥而至的财富机会，人的欲望大开大合，法律与规范是有的，但实际实行却路途尚远。就像“镀金时代”的美国，谁在乎以什么方式赚钱呢，关心的是有没有“金矿”可挖。做生意各方都这样做，更这样想，略无二致。人们担心的是“开放”不够（或曰“放开”），并非是否合规。商业合约是有的，印章和手印也是鲜红的，执行与否则是另一回事。

在李书福看来，过去几十年“最苦、最累、最难、最凶、最险、最烦的日子我们都过来了，依靠的就是法律”，“我们既要依法治理企业，也要合规思考问题，合规处理好各种事务”。他还是那么“语出惊人”：“世界上没有一个汽车公司通过造谣取得成功的，但世界上有许多汽车公司通过依法合规的竞争而取得了成功。”

走向全球型企业过程中，吉利比较早地意识到诚信合规的重要。不仅如此，哪怕与沃尔沃进行一系列的技术合作、平台融合和人员流动，都需要一个极为重要的元素——合规，作为支撑。

企业的转型不仅是产品、技术与商业模式的转型，还包括诚信与合规等水准的提升。这是吉利从家族企业转向全球型公司的重要枢纽。吉利收购沃尔沃之后有没有遵守原来协议的承诺，有没有违反不正当竞争法、反垄断法等，有无数双眼睛在盯着，因而合规经营成为其稳健发展的保障。

除了建设“合规体系”，吉利还提出了“合规文化”，将制度背后的“合规文化”变成企业持续发展的“根本基因”。

首先是识别合规风险，提出“任何企业的倒闭，都和腐败有关联；任何形式的腐败，都不可能凝聚人心”。对标全球公司合规管理的最佳实践，吉利全面评估了面临的合规风险，梳理关键业务流程的风险点，为建立合规制度体系打下基础。

其次，是构建了层次清晰的制度体系。对各业务部门和关键岗位存在的合规风险进行全面评估，形成四大类合规准则，形成高标准开展全球经营的行为规范性文件，对员工“合规开展业务”具有指导性。

比如，在《吉利行为准则》中，对基本行为要求、产品质量与安全、环境保护与健康安全——创造和谐的工作环境、个人数据隐私保护、公司资产保护、业务记录与文档管理、礼品与招待、利益冲突、与商业伙伴的关系、公平竞争与反垄断、贸易制裁与出口管制、反洗钱、社区关系、对外捐赠等方面有着非常细致的规定。

此外，吉利还向与其合作的供应商、经销商、合资公司递交了《诚信经营自律协议》，认为商业合作伙伴应当遵守合规经营的要求，并提出“9个不得”

的违规追责。

在吉利，把包括高层管理人员在内的公司员工是否合规地开展业务纳入绩效考核中。此外，还有顺畅的举报渠道和查处机制，员工可以通过实名或匿名的方式进行举报，同时公司及时查处违规事件，不管他是什么人。法务、纪检团队在合规文化的贯彻方面作出了巨大努力，也为吉利建立了新形象。

一家跨国公司研究所经过调研，认为“吉利不仅制定了合规行为准则，建立了合规管理的相关制度，为了实现合规文化建设的系统化及常规化，吉利结合已有的管控流程，进一步建立健全了从培训、考核到举报、查处的合规运行机制，将合规管理转化在公司的常态治理与运营体系里”。

最后是培育和推广“合规文化”，让全体员工深刻理解透过合规制度的文字所传达的诚信、合规经营的精神。

对合规文化，宝鸡基地总经理王应说得极为朴实：

> 其实“合规文化”会保护人一生，不仅仅是在企业里面在保护你，还告诉你一生应该怎么样做人做事。“合规”跟“自律”肯定是有关系的，一个自律的人，就是有合规意识的人。员工对这一点也很认可，感觉到合规不是“约束”，是一种价值观引导。如果把合规仅仅理解成不允许这个、不允许那个的“约束”，就会有抵触心理。一个合规而自律的人，总能够给自己带来很多好处，也能更好地保护好自我。“合规文化”给企业带来的好处，是大家安心在自己要做的事情上。如果风清气正，大家相处就更自然、更简单了。

并购沃尔沃之后，吉利集团内部达成了共识，即从研发到生产确保不侵权。

国际并购的一个重要目的，就是要作技术能力的转移，但遵守知识产权是前提，吉利集团法务部专门负责对知识产权进行统一的管理和组织协调。而研发部门进入新车型设计前，也要进行知识产权的校核、检索，以确保不构成侵权。

此外，集团也积极主动进行专利布局，对于自己设计开发出来的新产品、核心技术研发，会去布局专利，针对可以选择覆盖的区域进行申请。即使在汽车工程信息和知识产权方面，吉利与沃尔沃之间也得严格根据协议合法采购，各个品牌之间的知识产权有差异，有的需要付费，有的是免费的，有的采用其他某种方式，前提是通过协议与合规的手段来取得权利。

一种理性安排，体现的是“契约精神”，更是对汽车工程体系、知识产权和发明创造的敬畏，是世界商业文明的具体落实。

第十七章　“相马又赛马”

森林，自由而广袤

李书福说过：“如果说我们有什么法宝，那就是人才与创新。”

这句话既含有“普适性”，也有他自己的独特经验，包括从挫折得到的教训。这也跟吉利当初所处的人才环境有关：一切皆缺乏。三十多年来，吉利造就了各种各样的人，形成了一种与其文化制度吻合的结构、团队与素质，支撑着这个公司“高成长期”对人才的迫切需求。

说到这儿，不能不提及三个“吉利人”。

首先要说的是安聪慧，从一个初出茅庐的大学生，到任吉利控股集团总裁、吉利汽车集团董事长[①]，他凭借的不仅是历练，更多的是悟性和使命感。他与李书福搭档，就知识结构、行事风格与专业精神来说，称得上是“绝配”。第二位是2000年加入吉利的晋中公司总经理刘玉东，从一线岗位干起，从模修工到工段长，再到厂长一路成长为制造公司总经理。第三位就是“80后”吕义聪，从一名普通汽车装配工，通过汽车大赛脱颖而出，聪明而敬业，

---

① 2021年3月25日，安聪慧任吉利控股集团总裁，吉利汽车集团董事长，极氪科技CEO。

成长为中国汽车领域专业型工匠人才。

他们有的是从大学生成长为行业领军人物，有的是一线工人成长为管理层领导，有的是“80后”普通工人成为卓越工匠，正是这些“内生型人才”，支撑着快速发展的吉利。

李书福的“人才观”，大多是他自己在长期实践中摸索出来的，故而既有“惊人之语”，更多的是“大实话”“大白话”。比如他说过，伯乐是“赛马也相马”，用错人等于“吃错药”，“有多大的本事给多大的平台”，“成功=品德×能力×热情”。也有人说他相信“疑人也用，用人也疑”的哲学，因没有得到验证而不足为据，但他确实提出了“尊重人，成就人，幸福人”的人才理念。

最重要的，是他的“人才森林理论”。

擅长打比方说事的李书福，从“十年树木，百年树人”的格言，又推导出更有整体感的“人才森林”：包含了生态、环境与个体的关系，与他的汽车企业成长相关的“大人才”与“批量人才”。相对准确的表述是，“通过引进外部高端人才，形成人才大树，并使其扎根于吉利；又通过内部培养，形成一棵棵人才小树，最终共同成长为有高有低、有大有小、具有强大的生命力和生态调节功能的吉利人才森林”。

没考证过李书福“森林理论”源自何时何地，相信不会迟于战略转型的2007年，或许在造车之初的2002年就提出来了，要知道那时李书福多么渴望“外部高端人才”。

造车之初，一时间内部人才的培养，所谓“人才小树”，有点跟不上，他却希望尽快形成这两方面的人才会聚成一种生态，这是不可谓不先进的人才观，据说这个森林“具有强大的生命力和生态调节功能”。一句话，这些人才堪当中国汽车业之重任、吉利成长之大任也。

集团副总裁魏梅，一个沉静而有力量，和风细雨的姿态中包孕着凌厉风格的女性，对李书福的“人才森林”力量之贯彻始终抱有巨大信念和践行之心。

她对“人才森林”的认知引导其一贯行动，将之与吉利汽车的“功业”凝聚为一体的制度文化：

> 我们成立了全球招聘经营体，通过区域化、系统化，建立全方位招聘渠道，搭建了管理、专业、技能、储备人才等完整的人才培养体系，实行训战结合，打通技能人才与专业人才和管理人才的晋升通道，不断让优秀的人才通过各种机制脱颖而出，被发现、被发展、被重用。很多重要的岗位，都是内部招聘优先，给内生型人才一个最好的发展成长环境。

在这个“人才森林”中，很多“小树苗”已经迅速成长为“大树”，在研发、质量、制造、营销、服务、财务、投资、法务、人力等领域，内生型人才已经成为核心主力。

李书福还提出“尊重人、成就人、幸福人”的人才理念。

集团人才经营中心总经理孙金方认为，人才是吉利事业的基础，唯有“尊重员工，成就员工，幸福员工”，才能理顺员工的气，凝聚员工的心，发挥员工的主动性、创造性，调动员工的工作积极性，才能把员工的所思所想化为发展动力、核心竞争力。

吉利这样定义“赛马又相马”的选拔机制：有多大本事给多大平台，优胜劣汰，动态平衡。设置了多渠道的职业发展空间，在公司设立管理、专业、技术和跨专业四条职业发展通道，让每一位员工都可根据自己的职业发展，选择不同的发展通道，确保他们在吉利找到自己的发展方向。对不能够胜任工作的低绩效员工，企业都会投入大量精力、财力，进行培训、激发，赋能，只要有愿望、有激情，都有机会成长为优秀的人才。

一个好企业，不会让“奋斗者”吃亏。

对长期驻外、出差、加班的干部员工，吉利会给予特别的奋斗者福利计划；吉利的员工家属、子女等，享有和员工一样的医疗和意外保险保障；推行“六子工程”，即每位员工“有车子、位子、票子、妻子、孩子、房子”，安居，乐业。也许“女权主义者”会说，怎么就提“妻子”不说“丈夫”呢？其实这只是一种习惯性的表达方式而已，就是“成家”的意思。

吉利之所以能够吸引到大量高端人才，有很多原因，关键在于“彼此信任”，尊重人才，充分的信任，能给予充分的授权，这是吉利的长处，也是吉利坚持下去的根本所在。

在贵阳制造基地的访谈中，有一位员工很直率地告诉我们：

> 咱们打工的就需要三样东西，第一是追随一个领导者，我不求代价，也先不说发展，我就喜欢追随值得敬佩的人，只要他有能耐、有本事、有梦想，我愿意跟他一起干。第二个，是待遇，钱，还有福利，让我能生活，过上想过的日子。第三就是个人的发展，有一个好的未来。在这儿可能工资不算高，但我起码能预知到未来三年，有一个好的预期。

道理是相通的，高层也好，中层也好，基层也罢（尽管李书福很不喜欢用“基层”这个词），实际上都是围绕着一个人的切身感受，怎么样激发他的积极性，然后使他产生一种内在动力，而不是别人要求他怎么做。正如一个吉利管理者说，“老是按别人的要求工作，他白天不开小差，晚上也要开小差了，今天不走明天也要走”。

在吉利宝鸡制造基地，有一个员工说：“吉利人的好处就是他能够放开，就是给你一个平台，让你自己发挥的空间比较大，没有什么局限，也不是什么一个萝卜一个坑，非得定死在那儿。它能让你发挥很多能耐，包括你的特长、你的优势，还可以发挥很多想象空间。你想要做的，就让你去做起来，让你发挥自己。”

一位早期加入吉利造车行列的中层技术管理者，说出了他藏了多年的一番心里话：

> 吉利路桥基地上马的时候，我跟李书福董事长也一起排过队，吃过中餐。在合资单位和国企，等级观念是很强的，我强烈地感受到吉利没有干部和员工之分，大家都为了一个目标去拼命干。我见证了一个人的成长，那就是吕义聪。那时我和他都在路桥，他是一个没有多少文化的年轻人，最后成为大家知道的全国五一劳动奖章获得者，他的贡献毫无疑问比常人要多，但是我的思考却是：像他这样的付出，在其他的企业里边就一定能成功吗？在吉利，一个没有“关系”、没有多高学历的“平头老百姓”，照样能成功。

这位受访者叫杨建苏，如今依然奋斗在贵阳基地一线，高挑个子，两鬓微霜，明亮而富有表情的眼睛，语气坚定而富有感染力。正是他，说出了一些带有根本性的认知。

HR：赋能、嵌入与融合

吉利汽车最早在行业内实现了从人事服务到人才管理的转型，让人力资源管理从幕后走向前台，与业务站在一起，并将高质量的管理体现在业务飙升上。

纵观全球，人力资源发展基本上经历了从单一的薪酬计发、人事服务到人才经营与发展等不同阶段。吉利也不例外。

从初创阶段到2009年之前，吉利人力资源的发展强调行政事务性工作，只能称之为"人事服务"。就此，集团人力资源负责人回忆道，"虽然经历了2007年的'战略转型'，但是对总部如何管理并不特别清晰，那个时候是一个小总部、轻总部"。当时集团总部还没有足够强的资源去比子公司做得更强。

正因为如此，奖金都是各个基地自主决策的，福利也是"自行决定"，岗位的设定也相当随意。

吉利有多个基地，这些基地的岗位设置不一样，工资标准也不一样，人员结构也不一样。举个简单的工龄工资的例子来说，那时候有的子公司刚成立，因为要"留人"，员工来的时间越短，工龄工资却越多；而有的成立时间长的公司，工龄越短的，工龄工资越少，因为公司关注那些老员工。为了吸引人才，薪酬制度各不一样，当然也没有统一的用人文化。

当时吉利处于"小总部"状态也是有原因的。早期创业的过程就这么艰难，各路英豪"揭竿而起"，聚集在李书福麾下。吉利的基地分散也是一个原因，跟当地的文化、体制、资源相结合，都会有一些"个性化的东西"，也不能完全说这是"割据"。

总之，当时集团和子公司处在"各自为战"的状态之下，缺少统一的顶层设计，更谈不上与业务并肩作战了，吉利的人力资源仍处于初级阶段。

接着，就开始建构集团化的人力资源管理体系。

自2009年起，吉利进入人力资源开发与创新阶段，2013年集团化的人力资源体系初步形成。收购沃尔沃正式启动，对于那时的人力资源部来说，可谓是"临危受命"。

在国际并购过程中，需要对收购方的人力资源、管理团队进行评估，对整个人力成本、员工的能力进行评估，因此，这些给人力资源部以很大压力。但大家还是很好地配合了并购，拿出了最好的方案，并与前方团队有着高度默契的配合。

之后，吉利迅速成长为世界500强公司，很快成了全球型企业。迅速成长逼迫吉利建立起一套自成体系、规范管理的人力资源管理体系，否则的话，路就走不下去了。

在这样的背景下，吉利的HR开始走上了一条变革之路。

魏梅在回忆那段时间的人力资源变革时，用了一个“盖房子”的比喻来形容：“集团的人力资源体系化建设，就和盖房子一样，首先要打地基，打完地基之后盖房子，盖完之后还要装修，厨房有厨房的用处，卧室有卧室的用处。”在这个阶段，吉利人力资源各大模块都作了不同程度的创新，包括招聘、激励、培训等，人力资源规划和“选用育留”完成系统思考，而在这其中最为关键和基础的，就是岗位分析。

岗位分析是一件很烦琐、很耗时间，几乎“什么也看不到”的基础工作，因为它的功能隐含在管理的背后。

这就需要梳理与确定人力资源的来龙去脉，就像看产品的报表，要精准分类和建构，建立一个规范化的秩序。说到底，作岗位分析的基础，就是对每个岗位进行精准的评估与定位，相当于给零部件编号。对岗位的“称重”，确实很重要。同样是一个管理会计岗位，你在子公司当一个管理会计，和在总部当一个管理会计，所承担的职责和范围，以及要沟通的上下资源是不一样的。那么，这两个岗位就有不一样的“重量”了。更重要的岗位，就应该由资历更深、更善于管理的人来承担，这叫“人岗匹配”。

通过岗位分析、人岗匹配，整个集团最初梳理出的1200多个岗位，最后只剩下400个岗位。

有的岗就彻底没有了，有的合并到另外的岗上去了，有的岗承担太多方面职能了，得把它拆分。最终吉利形成了全集团的规范与标准，把所有的岗位进行规范化、标准化改造。

2012年安聪慧总裁上任后，将很多分散在基地的权限和资源收归总部，九岗以上包括基地的班子成员在内，全部归集团总部来管，由总部统一签合同、发工资、发奖金。吉利人力资源体系的这一做法，直接破除了各子公司“分灶吃饭”的现状。

对于吉利来讲，开始了人力资源管理上的巨大变化。

把九级以上岗位收到总部，基地将如何管理呢？吉利的回答是：量化、公开、评价、对标，用信息化手段进行管理。吉利的每一个岗位都能比较，例如每个基地中的总装岗位都可以进行横向比较，可以同时看到其他各个公司。通过把岗位和绩效“亮”出来，并将好的绩效测算出来，即“量化”，再把这些绩效公开，让大家都能看得见并对相同岗位进行评估，做到亮堂、精确与可比，符合历史学家黄仁宇说的“用数目字管理”原则。

从“量化”到“评估”，形成了各基地之间“争上游”“不甘落后”这样一种态势，而这种态势逐渐就推动了一种文化，即“对标文化”。

一方面是“形势逼迫”，收购沃尔沃以后，必须带动吉利自身的改革，自身的规范；另一个是“自然生长”，当企业发展到一定阶段，总部管理一定要变强，正如吉利集团人力资源负责人所说：“不变强，它的文化就是散的，战略是散的，精气神也是散的。”自此，人力资源将企业文化嵌入到日常的经营管理、流程当中，成为日常经营管理的一个组成部分。这是一个根本性的变化。

最后一个阶段，是从“三支柱”到“N支柱”。

收购沃尔沃之后三四年间，吉利集团内部出现超速发展的新公司，还有大量的新业务，不断挑战原有的职能架构，集团如何集中优势资源支持新老业务，这迫使人力资源在这个阶段转型为“三支柱”，成为业务部门的战略合作伙伴。

这个阶段从根本上说，就是人力资源部门不应只关注人力资源活动本身和“做了什么”，而更应关注“产出成果是什么”。从2014年开始，吉利注重“三支柱”建设，这也让吉利成为国内汽车行业在这方面“第一个吃螃蟹的人”。

“三支柱”架构意味着深化人力资源服务业务，通过建设“共享服务中心”及“政策中心”，全面推进HRBP（人力资源业务伙伴）模式，实现以业务为驱动的创新。按照戴维·尤里奇“三支柱”模型，吉利形成了三大中心：一是政策中心（COE），主要根据集团战略制定制度、政策、流程等；二是共享中心（SSC），为公司提供人事安排、薪酬服务等；三是业务合作伙伴中心（HRBP），为业务单元提供人力资源服务。这个模型源于公司战略，服务于公司业务，通过组织能力再造，更好地为组织创造价值。

自2014年开始，吉利集团提出了“精品车战略”，与此同时，吉利的人力资源战略，也从“业务驱动人才发展”发展到以“文化价值来驱动人才发展”，形成了战略性的人力资源管理。

近年来，“三支柱”模型又受到了挑战，如何打破组织的边界，为业务赋能，为人才赋能，成了最核心的使命。

对此变化，吉利人力资源团队的回应，就是尝试引进数字化管理、智能化管理与内部市场化，将原来的“三支柱”模式在吉利内部生根发芽，配合未来的更为令人激奋的规划，形成具有“吉利风格”的人力资源N支柱模式。

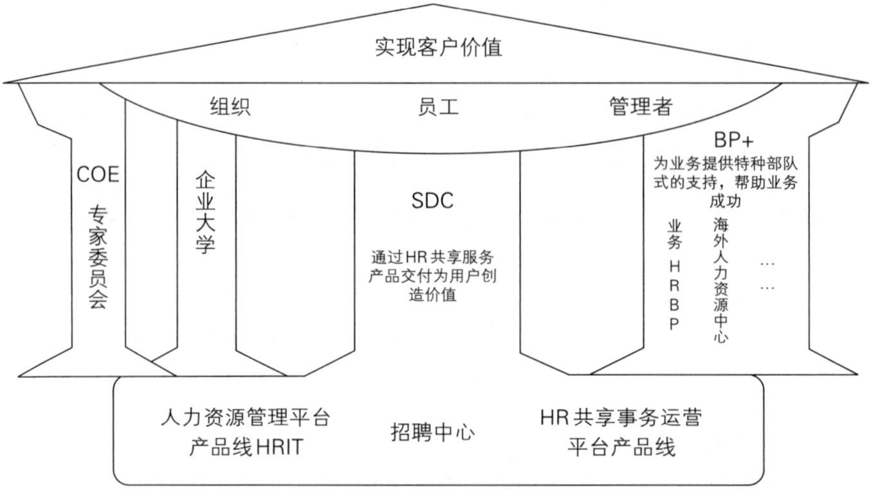

吉利人力资源N支柱模式

吉利的N支柱模式包含的内容丰富，具备专家委员会、企业大学、HR共享服务交付中心等多个服务模块，人力资源各个模块之间相互配合，协同作战，为吉利的战略发展提供人力资源保障，其中HRBP、SDC（共享交付中心）、企业大学等功能支持起到了至关重要的作用。

除了业务合作伙伴中心（HRBP）的工作以外，人力资源共享服务中心的概念，更带上吉利实现员工体验的功能。在所有具备主要业务的地方，吉利都建立了人力资源共享中心，实现员工自助服务；构建统一的“共享服务平台”，形成有市场竞争力的运营团队。

“这个就像是你现在去银行柜台办事一样，SSC主要就是为员工提供优质的人力资源服务，不仅是让你完成事务办理的一个过程，更是你进行体验的一个窗口，去开个收入证明，拿个生日祝福卡，都可以在共享中心完成。”吉利集团人力资源中心负责人这样说。由此可见，共享中心工作的主旨，就是做“有温度”的人力共享服务团队。

招聘共享中心，是SDC（共享交付中心）中的一个重要模块，吉利根据业务需求，形成一个招聘市场化机制，也可以理解为一个“内部猎头机构”。

至此，吉利一共设立了23个共享服务站、33个服务网点。集团以客户为出发点，设立了贯穿员工职业生命周期的入职、在职、离职的服务产品。此外，还有统一的大数据和IT管理平台，提供多种数据分析，推动人力资源管理的预警和决策。

如果不去研究未来，前所未有的“不确定”将颠覆无知的自己。

从一个办手续的部门到N支柱的转型，吉利人力资源管理的转型升级，在温柔与力量的融合中不断前进。所有这一切，都应了魏梅的一句流传甚广，也为业内人士高度认同的格言：“人力资源应该像水一样，在稳定发展时期就如一股纯净平静的水流，而当企业处于变革时期，就应该是‘洪水猛兽’！”

SEE模型

任何一个卓越企业，在人力资源战略上的布局，总是具有超前性。

“人是第一位的”，这不仅是个理念问题，更是一个现实问题。吉利能成为全球型企业，一个极为重要的原因是在整个体系、布局与运营中，凸显了“人”的地位。与此同时，对于全球化、科技转型和人才变革等多重挑战，吉利也有着自己的“战术”。

世界在变化，企业形态和商业模式在变化，人的观念与行为更是在变化，人力资源管理何去何从？对于这个问题，魏梅有自己的看法，“人力资源部门可以取消，但功能是无法取消的，总要有人作人才发展、人才培训，要有人做这些专业的事情”。

正因如此，吉利人力资源团队自我反思，跳出人力资源范畴本身，打破组织边界，打破科层制度，打破职能孤岛，实现“组织的无缝对接”，紧密协同，全新打造的人力资源管理模式，助力吉利由汽车制造向全球科技创新型企业转型。

对吉利来说，一个未来出行科技集团崭新的、具有力量与现实意义的人力资源战略正在布局，那就是吉利SEE模型。

吉利SEE模型

对于SEE模型的解读，可以从两个方面说起，一个是对“SEE”寓意的解读，另一个就是“SEE”的内涵的解读。

作为一个英语单词，“see”的意思就是“看见”，而对于“SEE战略”中的“看见”，主要有两层寓意，一是从外向内看，通过企业的发展战略及优秀的企业文化，实现全球人才集聚，让外部“大樟树”（优秀的高层次人才）看见吉利的平台和空间；二是从内向外看，通过“内生型人才培养”机制及有竞争力的激励体系，激发员工活力与创造力，让内部“小树苗”（企业人才）看得见自己的成长、成才。

而SEE模型的内涵更为丰富，包括人才战略（Strategy）、人才赋能（Empowering）、人才体验（Experience）三个层面，这也是SEE模型的核心关键。

首先是人才战略（Strategy）。

人才战略，要看见“未来”。吉利正以国际视野进行全球布局，对全球人才进行统一规划、统筹培养、评价与激励。通过制定全球化人才战略，建设敏捷型组织，搭建业务定制化人才模型，建立全球化思维、本土化运作的机制，进一步优化人才结构，实现人才与企业发展的双赢。

吉利的人才战略，是承接李书福全球化公司战略的。

全球并购，全球的资本运作，全球的商业逻辑，等等，只要全球化的需求在，吉利在人才战略上就要去布局、去适应。这不仅包括人才布局，还有组织的构建、思维的转变。其中，吉利提到了“全球化视野，全球化和本土化相结合”的概念，对于吉利而言，如何找到一种“通道”来达成共识，这是最具有挑战性的。

如何在复杂多变的国际大环境下，整合不同历史和文化背景的人才，协同、融合不同肤色、性别和职位的员工，以实现“共赢共生”的局面，是一大难题。从本土到全球，从单一文化到多元文化，包括信仰、民族和身份认同等因素的增加，情形就复杂得多，不确定性也会急剧增加。

收购沃尔沃之后，李书福就在瑞典坚定地推行“本土化”管理，充分尊重沃尔沃的企业文化、管理团队和员工，这些都对日后吉利、沃尔沃的合作与协同发生至关重要的作用。

这些年来，吉利特别注重吸纳那些经验丰富、有全球化运营经验的管理人员。比如目前吉利集团的直管干部有150多人，其中40%是从外资企业或合资公司等企业中聘请过来的。这些人员往往具有全球化的视野，懂得全球化公司的运作规则，非常有助于推动吉利实现向全球化公司转型的战略目标。

用什么样的方式去管理这些全球化的员工？

吉利人力资源的团队给出了一个最根本的办法，正如集团相关负责人说的，“我们不是有四大文化吗？这是一个全球文化，我们会组织他们（指国外和外籍员工——作者注）学习，去因势利导，把吉利文化不断嵌到他们管理的行为当中”。对于不少欧洲国家来讲，“奋斗者文化”中的考核模式是很难实施的，但是吉利在企业管理过程中，这个文化还是要继续保持，需要作绩效监控，去不断“输入”吉利的基因与文化。当然，首先要人家会接受。

其次是人才赋能（Empowering）。

人才赋能，要看见价值。一方面，通过高潜人才选拔、技能比武等发现人才；另一方面，通过蓄能工程打造内部动能机制，通过激活工程提升组织效能及活力，实现HRBP角色认知转化，建立业务伙伴服务新模式，通过人才交付工程加快人才梯队化建设，通过全员培训工程，实现员工自我赋能。

人才赋能的概念，就是为业务部门去提供能量。

这个“能量”的概念，可以理解为业务需要什么样的薪酬激励，就去设计这个薪酬激励；需要什么样的培训，就提供什么样的培训；需要什么样的发展，就给一个什么样的发展通道。在人才赋能过程中，人才的选拔是一个极其重要的内容，吉利的人力资源团队为此付出了众多努力。

最后是人才体验（Experience）。

人才体验，要看见需求。在员工面试、入职、试用、留用、轮岗、退休/离职的不同阶段，根据人才的差异化需求，吉利为员工建立全职业生命周期的关爱计划，提高员工的归属感、幸福感；另外，通过为员工创造无边界产品交付场景新体验、打造服务体验感知质量工程、执行战略人才地图计划、大数据透视项目等，增强员工在吉利的获得感、成就感。

在集团2019年年中经营大会上，李书福说，“要让员工奋斗的过程有所保障，不再为生活琐事烦心”。这就意味着要把对员工的关爱深化成一种机制，提升员工的归属感、幸福感。比如吉利每年花费近亿元，为员工及家属购买商业保险，如今已经覆盖了12万名员工及家属，资助了超过2.2万个家庭；建立了员工健康自主管理品牌“吉利大健康”，为员工提供医疗援助、健康咨询与检测等多项健康管理服务；在每个工厂建设之初，就规划员工生活区用地，配建宿舍楼、食堂、休闲娱乐场所等，提升员工幸福指数。

吉利还始终强调的一个要点，叫作“员工全生命周期”，这其实是一种互联网思维。吉利很清楚，那些员工不是来了才感受到你的企业如何，在入职之前，面试之前，就已经开始接触到吉利了。来了公司之后，入职是个体验，报到的第一天，应该受到什么样的礼遇甚至是其在岗期间怎么发展；当他（或她）退休了，离职了，能接受人力资源哪些服务。

这种体验和感觉是文明的，还是蛮横的，是强势的，还是冷漠的，是一个企业留给员工最深刻的印象，且伴随人的一生。

第十八章 “我有一个教育梦”

造车之日，办学之时

“那时为什么要办学校？”李书福说得很直白，“因为我们需要优秀的员工，需要优秀的研发人才，而这些优秀员工和研发人才，需要有我们自己培养的渠道和成长的土壤，要有培养可持续发展型人才的成长环境。”

1997年前后，李书福准备投身汽车产业时，就已经考虑开办一所学校。

李书福和他的伙伴们当时就把工业用地分成三部分：一部分建学校、一部分建生活区、一部分建工厂和试制车间。那块地原来是临海市省级经济技术开发区，开发进度非常缓慢。李书福把整个工业区买下来，在建了生活区、教育区和试制工厂之后，开始了他们的汽车创业生涯。

在没有获得招生许可的情况下，学校不能独立招生，因此采用挂靠台州广播电视大学的方式招生。广播电视大学为吉利招多少学生，吉利就给多少钱。为了办学，吉利用高于市场价的价格把地买过来，但是由于工业用地性质的原因，只能建厂房，顶多可以盖一些宿舍。

没有老师，就把国有汽车企业退休的工程师请来教书，培养学生制造汽车。他们一边教书，一边跟吉利技术人员一起研究汽车。李书福本人也参与研究汽车，一点一点把红旗汽车的底盘、发动机、转向机等机械零部件买过来，

“照猫画虎”地开始研究汽车。老师们一边教书一边研究，学生一边学习一边研究。要造车必得先“造人”。这个“造人”不是“生育”，而是“教育”。

李书福说，“如果不在办学上投入，不在培养人才方面投入，吉利根本不可能有未来”。除了资金与研发，造车就得积累技术、培养技工，要有一大批熟练的技术工人，特别是高级技工。可当时谁能为吉利输送这样的人才？企业处于初创时期，大学生大多又不愿意来。其他国有车企，也不可能为吉利培养、输送技术人才。

办学虽然步履艰难，也就这样走过来了。

不过李书福却“得陇望蜀”，对教育这件事发生了根本性的浓厚兴趣，并深深扎根在他的骨髓里。他看好教育，并不是企图获得什么实际利益。一定要说有“利益”的话，那就是教育对整个汽车事业的推进作用，进而，他更希望探索出一条中国民办教育新路子。

“教育是一项公益事业”，这是吉利始终坚持的宗旨。

集团副总裁杨学良说，“吉利在教育领域只有投入，没有经济回报；持续扩大教育规模、提升办学品质和办学层次，形成了从中高职到研究生的多层次培养体系，致力打造民办高等教育标杆；深入探索产学研融合及应用型人才培养新模式，对中国民办教育进行了有益探索”。

吉利一部创业史同时也是一部教育发展史。2020年集团发布了一份类似于《教育白皮书》的最新资料，其数据与事实令人瞠目：

1997年在浙江台州创办第一所学校——浙江经济管理专修学院，现已经发展成为包括浙江汽车职业技术学院、浙江吉利技师学院、临海豪情汽车工业学校在内的三所全日制院校，为汽车产业链输送25000余人。

▶ 吉利学院：1999年创办。已经有2000多位校友成长为国内大中型企业的高管，许多校友成为吉利控股集团所属各单位的骨干力量。

▶ 三亚学院：2005年创办。海南省三亚市创办最早、规模最大的本科院校。

▶ 湖南吉利汽车职业技术学院：2012年建成。这所以培养汽车类高技能人才为主的全日制普通高等职业院校，是全国推进产业工人队伍建设试点单位中唯一的职业院校。

▶ 湘潭理工学院：2020年6月30日，教育部正式批复同意湖南工商大学北津学院转设为湘潭理工学院。是湖南第一所教育部批准转设的民办普通本科学校。

▶ 浙江汽车工程学院：在中国汽车工程学会支持下，2007年由吉利创办，致力于研究生层次人才培养，成为中国企业教育先进单位百强和中国最佳企业大学。

多年来，很多人知道吉利在北京有个吉利大学，但不知道李书福为什么要创办吉利大学，这个大学是怎么来的，吉利大学到底是个什么样的大学，为什么它能得到北大的青睐。

“北京吉利大学”位于北京昌平，一开始办教育就自力更生，开设有用的课程，物色好实践基地。李书福把一些身边的干将，如罗晓明等人，派遣到“前方”办教育。他认为，“把人口的优势转变成人才优势，技术到位，相对质量就上去了”，教育与培训的结合“会帮助吉利实现巨大转变”。

基于吉利大学的教育事业，李书福有一个别具特色的人才培养模式——“311工程”。这个带有独创性的课程设置，也是李书福育人理念的具体化。“3”是指3门职业基础课，即语文、英语、计算机；中间的“1”是指一门职业道德素质课；后面的“1”是指围绕一个岗位或职业而设计的专业课程体系。

“311模式”另一个含义是，按照“学校质量标准、教师专业标准、学生能力标准”3个标准，通过1个“专业课程体系”和1个“素质训练体系”来实现培养学生表达交流、就业上岗、团队合作、批判性思维和终身学习等5种能力的教育目标。

无论造车还是办教育，他总是把最简洁的与最前卫的结合在一起。

于是，北京吉利大学在“311模式”下所开设的一系列品牌专业课，首家采用国际通用的CBET教学模式，实施体验式、案例式互动教学方法，教学过程充分体现“以学生为本”的思想，由一批著名企业人力资源管理专家参与开发、论证的课程体系，一批既有企业实战经验，又具有较高学术水平的“双师型”专家、学者、企业家担任讲师，以提高“学生竞争力”。

对于处在社会转型和工业化时期的国家来说，教育的重要性显而易见，李书福步入汽车行业之后，他将教育与产业、人才联系起来考虑，并直接付诸行动。李书福也曾说过：“创建与造就一所可持续发展的、受人尊敬的大学不是一日之功，更不是一人之功所能实现，就像一场又一场接力赛，不断推动学校向前发展。”

2020年，原名“北京吉利大学”的吉利学院迁址成都。据称，在北京大学战略支持下，吉利学院“将建设成为一所具有国际影响力的应用研究型大学”。此外，北京大学在吉利学院永久设立北京大学西部研究院。

吉利没有从教育中“掘金”，也没有将教育作为主业，而是通过主业来支持教育，这与将“教育”作为主业的一些民办高校的运营模式不同。李书福认为，在整个国家现代化建设中，“教育是根本。面对当前国家发展遇到的问题与困难，把钱花在刀刃上，干点实实在在的事情，这是我应该做的”。

他还坦言：“除了汽车梦，我还有一个教育梦。”

职业教育的范本

吉利职业教育的范本，是湖南吉利汽车职业技术学院。

这个学院坐落于湖南湘潭九华经济技术开发区，2012年由吉利集团投资创办，一所以培养汽车类高技能人才为主的全日制普通高职院校。院长袁礼斌，一直从事高校管理工作，后来加盟吉利教育事业，负责管理吉利这所职业技术学院，从基建到如今，可谓殚精竭虑，恪尽职守。

学院开设了15个专业，涵盖汽车整个产业链，现有在校生4100人。围绕汽车产业办学，开设了与汽车相关的15个专业，都是按企业需要开设的，所以学生不愁就业。如汽车生产线设备管理维护人才紧缺，这个学院就开设了机电设备维修与管理专业、工业机器人专业、汽车智能技术专业。

这些年来，学院初步形成了校企深度融合的“双主体”育人模式，既保证了人才培养质量，又有力地促进了企业发展，实现校企双赢。目前学院已成为吉利等车企首选的招聘单位，学生供不应求，不少学生在二年级就已被公司抢订。

回忆起当初来湖南办学的经历，学院院长袁礼斌动情地说：“当时书福董事长就提了一个要求，学校要‘接地气’，要围绕汽车产业办学。”他后来就一直琢磨，怎样把这个要求落实到办学实践中。所以，这位院长就走访了吉利的宁波、临海等很多基地，听取了很多厂长的意见，看看他们需要什么样的学生。最终，他找到了突破口，就是“劳动教育”。

一般而言，职业教育最大的困难，在于学生对劳动的认识和态度。企业最需要的是具有吃苦耐劳精神的劳动者。有些学生厌恶工作，鄙视劳动，甚至认为不干活能挣钱的是人才，玩手机挣钱的是天才，追星成名是英才。

为了解决这个问题，学院把劳动教育作为教育的突破口来抓，在全国高校率先出台了《劳动教育大纲》，设立劳动学分，师生每周3小时同劳动，分阶段开设劳动课，即大一进入校内“开心农场”，每个班一块地，让学生参加农业劳动，体验劳动的意义；大二进入校内实训基地，或去工厂参与适应性劳动，了解职场；大三分别进入集团所属基地，参加顶岗实习，磨砺吃苦耐劳的品质。

“对接企业设专业，校企合作建专业”，根据这一专业建设思路，控制招生规模，专注汽车类专业建设，先抓质量，再扩规模，是学院的高明之处。凡新设专业，学院首先去企业调研，了解吉利及行业未来三年的人才需求，和企业共同商量专业建设的目标，并根据实际办学条件确定申报专业。

与此同时，学院和吉利集团合作，共同研究制订各专业的人才培养方案、课程体系、课程标准、实践教学等，实现校企无缝对接。更重要的是，学院联合吉利集团按照车间的模式，共同设计建设实训基地，把汽车制造四大工艺“培训道场”建在学院，把最先进的设备设施搬到学院，把第一台落地的新车型送到学院。

对于很多企业来说，人才的体验总是往前端走，要在乎“门面”，所以绝大部分的企业对于面试、晋升、高潜培养等方面的关注力度非常大，似乎只要是能留得下来的、有潜力的员工才是企业真正需要关注的。吉利对人才体验的理解，却与众不同。

海豚：高高跃起，深深潜下

“办教育”固然是吉利人才输送的“干线”，学历教育虽说和吉利的业务十分贴近，但不可能取代内部人才培养的“直通车”。于是建设吉利企业大学，提升人的素质与企业综合实力，成为李书福心中的另一个“教育梦”。

2015年，吉利企业大学成立，并将企业文化融入大学教育、试水移动学习、启动管培生等项目。之后，启动专业学院和分校建设，搭建星级评价体系，启动师课共建项目；还构建四大子集团核心文化体系，聘用全球“企业文化大使”，搭建“吉时学”在线学习平台。

基于行业趋势和集团发展战略，2019年吉利企业大学定位再次升级。

以“人才交付、文化赋能、组织发展”为最新战略定位，以“赋能业务，成就每一位吉利同路人”为目标，从文化融合、人才交付、知识共享、组织痛点攻关四个方面支撑集团业务发展，就知识共享而言，拥有专职师课资源和在线学习平台开发团队，联合各业务部门，针对任职资格要求及业务痛点开发内部课程，培训内部讲师、引导师和体验式培训师，并负责课程共享中心、师资共享中心、案例共享中心等企业大学智库的建设。

在吉利制造这一板块，之所以建立“汽车制造研修学院”，就是出于这个目的。杭州湾、北仑和宝鸡等基地，在吉利汽车有限公司副总经理金亚平的主导下，作了大量的培训学习，其标准化教材之完备、教学条件之好、培训制度设计之优化程度，堪称一流。培训考核和实习之严格，令人瞠乎其后。

吉利企业大学制定了人才培养“整体产品体系”，对在岗人员和高潜/后备人才实施专项培养，在管理人才培训上，实施针对储备/高潜人才培养的“海豚计划”。

取名“海豚计划”，真还有点讲究，“高高跃起，深深潜下，潜下去是为了更好地跳起来”。这个计划会让高潜干部们去轮岗，去跨岗级解决一些项目中的问题，激发他们更多的才能。

现任宝鸡发动机工厂总监的李劲峰，是2018届海豚班的一员。在此之前，他曾在华普发动机厂做过车间主任，在湘潭发动机厂当过厂长，因为卓越的表现，2018年进入集团“海豚班”学习。同年9月，他被调往动力春晓基地担任生产副总，并兼任春晓基地制造部部长，如今他已是宝鸡发动机工厂总监。

吉利的发展通道一共有三条，管理通道、专业通道和技能通道。这第三条通道，是为未来的工匠们准备的，特别是那些具有现代精神与智能化专业训练的工匠。

集团举办各类专业技能大赛、比武竞技，在各类技能比武大赛中夺得金奖的，吉利都会成立“大师工作室”，给予专家级荣誉的同时，也进行内训和经验分享。每年评出“十大工匠”，邀请他们给工程学院、汽车学院上课，人们将这个班级称作“工匠班”。

“他们已经不仅仅是蓝领了，他们已经变金领了”，每每谈及此，魏梅都会这么说。

无论是通过“海豚计划”，还是技能大赛，吉利在人才赋能模块中的努力，也确实尝到了很大的甜头。通常，企业质量管理部门往往最能够体现一个干部的价值，同时，也是最难做好工作的一个部门。有了上述机制，吉利就举办质量大比武，从比武里边去选拔干部。得了前两名的，就直接提拔做质量副总，当年质量比武第一名的员工，现在不少已经在基地担任总经理这一级重要职位。

对于吉利来讲，自己培养出来的人，是最为可靠的“内生型干部”，他们对吉利是有情怀的。

谈到之前通过技能比武培养的一名干部时，吉利集团人力资源部的负责人说，“公司需要他去哪里，从来都不需要解释，就是接了电话就去上任，从来不讲条件，从来不问给我什么职务，我的薪酬怎么样，真的是这样，他确实是吉利精神的代表”。

他叫凡启虎，现年34岁。2004年入职吉利北仑基地，因为优异的表现，先后又在吉利杭州湾公司、春晓公司任职，2016年，宝鸡基地新车型即将投入生产，生产任务紧，他又被调往宝鸡，担任涂装厂厂长一职。2017年西安项目筹划，他又被调往西安，参与项目前期建设规划等工作。如今，他是张家口工厂的制造总监。

“雁系列”人才培养计划，从初入职场的“大雁”，经过培养、轮岗、历练后成长为各专业领域精英的“飞雁”，最终成为相关领域业务骨干和人才标杆的“金雁”。

企业大学负责人刘瑜告诉我们，针对管理人才、专业人才、技能人才、储备人才、业务合作伙伴等，吉利通过精准化、场景化的培养项目，形成了系统完善的“学习生态”。如针对管理干部的“航计划”，旨在提升技能人才能力的“领军计划”，锻造专业人才的“特战队”，等等。

吉利企业大学还创设了具有独立知识产权和品牌的“师课共建”项目，通过萃取内部专家优秀的知识经验，开发成系列课程，并同时教会专家如何进行授课，实现组织智慧的沉淀和传承。“吉时学”平台，则是吉利企业大学自主开发的集在线学习、知识管理、培训管理为一体的综合培训系统。

“与业务站在一起”，一直是吉利企业大学团队的行动导向。

第五部

未来，“真正的时间”①

① 真正的时间：参见墨西哥诗人帕斯1990年在诺贝尔颁奖仪式上的演说，“于是领悟之门微微打开，‘另一个时间’，真正的时间出现了，这就是我们一直在不自觉地寻求的时间：现在，现时。”

第十九章　与其PK，不如超越

汽车未来学

2018年10月6日上午10时，杭州滨江，吉利控股集团总部大楼。

阳光带着暖意，探入李书福的会客室。房间并不大，墙角的几株盆栽植物枝叶舒展，带着克制的激情。朝窗外望去，草坪上巨大的“GEELY”红黄绿各色铁艺字母，与婆娑的行道树、人造喷泉、径直走过的路人，恰好形成了动与静、艺术与自然的彼此呼应。

那一刻，李书福正与本书作者从容交谈，话题广泛：从“贸易战”到世界汽车行业的变化，从吉利汽车的技术、平台、品牌到全球战略、价值链与管治结构，还谈到他早年为何想到造车，吉利为什么能走到今天，如何重构汽车、社会与人的关系，汽车的未来，以及人类出行方式的变化，等等。

到了人生这一阶段，李书福不再为一些挠头的问题，或因历史旧账而深陷其中。他自身也在变化，以至于让人产生更多的期待。不过他已获得了一种“超越感”。

听得出来，对全球化、生态环保、世界经济格局、互联网、人工智能和大数据等焦点、热点和全局性问题，如今李书福怀有更多的关切、追踪和探寻。

“汽车的未来”与制度、环境、社会有关，与人类所能达到的技术高度有关，也与人的欲望、想象力、交往方式有关。谈及“未来的汽车”，李书福露出了他的招牌式微笑：“那时，汽车不再仅仅是汽车了，它是一个智能综合体，是你离不开的朋友。”

他认为，将来的汽车会空中飞行、贴地行驶、自动泊位，开阖自如，可以折叠式袖珍化，也可以保持很强烈的形式感。未来的汽车，既与你对话也可以保持沉默，具备强大的、智能化的“自学习能力”，会帮助你处理很多事务，包括储存、商讨、检索与执行。“汽车一定会电动化、智能化，成为智能空间的移动终端，帮助主人解决更多的困难和问题；一定会垂直起降，自由飞行在江河山川、城市乡村；一定会成为主人的秘书、保镖；一定会自己去清洗、保养……”，他不倦地描绘“未来的汽车”。

谈到这儿，他的嗓门也提高了一些。那双灵活转动的眼睛，开始聚集在对方身上。沉默之际，李书福会流露出深思状态，其神态的转换与二十年前没有太大区别：并非不想理睬客人，而是暂时听凭自己的思绪驰骋开去。

交谈在继续。世界因“汽车”这个事物，变得更有纵深感了。这个时候哪怕有要紧事务，李书福也一定会让助理往后推。汽车，毕竟对他构成了不可抵挡的毕生诱惑。

近代以来，几乎每隔几十年就会诞生一个“未来的汽车”话题：

作家特里斯坦曾经这样描绘汽车：“那是一个站在门口的怪物，气喘吁吁，咬牙切齿，颤抖不止，活像个烘烤蜂窝饼的铁模子。”那时安德烈·雪铁龙就发誓，未来的汽车一定不是这样的丑八怪，未来的汽车也不再是《费加罗报》上描述的少数穿着厚重衣服、戴着飞行帽和巨大苍蝇镜的富贵人借以吓唬民众的“阴阳两栖动物”，更不是享受无忧年华的年轻人的专属品。未来汽车将是一种用来节省时间、操作简便的机器，它将是人人都可望又可即的工具，实现自由与欢乐的工具。

而21世纪的汽车人李书福则认为，未来汽车不仅是“酷”的，大气的，也是高技术的。汽车不再是被动的、因应的、驱使的，而具备与人脑一样的“大脑”，有着灵活而坚强的“肢体”，新型动力，智慧型、精准性、模块化，有一个很好的“生态系统”，有个人网站、应用资讯、应急管理、APP以及售后服务预约等功能。在这方面，李书福毫不掩饰自己对沃尔沃的好感，认为它在汽车互联、汽车安全和无人驾驶方面有着全球先锋性的研究与实践。

李书福的“汽车未来时”，更指向人本身的“身体—精神需求”，指向汽车产业与人工智能、电子与机械的融合，也牵涉到城市化、基础设施与交通智慧管理系统。

他在这方面下的功夫，是很深的。比如，无人驾驶与自动驾驶的区别，智能互联汽车，自动驾驶立法与测试运行系统，等等。从并购成功之日起，他就开始考虑如何学习和吸收沃尔沃在安全、自动驾驶和环保等方面的技术，“我们一直在研究如何加大投入，不断积累基础数据，突破瓶颈技术，优化系统规划，从根本上掌握核心技术。我始终认为，必须形成线上线下两个方面的智能优势，缺一不可”，最后他加强了语气，“能力是用钱买不到的”。

没错，未来汽车会将人从一个刻板、费神的驾驶状态下解放出来，成为车内“自由者”，从乘驾体验、智能安全、人机交互、V2X、自动驾驶等五个方面打造智能互联汽车，从人适应车变为车适应人，驾乘从被动的劳作变成愉悦的体验，实现整个行驶过程的安全、人性化和动作简洁。从驾驭到互动，从驱使到对话，可能会引发全新的生活方式变革。

在李书福的设想里，未来的汽车应该是这样的：“汽车是能够充分理解人的意图的。”他还对外界谈及自己曾看过的一则新闻，说的是32岁的俄罗斯亿万富翁德米特里·伊茨科夫公布了一项争议性计划“2045 initiative”，也就是在2045年，可以将人的大脑上传到机器中实现永生。令人惊讶的是，李书福居然将德米特里·伊茨科夫请到杭州，向他请教关于如何通过人脑遥控机器人。

李书福还说：“我和美国奇点大学的教授以及世界互联网之父都有过交流，我们都认识到车联网、人工智能与自动驾驶是汽车业未来的大趋势。汽车发明130年之后，正在步入与移动互联网融合的大时代，它将给人类和社会带来巨大的变革，我们要重构人、车和社会的关系。”

正是这些充满未来感的召唤，连苹果这样的公司都为汽车而着魔。

早在2008年，有关苹果汽车的讨论就开始了。当时，初代iPhone刚问世不久，乔布斯就开始对特斯拉及其新型电动车产生了兴趣。通过将汽车的设计与苹果的产品进行比较，iPod部门前主管托尼·法德尔认为苹果具备制造汽车的能力。“一辆车有电池、计算机、马达，还有机械结构，这么看来，这些东西iPhone都有”，托尼·法德尔说。苹果似乎准备好进入汽车行业，“难点在于零部件的组合及无人驾驶技术”。这就把汽车想得太简单了。不过当时汽车行业处于严重的困境中，这种情况或多或少地影响了乔布斯，最终他决定放弃无人驾驶汽车项目。但在5年之后，库克觉得苹果撼动汽车巨头、在行业中夺得一席之地的机会来了。

Titan，这个秘密展开的无人驾驶项目，是库克领导下最雄心勃勃并引人注目的项目之一。然而它命运多舛，由于种种不顺遂的事情接踵而至，Titan的前途一片黯淡，苹果的造车梦几近破灭。尽管他们想找到新方法去造车，从寻找制造车身的新型材料，到不同的采购模式，但似乎对于大多数问题都没有找到好的答案。有分析师表示，这是“‘蒂姆库克时代’最严重的失败”。

2016年4月7日，李书福在“自动驾驶国际研讨会”上发表意见说，“未来20年，自动驾驶技术对个人出行的改变，可能会超越此前100年间其他技术发展的贡献”。

对于未来汽车，李书福提出过“五大设想”：

1. 主导未来汽车与交通的四大要素：消费者行为的变革，IT和通信技术的变革，基础设施的变革，人类文化的变革。未来汽车除了动力和工艺外，将更多聚焦时尚、科技和跨工业间的融合，尤其与IT和通信行业的融合。

2. 未来汽车是以人的需求为出发点，即“以人为尊”，充分体现人性关怀，而不是简单的交通工具。

3. 未来的汽车是有生命和灵魂的。它有智慧，会思考，将成为人们的一个好伙伴，解放人类在汽车中（度过）的一段时光，进一步赋予人类驾驶的乐趣。

4. 未来汽车将实现零排放（新能源化）、零伤亡（自动驾驶），安全仍是汽车的第一大标签，未来汽车将更加灵活自由、更加人性化。

5. 汽车制造定制化，共享与增值服务是未来发展方向。

李书福，不再是那个“给我一次失败的机会”的民间造车“破局者”，也不仅是个国际并购的“狂热买家”。

这一切，如今都被超越了。

通过几次国际并购，包括与基辛格、稻盛和夫、穆拉利以及一些科学家、社会活动家的广泛接触，加上他自身经验、知识与专业的积累，李书福不再是单纯意义上的企业家，也不只是一个以为民族造车为己任的工商界人士，而是一个具有独立思考能力，又具备国际视界的“产业战略家”[①]。

当他预测汽车未来的时候，考虑得更多的是如何让传统车企做到极致，线上与线下如何结合，怎样让“造车新势力”再次点燃吉利公司。

① 这是本书作者提出的一个新概念，具体特指“汽车产业”。

将天空作为第三维度

一直以来，拥有一个可以从地面飞到空中的交通工具是不少人梦寐以求的事情。

从电影《杰森一家》到《回到未来》都可以看出这一点，不管是出于何种原因，人们对于便捷出行的追求从未间断过。正如空客首席执行官托马斯·恩德斯说的："将天空作为第三维度加入城市交通网络，将会改变我们的生活方式。"在普罗大众眼里，飞行汽车也许更像是科幻电影里的东西，离实际生活还有很远的距离，但事实上，飞行汽车发展速度超乎大部分人的想象，出行市场的战火早已从地面烧到天空。

李书福敏锐地看到这一点，也抓住了这个机会。

2017年11月13日，吉利集团正式宣布完成对Terrafugia的收购，Terrafugia从此有了它的中文名——"太力"飞行汽车。那么，这个备受青睐的"太力"飞行汽车的前世今生为何，竟然能够成为吉利集团迈向"三维时代"[①]的一个砝码？

时间回溯到2006年。那一年麻省理工学院举办了10万美元创业大赛，冠军是Chirs Loose（一个关于医疗器械表面改性的项目）。而这次比赛的亚军是一个飞行汽车项目。比赛结束后不久，卡尔·迪特里希（Carl Dietrich）在麻省理工航空航天系完成了本科、硕士直到博士阶段的学习。由于在校期间表现优异，他获得了莱梅尔森–麻省理工奖学金，揣着3万美元的奖学金，这名17

---

① 本书提出"三维时代"概念，特指当下出行方式的变化，从汽车出行的平面二维时代变成汽车、飞行汽车结合的三维时代，也就是"空客"首席执行官托马斯·恩德斯说的"将天空作为第三维度加入城市交通网络"。

岁就成为私人飞行员的博士，拉着其他四位麻省理工学院毕业生一起，在马萨诸塞州创立了飞行汽车公司太力（Terrafugia），他担任CEO。

在迪特里希的带领下，太力的第一代飞行汽车Transition于2009年制造成功并进行飞行，2012年进行了迭代设计。作为一款采用折叠翼的两座飞行汽车，太力飞行汽车采用油电混合动力，巡航范围达400英里（约644公里），巡航时速为100英里（约161公里），离地最高可飞10000英尺（约3048米），更能在1分钟内切换飞行和汽车模式。产品长6米，机翼可折叠，打开时宽8米，收起来仅2米，除了飞机的基本配置以及整机降落伞，它还有一系列汽车的安全配置，比如气囊、预紧式安全带、碰撞溃缩区等等。

2016年6月，公司宣布美国联邦航空管理局批准了其申请合法飞行豁免权的请愿，FAA认定Transition为轻型运动飞机，其最大起飞重量不得超过1800磅。然而，制造业需要的不只是技术，更是一个资金密集的行业，研发、制造都需要大量的资金。2006年公司刚成立不久，太力公司就在年末完成了第一笔近30万美元的融资，之后资本陆陆续续跟进，股东最多时超过百人。

2015年公司曾遭遇资金瓶颈，创始人多次来华，太力和吉利发生了第一次接触，其间有多次商谈与对话，最终才有了吉利收购太力的一幕。

李东辉在接受《财经》等媒体采访时，就透露了这层意思：“吉利在飞行汽车的布局并不是短期内的目标，而是长期的战略规划。”其实从李书福的“出行拼图”的每一次手笔，也能看出端倪。吉利发展到今天，制造能力固然重要，但关键是如何落子出行领域，在“三维出行”领域进行长远布局和卡位。

在李书福看来，“飞行汽车可以想象成是五年以前的无人驾驶，无论是市场需求，还是帮助一个国家改善交通状况，都是有很好的战略前景的”。出行工具是与时俱进，不断演变的，“三维出行”方式也许能够大大提高空间利用效率，解决大城市拥堵问题。然而，作为出行方式，并非所有人都看好飞行汽车市场，即使是贝恩公司资深顾问对此也疑虑重重，“如果说共享模型，飞行器永远在天上飞，成本尤其是燃油，是很大的比重。所以在经济效益方面，并不是非常好的实现规模化的商业模式”。

事实上，这个市场并未成形，航空巨头、传统车企以及创业公司都盯着这个蛋糕，据*Aviation Week & Space Technology*杂志统计，2017年全球有20个不同的团队正在进行用于城市通勤市场的电动垂直起降飞机的研发工作。即使在国内，BAT三巨头之一的腾讯，也开始布局飞行汽车领域，于2017年9月向德国初创飞行器公司Lillium领投了B轮9000万美元资金。

面对汹涌而来的竞争者，“太力”想要突围并不容易。

自2016年5月开始，政府逐步扩大低空空域开放，监视空域和报告空域的高度，逐步提高至真高3000米。这就意味着，中国低空空域有望形成超万亿元的市场规模，以及低空通航产业链10年黄金期。任何新政策，都会导致新的市场机会。

尽管飞行汽车发展面临着技术、安全和设施方面的挑战，但都会随着技术的进步得到解决，科幻片里汽车在天空飞来飞去的场景，大都市上空的各种奇异情境，“酷”得不能再“酷”的人物，爱情、交往与“擦肩而过”的旅行，终将成为现实。

李书福正着手谋划更大的变革，其范畴远远超出汽车产业与传统的交通。

这一次汽车不再是“汽车”，飞行器也不再“高高在上”。在他的视野中，飞行与行驶等量齐观，人、机械与电子，智能与速度，动力与审美，研发、制造与服务，全都进入启蒙运动状态：以人性和科学的新尺度，重新考量、安排与匹配。

smart、极星与低轨卫星

2019年3月28日，吉利控股集团宣布，将与戴姆勒集团组建合资公司，在全球共同运营发展smart品牌。次年1月8日，吉利控股和梅赛德斯–奔驰宣布：双方组建的smart品牌全球合资公司“智马达汽车有限公司”正式成立，将在全球范围内联合运营和推动smart品牌转型升级。

好事凑上好日子，难怪网络上一众年轻人这样说：“买辆smart图个‘吉利’!”

这个合资公司注册资金54亿元人民币，双方将各出资27亿元。其中，梅赛德斯–奔驰股份公司主要以smart品牌出资的形式获取相应股份。吉利控股和梅赛德斯–奔驰，将联手把smart打造成为全球领先的高端电动智能汽车品牌。合资公司全球总部，就设在宁波杭州湾新区，同时在中国及德国分别设立营销中心。

这是吉利2018年2月入股戴勒姆后的一次实质性合作。全新一代纯电动smart将由梅赛德斯–奔驰的全球设计部门负责设计，吉利控股全球研发中心负责工程研发。新车型将在中国的全新工厂生产，预计2022年开始投放市场并销往全球。

业内人士普遍认为，奔驰通过与吉利合资，smart品牌将减轻自身亏损压力，有望实现发展史上的“大翻盘”。smart品牌在此之前作为戴姆勒旗下的微型车品牌，自1998年成立20余年来，已累计亏损40亿欧元。相对宝马集团旗下的小型车品牌Mini来说，smart虽有着20余年的历史，销量却已大大落后于Mini。

对于这一合作，戴姆勒股份公司董事会主席康林松说过：“合资公司将在中国及全球市场推出下一代零排放smart电动车型，将优秀的产品与服务带给全球客户。”李书福则表示：“吉利控股将把研发、制造、供应链等领域的优势及对中国市场的深刻理解注入合资公司，推动smart品牌向电动化、智能化方向转型，实现smart汽车在全球市场的商业成功。”

不过，纵然背后有戴勒姆、吉利两大集团背书，并有沃尔沃十年来的成功经验可以参照，但smart品牌想要彻底扭亏为盈，所面临的挑战并不小。

从外部市场来看，特斯拉已达成第一批国产Model 3交付，并启动国产Model Y项目；大众也正在积极推进电动化转型；2019年11月，长城与宝马合资的“光束汽车项目”正式启动……smart意欲从激烈的市场竞争中“杀出一条血路”并非易事。同时，自2019年6月补贴退坡以来，中国新能源汽车销量已遭遇数月连跌，谁也无法准确预料市场的“春天”到底何时来临。

前路漫漫，李书福和吉利似乎“有备而来”。

Polestar极星是沃尔沃汽车集团和浙江吉利控股集团共同拥有的，以设计驱动的高性能电动汽车品牌。

2017年10月，极星以一个全新独立的高性能电动汽车品牌正式亮相，同时，品牌旗下的首款车型极星1正式发布。作为一个年轻的高性能国际化电动汽车品牌，极星品牌自创立至今虽只有短短3年多的时间，却已开创业界多个第一：

从价格上看，极星1面向全球市场，国内售价145万元人民币，是中国制造的第一款售价超过百万的量产豪华品牌车型。宝马有之诺，奔驰有腾势，极星是沃尔沃创造的高端的、国际化的电动品牌，这是第一家。

2019年建成投产的极星成都生产基地，是极星品牌全球范围首个生产制造中心，也是中国第一个量产百万元以上级别车型，并供应全球市场的汽车工厂。

最让业界感到惊艳的，不仅是极星车型的设计、配置以及售价等“硬核”

指标，而且还有另一个“软因素”：极星艺术空间。

极星艺术空间是极星品牌为了给消费者带来愉悦购车体验而倾力打造的创新零售空间。它的设计灵感主要来自博物馆、画廊、图书馆及教堂的室内设计元素，整体设计干净整洁，打造出极简主义风格的空间和氛围，简约明亮、开放时尚且井然有序。整个空间功能性极强，巧妙地利用增强现实技术（AR）与虚拟现实技术（VR）的高科技交互装置，改变了传统的汽车产品品鉴方式，真正给消费者带来沉浸式产品体验。

尽管“美的声誉超过任何其他东西”[①]，但在汽车行业几乎孤注一掷地将美学贯穿于汽车外形及内饰设计时，极星显然已将极力追求的“美感”指向了更大的场景。

这个艺术空间的整体设计，简约而不乏味，没有浮夸的商标，没有咆哮的口号，以产品为中心，最大程度降低冗余元素对产品的干扰，让用户专注于产品和科技的探索。

汽车工业走到如今，从蒸汽时代到燃油时代再到电气化时代，每一步都受制于全球工业整体大环境、种类繁多的法律法规，以及为使消费者能够“埋单”倾力进行的宣传和服务，可以说无不充满着“现实主义”的影子。

而极星艺术空间的诞生，就像一股清流，让人感受到丝丝浪漫主义情愫。

许多人并不知道的一个事实是，吉利控股集团是全球第二家、中国首家“一手造车一手造星”的企业。

全球第一家是谁？是特斯拉。

SpaceX第三批卫星发射成功后，特斯拉市值随之一飞冲天，到2020年1月中旬，已超千亿美元，成为仅次于丰田、全球市值排名第二的汽车公司。一时间，国内媒体不禁纷纷发问：传统车企应该何去何从？

---

① [法] 蒙田：《蒙田随笔》，江珉、徐芳编译，陕西人民出版社2005年版，第47页。

对于汽车的自动驾驶来说，超高精度地图和车路协同智慧城市是未来的发展方向，而它们又无一不对数据传输提出了极高的要求，在天空中铺设卫星无疑是对5G最佳的补充选择。SpaceX的猎鹰九号1次发射可搭载60颗卫星，低廉的发射成本，成功的联动效应，又为车企进入这一领域提供了强大支撑。

同时，低轨道卫星的信号特点又与自动驾驶的需求完美契合，可提供更高的信号强度，更低的收敛时间，更好的抗干扰和反欺骗能力。信号接收终端也可以更加小型化，这对如今低算力的汽车电气化系统提供了更大的包容性。这样一来，车联网数据传输是交由科技巨头，还是把握在自己手中，都是所有主机厂要考虑的问题。

吉利在两年前已着手准备自己的“答卷”。“天地一体化”的立体出行版图，从地面出行到低空出行，从研发车联网系统、车载芯片到布局低轨卫星，不断在产品协同研发上加码。其目的是真正实现软硬件结合，科技赋能未来出行，覆盖未来所有出行场景。

2018年，吉利战略投资航天科技公司“时空道宇”，成为中国首家自主研发低轨卫星的汽车企业，覆盖从研发、制造到应用全产业链。近期“时空道宇”将完成两颗低轨卫星首次发射，同时展开全球首个商用低轨导航增强系统验证，此商用系统的空间段、地面段、应用段所有核心技术全自主可控。

从2019年第四季度开始，吉利组建了“台州卫星项目指挥部”，建造全国第一家脉动式生产线的专业制造工厂，包括卫星制造工厂、卫星零部件制造中心、一个卫星测控中心、车联网大数据运营中心、吉利卫星学院，还要建吉利卫星科技馆。

100多颗卫星，就可以做一个全国的车联网，车联网主机厂就是吉利汽车，这个车联网是非常有价值的。但是李书福不仅瞄准了整个中国的市场，还瞄准了海外的市场。这些卫星是有寿命的，一般小的卫星是3至5年，大的卫星是5至8年。

吉利低轨卫星方面的业务，现在由两家公司负责。

上海“时空道宇”作卫星的研发，包括卫星后端的应用。台州卫星制造工厂专注于卫星制造，将来谁需要卫星，就为谁去造。吉利将来要有自己的星座，将专注于车联网、无人驾驶导航，为汽车出行提供强大的保证。“所有汽车上未来出行的这些东西，我们有自己的卫星能够予以技术保障。”吉利卫星制造相关负责人冯家致这样说。

一旦自己造卫星之后，吉利就介入到一个新的行业。过去造卫星在厂房里生产，一颗卫星要造好几个月。现在从设计卫星、制造卫星，就考虑模块化，考虑“脉动式生产线”，就接近了汽车生产线了。吉利全面布局商业卫星领域，将为天地一体化大出行夯实底层架构，这是吉利科技转型的助推器。

“相信我们涉足商业航天，会使吉利汽车将来发展得更好，在车企这块会领先于别人。收购沃尔沃以后，在传统汽车技术上已经和欧美同步。如果做无人驾驶AI这块，通过卫星车联网，可能我们会处于领先地位。这是吉利汽车有别于其他汽车品牌的地方。”冯家致这样说。

都是“钢铁侠”

2018年，在财经作家吴晓波与李书福之间，有一场关于“特拉斯造车现象”的简短对话：

吴晓波：过去十年里面，作为汽车人，你怎么看特斯拉的这种现象，它对汽车行业意味着什么？

李书福：本质是要构建它的线上技术，它（特斯拉）的目的不是为了造车，造车只是它构建线上技术的一个载体、一个实践、一个实验室……

吴晓波：对，它弄一辆车跑出来，估值还很高。

李书福：这不是问题，这个谁都可以搞，现在要搞一辆电动汽车太简单了，花一点钱叫工程公司，搞什么样的车都行……这不难。（但是）这不能说明问题。

吴晓波：书福总，那难在哪里？

李书福：汽车工业（特点）是大规模，要一致性、可靠性、耐久性、大规模、经济型、可持续，它难就难在这，所以这里面涉及很多配套技术的应用、技术设施的形成、技术能力的形成，包括芯片，包括操作系统，包括整个网络系统，这都需要形成一个非常严谨的一种配合，非常严谨的一个闭环能力。

吴晓波：但像你刚才讲的这些能力，特斯拉也都没有。

李书福：它没有，它在搞。这是特拉斯的最终目标。所以人家为什么以那么高的估值来买特拉斯的股票呢？不是因为它造了那几辆车，买的是它的这个能力的形成。

这就抓住了特斯拉造车的要害：构建线上技术。但李书福认为，更重要的是形成“非常严谨的一个闭环能力”，包括配套技术、技术设施和技术能力，还有芯片、操作系统等。

经过一段时间观察与审视，李书福觉得特斯拉赔钱却能有超过宝马的市值，赢得投资人的青睐，一定有它的道理。进而他坚定了这样一个信念：未来汽车一定是线上、线下结合的，会出现一个全新的概念。他还认为，在这样的挑战面前，传统汽车要携起手来协同应对，才有出路。

好几次，李书福都毫不客气地说，在当前中国“如发烧般地蔓延”的新造车运动中，很多公司往往以Google（谷歌）和Tesla（特斯拉）为样板，却忽视了一个事实，“这两家公司都是一步一个脚印，不断地打基础、练内功，才能有今天，况且十多年来特斯拉还是年年亏损。有些人认为，只要能圈到钱就能买到一切。我认为，这种思考可能太简单了。研究汽车智能互联大趋势，首先是来自早有远见、海纳百川的汽车公司”。

“早有远见、海纳百川的汽车公司！”

当然，埃隆·马斯克不是传统意义上的企业家，也不只是“科技狂人”，一些简单化的标签，并不适合贴在这类人身上。今天马斯克的处境正如造车之初的李书福，既引发万众瞩目又颇具争议。

无论是商业还是科技，无法简单地以“疯狂”一词来形容马斯克：从Paypal到特斯拉、Space X、太阳城，直到宣布打造新一代交通工具超级高铁Hyperloop。埃隆·马斯克遭遇了无数棘手的事件，每一次突破又总是令人惊艳。无论钟情于什么，他都展现出惊人的专注力。在人类的精神创新以及太阳能、电池和航空航天技术上，马斯克都下了很大的“赌注”。他因此被人称为“硅谷钢铁侠”。

戏剧性的风险，将伴随着马斯克所做的每一件事。但他乐此不疲，还说：“我希望死在火星上。我想去那里参观一下，然后回来一阵子，等我大概七十岁的时候再去，这样我就能一直住在那儿了。如果顺利的话，一切就会这样发展下去。如果莱莉和我生了很多孩子，那她可能会留在地球上，和孩子们一起。”①

李书福没有马斯克这么浪漫，但他们之间不是没有共性，比如专注、激情、想象力，还有对技术的痴狂。李书福曾说过，“请给我一次失败的机会”。而马斯克的表述则是：“在我们这里，失败只是一个选项，假如你从未失败，只能说明你不够创新。”李书福把创业视为“从奴隶到将军”的过程。马斯克说得更悲情：“所谓创业，就是嚼着玻璃凝视深渊。”

如果说李书福一直做着汽车产业领域的“不可能”之事，把事业书写在广袤大地上，从手工敲打出第一辆车到造出炫酷的互联网时代的领克，马斯克则游走在多个领域的“不可能”之间，从Model 3到“通往火星之旅”，他的业

---

① [美] 阿什利·万斯：《硅谷钢铁侠：埃隆·马斯克的冒险人生》，周恒星译，中信出版社2016年版，第317页。

绩激荡在广阔天空中，而全电动跨界车则具有梦幻式的视觉冲击力。所有这些，有点像马克·夏加尔画中的“超现实主义”情境：连续的屋顶伴随着意外的高差，使整个空间流动而连贯，恋人们牵着手倒悬在浅紫色的天际，大大小小的窗子，就像“梦的出口”。

回头看，人们发现这几年特斯拉是坐了“过山车”。

2019年6月，特斯拉股价曾跌至177美元的低点。然而，马斯克没有借机实现私有化，股价到年底反而攀升至421.95美元；2020年8月21日，特斯拉股票再次创下新的里程碑，首次突破2000美元。投资管理公司Ark Invest在2月1日的一份报告中，就预计特斯拉到2024年股价将达到每股7000美元，总市值将突破1.1万亿美元，超过全球其他主要汽车公司市值之和。在很多人看来，这是一件匪夷所思的事情。

特斯拉一直是充满话题与争议的公司：一方面被视为汽车行业的“苹果”，正在颠覆传统汽车行业①；另一方面，特斯拉的财务状况多次险些拖垮整个公司，如今又在资本市场扶摇直上，成为如同杰克逊之类的耀眼明星。

作为传统汽车制造企业的吉利，多年来没有旁骛，老老实实地将汽车制造融入工业互联网、大数据和车联网，从人类出行方式革命的角度，逐步实现将汽车从单一交通工具向“第三空间”的转变，满足用户对车内定制化、智能化、体验需求的提升，推动硬件整机集成与软件生态两个方面的本土化解决方案。

与马斯克的冒险风格不同，李书福是东方式的、积累型的、技术派的。

李书福的“底气”，在于远见、实践感与卓越团队，特别是将战略落实到位的能力。他没有马斯克这样张扬，如此“天才与冷血”，却足以使得成千上万的人追随其后，将全部精力贡献于这个国家的现代化进程，贡献于世界汽车产业“西风东渐”，也就是中国“民间造车事业”从幼苗长成大树的过程。

---

① 这里说斯特拉是苹果式企业，不仅在技术与设计上，也表现在服务领域。

就个体而言，他们两人也是很不相同的。

马斯克的天才是公认的。他属于从小就异于常人的人，鹤立鸡群。正如汽车评论员刘宝华说的，“他们思维方式不同于常人，他们能以全新的角度看待问题，找到极具洞见的创意。这些人就是为改变世界而生的”。马斯克每周工作80到120个小时，曾经连续三四天住在厂里。他有永不言弃的强大神经。“我不知道什么叫放弃，除非我被困住或死去”，这是他回答美国CBS电视台记者提问时说的。

高强度工作和压力下，马斯克只能靠安眠药入睡，在直播镜头前抽大麻，采访中飙泪，都能让人感到他经受的折磨。可是“这位硅谷钢铁侠身上除了异于常人的天才、勤奋和坚韧，也有俯视凡人、藐视凡人的心态。这些天才怪咖自负改变世界的使命，醉心于技术进步，却对其过程中人的命运毫不关心”，马斯克对特斯拉事故致死的无辜生命很少有过歉意、哀思与反思。

李书福具备产业天才与商业敏锐性，却不冷血。

李书福的“用户至上主义”是出了名的，以至于公司文化手册上充满了“用户”这个词；他对管理层经常这样说，“假如你的亲人买了我们造出的车……”直到让人脸红耳赤为止。他还以年轻时亲历的交通事故佐证汽车安全的极端重要性。

说到智能驾驶的终极目标，按照李书福的理解，是建构一个由“安全、健康、人、车交互构成的“智能命运共同体”，“我们必须摒弃浮躁的功利主义，必须回归人本主义，一切以人为本，人的安全、健康是第一位的，任何安全、健康方面的疏漏，都有可能让行业、企业、用户付出惨重代价”。[①]因而“零伤亡”“零排放”成为李书福的重要目标，车内空气质量也是他直接干预的对象，“车内空气质量应该是儿童级别”，坐车时要呼吸到“如同北欧森林般的

① 章涟漪：《李书福：智能驾驶的前提是确保交通安全》，汽车之家网站，2019年5月13日，http://auto.cri.cn/20190513/d773a90a-4a3b-f549-c0f6-f4625192f804.html，2020年11月11日。

空气”。

对自动驾驶，李书福始终坚持一个信念：数据采集与测试必须建立在人性化之上，除了严谨、科学和经验，还要有居里夫人式的耐心，没有任何其他捷径可走。他身上有一种马斯克所不具备的工程师气质和工匠精神。

与马斯克不同之处还在于，李书福身上捕捉商机、洞察变化的能力，是天赋、环境与时代一起造就的。他靠的是商业基本“嗅觉”，那就是“超直感”的能力。他常常以此为重要凭借，加上科学判断、头脑风暴和数据分析，融铸成一个个令人信服的决策。在环境刺激和情势促迫下，特别在市场力量的激发之中，李书福这种商业才华引发了一种“超级能量”。

李书福的长处，是商业直觉与工业理性的“瞬间焊接”。

很多与李书福接触过的人，都有这样的体会：他和吉利汽车经过几十年的市场历练，尤其是世界汽车行业的大调整、大融合和大转移之后，具备了非凡的吸收、消化和转化事物的能力。要跟最优秀的人结伴，与“高手”下棋。这些“高手”，既包括后来归于麾下的沃尔沃，吉利视之为标杆的丰田，还有他长期心仪的奔驰。

不可否认的是，由于家庭与教育背景不同（马斯克的父亲是工程师，母亲如今是个“网红模特”），想象力的异质性，精神气质与年龄的差异，造成马斯克的工程构想、产品特性和设计造型，与李书福所推崇的新车型反差很大。前者带有更大的未来特性、科技感，还有极端的简约，其车型仿佛是好莱坞导演与道具师一起设计出来的……在形式感上，马斯克不愧是乔布斯的“徒弟”：审美高于功能，功能承载设计。

李书福并无PK马斯克之意，却不能无视马斯克的存在。特斯拉定义了一系列非常独特的产品体验，刷新大家对未来汽车的认知。李书福与马斯克两人为科技而疯狂的精神并无二致。也许李书福此刻正在关注马斯克，研究“斯特拉造车现象”。

特斯拉的产品确实与传统车截然不同，比如它全面使用了隐藏式门把手，并且与手机绑定，让车钥匙不再重要，并且优化了迎宾和上下车体验。再如它没有启动按钮、没有独立的EPB按钮，把几乎所有交互全都集中到了一块屏幕当中。作为一个新品牌，特斯拉如果想沿着传统汽车的稳步迭代轨迹进行突破，是绝对找不到出路的。而它初期选择的目标客户群也恰恰可以接受产品的瑕疵，他们愿意为了创新这个标签买单。

这并不意味着吉利、沃尔沃非得按照马斯克“走偏锋”的创新之路走不可，恰恰相反，李书福自有其审美观、技术路线和迭代产品。不过马斯克这种“冒天下之大不韪”的胆略、意气与眼光，仍可适当地予以汲取，“为我所用”，将此等能量注入吉利、沃尔沃的“创新发动机”之中。

吉利在技术、工程与工艺上的创新，也是不胜枚举的。但李书福和他的伙伴们将重心放在基础架构、设计造型和工艺路线上，其中功能性的革新是主要的。在新能源汽车上，他走了一条多元化之路。与马斯克的根本区别，在于李书福从传统汽车制造起家，更多的是做“与时俱进”的工作，包括累积性创新、平台打造、技术集成，以及工匠精神的贯彻，特别重视消费者体验与并购之后的“全球文化认同”，以及“自我超越”。

第二十章 “宇宙流”①

全球布局

2010年以来，李书福雄心勃勃地采取国际并购与企业转型并重的战略，以大跨度的海内外生产制造布局，在全球范围内建立采购、销售与研发体系，围绕着智能制造、车联网技术、大数据打造未来智慧立体出行生态。

经过沃尔沃、锰铜与宝腾路特斯这三大并购（入股），李书福理所当然地深化了海外布局，就像一盘棋里的几个关键棋子，自然形成了一种“势”，形成战略与时空上的优势，并与其他海外基地形成了一种新的“均衡”。

从事当代汽车业者，最终必须要达到全球开发、全球采购、全球制造与全球营销。吉利起步阶段，更多地凭借本土市场和本地供应商、本土化生产，但成长到一定阶段，就需要适应全球化，将更多精力放在如何实现李书福说的“走向全球汽车价值链高端”。

自2015年开始，沃尔沃在美国南卡罗来纳州伯克利县兴建全新工厂，借

---

① 宇宙流：是日本超一流棋手武宫正树创造的，以取中腹大模样为作战方向的围棋布局流派，对围棋发展贡献很大，人称两百年也不会消失的流派。本手，是对弈时采取经典的、正规的应对方法，稳健不冒进，与之相对的是欺着（无理的着法）和奇着（创造性的新着法）。

助美国新工厂带来的产能，在沃尔沃当年在美国塑造的品牌基础上，打造新优势。

2017年3月吉利LEVC安斯蒂工厂落成，这是英国近10年来首个新车生产基地，也是首个专注电动汽车的工厂。

2017年11月17日，吉利（白俄罗斯）汽车有限公司（BELGEE）在白俄罗斯鲍里索夫举行全散装件（CKD）工厂的落成典礼。

2019年12月，宝腾X70在马来西亚丹绒马林工厂正式下线，这是本地化生产的开端，有5款车型在此生产。丹绒马林工厂已成为现代化、智能化的绿色工厂。

并购沃尔沃以后，吉利很快建立了全球采购体系，形成新的供应链格局。

一方面，吉利汽车全球采购范围更加宽广，且获得了与全球顶级供应商合作的机会。众多国际供应商参与到吉利汽车全球供应链的建立中，使吉利汽车在供应商的选择上有更大、更多的自主权，加大供应商之间的竞争，实现优胜劣汰。另一方面，与全球顶级供应商的合作，使吉利汽车接触了更加前沿的、高端的技术。

对于采购，分为两种情况：一种是通用零部件的采购，采用吉利与沃尔沃联合采购的方式，以获取“规模经济”所带来的好处。另一种情况是由于汽车产业的全球化，使零部件系统集成供应商在全球范围内承担了更多的整车同步研发工作和零部件模块匹配工作，因此他们本身就是整车企业重要的技术合作伙伴，这些供应商可以为整车企业提供前沿性的技术研发支撑。

对这一部分零部件的采购除了获取规模效应之外，还需要与供应商建立长期的、稳定的技术合作关系，这种战略合作关系的建立，使吉利汽车有机会紧贴技术潮流，最后实现超越。

从整体上看，吉利与沃尔沃在采购方面的合作是逐渐融合的过程，通过全球协同采购、全球竞争，保证采购的质量和成本最优，促进品质提升。吉利已与两三百家国际供应商达成新型合作伙伴关系。随着吉利产销量的逐年提升，其整个零部件供应链条上有80%以上的企业进行了新产线、新设备、新技术、新工艺的投入。

在全球供应商准入方面，吉利非常谨慎严苛，要求供应商必须同时达到质量、技术、采购三方标准，还实行一票否决制。通过第一轮筛选后，各大国际供应商会面临独具吉利特色的“金字塔式动态管理”。这个“金字塔”具有一定的流动性，“引进一批，培育一批，淘汰一批”，有升有降，有进有出。

供应链体系建设方面，吉利有两大突破：一是打造多品牌联合采购模式，以GPOS体系覆盖各个品牌采购业务，提高联合采购范围；二是建立全球化采购供应系统，采购需求信息向全球供应商公开，确保国内外供应商充分竞争。为解决各品牌间信息、数据无法共享的难题，吉利正逐步梳理各品牌的业务流程和IT系统信息，积极配合集团信息工程建设，在集团统一的IT系统中加入多品牌联合采购的需求，以实现有效的资源整合。

沃尔沃汽车的采购体系，也同样发生了积极变化。

随着中国成为沃尔沃第一大市场，沃尔沃开始开发中国的供应商体系（包括外资供应商在中国的工厂、中国的供应商在国外的工厂），而沃尔沃原来更侧重于欧洲的供应商体系。沃尔沃通过与吉利捆绑起来，引入了多家国内供应商（包括物流、仓储、设备和服务的供应商），通过竞争有效地降低了成本，有了更多的选择，反过来又促进了欧洲的供应商改进质量、降低价格。

同时，随着越来越多的中国供应商被纳入沃尔沃全球体系中，沃尔沃的发展还给这些供应商带来好处。中国的供应商在被纳入到沃尔沃的供应商体系以后，自身产生了很大的品牌效应，其质量也通过沃尔沃的质量工程师得到了很大的提高，因而具备了参与到其他全球性汽车企业的采购体系中去的资格。[①]

---

① 郭凌晨、丁继华、王志乐：《走向全球化：吉利公司全球化之路》，中国经济出版社2016年版，第32页。

在营销网络建设上，吉利与沃尔沃、宝腾也正在联手实现全球布局。

吉利汽车是最早开辟海外新市场的民营企业。2002年上海吉利美嘉峰国际贸易公司成立，赵杰担任总经理，承担了吉利汽车对外贸易事务。次年，叙利亚汽车公司CEO马洛克联系到美嘉峰公司，商定吉利汽车出口至叙利亚。同年8月2日，第一批吉利“豪情”进入叙利亚。

这是一个破冰之旅，中国本土汽车产品第一次出口海外。

到2005年底，吉利在海外设立了18个分销店，108个服务中心，范围覆盖30个国家和地区，大部分位于中东、中美洲和非洲。2006年出口突破万辆，2008年吉利汽车出口量攀升到3.8万辆，在全球53个国家和地区建立了285个销售点。2012年突破10万辆。数据显示，2013年吉利出口汽车近12万辆。

不过吉利海外营销所在的一些国家，不少面临很大的风险，包括汇率的风险、政治的风险。局部地区的局势动荡、货币贬值，也极大地影响了营销以及利润。受到全球需求不足、供需结构失衡、地缘政治等因素影响，吉利汽车出口量明显下滑，这些年全球的汽车出口贸易都处于震荡期。

从2015年开始，吉利开始了国际化的新进程，包括：稳定东欧、中东、非洲等发展中国家和地区的出口市场，吉利、沃尔沃与宝腾形成新营销网络，领克等车型进军欧洲。2018年3月，领克02在阿姆斯特丹举行了全球发布会，此后领克03在日本首发上市，都释放了这样一个信号。

为了做好研发设计体系的全球布局，吉利先后创办了五大研发中心，分别是宁波杭州湾研发中心（研究总院）、吉利欧洲研发中心、英国考文垂研发中心、德国法兰克福研发中心和杭州研发中心。这些中心聚集了来自各国的研发设计人员2万多人。吉利汽车和沃尔沃汽车在研发领域的协同布局，让吉利的触角真正伸入到了国际化研发体系循环之中。

吉利还有五大造型设计中心，呈现了全球化的创新网络。上海造型中心是五个造型设计中心的枢纽，承载着搭建吉利未来设计体系，构建最新吉利设计语言，拓展吉利全球化设计理念的重任。哥德堡造型中心，位于哥德堡林德霍尔姆科技中心，集聚众多国际设计优秀人才，领克品牌造型正是诞生于此。而考文垂造型中心，着力于逐步复兴路特斯品牌。加州造型中心，则为吉利汽车的其他造型体系提供最新、最前沿、最潮流的设计理念。巴塞罗那造型中心有来自7个国家的优秀设计师，从南欧大陆的多元文化、艺术、建筑和都市潮流中汲取灵感，提供前瞻性创新思维。

这些造型中心的具体分工是，巴塞罗那和加利福尼亚的造型设计中心主要从事创意工作，上海和哥德堡的造型设计中心，重点将创意导入新车型的开发生产。

在全球研发创新网络、全球生产网络、全球销售网络的支持下，吉利有能力配置全球资源，将创新技术、人才、劳动力成本等在全球范围内重组整合，使自身的全球创新系统高效运行。

与此同时，通过公司股权结构、公司治理结构以及公司管理结构的调整，吉利管治结构的国际化程度更高了。

2020年2月10日，《每日汽车观察》的一篇报道迅速引爆舆论。仅仅标题就足够让人为之一震：《重磅：吉利汽车与沃尔沃合并，中国又一个跨国汽车集团将诞生》。

文章这样写道：“2月10日吉利汽车发布公告称，公司正筹划与沃尔沃汽车进行业务重组。重组后的资产将纳入吉利汽车香港上市公司，并将考虑未来在瑞典上市。整合后的新集团将保持沃尔沃汽车、吉利汽车、领克和极星等品牌的独立。这意味着沃尔沃汽车将与吉利汽车进行合并重组，成为一家新的上市公司。”

各路媒体迅速跟进，彭博社甚至在评论中提醒西方汽车制造商“系好安全带”，以应对重组后的新公司飞速崛起带来的激烈竞争。报道推出后再过4天就是西方的“情人节”。吉利和沃尔沃即将合并的消息，犹如向世人宣告：一对恋人经过了长达10年的爱情长跑之后，即将迎来一个新的甜蜜时刻。

吉利汽车集团对这一项目的解读是：“重组将会打造一个更具竞争力、更加强大的全球企业集团，进一步体现规模优势，整合更强的专业能力和资源，持续引领行业变革。”而《招商证券》则在“研报”中预测，未来几年，双方重组后的新企业集团年销可达400万辆以上，规模效应显著提升。

近些年，汽车行业迈入了前所未有的转型变革，行业在整体下行的桎梏中不见春来，生死存亡的淘汰竞争已经进入白热化阶段，“主动求变”已成为新的生存法则。没有一家车企敢于忽视，“蚍蜉撼树”的离奇场景已在上演：特斯拉2019年销量36.7万辆，市值却高于年销量超1000万辆的大众集团。

从这个意义上说，吉利这个举动的箭镞不只是为了射中“成为下一个汽车集团”这个靶心，通过合并顺应电气化、自动驾驶、智能网联、共享出行等变革浪潮才是核心目标。

不过，李书福首先需要考虑的是，如何牵引资本市场的活水，来滋养和实现不断出现的创新需求。如此便不难理解，此前沃尔沃汽车为何数次传出考虑独立IPO的消息了。在吉利已在香港上市的情况下，通过这次业务重组，下一步再推动新集团在瑞典运作上市，不仅可以让沃尔沃实现“曲线上市”，而且在资本运作上将达到1＋1＞2的效果。

果然资本市场很快对这次合并予以积极反应。2020年2月11日，也就是重组公告发布第二天，早盘，吉利汽车股价高开近9%，盘中最高涨幅逾11%。截至午间收盘，吉利汽车股价报14.54港元，上涨6.13%。

吉利和沃尔沃的合作之路已经走了很久，包括2019年吉利汽车与沃尔沃汽车宣布，探索合并旗下发动机业务的可能性。这次整合计划，会让双方在生产、采购及运营方面的合作更为深入，技术研发、成本控制和财务上的协同更加有效，并预计合并后将保持沃尔沃、吉利、领克和极星品牌的独特定位。整合后的新业务集团，将可以更顺畅地与母公司共享相关解决方案与技术成果，最大程度降低关联交易和同业竞争风险，充分发挥吉利控股在相关领域的技术投入协同，心无旁骛地快速推进产业生态链建设。

业内人士认为，双方的重组整合将打造一个更加强大的国际化集团，强化协同效应和规模优势，同时通过香港和斯德哥尔摩对接国际资本市场，持续引领行业变革。合并后的公司将成为真正的科技公司，而不只是一个传统意义上的汽车公司。

这也在很大程度上能够解答：为什么开始是“放虎归山”，如今才“战略合并”。

成长与成熟

今天，吉利是个“庞然大物”。

对中国汽车业来说，吉利“后生可畏”。即使依照21世纪世界汽车产业的尺度，也会得出这个结论。早些年那些全球汽车业巨擘，如大众、丰田和福特，还可以手指“吉利”笑着说：“邻家有女初长成”，却无法测度她的未来。最近10年吉利汽车的成长速度，超出了所有人的预期。“庞然大物”，既是体量、指标和规模，更是组织化程度和多元文化概念。

从一个“描红”开始的汽车公司，吉利已经成为全球型的企业，进入“自由书写”阶段。它的轨迹、形象与方向，被很多顶级专家、企业领袖和社会名流所认知、所传播。经过最近二三十年的发展，这家汽车公司所具备的特征，足以使人们从所有的企业里将它分辨出来——

▶ 中国民间造车的样本。

▶ 在中国最近四十年推动工业化的进程中，民营企业起到了极为重要的作用，而吉利就是一个典范。

▶ 从创业、转型到国际并购，吉利走了本土企业走向全球化的全过程。

▶ 内生推动，快速增长，自我完善，将理性认知、产业自觉与草根活力结合在一起，与千百万企业一起，为中国经济飞跃打下厚实的根基。

▶ 保持对法律、市场、消费者的敬畏，对全体员工奉行“尊重人、成就人、幸福人”原则，以长远的眼光来看待发展。

▶ 在技术、市场与人才方面，吉利是较早实现后工业时代对接的企业，包括安全、绿色与智能化。

▶ 商业文明的领悟者、受益者与践行者：从规则、文化到精神融合。

▶ 在实业领域长期耕耘，无怨无悔，终成大业。

从另一角度看，吉利又很“小”。

它很年轻，相比福特、奔驰、大众、丰田，显得那么“年轻”，甚至有点“稚嫩”。哪怕在它的发源地——台州，人们听说“吉利汽车”这个词汇也不过20余年。很多浙江人知道“吉利”，已是世纪之初的2002年。

当宁波北仑汽车基地还在正常运转的时候，就在不远处，世界一流的生产线，自动化程度更好、管理更精细化的“春晓基地”就投产了。路桥老基地还很卖力地为吉利提供优质产品，具有“国际范儿”的亚欧工厂就起来了。

人也是新的，或是新老“混搭”：一茬茬年轻人进了企业，来自国内外名校的年轻人，新成长或富有经验的工程师和设计者，有着合资或独资企业工作经验的管理者，熟练的高技能劳动者。

21世纪之初，诞生不久的吉利汽车，曾自称为“新世纪的汽车婴儿”。这非常贴切，正是意识到自己是“婴儿”，除了寻求必要的保护之外，更多的是要获得生存空间。这个“世纪汽车婴儿”，20年后飞快长成健硕的“小伙子”。重要的是，吉利的精神文化在成长，随着沃尔沃环球航船漂洋过海。

成长，是李书福最关注的事，更是吉利成为今天之吉利的最深奥秘。没有高质量、协同性强、技术适度超前的“高成长”，吉利早就不存在了。正如汉肯·马森等人在《放虎归山》一书中说的：“如果要将李书福的商业战略总结成一个词，那就是‘成长’。”

吉利人对汽车业和市场，抱有敬畏之意。确实，汽车行业远比航天航空工业更难“服侍”，道理很简单：汽车行业是大规模、长链条的复杂产业，既存的惯性非常大。如果没有良好的创新环境和持续有力的推动，技术创新非常困难。另外汽车生产具有大批量、高一致性生产特征，在汽车产业面前必须一直秉持精益求精的态度，始终保持很高的专注度，才能获得一定的优势。

具体而言，作为一个集大成的产业，汽车涉及的技术领域非常之多。既要确保多领域的有效协作，又要保持大规模生产的节拍，因此汽车产品的一致性保障，要比单件或小批量生产的产品难得多。更何况，汽车的应用环境非常复杂，这也是一个巨大的挑战。

说到对市场的敬畏，是吉利的“基因”所致。

无论是开始造车那会儿，还是收购沃尔沃之后，李书福和他的伙伴们是“双重的市场派”。在夹缝中杀出一条血路，没有市场经济和全球化，就没有吉利汽车的任何生存条件，而民间造车的出路也在市场，低价竞争固然带来一些品牌上的负面效应，但早期吉利汽车也因性价比高而受到用户欢迎，此为不争的事实。

一个“天生市场派”，如何对待真正的市场考验和用户体验，这是一个难题。这些年，吉利交出的答卷还是令人满意的：研发和设计将技术工程语言转化为用户语言，制造者的精益生产和工匠精神也发挥得相当到位，而营销者呢，升级为“汽车营销3.0”，就是以用户体验为核心。

具有伟大基因的企业，成为“百年老店”是可以期待的。

从人生的角度看，李书福的身家性命全“押”在吉利上，但我们不能局限于此。

曾有一段时间，吉利的兴衰对中国汽车业、民营经济和民间活力都很重要，对技术创新和大规模技术集成同样重要。就眼下来说，吉利汽车的兴衰成败，甚至关系到汽车产业发展趋势、出行方式的进化与跳跃，关系到能否形成汽车网联化、智能化、信息化和电动化的新格局，因未来汽车产业是个多方深度交融、彼此密切协作的全新生态圈。

从成长到成熟，这是企业发展史的一种基本路径。

进入成熟阶段，吉利的根本标志并不是国际并购或裂变式壮大，而是企业文化和人才战略的真正成熟，并逐步渗入企业管理，对研发、制造与营销产生全覆盖的影响，内化为从董事长、CEO到工程师、操作工人、物流管理者的行为方式。

有专家指出：“处于汽车产业范式转变期的吉利，必须做好两件事：一是持续扫描新技术的发展信息，二是建立双元组织，处理好现有技术轨道产品和新技术轨道产品之间的关系，做好组织变革。”在吉利控股集团最新的组织架构调整中，吉利科技集团将曹操出行、太力飞行汽车、钱江摩托等新业务整合，并前瞻性地布局智能网联、车载芯片、5G＋V2X、激光通信和低轨卫星等前沿技术领域，探索未来技术方向。

“成熟”是思想与行为的成熟，而不仅仅是大数据、财务报表与可视化现场管理的秩序感，也不是公关语言“严谨与激情”的平衡，内控、采购与质量控制的精准有力，“企业宪法”与员工思想情感的匹配。不，这些只是成熟的具体体现，而不是整体与核心。

吉利正走向成熟，并非完全成熟。作为大企业的真正成熟，尚待时日。

成熟是一种担当与责任，“说话算数”，善于管理风险而敢于应对未来。“成熟”的企业，听不到大嗓门、咒语和埋怨，但在厂区之外的宿舍、咖啡馆和广场上，却能听到一种浑厚的、热情的话语，调侃的、自嘲的口吻，这是成熟企业员工的标识。

在吉利春晓基地，问起一位来自广汽本田的管理干部，“吉利跟合资企业有多少差距？”他说“差距很小”。当我们故意说“你是不是有点‘自我感觉良好’”时，他诚挚地回答说，“在一些细节上，比如说制造工艺，以及生产线上的精细管理，差距还是有的”。

他这样补充说：“可能一般人看不出来，我们是知道的，无论是设备设施、制造工艺，还是总的管理方式，与外资企业比我们还有一些差距，尽管很小。这牵涉到东西方文化的差别，还有对工业文明的理解力。像拿筷子，我们觉得很自然，西方人拿起来却很别扭，他必须用刀叉才很灵活，这是长期积累的东西。”最后，他还说：“有些基本的东西，是全人类必须要做的，你作为一个人必须做到的。造汽车也是这样。”

这番对话，正是吉利产业工人走向成熟的标志。

科技型公司

就汽车本身而言，市场的竞争推动了公司的变革，在不久的将来，这种变革将伴随着消费者、技术与资源整合变化进一步发展，其中联盟化、线上线下一体化、修配一体化、供应链垂直与横向整合化等多维度的尝试会日益深入，最终导致更多的新商业模式和新制造方式的出现。

如果说，收购沃尔沃是为了在更大范围、更深层面参与到全球汽车产业竞争，在经过两者协同发展之后，李书福就开始谋求在人类出行方式上的智能化、轻量化和自动化，以更为智慧和灵活的方式，提供科技服务和人性化关怀，就有了后来一系列新的并购、参股与深度合作。

就汽车业的“大趋势”而言，李书福顺应了这个潮流。他经常比别人早一拍：大多传统汽车公司依然在考虑如何改进与迭代，他已经看穿了21世纪的汽车不再是“汽车”，交通也不再纯粹是空间移动的版图与载体。市场意识、产业高度与技术进展的汇合，在他身上是一种本能反应，并无多少刻意之痕。

科技感、未来感、人性化，不断满足人类永无止境的好奇心。“出行方式变革”与用户新需求、新体验，是李书福和集团管理层提出“科技公司”概念的出发点。

吉利在科技领域进行一系列布局，无论是研发过程、制造技术还是科技含量，直至组织架构、管治方式和人才储备，都佐证了一个基本判断：吉利不仅是技术派，也不是简单的审美主义，而是基于出行方式创新、服务提升、功能扩展和技术融合的综合性考虑，打造全球性汽车公司意义上的科技公司，或类似科技公司的新一代世界汽车公司。无论从生活、社会和经济层面，还是产业内部的变革，都有这个强烈要求。既是汽车产业大势所趋，也是某种内在驱动。

2017年5月10日，吉利发布了技术品牌“iNTEC人性化智驾科技”“GKUI”吉客智能生态系统，颇具里程碑式的意义，意味着吉利在“电动化、智能化、网络化、共享化”等领域的全面布局。

最近，安聪慧对此作了一个简要勾勒：

> 通过轻混、插混、纯电等电气化技术路径多线并举，我们全面推动电动化战略。吉利SEA平台是全球领先的纯电动基础架构，将打造出多款竞争力极强的电气化产品，覆盖轿车、SUV与MPV全系品类。未来，吉利所有全新车型都将搭载GKUI系统，以每年百万辆级的智能网联汽车销量，加速迈向车联万物、智慧畅行的新时代。我们有信心做到：在汽车企业中，吉利最懂智能网联；在科技企业中，吉利最懂汽车。

吉利的智能化、线上能力建设，都在快速提升。2021年，吉利将推出5G和C-V2X的量产车联网产品。

几年前，吉利就发布了行业首款智能网联SUV博越，开启了中国汽车智能化的先河。这款车的语音智能识别、盲驾泊车入库、24小时远程服务系统、主动偏航警示系统、智能远光跟车会车调节系统、城市预碰撞系统等都为人所称道。比如，只要说出“你好博越”四个字，系统就能在一两秒内自动识别指令，而且基本不受语速和方言限制，精准率高达98%。

李书福曾明确表示，吉利博越卖得好，不仅是因为设计漂亮、性能好，还因为语音互动、人机交互这些互联网技术应用得好，“让人感觉到很有趣”。吉利控股集团旗下多个品牌近30款车型搭载了GKUI吉客智能生态系统。

2018年发布的博瑞GE是中国品牌首款量产L2级自动驾驶车型，可让用户享受到从启动到泊车入位的自动驾驶体验。截至2019年底，吉利汽车在行业内新量产车型L2级配置率和市场占有率均已达到第一，并已将该技术应用到海外宝腾品牌的量产车型上。

吉利既不同于富士康，也不是二十年前以“造好车”为目的的汽车公司。不能因为吉利从事制造，就认定它只是一个制造公司，一个单纯的汽车制造公司。通过产品与科技创新驱动，来打造公司的产品，制造只不过是落地的一个手段而已。

不管是科技还是其他，实际上还有终端的成长，要提供最可靠的终端。能够把所有先进的东西展现给人的，终端上必须要有体现。正如吉利一位高管说：“很多互联网汽车概念很新颖，某些单项的记录，或者方案确实很好，但是它的基础不好，消费者不能为了买你的某个小噱头而虚掷几十万元钱。”

如果确是出行领域的科技公司，就制造这个环节而言，一定是通用化“柔性”生产的。

比如现在汽车公司都在生产SUV，如果接下来发现家用轿车可能更受青睐，那么吉利有没有柔性化生产能力？这很关键。最根本的是，柔性化技术意味着生产线的“通用化”，也就是“变起来要快，适应能力要强”，形象一点地说，就是“用一根擀面杖做出不同的面食”。

作为智能制造的首要任务，就是建设“数字化工厂”。

这就意味着，通过新一代信息技术，实现从设计、生产、物流和服务等各个环节的数据串联，加速决策，提高准确性。在这个过程中，“打通数据流”是工厂建立“数字孪生”的前提，而数字孪生不仅指产品的数字化，也包含工厂本身和工艺流程及设备的数字化，从而实现全面追溯、物理与虚拟双向共享和交互信息。

2018年2月24日，吉利集团通过官方渠道宣布，公司已通过旗下海外企业主体以90亿美元收购戴勒姆股份公司9.69%具有表决权的股份，正式成为戴勒姆汽车集团第一大股东。

消息一出，引爆国内外舆论。有人疑惑，有人震惊，有人欢呼，但无论如何，“吉利收购奔驰”之类标题已经铺天盖地地占领了国内外媒体的显著位置。评论者说，收购沃尔沃之后，时隔7年李书福又将下一个目标对准了体量更大、级别更高的戴勒姆-奔驰。

也有人说，李书福“在下一盘很大的棋”。

入股戴姆勒前夕，吉利正式宣布将自身的发展方向从“传统的汽车制造商”转为“全球领先的电动移动出行服务提供商”。

曹操专车成立于2015年5月，是吉利集团战略投资的“互联网+新能源”出行服务平台，采取“新能源汽车+公车公营+认证司机”的B2C运营模式，服务包含新能源专车出行、新能源汽车分时租赁等业务。“曹操专车”最近已改名为“曹操出行”。

2020年1月，曹操出行服务启动首座海外城市——巴黎。

截至2020年5月，曹操出行已在全国57座城市上线，累计投放4.8万辆新能源汽车，拥有3480万注册用户，日均活跃用户110万，日均接单量67万单。第三方权威数据监测公司极光发布的大数据显示，曹操出行从2019年第二季度开始成为中国第二大网约车公司、中国第一大B2C网约车平台。

无独有偶，在吉利推出曹操专车之前，戴姆勒集团就已在欧洲推出Car2go汽车共享服务，使用旗下尺寸小巧的smart车型作为运营车型。

在吉利参股戴勒姆之后，两者的合作可能性出现了。

2018年10月24日，戴姆勒出行服务有限责任公司与吉利集团（新业务）有限公司宣布，双方将在华组建合资公司，共同开发在华开展业务所需的软件基础设施，提供高端专车出行服务。

2018年10月24日，吉利科技集团与戴姆勒宣布，聚焦高端出行服务的“耀出行”将在杭州正式启动。

2019年9月，吉利与戴姆勒再次宣布共同参与全球城市空中出行领军者Volocopter的C轮首轮融资。这是一家创立于2011年的德国飞行出租车研发商，主要研发一种电力驱动、双座垂直起降的直升机，为城市提供点对点到达的空中电动出行服务，以改善城市交通体系。

从汽车厂商转变为科技公司的目的，其实就是给用户带来更好的驾乘体验和感受，让他的生活更便利，更有体面与尊严，包括“时尚”。顾客各种各样的喜好，使用过程中的多方面反馈，完全可以融合进怎么样做好下一款产品的“大流程”中去。

作为汽车公司，如果至今还认为“反正把车卖出去了，其他跟我没关系”，显然是不合时宜的。这就要求员工一定要了解时代的特征，不能对变化视而不见。吉利汽车一位生产基地总经理是这样说的：

> 管理者要能够开放地开展问题讨论并去实践，对员工也要有新的要求，既要会传统的“近身肉搏”，也要会运用先进武器。也许以后我们员工的主要工作，就是对机器人的一些掌控，不需要他自己再上线去作任何装配，但是他要具备掌控机器人的能力，知怎么样给机器人设定一个需要的程序。从一个单纯的体力劳动者，变成体力和智慧相结合的工作者。

李书福与吉利被理解与接受的过程，也是中国现代化史中这一历史阶段的思维与行动的扩展、提升过程：从宽容到开阔，从启蒙到主体性，从想象力的解放到知行合一。

何以“受人尊敬”

在以“新东方”人物为原型的电影《中国合伙人》中，有一位主角觉得，“做企业只有在纽交所撞钟，才能得到世界的尊重”。后来那个酷似“俞敏洪”的人物却这样说：“你撞一百次世界也不会尊重你的，你如果真正地做了合法的，并且确实是有意义的生意，世界才能尊重你。”

不管现实中俞敏洪是否真的这样说，电影里这段对话却也说出了一个直白的“真理”，道出了实情。

在这里，我们无意拿俞敏洪他们与李书福作比较，也不想拿吉利与联想、海尔进行对比。但他们有一点是相同的，李书福经常想的一件事，就是如何引领吉利公司成为“最受人尊敬的企业”。这是他最在乎的事，是他的“汽车梦”的终极诠释。

受人尊敬的企业，才有尊严。

吉利春晓基地的马兴华，是这个基地质量部的副总经理，他在接受采访时告诉我们：“2003年大学一毕业我就来吉利了。我自己感受最深的是，吉利作为一个汽车公司，越来越多地得到社会的尊重和认可。我常想：这种尊重、认可是从哪来的?”

停顿了五秒钟，他接着说：“那时候我们出去参观学习，到一些合资企业，去的时候别人的第一个提醒，就是进门之前绝对不能说是吉利的。我去的时候，就穿着一家设备厂家的衣服进去，假装我们是这家设备厂的员工，搞售后服务去的。”

当我们问他为什么不愿意说来自“吉利”时，马兴华不无心酸地说：“不是不愿说，而是不敢说，说了就不让你进去。以往我们到对标企业去，总是蹑手蹑脚地有点怯场。有一次等我们进去想与这家合资厂一个科长交流时，他脸上有一种‘不屑’的表情，搞得我们心里很不是滋味。现在就完全不一样了，那些企业非常愿意与吉利人一起交流，在交流中我们心里也很坦荡。有些合资企业管理人员送我们出门时，总想把手机号码留给我们，说不定没过多久就联系我们，主动过来交流，有时还带有求职的动机。吉利汽车完全改变了自己的形象，我们有了更多的尊严。”

说完，马兴华还不忘补充一句，“现在吉利汽车是受人尊重的企业，真的”。这就是如今吉利“受人尊敬”的根本原因：具备前瞻性的公司战略，人性化的对标管理，工业文明、理性与规则，包括设备、技术与企业文化的提升，对往昔生产方式、思维和行为模式的超越，特别是产业工人的伟大匠心。

打造“受人尊敬的企业”，与承担“社会责任”紧密相关。

一个企业的诞生、生存与发展，如李书福所言，“其目的不仅仅是为了产生较好的经济效益”，还要承担相应的社会责任，要有自己的价值追求。不仅仅是企业和行业，还延续到关注消费者的需求、用户体验、社会可持续发展，以及清洁能源、环境保护、出行安全、隐私保护等各个民生攸关的领域。

2006年春夏之际，李书福决定由吉利公司拿出5000万元，资助品学兼优，因家庭贫寒上不起大学的学生。

对这件事，企业内部是有争议的。5000万元，对当时吉利这样的企业来说，并不是一个小数目，而吉利正处于集中力量谋发展时期，也正是大投入时期。把钱用在这一类事情上，管理层有人想不通。有些高管还提出，企业本身并不宽裕，更应该多节流敛财，以备不需。最后，李书福还是说服了大家。

为了找到真正需要资助的这1000个孩子，吉利还组建了六支“小分队”，到全国边远和贫困地区去寻访这些孩子。

寻访小分队成员去过那些孩子的家庭，有些人还住着窑洞，门窗不全，家徒四壁，连招待客人像样的桌子和板凳都难找，更谈不上电视机和电话了，家中也没有一张报纸可供阅读。除了一双双勤勉的手，一对对渴望知晓外部世界的眼睛，在那些勉强可以称之为家的地方，根本找不到称得上“财富”的东西。

对这些孩子和他们的家庭来说，获得五万元的助学捐赠，真的是雪中送炭。

李书福一直以来有个心愿，“吉利生产基地建设到哪里，就应该把扶贫这件事开展到哪里”。从2017年的7省11个区域，如今这一行动已扩展到9个省17个区域，吉利不断开展产业、教育、就业、农业、消费等领域的扶贫活动。于是，贵州的“雷山茶”遇见了“吉时雨”[①]。2018年4月，李书福公益基金会出手投资，捐赠2000万元帮助贵州山区出产“雷山茶”的地方，新建全自动化茶叶加工厂，新建流转2000亩茶园，建设茶旅结合配套设施，采取“龙头企业+合作社+茶叶基地+贫困户”的合作利益链接机制，通过合作体制的“流程再造”，形成了茶叶“本地采摘、当地加工、全域营销、流通世界”一条龙。

环境保护，一直是现代汽车工业的一致追求。与环境融合共生，则是吉利的一个基本主张。从新能源汽车的研发与生产，到集货物流项目启动与实施，吉利将环保的理念始终蕴含在研发、采购、生产、运输、回收等汽车全生命周期当中。

2020年初，新冠病毒疫情令中国与世界遭遇了极大挑战，吉利集团与湖北乃至全国抗疫的勇士们站在了一起。

所有这一切，都应验了迪尔德丽·麦克洛斯基说的：“现代世界是由企业家新获得的充满信念的尊严，和充满希望的自由缔造的。企业家有了尊严，才能得到属于自己的合适地位，有了自由才能向往冒险。”

---

① 吉时雨：吉利扶贫项目的名称。

鹰的族裔

在弗里曼《巨兽：工厂与现代世界的形成》一书中，我们仿佛能亲历底特律100年前的“福特主义”场景：

> 工人站在静止的台子旁边，车架放在中间，从零到整地组装出来。凡是需要的零件都在台子上堆放着。但是，工人们不是一直在一辆汽车上工作，直到车完工，而是站在台子旁边，在每个车架上只进行一项特定的操作——把车架固定在车轴上，安装发动机，或者安装方向盘。在最后一次操作之后（安装汽车外壳），组装完毕的汽车被移出厂房，进行测试和装运，下一辆车已在开端开始装配第一部分了……使工人们在装配过程中保持静止，让车辆流动，这只是生产过程中一小步，却是一场具有世界历史意义的革命。

就像在德比丝绸厂和沃尔瑟姆棉纺厂一样，在相当短的时间内，一个全新的汽车生产体系诞生了。连亨利·福特自己也被这个工业帝国迷住了。“我童年时对机械玩具的热爱，”他后来写道，“已经转变为对机器的兴趣，因为它对人类来说有独特的意义——让人类可以实现自我，从沉重的劳动和贫穷中解放出来。”[①]

---

① 有人对此持否定看法。约翰·多斯·帕索斯在他的《美国》三部曲《赚大钱》里这样描绘道：“汽车大繁荣的时代到了，在福特工厂，生产一直在不断改进；减少浪费，增加监视人、副工头、告密者（一刻钟吃午饭，三分钟上厕所，到处是泰勒式的提高运转速度，伸手向下，放好垫圈，拧紧螺丝，伸手向下，放好，拧紧，伸手向下，放好，直到一点一滴的生命力都被吸干，投入生产，直到晚上工人回家时，只剩下一副摇摇晃晃的灰色外壳）……”——作者注。

本书开头曾提到里维拉的巨幅壁画《底特律工业》，它描绘了汽车在胭脂河工厂制造时的复杂过程，显示了从炼铁高炉到铸造零件、钻孔和装配传动装置外壳及V8发动机的生产情况，从冲压和精加工的钢制车体，到汽车总装配线。传送带、管道、起重机和平台，在画面中盘旋蜿蜒。画里到处都是人：工人、监工、高管和观看生产的游客。亨利·福特和埃德塞尔·福特、瓦伦丁、里维拉本人，还有迪克·特雷西，都出现在画里。

一百年后，这幅画“转世投生”至万里之外的中国，变成了“里维拉工业壁画4.0版”。更准确地说，它是后工业文明的“活动变形人”和具体场景——

2020年8月的一个午后，钱塘江潮激起了有力的回流，红色吊塔耸峙于两岸，咸涩海风却带来了新的憬悟，这是21世纪的福克纳式“八月之光”。在杭州湾吉利制造基地，呈现出一幅完全不同于以往的汽车工业图景。

在吉利“智立方”工厂流水线上，“高精度制造+高精度检测”双剑合璧，在智能控制系统监管之下，协调有序，让品质更深层地落实到消费者关注之处。同时，流水线大规模应用了多种行业内领先技术，从精度、强度、细腻度等各方面保证车身质量。为追求极致的品质感知，在顶盖定位工位斥巨资引入“视觉引导定位技术”，仿佛一双双鹰眼，保证用户日常关注不到的车顶两侧流水槽的间隙达到±0.25毫米的一致性。在消费者感知最强的涂装生产线上，近50台各类涂装机器人，以近乎零误差的水准，确保喷漆的均匀性与漆膜精度。

吉利，断喙更生之后的“鹰”，从台州“海之门”起飞，穿越新世纪工业文明和商业情境，连接了生产要素和社会资源，以逼视那个以“永不停止的狂风”和“创造性破坏”为特征的经济系统。而创新——如熊彼得所说，是“不断从内部革新经济结构”的“创造性的破坏过程”——是世界上唯一可以承受的“破坏”。

吉利已进入制造环节的智能化，亨利·福特“让人类可以实现自我，从沉重的劳动和贫穷中解放出来”的想法，21世纪第二个10年，在一家中国汽车企业里得以实现。当年名不见经传的吉利，跃居世界汽车销售第13位。

《每日经济新闻》于2020年8月21日报道，“（吉利）在将英国路特斯汽车收入囊中3年后，路特斯国产项目将在吉利武汉工厂正式投产。国产路特斯旗下首款车型为纯电SUV Lambda，预计于2022年正式投产，年产能为2万辆。据外媒曝光的‘假想图’，Lambda延续了路特斯的设计风格，纯电版本将采用溜背造型，车身富有线条感，并搭配双色轮毂”。

尽管有这些令人心动的消息，但人们不会忘记：吉利所走的这条产业之路是何等崎岖漫长！它用20多年时间完成了从福特到丰田的历程，并进入了互联网—人工智能生产方式。

比这条路更长的，是李书福和吉利人的学习、应对和抵达的“长征”。言简意赅的判断，不可阻挡的意志，近于痴迷的实验，一次次的想象力迸发，多次国际并购，营销、供应链与生产制造的全球布局，令人印象深刻的设计，猎豹一般的企业文化活力。

连汽车营销模式，都经历了革命性的变化。比如领克就打破传统汽车销售模式，采用三维立体的销售模式。没有传统意义上的领克4S店，而是叫“领克中心”，因为它增加了两大功能——社交和分享。可以在领克中心给用户举办个人画展、个人生日晚会等。“领克空间”就在城市的各个商场里，它让买车就像逛街一样，不用专门到汽车专业卖场去，加上“领克商城”，形成了“三维立体”的渠道模式。

互联网时代才刚刚开始。透过领克，吉利和沃尔沃大大地玩了一把“造车新势力”。领克不仅营销车子，还卖理念：融入、拥抱互联网，而不是抵触互联网。也许吉利和沃尔沃今后也会像特斯拉一样，在服务上向苹果公司看齐，获得更好的商业模式。

当然，未来吉利也面临着很多问题。

新科技革命一定会带来产业革命，有些是颠覆性的，稍有不慎，原有存量产品统统会“沉没”。今后十年内，吉利是否会出现革命性的变化，推出颠覆性的技术，同时采用最先进的管理组织和生产方式呢？这仍然是个未知数。

吉利是否有更大的格局、更新的气象、更为卓著的创新能力呢？出行方式的改变，涉及产业基础、人工智能、互联网、物联网、大数据和新技术赋能，还有基础设施、消费认同和政策法规，在现有体制、文化心理与社会团结条件下，吉利凭什么去撬动这一切？

还有，资本与产业无法结合的后果是什么？产业资本跟企业所创造实际价值到底有多大关系？斯特拉这样的企业，最后都是虚拟价格比实际价格更有价值。那么，吉利能否讲好产业与资本结合的故事？有“资本大佬”强势支撑，就可以持续不断的去搞技术创新。反之，技术再好，却没有产品、没有市场、没有积累能力，照样会饿死。对此，吉利能不能有一个卓越的规划、漂亮的转身？

在聚焦国际并购之后的合作伙伴时，吉利能否更多地展示自身的不凡之处、更多的“独家秘术”与利器，让“吉利概念”深入到国民心里？能不能静下心来，用十年乃至更长的时间，奉献出誉满全球的“经典产品”？

吉利车能否做到“既能打遭遇战、阻击战，又能打持久战”？在全球经济不景气、市场变数剧增的情形下，吉利与供应商、经销商、设备商之间，包括资金、政策与技术问题，该如何保持密切、稳健、良好的上下游关系，并应对可能出现的危机？

吉利生产制造基本上做到了现代化、数字化和智能化，企业文化从本土化到多元化到全球化，管理上强调专业化、规范化和精细化。那么试问一下，产业进化是无止境的吗？如果是，那么上述方法、工具和措施与新阶段战略如何融合？

吉利如何从“总体跟随，局部超越，重点突破”，转到“无人区发展”阶段？李书福自己也说过，“未来中国90%以上的汽车厂都要倒闭，只剩下不到10%”。问题在于，吉利是这“剩下”的10%吗？如果是，更重要的是这90%的公司倒闭了以后，它们的资源如何利用，包括人、财、物。没错，“我们怎么活下来，凭什么活下来，都要深入思考”。

李书福说过一句话：“力量在风中回荡”。

2007年5月20日，李书福接待《人民日报》“大地周刊”主编来访时，面对她提及为什么会有“力量在风中回荡”这样的表达时，说了一番惊人的宏论：“有一种力量在风中回荡，也就是说，有钱并不代表力量，有权也不代表力量，有原子弹、有飞机、有大炮、有航空母舰都不代表力量，因为这些都不在风中回荡，这些都是看得见摸得着的，都是人可以掌控的。真正的力量是一种无形的东西。虽然它看不见摸不着，却是任何人不能摆脱的规律。我们要认识、研究和运用这些规律，实现自己的目标。”

李书福还告诉她，这句话是他刚开始造汽车的时候，也就是1997年写下的，此后它就在自己的脑海里扎根了。

吉利自2004年真正“上路”以来，不是没有“走麦城”之虞，包括高盛入股时险些为某会计事务所坑害，在一些转折关头差点为内部纷争所耽误，几次为别有用心的媒体所“围殴”，早期还险些被国内某汽车集团“非善意并购”（还派生了一个曲折的故事），但李书福与管理层都在危机发生过程中学会应对，逐渐掌握“战争规律”（市场律动、企业成长轨迹与时刻变化的用户要求，还有技术、制造与营销的迭代变化），赢得了新商业智慧和更强大的产业力量。

吉利的长征，岂止“卧薪尝胆”，更有“励精图治”。

由于企业家精神与领导团队运作之间的“亲和力”，也由于个人智慧与时代之“势”的耦合，李书福和他的伙伴们以其特有的“激情与速度”，整合、构建和扩展社会资源，开拓资本与产业结合的道路。其中不乏“神来之笔”，但并非唾手可得。即使是出自直觉的判断，被人称道的决策，也每每建立在经验教训之上。

有些企业家之所以伟大，是因为他们能够看到消费者都不明白的需求，从而创造需求。要做到这一点，最重要的是对人性的理解。“其实伟大的企业家都是对人性有深刻理解的人。”从这个角度看李书福是“人在旅途”，吉利也任重道远：出行方式的革命性变化，正是“天降大任于斯人”。

如果汽车公司见车不见人，产业不与资本结合，技术被孤立地谈论，就只有失败一途。

吉利汽车需要一次自我革命吗？这是一个严肃的问题。这个“革命”，带有质疑性质更有行动意味，比如“自我否定”，还有“新的自由空间”，诸如此类，不一而足。

当前全球工业面临着四大挑战：“超级链接”，即机器、人和产品开始实现链接；“数级进步”，其直接结果是技术的雾化；“高度集中性”，大公司把持一切；“用户经济”，这意味着从“以产品消费为基础”，逐渐转变为“以用户为主导”。从丰田主义到特斯拉主义，如今埃隆·马斯克正在进行一次工业颠覆。据来自法国的迈克尔·瓦伦丁的总结，这个工业颠覆包括了七大原则：超级生产、交叉整合、软件融合、触手驱动、故事制造、初创型领导和人机学习。①

如今吉利汽车的生产方式、管理理念与营销工具，与十几年前相比，其进步不可以道里计。而“第四次工业革命”来得那么快，又具有如此之大的颠覆性，出乎所有人意料。必须考虑在泰勒主义、福特主义、丰田主义之后，将出现何种组织模式，使公司既能够充分利用新技术，又能满足客户的新期望。有人说，特斯拉通过超级工厂改变了OEM的商业模式。特斯拉真正的产品是它的超级工厂，就像亨利·福特当年发明了流水线一样。

那么我们可以设问一下，2020年之后李书福会为世界奉献一个“吉利主义”吗？因为在福特主义和丰田主义之后，实业家所缺少的主要是适应新工业时代的基准组织模式。这种模式必须是灵活的，相互联系的，能够颠覆性创新

---

① [法] 迈克尔·瓦伦丁：《特斯拉模式：从丰田主义到特斯拉主义，埃隆·马斯克的工业颠覆》，陈明浩译，社会科学文献出版社2019年版，第15页。

的，对未来人才具有吸引力的，才能够应对工业4.0时代的挑战。

我们知道吉利在变，而且正酝酿更大的变化。

它的“变”，是立足于汽车产业百年发展史，借助于电气化、机电一体化和轻量化、模块化，乘势而上。那些来自东西方的汽车业著名专家、管理者和设计大师，在吉利收购沃尔沃、宝腾路特斯之后，纷纷为李书福所感召来到吉利，在一定程度上带来了全球汽车文化。由于这些全球汽车高手的到来，从更深层次激发了所有人的学习主动性。

吉利造车已经到了“为产品赋予灵魂”的阶段，这是从成长到成熟的最重要标志。造车，成了一种完美的艺术。人在设计与制造汽车的过程中，倾注了灵魂。技术、构想与工程系统，都是活的；数据与网络也不是僵死的，有灵魂的事物就有力量。车与人一样，都是一个有机体，有它的呼吸、躯体和魂魄。需要的是吉利精神的延伸与提升：实践感、动手能力和人性化，自由创造而不是“替老板干活”，不断改善以臻于完美。

有一位集团高管，在吉利生产制造基地一次经营管理会议上，向在座的人这样说道：“若没有清醒的认识，就算走向灭亡也无法觉察。我们一定要有终结者的精神，不能半途而废。只要思考，就会有方法。问题不是没有答案，而是思考不够激烈！不要认为现在的状态就是我们的极限，挑战极限就是我们的工作。”

一个企业家，包括一个CEO，一个技术领军人物，固然需要清晰的目标与合理的流程，但没有想象力的高扬和导引，很可能是平庸的，最终丧失“未来感知力”。企业家高于社会之处，是在市场逻辑中“用创新打破均衡”；他们应具有不同常人的想象力、判断力、对远景的认知和组织能力，这些能力是公司成功的关键。

基于对世界汽车业的转移与重组的分析，李书福的想象力在于，通过“战略转型”积累一定的资本和经验，以国际并购的方式，迅速进入世界汽车业的高地，这就催生了“并购沃尔沃”事件。李书福和他伙伴们深知，并购不是目的，进化才是根本。之后又出手并购宝腾路特斯，与科技公司和其他产业进行多种合作。没有新拓展，何来新天地？“买买买”的背后，是协同的N次方。

未来，不是“相对论”的弯曲时空，也不是“薛定谔之猫”，更不是科幻大片。“未来”是过去和当下的另一面，一个未被决定的悬念，一种浑厚的复调。1997年新年前夕吉利临海工厂指挥部屋顶上的那场对话，已蕴含了“未来”；2010年3月28日哥德堡沃尔沃总部大厅里，吉利、福特、沃尔沃为一场举世瞩目的国际并购而举行的签约仪式上，也书写了“未来”。

诗人梁晓明这样写道：“用小号把冬天全身吹亮。”这把“吉利小号”，穿透世界汽车业多声部、浑厚的“合唱”，获得一种经久不息的谐振，乐声悠扬。

事实上，吉利汽车的历史正是一部不断从怀疑到确证的历史，一部从争议到平息到再起风波的历史，也是一部想象逐渐变成现实的历史。从长远眼光看，历史垂青于李书福的，和现实苛求于他的，正好达成一个平衡。

历史上能有大成就的，既是集大成者，又具备先锋精神。

吉利汽车曾有过一个子品牌，叫“全球鹰”，这是一个精神象征：吉利的道路、空间和搏击精神，包括李书福与伙伴们的战略行动。从全球汽车业的广袤空间，勇猛地、精准地降临下来，发出金属的声响，疾速攫取其猎物：汽车与它的衍生品。

如果未来是个“猎人”，一定会向吉利这只“鹰”发出呼唤：“让我们再出发。”

从光的平面转入另一个平面，翅膀穿越
落日筑起的几何学与兰花，
飞出山峰阴影的黑色角度，骑着
最后一阵光线喧闹的雪崩
在松林上，在咽喉似的山谷上，鹰来了。

它的翅膀
切下又一天。它的运动
像磨快的钢刀挥动，我们听见
时间之茎无声地倒下。[①]

① 选自美国第一任桂冠诗人罗伯特·佩恩·沃伦（Robert Penn Warren，1905—1989）的诗歌《夜之鹰》。

李书福：守正出奇　实事求是[①]

世界——斜拉桥

世界好像一座斜拉桥，各种力量相互作用、相互牵制、相互推拉、相互对立、相互组合，形成了矛盾的整体。大家都在相互寻找战略平衡，共同维护彼此关切，尽力保证世界和平稳定。

这种矛盾的平衡构成了人类社会走向更加美好明天的基础，我称之为“斜拉桥”。如何保证斜拉桥的长期稳定，需要世界各国的共同努力。如果大家信息对称，沟通到位，“桥梁结构”不受严重破坏，相互照顾彼此关切，那么人类社会和平事业的力量就会大发展。反之，世界就会失去平衡，“斜拉桥”可能瞬间垮塌，世界格局将会因此发生巨大改变。

① 本文系2021年2月20日李书福在吉利控股集团视频大会上的讲话。经授权，出版时略有删减。

中国——新发展格局

国内大循环为主体，国内国际双循环相互促进，有利于世界和平事业更好发展。理由很多，突出的有以下两点：

一、正视历史，了解自己，了解世界，照顾彼此关切。

中国变化太快，一些人心理难以接受。改革开放以来，中国取得了举世瞩目的成就，人均GDP从155美元到2020年突破1万美元；中国GDP总值占全球比重从1.75%到2020年的17%；中美GDP差距从15.7倍到2020年的1.4倍。中国的变化不仅体现在经济数据层面，同时还体现在其他方面，比如高铁、高速公路、通讯、教育、国防科技等领域。

这些快速的变化在短短四十年内打破了原来的全球战略平衡，改变了原有的世界经济结构，尤其是打破了人们原有的心理平衡。许多人不知所措，有些人难以接受，导致心态失衡，这样的巨大心理落差很难在短时间内调整过来，这是引发各种矛盾与冲突的最直接因素。

有一位西方的朋友告诉我，西方世界说“中国不遵守贸易规则，不尊重知识产权”，一个最直接的理由是：中国的发展速度为什么会这么快？原因是什么？现在来自中国官方的解释他们是不完全认同的。

他们说，如果中国也遵守贸易规则，也尊重知识产权，就不可能比西方的发展速度更快，中国人虽然聪明勤劳，但西方人也一样聪明勤劳，为什么中国的发展速度比西方快呢?”他们的核心逻辑就是中国不讲规矩，走了捷径，抄了近路。这一轮全球化对西方经济体而言，没有达到预期效果，而中国的效果超越了预期。因此，他们感到失望，这是客观事实，也是正常人的正常反应。

二、坦诚面对，主动出牌，为各利益相关方实现互利共赢提供有效解决方案。

由于以上这些因素的存在，中国企业融入西方世界的难度不断加大，以低成本产品出口发达国家为主体的外向型经济面临空前挑战，中国原有的经济发展模式难以为继。

为了保证中国经济总量持续增长，做强做大国内经济是一个重要选项。与此同时，继续保持与西方发达经济体的友好互动，继续推进实施“一带一路”战略，实现部分产能转移，扩大在“一带一路”沿线国家的市场份额，这是中国经济可持续增长的又一个重要引擎。

这些举措的实施，形成以国内大循环为主、国内国际双循环相互促进的新发展格局，就能减少与发达国家进一步升级贸易摩擦的可能。直接做大全球经济总量，有利于发达国家经济复苏，增加发达国家就业机会。在经济全球化遇到困难与挑战的关键历史时期，新发展格局更好地彰显了照顾彼此关切，实现互利共赢理念，为全球经济再平衡注入新的活力。

此外，通过加速形成国内大循环，中国经济体量越做越大，对外吸引力也会越来越强，再结合国内国际双循环举措，把中国的市场进一步向世界开放，把世界的资源进一步地循环到中国来，中国市场与世界市场通过双循环战略的持续推进，相互促进，不断实现结构调整，在动态循环中实现各方再平衡，中国与世界将会因此而变得更加相互依赖，也更能友好共存。

新发展格局的英明之处在于尽最大可能地减少对外部市场的过度依赖，尽最大可能地促进贸易平衡，尽最大可能地为世界各国企业提供中国商机，客观上为全球经济再平衡产生积极影响，通过市场重心的调整实现各国利益再平衡，消除各方心理障碍，推动可持续的内外循环不断发展，降低战略冲突紧张程度，为世界和平事业作出贡献。

自然，中国也会因此而更好地发展。但是，理想很美好，现实却充满挑战，国内大循环，也不会一帆风顺。如何提高居民可支配收入，如何应对人口老龄化，如何保护知识产权，提高创新软环境竞争力，如何实现全面依法治国，如何做大国内经济总量，真正实现国内经济大循环，所有这一切都是大课题，需要大家共同努力。

汽车——马拉松赛跑

科技自由与产业跨界是开创人类商业梦想的又一个催化剂，今天我们面对的是科技无限畅想，产业自由跨界，商业灵活变革的伟大时代。

在这样一个科技自由探索、产业跨界融合的时代，传统思维、单领域思维、单向思维已经不适应吉利集团可持续发展的需要，我们必须要有自我否定的勇气，自我超越的能力，不断提升科技自由探索、产业跨界融合的水平。

有倒下就有崛起，有失败就有成功，有挑战就有机遇。对于汽车产业而言，放眼世界，更是强敌如林。如何在激烈的市场竞争中找到正确的转型方向，形成正确的转型战略，不断取得市场份额，不断占领市场制高点？如何实现引领发展？这是摆在我们面前的重大课题。

这既是战略问题，也是现实竞争力问题。布局决定格局，格局决定结局；战略决定方向，细节决定成败；心态决定状态，状态决定斗志。我们正在全速推进的一批重大项目就是我们的战略布局，只要执行到位，必将产生强大协同竞争力。

汽车产业革命已经开始“暴动”。从理论到实践、从传闻到现实、从小批量到大规模、从局部到全局、从边缘到中央……这是一部正在发生的汽车产业革命剧；这是一场充满机遇与挑战的百年汽车变革剧，很精彩。

传统汽车公司可以不屑一顾，顽强抵抗，也可以自我颠覆，出奇制胜，化腐朽为神奇。可以被动参加革命，也可以主动发起革命，可以单独闹革命，也可以联合闹革命，还可以在坚守老根据地的同时，开拓新的疆域。大家都可以有自己的独立判断，毕竟行业变革才刚刚开始。

这是一场新的马拉松赛跑，没有尽头，只有开局，没有方法，只有方向。马拉松赛跑有一个特点，比耐力、比经验、比策略，没有跑过马拉松的人往往缺乏经验，一开始就使劲加速，真正需要比拼速度的时候却缺乏后劲。

对吉利而言，千万不能犯这种错误，因为我们曾经有过马拉松经历，我们深深懂得打基础练内功的重要性。我们的每一步路都不能走错，我们的步伐必须坚定而稳健，我们必须非常清楚，企业比拼的不是一时之快，而是可持续发展的能力。汽车就是汽车，无论怎么变，安全、健康、能源可再生是永恒的主题，而这些理念在吉利汽车公司已经成为自觉。

所谓的软件定义汽车，这是行业的共识，这是人类科技进步到了一个新高度的时代产物，现在大家都在这个方向努力寻求技术突破，但是对汽车工业而言，无论是传统汽车企业还是所谓的新造车企业都很难跨越百年汽车产业所必须具备的基本能力，比如主动/被动安全技术、耐久性、舒适性、可靠性等各种性能指标保证能力。这些基本能力的形成需要时间的沉淀，非一日之功。

软件定义汽车，既适用电动汽车，也适用传统汽车，传统汽车也可以智能化。我认为传统汽车与电动汽车还能共存相当长的时间，能源结构调整，基础设施建设都需要时间，而且存在“程度”拐点，到一定程度时，将会发生量变到质变的拐弯，这个拐点可能存在反复。因此，从传统汽车向电动汽车过渡的进程中存在着不可跨越的动态调整期，这个时期也充满着不确定性，我们必须稳中求进，做到进可攻、退可守，游刃有余。

当今世界电动汽车行业群雄逐鹿，在资本狂欢劲舞的推动下，大家的小日子都过得不错。但是，我认为汽车行业的基本规律是不会改变的，那就是规模，最终全球汽车工业企业存活下来的数量不会太多，只有规模企业才能生存下来。

很多人说，今天的世界汽车产业与当年的手机一样，新势力造车一定是未来。说什么苹果的成功与诺基亚的失败教训就摆在眼前，意思是说新造车势力就是苹果，传统汽车公司就是诺基亚。

我不这么认为，最终鹿死谁手还需要时间检验，希望大家要有点耐心，仔细观看这部百年汽车变革剧，好戏还在后头。决定企业成败的不是表面的张扬与热闹，而是厚积薄发与核心能力。

在转型变革的关键时期，我们必须明白承前启后的战略重要性。我们既要保持传统核心能力的优势，比如传统机电能力优势、传统品质控制优势、成本控制优势等等，又要开创新的革命性优势，比如人机交互、无人驾驶、中央计算、换电充电基础设施、能源管理、智能出行、工业互联等等。

我们既要自我革命，更要联合革命，我们一定要开放包容，合纵连横，团结一切可以团结的力量，打造产业链新优势，扩大生态圈新朋友，孤军奋战，单枪匹马很难赢得这场战争。我们必须主动求变，积极应变，认准方向，坚定信念，持续打基础练内功，形成新的可持续发展优势。

我们既不要急于求成，草莽行动，也不要故步自封，自我陶醉，而且还要发扬传统优势，继续做强节能汽车的升级转型。我们不但要在纯电动智能汽车领域大放异彩，而且还要广泛联合各方力量，形成战略阵营，加大战略协同，分享战略成果，确保战略成功。

最近有些关心吉利的好心人在担心吉利精力分散，怕影响吉利汽车自身发展，有些专家说看不懂吉利的战略，我觉得看不懂也不奇怪，有些战略具有多面性。其实所有的新思维都存在这些问题，如果大家都一目了然，那就不叫新模式，既然是创新思想，那就不一定所有人都能看懂，我们也只是在探索。但是，无论局面有多么复杂，我们必须坚持战略稳健原则，在进可攻退可守的战略框架下实现战略主动。

吉利汽车公司于2015年11月18日发布的“蓝色吉利行动计划”虽然没有如期完成，但也不奇怪，这不是战略方向错误，也不是战略执行失败，而是历史时机没有成熟，外部战略条件没有形成，这样的失败例子比比皆是，在中国车企中有，在欧美日韩车企中也有，我们不必为此沮丧。

我认为这是吉利实事求是、透明竞争的真实体现。多年来，我们为此而奋斗所形成的基础是很坚实的，今天我们在总结过去的基础上已经形成两个“蓝色吉利行动计划”方案，分别是“蓝色吉利行动计划一”“蓝色吉利行动计划二”。其中“蓝色吉利行动计划一”，主攻节能与新能源汽车，包括混合动力汽车、插电混合动力汽车、增程式插电混合动力汽车，还有小排量节能汽车；“蓝色吉利行动计划二”，主攻纯电动智能汽车，组建全新的纯电动汽车公司，正面参与智能纯电动汽车市场的竞争。

经营——合法合规

随着全球化与逆全球化两种力量对冲程度的不断加剧，世界各国对吉利控股集团的企业治理也提出了新的要求。

为了进一步提高吉利控股集团及下属各业务集团的企业治理水平，为了进一步提升企业管治透明度，为了更好地管理与发展吉利控股集团各项业务，在去年底，我决定不再兼任控股集团CEO，并聘请李东辉同志出任吉利控股集团CEO[①]，安聪慧同志继续担任吉利控股集团总裁，我继续留任吉利控股集团董事长，按照国际惯例及吉利控股自身制度安排，由CEO出任企业法定代表人，我本人不再兼任法定代表人。

这是为了进一步推进现代企业制度建设，既符合国家法律，也符合国际惯例，这样做的目的是为了更加依法合规地构建企业现代治理体系，让现代企业制度能够在吉利控股集团及各业务集团落地生根，并发挥关键性作用。这也是打造企业可持续发展能力的基本前提。沃尔沃近百年的企业发展史告诉我们，

---

① 2020年12月1日，李东辉正式接任浙江吉利控股集团CEO、法人代表。

股东可以淘汰出局，但企业必须不断创新、持续发展。吉利控股集团及其他各业务集团也一样，股权可以增减，资本可以进退，但企业必须做实做强，形成管理层、全体员工共享企业经营成果的主人翁文化，保证企业长期可持续发展。这既是对企业负责，也是对社会负责，更是关系到全体员工的切身利益。要实现以上这些目标，企业治理必须现代化，所有权、经营权就必须分开，这是应对未来挑战的有效法宝。

价值观——走正道

企业和人一样，走正道才能创大业。一个浩然正气的人，加上认真学习、刻苦历练、发愤努力，一定能够取得成功。

一个企业也一样，守正创业、守正创新，坚定不移走正道，义无反顾求发展，发自内心遵纪守法、诚实守信，团结带领全体员工聚焦产品，聚焦用户体验，时刻把用户放在心中，不急功近利，不走捷径，不抄近路，不玩小聪明，坚持公平正义，坚守道德底线，不忘法律高压线，把握竞争本质，掌握核心技术，注重人才培养，敢于研发投入，尊重事物规律，只要长期坚持正确路线，不投机取巧，主动站到真理这一边，奇迹就一定会出现在我们面前。

守正既枯燥乏味，也可以乐在其中，不同的人有不同的感受，不同的人有不同的理解。守正的目的是为了出奇，人活一口气，做企业的目的是为了给社会创造价值，是为了推动社会进步、科技发展。

社会很复杂，我们对世界的认知也很有限，我们对事物的认识也是不完整的，让别人快乐也是有原则的，有原则的快乐才是真快乐。无原则地取悦他人，可能会带来灾难。

我们必须小心谨慎，必须时刻提醒自己与谁为伍。人以群分、物以类聚，只要我们守正工作，做人做事受人尊重，妖魔自然远离而去。

商场如战场，我们应该能分清谁是战友，谁是敌人；谁是好人，谁是坏人。正人先正己，学会守正，坚持守正，歪斜的事物就一目了然。

如果我们识别能力出现差错，在我们的队伍中出现了一些遗憾，我们必须随时反省总结教训，尽量减轻被污名化的程度，尽量减轻对自己的伤害。

虽然我们都不是超人，但我们必须保持健康的心灵。各美其美，美人之美，美美与共，道德、诚信不能出卖，底线必须坚守，共天下大同，也是有原则的，我们一定要认真识别合作伙伴。

有人说生意场上没有朋友，我认为这句话没有全面定义生意的本质。

人类社会发展史就是生生死死、合作共赢的文明史，商业的乐趣在于既交朋友又作交易。商业的最高境界是既获利又美名，既有经济效益又有社会效益，这就需要真诚合作，让每一次交易都实现共赢、多赢并留下愉快的回忆，用诚信铺设前进的道路。

任何见利忘义的行为都是与文明的商业世界格格不入的。不同的交易有不同的合作对象，不同的合作有不同的感受，纯粹与愉快相伴，多变与复杂同在。复杂一定给人带来痛苦，一门好生意，不能太复杂。说一不二，做的比说的更好，先小人后君子，这是交易成功的关键，也是愉快合作的前提，否则会给合作各方都带来痛苦。

世界上比金钱更重要的东西还有很多。金钱像水，可以载舟也能覆舟，愉快合作并快乐分享成果，这种成果才能载舟，才能给人正面支持，实现水涨船高的效果，才能帮助企业更好发展；反之，就有可能产生覆舟之灾。

商业是最平等而美好的人类文明表现形式，只要大家守正经商，充分体现公平、正义，为用户创造价值，世界一定非常美好。只要我们守正经营，我们的事业一定前程锦绣，无往不胜。

后　记

2018年2月至3月间，我与红旗出版社当时的总编辑徐澜、编辑室主任丁鋆谈起吉利收购沃尔沃之后的巨变，联想到李书福造车以来的苦涩、艰辛与快乐。两位出版人希望，能有一本书把吉利“造车、转型与并购”历程记录下来。谈及“浙商”之不易，她们还拿出了马云、宗庆后、鲁冠球、南存辉等人的传记或著作。我笑着说，“这些人我都认识，有不少交往”。

没二话，我承接了这个写作任务。

写吉利，我拥有第一手资料、直接经验与鲜活印象。那些过程与细节、情境与行动，深深镌刻在我心中。但必须承认，这个写作过程十分艰难。我所面对的材料不是太少，而是太多了，很多事件又消失在记忆的汪洋之中。再说我离开吉利十年了，很多事件与人物都需要再去寻访。人与事都发生了变化，很多印象变得不可靠，各种因素错综复杂，知识与技术又更新太快。但答应写书之后，退路是没有的，只有迎难而上。

为写好这部《吉利传》，我先后考察、调研了吉利十几个整车制造和动力总成基地，行程上万公里。据不完全统计，我采访了吉利汽车集团内外各个层面人士200人以上，对几十位集团管理层、基地老总与技术专家（包括退休的前高管、管理层外籍成员）作过深入访谈，积累了数百万字的素材，无数图片、音频与视频片段。随机采访与群体交谈，座谈调研与现场参观，试乘试驾与技术咨询，必要的汽车工程与通用技术研究，一应调研手法都用上了。所见研发、技术、营销、现场管理与生产工艺场景，足可以拍一部纪录片。

在车间，在试制工厂，在研发中心，在吉利学堂，我充分感受到了商业文明和产业变革的伟大力量。

李书福董事长在百忙之中专门抽出时间与我见面，进行了一次无拘无束的访谈。我也很愉快地跟老同事安聪慧——现任吉利控股集团总裁、吉利汽车集团董事长、极氪科技CEO作了数小时的交谈，这为我的写作提供了非常关键的事实与思路。以上这两位企业领导者的谈话，为本书奠定了基石。

在调研过程中，李东辉、赵杰、张爱群、潘巨林、尹大庆、魏梅、冯擎峰、林杰、杨学良、黄勇、管宇、潘雷方、L先生、王全心、王应、奥斯卡（Oskar）、王波、周宗成、唐宇、金亚平、毕国歌、孙金方、朱贝妮、石刚、何勇、罗凰凤、刘瑜、申宝光、傅鹏、崔泽浩、施淑媚、钱金晶、周凯飞、纪洪涛、李维、叶万芳、陈怡、李夏、汤丽君、李博文等吉利老同事、新朋友，都给予了我无私帮助、热情接待和周详安排。其中，张爱群资深副总裁，魏梅、杨学良两位副总裁费心最多。

造车之初三个工程师之一，现任吉利贵阳基地副总经理罗显任，不仅接受了我的电话采访，还为初稿的部分章节作了仔细修正，并增加了很多生动细节；而我以往对原吉利控股集团赵福全副总裁的采访，也在本书写作中继续发挥了作用。

特别感谢集团多个部门的支持：董事局办公室、集团总裁办、公关传播部、人力资源中心、销售公司、研发中心、企业大学等，他们给我创造了各种调研访谈、素材收集和资料整理的机会，也给予了我重新认识吉利的契机。特别是集团公关传播部，为配合我的写作，提供了许多方便。

徐澜女士、褚定华社长、杨霞云总编都非常重视这部书的出版，给予了充分的信任、理解与支持。责任编辑丁鋆，是我的财经著作《风云纪：吉利收购沃尔沃全记录》的责编，为了这部《吉利传》的顺利问世，她倾注不少心血，做了大量工作，包括写作提纲的讨论、对写作进程的关注，还直接参与了几次访谈。在沟通、初审和编务方面，也做了大量认真细致的工作。我们之间的交流细致而深入，对写作这本书有直接裨益。她的宽容，反而让我不敢有丝毫懈怠。丁鋆的专业精神、编辑风格和责任感，令我钦佩不已。

本书工作团队，包括以下成员：卢志朋、黄凡、苏舟、陈卫锋、王剑军、陈洁琼、涂佳清、宋一帆，他们来自浙江大学、浙江工商大学等院校以及相关工作岗位，大多是我的研究生。卢志朋与陈洁琼博士分别承担了两个阶段的协调工作。在筹划框架、收集素材、编写纪事、整理资料、参与调研和起草部分章节初稿，以及后期修订、校阅等工作中，团队成员们发挥了极大作用。特别在一些关键性阶段，他们夜以继日，忘我工作，为本书付出了大量心血。对他们的辛勤劳作，在此表示衷心的感谢！

我的家人、师长和朋友，给了我无数的精神支持和实实在在的帮助，给了我极大的信心和勇气。我的几位弟弟、弟媳承担了照顾老父亲的一切事务，这是一种特别的支持。

年近九旬的诗人、思想家洪迪先生仔细审阅了我的初稿，在700多页的打印稿上，留下了各种标记和批注，还给我专门写了一封长信，除了鼓励之外，信中还讨论了本书的风格、结构、语言，具体指示我如何修改与完善。他在另一封信中对本书鼓励有加，认为这是“一个超文本写作”，也是“一个被审美化的非虚构作品，富于戏剧性的史诗”。

前辈企业家池幼章先生，于本人起意写作《吉利传》时，就给了我不少耳提面命的指导，从历史与现实的角度，对此书的创作提出了一些恳挚的意见。

在写作过程中，与唐晓渡、史晋川、张旭昆、傅允生等人讨论过本书主旨、结构与人物，还畅谈了技术进步、企业转型与资本推动，令我受益匪浅。余刚、张闻起、卢敦基等友人，数次细致审阅了书稿，提出了切中肯綮的意见、建议。我的大学同窗、福特汽车公司工程师郑良根，从技术性问题到文字表述，对书稿作了仔细审核与修正，提出了很好的意见。从古汉语专家到汽车工程师，良根兄的“跨界”堪称奇迹。

在完成初稿征求意见过程中，得到了朋友们的很多帮助，包括提出修改、订正意见与鼓励，如浙江工商大学人文学院副院长李蓉教授留言说，“这部富有史诗感的传记，有新闻纪实的画面，有环环相扣的小说式叙事，不经意间融入其中的诗章、精妙的譬喻警句，还有一个个传奇故事与企业经营哲学。特别是读到吉利并购沃尔沃谈判部分，我握着鼠标的手竟然出汗了，可见内容之一波三折，惊心动魄。读毕，我不仅对吉利有了深入了解，也对商业奇才的不世出，包括时代变迁充满了感慨”。

左敏、朱国贤、刘小涛、李火林、刘亭、张仁寿、连晓鸣、盛世豪、张燕、王杰、蒋承勇、李金昌、郁建兴、马斌、钟桂松、王飞、姚休、钱天国、费君清、张旭昆、陈剩勇、赵伟、朱李鸣、褚定华、杨霞云、孙国平、杜英、毛丹、曹正汉、黄健、何大安、潘士远、张静蓉、陈一平、章译匀、朱法剑、许春波、李大军、夏小梅、王三炼、李晓鹏、卫军英、李智华、袁放、李杭育、王彪、曹爱光、郑荐平、陆修钗、张伟民、胡金生、宣唤阳、蔡道夫、金晓宇、陈剑、尚小星、潘强龙、周琦、伤水、韦锦、胡志毅、蒋小强、杨红健、应云进、高颖、谢贝妮、叶建华、孙惊初等朋友，给了我很多鼓励、帮助与建议，在此一并致谢！

写作过程中，参考了不少相关文献，包括出版物、访谈记录和媒体报道，主要有：吴迎秋、李安定、菲力克斯·奥伯霍尔泽-吉、汉肯·马森、安德斯·尼尔森、张毅、魏江、刘洋、王千马、梁冬梅、王秋凤等人的著作、文章和访谈，哈佛商学院、中欧国际商学院、北大光华、复旦大学、华东师大等院校编写的吉利案例。特别是第十五章的写作，除了采访吉利集团相关人士并查阅资料外，对吴迎秋主编的《李书福的汽车密码：吉利并购宝腾路特斯始末》多有参考。在此一并致谢。

限于水平与识见，本书一定存在着不少纰漏、讹误和差错，请读者诸君不吝指教。

作者谨识

2021年4月于杭州

红旗出版社
HONGQI PRESS
推动进步的力量

图书在版编目(CIP)数据

吉利传：一部“不可能史”/ 王自亮著. —北京：红旗出版社，2021.5
ISBN 978-7-5051-5263-2

Ⅰ.①吉…　Ⅱ.①王…　Ⅲ.①汽车企业-工业企业管理-经验-杭州　Ⅳ.①F426.471

中国版本图书馆CIP数据核字(2021)第042767号

书　　名　吉利传:一部“不可能史”
著　　者　王自亮

责任编辑	丁　鋆	封面设计	观止堂_未氓
责任校对	沈云才　吕丹妮	版式设计	戴　影
责任印务	金　硕		
出版发行	红旗出版社		
地　　址	北京市沙滩北街2号	邮政编码	100727
	杭州市体育场路178号	邮政编码	310039
编 辑 部	0571-85310806		
E - mail	rucdj@163.com	发 行 部	0571-85311330
图文排版	杭州兴邦电子印务有限公司		
印　　刷	杭州广育多莉印刷有限公司		
开　　本	710毫米×1000毫米　1/16	印　　张	28.75
字　　数	433千字	彩　　插	28页
版　　次	2021年5月第1版	印　　次	2021年5月第1次印刷
ISBN 978-7-5051-5263-2		定　　价	78.00元

欢迎品牌畅销图书项目合作　　联系电话:0571-85311330

解读中国书系

《风云纪：吉利收购沃尔沃全记录》

《梦想者的商厦：楼金炎40年商海风云录》

《宗庆后：万有引力原理》

《万向重心：鲁冠球和他的中国梦》

《步履正泰：南存辉亲述创业史》

《张道才传：探索者之路》

《吉利传：一部“不可能史”》

即将出版：《匠人》